本套丛书得到欧阳平凯院士主持的"国家重点基础研究发展计划项目"（National Basic Research Program of China）（2009CB724700）和杨解君教授主持的国家社科基金重点项目（10AFX011）的支持

非欧佩克国家能源法概论

杨解君　主编

中 国 出 版 集 团

世界图书出版公司

广州·上海·西安·北京

图书在版编目(CIP)数据

非欧佩克国家能源法概论/杨解君主编. — 广州：世界图书出版广东有限公司, 2013.2
ISBN 978-7-5100-5685-7

Ⅰ.①非⋯　Ⅱ.①杨⋯　Ⅲ.①能源法 – 概论 – 世界
Ⅳ.①D912.604

中国版本图书馆 CIP 数据核字(2013)第 015381 号

非欧佩克国家能源法概论

责任编辑　黄　琼
出版发行　世界图书出版广东有限公司
地　　址　广州市新港西路大江冲 25 号
http://www.gdst.com.cn
印　　刷　虎彩印艺股份有限公司
规　　格　787mm×1092mm　1/16
印　　张　22.75
字　　数　396 千
版　　次　2013 年 2 月第 1 版　2014 年 4 月第 2 次印刷
ISBN　978-7-5100-5685-7/D·0062
定　　价　62.00 元

《世界能源法研究》丛书编委会

丛书总序

"世界"的能源法

能源，既是当今世界各国政治家们的流行语，也是最受世人关注的热点话题。"能源"一词之所以如此炙手可热，主要是因为能源已不只是一种可有可无的生活供应品，而是一件决定着人类命运的大事情。能源的现实及不确定的未来，令人类社会忧心忡忡：一方面，化石能源使用带来的高碳排放所引发的全球气候恶化，可能会危及人类生存的根基；另一方面，化石能源的日趋减少和枯竭所引发的全球范围的能源危机，可能会危及人类发展的基础。能源，已关涉到人类的生存与发展问题。

但是，能源问题的解决并非易事，而是一个极为复杂的问题。其复杂之处在于，我们今天所面临的能源问题是全球化背景下的能源问题。全球化意味着世界形成了一个相互联系、相互依存的有机整体，全世界是一种"一荣俱荣、一损俱损"的关系，没有一个国家可以独善其身。在全球化背景下，能源问题的解决无疑需要全球化的行动，能源问题也只能通过全球化的行动才能得到解决。否则，艰难的减排就会轻易地被超量的排放所抵消，艰难起步的低碳能源产业将被化石能源产业的成本优势轻易地击败……气候的一体化、经济的全球化与政治国家的民族化之间的深刻矛盾，决定了能源问题绝不是一个单纯的技术革新问题，而是事关各国和国际能源治理的变革及方式创新问题。在这个意义上，能源问题的解决就只能依托于政治和法律的路径。

既然能源问题是一个全球性的问题，无疑就需要世界各国的共同参与和通力合作。面对环境和能源现实及未来的发展，世界需要更加有效的治理。否则，全世界所有国家都是失败者，没有一个是赢家。然而，在促进低碳发展和环境能源的国际合作方面，"后京都时代"却步履艰难，全球应对气候变化的努力正面临着倒退的威胁。中国作为最大的发展中国家，拥有全世界四分之一的人口，其能源消费已经与美国持平……无论从哪个角度看，中国都无法置身于国际能源合作舞台之外。中国是负责任的大国，在国际环境和能源合作中有着重要的作用与责任,中国不能居身世外而必须积极参与和推动国际能源合作。抗拒命运的人,命运拖着走;顺应命运的人,命运领着走。与其被动纳入,不如主动融入。因此,中国能源法的建构及其未来发展,首先就要具有一种积极融入世界的思维,这也是本丛书命名为《世界能源法研究》的初衷之一。

加强能源立法及其变革,已成为一种世界性的趋势,为实现"加强使用可靠、廉价、经济上可行、社会上可接受且无害环境的能源服务和资源"①的目标,各国都在实行能源法的改革和重构,以致力于与可持续发展理念相一致的能源法框架建构。"能源法改革是各国典型的问题。全世界的议会都需要解决如何重构本国能源法的问题。……最终,重构能源法将会是生物圈中每一个人类社区遇到的共同挑战。"②中国的能源法制建设也面临着同样的挑战,而且其建构、完善与变革的任务更为艰巨。这是因为"中国目前正在进行的建设社会主义法治国家的伟大实践,并不是一种单纯的法制建设运动,而是与中国新一轮的从农业社会向工业化社会转型、从计划经济体制向市场经济转轨的综合现代化运动结合在一起的。中国法律不仅面临着一场革命性的自我重建,同时承担着转型秩序的治理任务"③。这就需要我们善于把中国的现实国情与国际形势结合起来,在把握中国能源法制改革方向的同时关注其他国家能源法的改革路径与经验。

当下的中国,正面临着严重的能源问题,对化石能源的高度依赖带来的环境污染和潜在的能源危机已迫在眉睫,正处于需要法律及时加以解决的关键时段。可是,中国能源法律制度却严重滞后,立法导向模糊、法律体系冲突、法律操作性差、能源法律观念淡薄、行政管理体制混乱、能源市场发育不良、法律实施困难……所有这些问题已经对中国能源的可持续发展带来了不利影响。在未来的发展中,我国如何针对自身的"法律短板"进行相应的改革与完善,除了立足国情外,更应该借鉴和吸收世界各国的能源法制经验。中国能源法制的建构与变革,必须要有一种向世界学习的眼光,这也是本丛书命名为《世界能源法研究》的初衷之二。

在可持续发展导向下,全球化时代的能源法将是国际法和国内法的混合体,是立足世界的国际法视角和立足国情的国内法视角的不可分割的交

---

① 2002 年 9 月可持续发展世界峰会确立的《约翰内斯堡实施计划》文本中的六项优先建议的第一项。

② [澳]艾德里安·J·布拉德布鲁克、[美]理查德·L·奥汀格主编:《能源法与可持续发展》,曹明德等译,法律出版社 2005 年版,原著序言 I(尼古拉斯·A·罗宾逊)第 12 页。

③ 刘金国、蒋立山主编:《中国社会转型与法律治理》,中国法制出版社 2007 年版,第 6—7 页。

融,合则兼美,分则两害。同时,21世纪的能源法是人类法制史上性质最为复杂的法律形态,它必须要兼顾生态因素、环境因素、技术因素、政治因素、市场因素、国家安全因素、伦理因素诸多方面的价值关怀。从来没有一个部门法被赋予了如此之多的价值追求。如何在诸多价值目标之间作出恰当的选择和平衡,无疑是能源法理论和实践所面临的巨大难题。多元素的综合作用之下,能源法的研究就需要有一种胸怀世界、兼收并蓄的广博视野,这也是本丛书命名为《世界能源法研究》的初衷之三。

目前,国内能源法研究正呈现蓬勃发展的良好势头,能源法的相关著述颇为丰富多彩,既有国内能源法体系的总体式研究,也有某些能源领域的具体问题探讨,在域外能源法的研究方面也多有涉足。然而,综观国内能源法研究,在外国能源法及国际能源法方面,尚缺少全面而系统的介绍与评述,可供借鉴的资料较为匮乏。基于"走出去"与"请进来"相结合的考量,为中国人了解外部世界打开一个窗口,由此而"知己知彼",此乃笔者组织编写本丛书的重要意图。

本套丛书拟采取开放式的出版模式,首期出版五本,后期将选择合适的书目陆续出版。首期五本著述涉及中国能源法制、国际能源合作与国际能源法、欧洲(盟)及其主要国家能源法、美洲主要国家能源法和非欧佩克主要国家能源法,旨在以中国能源法制为立足点,介绍当今国际能源合作与国际能源法、一些具有代表性国家的能源法,为读者提供一个了解中国能源法和域外能源法的全景视角。

《变革中的中国能源法制》全面介绍中国现行的能源法律制度,以低碳经济和可持续发展为背景,对中国现行的能源立法、主要法律制度及其实施状况进行综述和分析,并对中国能源法制的发展与未来做出展望。全书包括能源与中国能源现状、中国能源法体系及主要制度、常规能源法制、可再生能源法制、节能法制以及中国能源法的未来发展等方面的内容。

《国际能源合作与国际能源法》介绍目前国际上国家间能源合作、区域能源合作以及国际能源合作的主要成果和制度,并着重分析一些重要的国际能源合作协议和国际能源合作机制。全书包括国际能源合作、中外能源合作、国际能源法、中国涉外能源法、能源纠纷解决机制等内容。

《欧洲能源法概论》主要介绍欧盟能源法和欧洲具有代表性的国家——德国、法国、英国、意大利(南欧)、波兰(东欧)、挪威(北欧)六个主要国家的能源政策、能源法及能源法制,并简要分析这些国家能源法的新发展和趋势以及可资借鉴的经验。

《美洲国家能源法概论》主要介绍北美的美国和加拿大、南美的智利和巴西及中美洲的墨西哥等主要国家的能源法制。全书介绍这些国家的能源状况、相关政策和能源法及其新发展,并归纳其主要的能源法律制度。全书通过对这些国家能源政策和法律制度的分析,总结其能源法制的特点以及可供我国能源法制建设借鉴的经验和教训。

《非欧佩克国家能源法概论》在简单介绍欧佩克成员国的能源状况、能源政策及能源法制的基础上,重点介绍非欧佩克的俄罗斯、印度、澳大利亚、南非、日本等国的能源法制。全书内容涉及这些国家的能源状况、能源法制及其新发展,以及可供吸纳的经验教训。

本丛书的出版得到了中国工程院院士欧阳平凯的悉心指导,世界图书出版广东公司武汉学术出版中心的刘婕妤、汪再祥编辑为本丛书的出版付出了诸多辛苦,在此谨致以诚挚的敬意与谢意!

杨解君

2011 年 5 月 28 日

目 录

第一章　欧佩克与非欧佩克国家能源法

第一节　欧佩克国家能源法

一、欧佩克简介

1960 年 9 月,伊朗、伊拉克、科威特、沙特阿拉伯和委内瑞拉等国的国家代表在巴格达开会,决定联合应对西方石油公司的"剪刀差"剥削,维护产油国的石油收入。1960 年 9 月 14 日,这 5 个国宣告成立石油输出国组织(Organization of Petroleum Exporting Countries,OPEC),简称"欧佩克",总部设在奥地利首都维也纳。随着世界主要产油国的不断加入,欧佩克逐渐发展成为亚洲、非洲和拉丁美洲一些主要石油生产国的国际性石油组织,其宗旨是协调和统一各成员国的石油政策,采取共同行动反对西方国家对产油国的剥削和掠夺,以最适宜的手段来维护他们各自和共同的利益。

目前,欧佩克有 12 个成员国:沙特阿拉伯、伊拉克、伊朗、科威特、阿拉伯联合酋长国、卡塔尔、利比亚、尼日利亚、阿尔及利亚、安哥拉、厄瓜多尔和委内瑞拉。印度尼西亚在 1962—2008 年、加蓬在 1975—1995 年曾经是欧佩克成员国。[①]

欧佩克大会是该组织的最高权力机构,各成员国向大会派出由石油、矿产和能源部长(大臣)为团长的代表团。欧佩克大会每年召开两次,如有需要还可召开特别会议。大会奉行全体成员国一致原则,每个成员国均为一票,负责制定该组织的大政方针,并决定以何种适当方式加以执行。同时,欧佩克大会还决定是否接纳新的成员国,审议理事会就该组织事务提交的报告和建议。

欧佩克理事会类似于普通商业机构的理事会,由各成员国提名并经大

---

① See OPEC:Brief History,http://www.opec.org/opec_web/en/about_us/24.htm,2012-09-05.

会通过的理事组成,每两年为一届。理事会负责管理欧佩克的日常事务,执行大会决议,起草年度预算报告,并提交给大会审议通过。理事会还审议由秘书长向大会提交的有关欧佩克日常事务的报告。欧佩克秘书处依据《欧佩克组织条例》,在理事会的领导下负责行使该组织的行政性职能。秘书处由秘书长、调研室、数据服务中心、能源形势研究部门、石油市场分析部门、行政与人事部门、信息部门、秘书长办公室以及法律室组成。秘书处还内设一个专门机构——经济委员会,负责协助该组织把国际石油价格稳定在公平合理的水平上。[1]

(一)欧佩克能源概况

欧佩克成员国能源结构一般以石油为主。在石油探明储量方面,欧佩克 2010 年探明储量为 1 460 亿吨,合 10 684 亿桶,占世界石油探明储量的 77.2%,储产比为 85.3。在石油生产方面,欧佩克 2010 年的石油产量为 34 324 千桶/日,合 1 623.3 百万吨,比 2009 年增长 2.5%,占 2010 年世界总量的 41.5%。[2] 2011 年,由于某些欧佩克成员国发生了政治危机和政权更迭,减少或中止了原油出口。为了平衡国际石油市场,未受影响的成员国大多大幅度增加了供应量。当年,全球石油产量的年增长幅度为 1.3%,即 110 万桶/日,而石油产量的净增长几乎全部来自石油输出国组织,其中沙特阿拉伯(增产 120 万桶/日)、阿拉伯联合酋长国、科威特、卡塔尔和伊拉克的产量大幅增加,完全弥补了因利比亚停产(减产 120 万桶/日)所带来的缺口,其中沙特阿拉伯、阿拉伯联合酋长国和卡塔尔的石油产量均创下历史新高。[3] 根据英国石油公司(BP)2012 年公布的《2030 世界能源展望》显示,石油在今后 20 年内预计将是增速最慢的燃料。全球液体燃料(石油、生物燃料和其他液体燃料)的需求增幅为 1 600 万桶/日,需求总量到 2030 年将超过 1.03 亿桶/日。而用于满足预期需求增长的新增供应,将主要来自欧佩克国家,其产量预计会增长近 1 200 万桶/日。在欧佩克组织新增供应中,占据最大份额的将是天然气液体产品以及伊拉克和沙特阿拉伯的常规原油。欧佩克在

---

① See OPEC:Secretariat,http://www.opec.org/opec_web/en/about_us/24.htm,2012-09-05.

② 参见 BP:《BP 世界能源统计年鉴(2011 年 6 月)》,http://www.bp.com/assets/bp_internet/globalbp/globalbp_uk_english/reports_and_publications/statistical_energy_review_2011/STAGING/local_assets/pdf/Chinese_statistical_review_of_world_energy_full_report_2011.pdf,2011-08-06.

③ 参见 BP:《BP 世界能源统计年鉴(2012 年 6 月)》,http://www.bp.com/liveassets/bp_internet/china/bpchina_chinese/STAGING/local_assets/downloads_pdfs/Chinese_BP_StatsReview2012.pdf,2012-09-30。

国际石油市场上的地位短期内将无法撼动,具体发展趋势参见图1。[①]

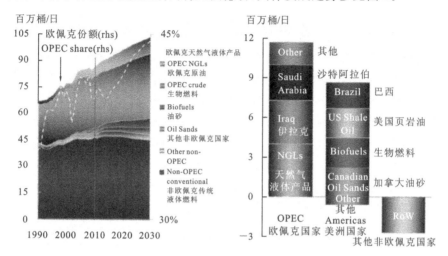

图1　不同类型国家各类液体燃料的供应情况（2010—2030年）

(二)欧佩克主要制度

1.成员国标准

《欧佩克组织条例》规定:"在根本利益上与各成员国相一致、确实可实现原油净出口的任何国家,在为全权成员国的2/3多数接纳后,并为所有创始成员国一致接纳后,可成为本组织的全权成员国。"该条例进一步区分了3类成员国的范畴:①创始成员国,即1960年9月出席在伊拉克首都巴格达举行的欧佩克第一次会议,并签署成立欧佩克原始协议的国家;②全权成员国,即包括创始成员国以及加入欧佩克的申请已为大会所接受的所有国家;③准成员国,即虽未获得全权成员国的资格,但在大会规定的特殊情况下仍为大会所接纳的国家。

2.石油配额制度

欧佩克实行石油生产配额制。如果石油需求上升,或者某些产油国减少了石油产量,欧佩克将增加其石油产量,以阻止石油价格的飙升。为阻止石油价格下滑,欧佩克也有可能依据市场形势减少石油的产量。如果欧佩克原油连续20天每桶高于28美元或低于22美元,便自动增加或减少日产原油50万桶平衡油价,各成员国按配额比例分配,该机制称为"价格带机制"

[①]　参见BP:《2030世界能源展望》,http://www.bp.com/liveassets/bp_internet/china/bpchina_chinese/STAGING/local_assets/downloads_pdfs/b/BP_2012_2030_energy_outlook_booklet_cn.pdf,2012-09-30。

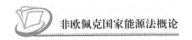

(Price Band Mechanism),目前该机制只启动过一次。[①]

3. 定价制度

20 世纪 70 年代以前,欧佩克国家的油价决定权主要由外国大型能源公司控制。1973 年,西亚和北非的欧佩克国家逐步实行石油国有化,采用了官价和标价并存的价格体系,基本上实现了本国对定价权的掌控。1975 年 10 月,欧佩克国家在石油国有化完成的基础上建立了以沙特阿拉伯轻质原油价格为基准油价的欧佩克油价体系,基准油价由欧佩克成员国共同协商确定。20 世纪 70 年代末至 80 年代初,由于受到高油价的刺激,非欧佩克产油国所占国际石油市场份额超过欧佩克,国际原油现货市场的崛起和欧美油价轴心的出现,使欧佩克的垄断地位及与此相联系的欧佩克价格体系受到冲击,大部分欧佩克成员国为了保持市场份额和石油收入,开始按现货市场价格出售石油,欧佩克价格体系逐步被瓦解。1986 年油价暴跌后,欧佩克制定了以扩大市场份额为目标的新市场战略,把 18 美元/桶的实际油价确定为目标价格,该价格体系采用了欧佩克综合价格(OPEC Basket Price,又称为"欧佩克一揽子价格"或"欧佩克价格篮子")作为测定目标价格的工具。2005 年 6 月 16 日,欧佩克对一揽子油价的组成进行了调整,2007 年又在一揽子价格中增加了一些原油品种。[②]

二、欧佩克国家能源法简介

欧佩克成员国主要为伊斯兰国家。现代伊斯兰国家在政治体制上一般实行的是君主制或民主共和制。但它们在法律制度上大都将伊斯兰法与世俗法相结合,形成了非常有特色的法律体系。因此,在欧佩克国家能源法的介绍中,我们选取欧佩克成员国中能源产业较为发达的典型伊斯兰国家沙特阿拉伯以及别具特色的拉美国家委内瑞拉。下文将对其能源法状况略做介绍。

(一)沙特阿拉伯

沙特阿拉伯王国(Kingdom of Saudi Arabia),简称"沙特",位于亚洲西南部的阿拉伯半岛,世称"石油王国"。沙特阿拉伯是欧佩克、海湾合作委员会(GCC)成员国,实行自由经济政策,石油和石化工业是沙特阿拉伯的经济命脉。沙特阿拉伯是君主制王国,曾在 1996 年制定了具有宪法性质的《治国

---

① 参见张照志:《影响欧佩克石油政策的主要因素及其未来政策走向》,载《资源科学》2011 年第 3 期,第 451—459 页。

② 参见《欧佩克油价体系的演变》,载《国际石油经济》2008 年第 11 期,第 40 页。

基本法》,但《古兰经》和穆罕默德的圣训依旧是国家执法时的根本依据。沙特阿拉伯国王行使最高行政权和司法权,有权任命、解散或改组内阁,解散政治协商会议,有权批准和否决内阁会议决议及与外国签订的条约、协议。1992 年 3 月 1 日,沙特阿拉伯颁布的《治国基本法》规定,王储应在国王的优秀子孙中选定,国王有权废立王储。2006 年 10 月,沙特阿拉伯宣布修改《治国基本法》中由国王选定王储的条款。沙特阿拉伯成立效忠委员会,由国王有王位继承权的儿子及其后代组成。2007 年,沙特阿拉伯王室确立了由国王和效忠委员会共同确定王储人选的制度。沙特阿拉伯政治协商会议成立于 1993 年 12 月 29 日,是由王族、贵族、大资本家和中产阶级组成的咨询机构,下设 12 个专门委员会。协商会议在 2001 年被指定为国家法定立法机关,目前由主席和 150 名委员组成,由国王任命,任期 4 年,可连任。沙特阿拉伯政府大多由贵族组成,一般由国王兼任首相、国民卫队司令,王储兼任副首相。沙特阿拉伯高等法庭设在麦加、吉达和麦地那,特别上诉法庭设在利雅得和麦加。另有普通法庭处理一般案件和贝都因部落事务,该类法庭由宗教法裁判官主持。沙特阿拉伯司法机构隶属司法部。①

1. 沙特阿拉伯的能源概况

在能源产量方面,沙特阿拉伯 2009 年的能源总产量为 528.38 百万吨标准油,净出口量为 371.8 百万吨标准油。

具体到能源种类:(1)石油。①在石油探明储量方面,沙特阿拉伯 2010 年石油探明储量为 363 亿吨,合 2 645 亿桶,占世界石油探明总量的 19.1%,储产比为 72.4;②在石油生产方面,沙特阿拉伯 2010 年的石油产量为 10 007 千桶/日,合 467.8 百万吨,比 2009 年增加 0.7%,占 2010 年世界总量的 12%;③在石油消费方面,2010 年沙特阿拉伯石油消费量为 2 812 千桶/日,比 2009 年增长了 7.1%,占 2010 年世界石油消费量的 3.1%;②④在原油出口方面,沙特阿拉伯 2009 年原油出口为 313 百万吨,占 2009 年世界原油出口总量的 16.51%,居世界第一位;⑤在成品油出口方面,沙特阿拉伯 2009 年出口量为 50 百万吨,占 2009 年世界成品油出口总量的 10.85%,居世界

---

① 参见外交部:《沙特阿拉伯国家概况》,http://www.fmprc.gov.cn/chn/pds/gjhdq/gj/yz/1206_27/,2012-09-30。

② 参见 BP:《BP 世界能源统计年鉴(2011 年 6 月)》,http://www.bp.com/assets/bp_internet/globalbp/globalbp_uk_english/reports_and_publications/statistical_energy_review_2011/STAGING/local_assets/pdf/Chinese_statistical_review_of_world_energy_full_report_2011.pdf,2011-08-06。

第二位；①⑥在炼厂产能方面,沙特阿拉伯 2010 年产能为 2 100 千桶/日,和 2009 年相比没有变化,占 2010 年世界总量的 2.3％。

(2)天然气。①在天然气探明储量方面,沙特阿拉伯 2010 年探明储量为 283.1 万亿立方英尺(注:1 立方英尺≈0.028 立方米),合 8 万亿立方米,占 2010 年世界总量的 4.3％,储产比为 95.5；②在天然气产量方面,沙特阿拉伯 2010 年产量为 839 亿立方米,合 75.5 百万吨油当量,比 2009 年增长了 7％,占 2010 年世界总量的 2.6％；③在天然气消费方面,沙特阿拉伯 2010 年消费量为 839 亿立方米,合 75.5 百万吨油当量,比 2009 年增加 7％,占 2010 年世界总量的 2.6％。②

2. 沙特阿拉伯的能源法简介

沙特阿拉伯油气资源丰富,石油、天然气法制相对健全。20 世纪 70 年代,沙特阿拉伯试图逐步摆脱西方发达国家的经济控制,开始进行油气资源国有化,将沙特阿拉伯境内的石油、天然气资源归国家所有,勘探、开发、加工、运输由国有的沙特阿美石油公司垄断经营。但从 2000 年开始,沙特阿拉伯开始推行吸引外资的经济自由化和开放政策。沙特阿拉伯的石油勘探开采仍由沙特阿美石油公司垄断,不允许国外公司在石油勘探和生产领域投资和按投资领域比例获取份额油。但国外公司通过资格预审后,可以参加以沙特阿美石油公司为业主的石油勘探、设计和生产项目的投标。在石油加工领域,沙特阿拉伯向外资开放,允许外商合资或独资建立石油加工厂。在天然气领域,沙特阿拉伯根据地区差异在不同地区实行不同的开放政策:①在非伴生气地区,由沙特阿美石油公司继续开采天然气以及对外开放开采后的加工和销售；②在已探明尚未开采的地区,开放天然气的开发和生产,包括生产后的各个阶段；③在尚未勘探的地区,对外资公司开放勘探、开发和生产领域,包括生产后的加工。在监管机制方面,沙特阿拉伯于 2000 年成立了最高石油委员会(SPC),沙特阿拉伯国王自任主席,王储和国防大臣担任副主席。该委员会是沙特阿拉伯石油工业的最高管理机构,负责制定投资政策,监督油气和采矿业,制定油气生产目标,确定油品和其他原材料

---

① See IEA：Key World Energy Statistic 2011, http://www. iea. org/publications/free_new_ Desc. asp? PUBS_ID＝1199,2012-04-26.

② 参见 BP，《BP 世界能源统计年鉴(2011 年 6 月)》,http://www. bp. com/assets/bp_internet/ globalbp/globalbp_uk_english/reports_and_publications/statistical_energy_review_2011/STAGING/local_ assets/pdf/Chinese_statistical_review_of_world_energy_full_report_2011. pdf,2011-08-06。

价格,批准勘探开发合同等。①

沙特阿拉伯在维护常规能源的主导地位的同时,还在为自己设计石油枯竭后的"退路"。地处沙漠地区的沙特阿拉伯,年日照时间在 3 400 小时以上,几乎没有天然水源,而蒸发率则比其他地区高出近 100 倍,具备开发利用太阳能的有利条件。2009 年 6 月,沙特阿美石油公司同日本昭和壳牌石油公司签署协议共同开发利用太阳能发电,并定于 2010 年率先在沙特阿拉伯建设小规模分散性发电厂,向家庭和公共设施供电。按照计划,双方在 2012 年设立合资企业,业务范围进一步扩展到中东和东南亚地区。此外,沙特阿拉伯地处热带沙漠气候区,风沙很大,在风能利用方面也有较大潜力。沙特阿拉伯能源研究机构对艾布哈、达兰、阿尔阿尔、延布等城市进行了风力数据采集,并对风能发电的可行性进行了广泛细致的分析研究,为大规模风能开发利用创造了有利条件。沙特阿拉伯还加入了国际可再生能源机构(IRENA),②积极为可再生能源的发展贡献力量。2011 年 4 月,沙特阿拉伯宣布了《核能、可再生能源发展的国家战略》。该战略实施后,沙特阿拉伯未来几年将在替代能源领域投入 3 750 亿里亚尔(约合 1 000 亿美元),其中私营企业投资份额最大。③

(二)委内瑞拉

在欧佩克成员国中,委内瑞拉和厄瓜多尔属于南美洲拉丁语系国家,是前西班牙殖民地,在政治体制、经济制度和法律制度方面存在很大程度上的相似性。因此,我们选取欧佩克创始国之一的委内瑞拉,对其能源法进行简单介绍。

委内瑞拉,全称为"委内瑞拉玻利瓦尔共和国"(The Bolivariana Republic of Venezuela),是位于南美洲北部的国家,为欧佩克、南美洲国家联盟(UNASUR)成员国,世界主要的产油国之一,石油产业是其经济命脉。委内瑞拉是联邦共和制国家,总统为国家元首,兼任政府首脑。委内瑞拉实行一院制,全国代表大会是全国最高立法机关。最高法院为全国最高司法机构,由院长、2 名副院长和 32 名大法官组成,下设宪法、政治行政、选举、民事审判、社会审判和刑事审判 6 个法庭。大法官由司法推选委员会推荐,由全国

---

①　参见王越、王楠、张静:《沙特油气资源投资环境浅析》,载《天然气技术》2009 年第 5 期,第 1—2 页。

②　参见《沙特积极参与国际可再生能源开发》,http://finance.qq.com/a/20100203/003542.htm,2012-09-01。

③　参见《沙特将宣布核能及可再生能源发展的国家战略》,http://www.mofcom.gov.cn/aarticle/i/jyjl/k/201104/20110407480941.html,2012-09-02。

代表大会任命。委内瑞拉司法系统还包括总检察署、护民署、刑事调查机构和司法辅助机构。[①]

1. 委内瑞拉的能源概况

在能源产量方面,委内瑞拉 2009 年的能源总产量为 203.53 百万吨标准油,净出口量为 129.22 百万吨标准油。

具体到能源种类来看:(1)石油。①在石油探明储量方面,委内瑞拉 2010 年探明储量为 304 亿吨,合 2 112 亿桶,占世界总量的 15.3%,储产比超过 100;②在石油产量方面,委内瑞拉 2010 年石油产量为 2 471 千桶/日,合 126.6 百万吨,比 2009 年增长 1.4%,占 2010 年世界总量的 3.2%;③在石油消费方面,委内瑞拉 2010 年石油消费量为 765 千桶/日,合 35.2 百万吨,比 2009 年增加了 4.7%,占世界总量的 0.9%;[②]④在原油出口方面,委内瑞拉 2009 年原油出口为 85 百万吨,占 2009 年世界总量的 4.49%,居世界第九位;⑤在成品油出口方面,委内瑞拉 2009 年出口量为 33 百万吨,占 2009 年世界总量的 7.16%,居世界第三位;[③]⑥在炼厂产能方面,委内瑞拉 2010 年产能为 1 303 千桶/日,和 2009 年相比没有变化,占 2010 年世界总量的 1.4%。

(2)天然气。①在天然气探明储量方面,委内瑞拉 2010 年天然气探明储量为 192.7 万亿立方英尺,合 5.5 万亿立方米,占 2010 年世界总量的 2.9%,储产比超过 100;②在天然气产量方面,委内瑞拉 2010 年天然气产量为 285 亿立方米,合 25.7 百万吨油当量,比 2009 年下降了 0.7%,占 2010 年世界总量为 0.9%;③在天然气消费方面,委内瑞拉 2010 年天然气消费量为 307 亿立方米,合 27.6 百万吨油当量,比 2009 年增长了 0.6%,占 2010 年世界总量的 1%。

(3)煤炭。①在煤炭探明储量方面,2010 年委内瑞拉煤炭探明储量为 479 百万吨,占世界总量的 0.1%,全部为无烟煤和烟煤,储产比为 120;②在煤炭产量方面,委内瑞拉 2010 年煤炭产量为 2.9 百万吨油当量,比 2009 年增长了 8.1%,占世界总量的 0.1%。

(4)水能。在水能消费量方面,委内瑞拉 2010 年消费量为 17.4 百万吨

---

① 参见外交部:《委内瑞拉国家概况》,http://www.fmprc.gov.cn/chn/pds/gjhdq/gj/nmz/1206_9/,2012-09-30。

② 参见 BP:《BP 世界能源统计年鉴(2011 年 6 月)》,http://www.bp.com/assets/bp_internet/globalbp/globalbp_uk_english/reports_and_publications/statistical_energy_review_2011/STAGING/local_assets/pdf/Chinese_statistical_review_of_world_energy_full_report_2011.pdf,2011-08-06。

③ See IEA:Key World Energy Statistic 2011,http://www.iea.org/publications/free_new_Desc.asp?PUBS_ID=1199,2012-04-26。

油当量,比 2009 年下降了 10.7%,占 2010 年世界总量的 2.2%。①

2. 委内瑞拉的能源法概况

19 世纪中叶,委内瑞拉境内发现了丰富的石油资源。19 世纪下半叶,委内瑞拉政府开始出租土地,确立了早期石油开发的土地租让制。直到 1943 年,委内瑞拉政府颁布了《1943 年石油法》,明确规定停止出让新的油田;对已租让的油田确定了 50 年的归还期。这部法律的实施,使外国石油公司在委内瑞拉的租让地减少了近 1/3。1960 年,委内瑞拉政府建立了委内瑞拉石油公司,同时宣布不再向外国公司出让石油租让地。1970 年,委内瑞拉颁布了《石油资源保护法》。《石油资源保护法》规定外国公司在石油租让合同期满后,须将保持良好的全部资产无偿地交给委内瑞拉政府,未经政府同意,外国公司不得转移和处理。1975 年,委内瑞拉颁布了《石油国有化法》,按照这部法律的规定,国家控制石油的勘探、开发、加工、提炼、运输及石油、天然气、石化产品的贸易;国家收回石油租让地及外国石油公司在委内瑞拉的厂房和设备;政府分期给予外国公司以不超过账面资产的赔偿。最终,政府共支付 11.1 亿美元,将 19 家外国石油公司收归国有,并接管了石油物资和设备。直到 1995 年,委内瑞拉再次开放石油部门,允许公私合营。21 世纪之后,委内瑞拉再次实行国有化制度。2001 年,该国颁布了《油气资源法》,重新调整了矿区使用费、合资企业股权等规定,修改或废除了包括 1943 年《油气资源法》和 1975 年的《石油国有化法》在内的部分石油法律法规,还制定了一些相关配套的法律法规。2006 年 5 月,委内瑞拉国民议会又一次通过了对《石油法》部分条款的修改,重新规定了相关税费制度。② 2008 年 4 月 15 日,委内瑞拉通过《石油高价特殊贡献法案》,批准委内瑞拉政府对在该国运营的石油公司征收暴利税。这部分新征的税款将全部划拨给国家发展基金,用于国家基础设施建设和社会发展项目等。③ 委内瑞拉能源矿产部是该国石油产业的管理部门,负责颁发许可证、签发合作协议、安全监管等。委内瑞拉国民议会作为最高立法机关,是该国油气产业重要的国家监管部。④

① 参见 BP:《BP 世界能源统计年鉴(2011 年 6 月)》,http://www. bp. com/assets/bp_internet/globalbp/globalbp_uk_english/reports_and_publications/statistical_energy_review_2011/STAGING/local_assets/pdf/Chinese_statistical_review_of_world_energy_full_report_2011. pdf,2011-08-06。

② 参见赵苗:《委内瑞拉油气勘探开发投资环境研究》,中国地质大学(北京)2011 年博士学位论文,第 91—101 页。

③ 参见代冬聆:《委内瑞拉的能源政策及其对我国在委石油投资的影响》,载《经济纵横》2008 年第 10 期,第 105 页。

④ 参见苏文、余正伟:《委内瑞拉油气资源投资整体评价》,载《中外能源》2010 年第 10 期,第 13—14 页。

第二节 非欧佩克国家能源法

一、非欧佩克国家简介

非欧佩克国家(Non-OPEC)主要指的是欧佩克成员国之外的国家。在欧佩克国家中,部分能源生产或消费大国在国际能源市场中也占有举足轻重的作用,极具代表性的就是"金砖国家"。"金砖国家"(BRICS)指中国、俄罗斯、印度、巴西4个成长前景被看好的新兴市场国家。经俄罗斯倡议,四国近年来加强协调与合作,于2006年9月联合国大会期间举行了首次金砖国家(BRIC)外长会晤,此后每年依例举行。2010年12月,四国在协商一致的基础上,正式吸收南非加入机制,机制英文名称由"BRIC"变为"BRICS"。作为经济飞速发展的新型市场经济体,金砖五国大多为能源生产或能源消费大国,能够在一定程度上影响世界能源供需市场的动态平衡。除"金砖国家"外,欧洲、北美洲、大洋洲以及日本、韩国等发达或中等发达经济体在国际能源市场中也起着无可替代的作用。

二、非欧佩克国家能源状况及能源法

(一)非欧佩克国家能源状况

21世纪以来,非欧佩克国家在国际能源市场中的地位越来越高。截止到2011年底,非欧佩克国家石油探明储量为659亿吨,合4 563亿桶,占当年世界总量的28.1%,接近当年欧佩克国家石油探明总储量的40%。2011年,非欧佩克国家石油生产量为2 299.7百万吨,合47 745千桶/日,比2010年增长了约0.036%,占当年世界总产量的57.1%,是当年欧佩克国家石油总产量的1.33倍。总的来看,2011年非石油输出国组织的石油产量大致保持稳定,美国、加拿大、俄罗斯和哥伦比亚的产量增长弥补了英国和挪威等老产油区域产量的持续衰减以及其他某些国家所出现的意外停产。[①]

从非欧佩克国家内部来看,石油产量存在着两极分化的趋势:非欧佩克国家2009年保持增产的主要有巴西、哈萨克斯坦、阿塞拜疆,分别日增产

---

① 参见BP:《BP世界能源统计年鉴(2012年6月)》,http://www.bp.com/liveassets/bp_internet/china/bpchina_chinese/STAGING/local_assets/downloads_pdfs/Chinese_BP_StatsReview2012.pdf,2012-09-30。

19.1万桶、13.4万桶和12.5万桶;而资源趋于枯竭的墨西哥、英国、挪威等国减产最多,分别日减产25.9万桶、20.4万桶和10.7万桶。[①]　随着南美、中亚、北亚和撒哈拉以南的非洲地区的石油勘探前景越发看好以及北海、墨西哥湾等地区油田的日渐枯竭,非欧佩克国家中存在的这种两极分化将愈发明显。

　　与欧佩克国家的低成本常规石油开采不同,非欧佩克国家的原油主要集中在勘探成本和生产成本相对较高地区和尚待开发领域,例如深水、油砂等,因此非欧佩克国家在原油生产成本中处于劣势。但是,非欧佩克国家在新生产技术开发利用领域通常处于领先地位。虽然新技术开发有时会导致供应成本增高,但随着技术进步,科技进步的边际效应会逐步显现,相关成本就会随之降低,最终间接促使原油价格降低,从而提高非欧佩克国家相关能源产品的竞争力。[②]　预计在未来,非欧佩克国家在国际能源市场中的作用将越来越大。根据美国能源信息署(EIA)的估算,2012—2013年,非欧佩克国家的原油和液体燃料日均产量将分别增加60万桶和130万桶。其中,增长幅度最大的地区是北美,该地区的原油和液体燃料日均产量将分别增加94万桶和44万桶,这主要得益于美国本土页岩油和加拿大油砂产量的持续增长。除北美外,原油和液体燃料产量增长的国家还将包括哈萨克斯坦、巴西、中国、俄罗斯和哥伦比亚等。[③]　根据英国石油公司2012年发布的《2030世界能源展望》显示,石油在今后20年内预计将是增速最慢的燃料。全球液体燃料(石油、生物燃料和其他液体燃料)的需求增幅为1 600万桶/日,总量到2030年将超过1.03亿桶/日。而在今后20年内,非欧佩克国家的石油供应将继续增加,增幅为500万桶/日。这些供应的增长可以弥补某些成熟油田产量的持续下降。[④]　因此,从长远来看,非欧佩克国家在能源产业上的崛起会使得欧佩克国家控制油价的能力逐渐降低。随着俄罗斯、哈萨克斯坦、西非国家等非欧佩克国家的市场占有率的明显上升,国际石油市场已经开始由过去的少数寡头市场,逐步演变成相对大范围的垄断竞争市场,国际能源格局也将日趋多极化。[⑤]

　　①　参见牛犁:《国际油价延续涨势,上升空间受制》,http://futures.hexun.com/2009-12-22/122112763.html,2012-09-30。
　　②　参见和讯网:《非欧佩克国家的石油供应》,http://www.go24k.com/news/201206/22133619125452.shtml,2012-09-30。
　　③　参见《EIA发布8月份短期能源展望》,http://info.china.alibaba.com/detail/1040186051.html,2012-09-30。
　　④　参见张艳:《2030年中国或成第一能源需求国》,http://news.hexun.com/2012-02-16/138311732.html,2012-09-30。
　　⑤　参见张国宝:《国际能源市场近中期展望》,http://finance.people.com.cn/GB/17415444.html,2012-09-30。

表 1　非欧佩克国家原油和天然气供应展望[①]（单位：百万桶/日）

	2005 年	2010 年	2015 年	2020 年	2025 年	2030 年
美国和加拿大	8.9	8.7	8.1	7.5	7.0	6.5
墨西哥	3.8	3.8	3.8	3.5	3.2	2.9
西欧地区	5.6	4.5	3.6	3.2	2.8	2.5
经合组织太平洋国家	0.6	0.7	0.6	0.6	0.7	0.7
经合组织国家合计	18.9	17.7	16.1	14.8	13.7	12.6
拉丁美洲	4.0	4.5	5.0	5.6	5.8	5.8
中东和非洲 （欧佩克成员国除外）	4.2	4.8	4.9	5.0	4.9	4.7
亚洲 （日本、中国、中东地区除外）	2.6	2.9	2.6	2.2	1.9	1.6
中国	3.6	4.0	4.1	4.1	4.1	4.1
欧佩克以外的 发展中国家合计	14.4	16.2	16.6	16.9	16.7	16.2
俄罗斯	9.4	10.3	11.0	11.2	11.2	11.2
里海地区经济转轨国家	2.1	3.5	4.1	4.5	4.9	5.2
其他欧洲国家经济转轨国家	0.2	0.2	0.2	0.1	0.1	0.1
经济转轨国家合计	11.7	14.0	15.3	15.8	16.2	16.5
非欧佩克国家合计	45.0	47.9	48.0	47.5	46.6	45.3

表 2　非欧佩克国家非常规石油供应展望[②]（不包括生物燃油，单位：百万桶/日）

	2005 年	2010 年	2015 年	2020 年	2025 年	2030 年
美国和加拿大	1.2	2.1	2.9	4.0	5.0	5.7
西欧	0.1	0.2	0.2	0.2	0.2	0.2
其他经合组织国家	0.0	0.0	0.1	0.1	0.1	0.1
经合组织国家合计	1.3	2.3	3.2	4.3	5.3	6.0
中东和非洲 （欧佩克成员国除外）	0.2	0.2	0.2	0.2	0.2	0.2
亚洲 （日本、中国、中东地区除外）	0.0	0.0	0.1	0.2	0.3	0.3
中国	0.0	0.1	0.3	0.4	0.6	0.8
欧佩克以外的 发展中国家合计	0.2	0.3	0.6	0.8	1.1	1.3
非欧佩克国家合计	1.5	2.6	3.8	5.1	6.4	7.3

---

　　① 参见《欧佩克石油供应展望》，http://www.ce.cn/cysc/ny/jdny/200710/10/t20071010_13187563.shtml，2012-09-30。

　　② 参见《欧佩克石油供应展望》，http://www.ce.cn/cysc/ny/jdny/200710/10/t20071010_13187563.shtml，2012-09-30。

（二）非欧佩克国家能源法简介

在能源市场体制上，非欧佩克国家存在着明显的共性：与欧佩克成员国的石油资源主要掌握在国家石油公司（NOC）手中，可以协调产量、统一步调不同的是，在非欧佩克国家，石油生产活动大都由国际石油公司（IOC）负责，这些公司可以独立决定其石油产量。国际石油公司的主要目的是增加股东价值并根据经济因素做出投资决策；而国家石油公司还承担有其他责任，例如提供本国就业机会、进行基础建设或增加政府财政收入等。因此，在一般情况下，非欧佩克国家的投资情况和供应能力决定了其对市场变化能做出更加快捷的反应。非欧佩克国家的生产商通常被看做是价格接受者，即他们趋向于根据市场价格来调整产量而不是通过调控产量来影响价格。因此，非欧佩克国家的原油产量通常趋于饱和，剩余产能相对较少。[①] 而具体的能源法制，不同类型的非欧佩克国家有着不同的特点。

（1）第一类是非欧佩克产油（能）国，包括俄罗斯、哈萨克斯坦、澳大利亚等国家。这些国家有丰富的石油、煤炭资源，能够满足自身需要，并有充分的结余用于出口，甚至能够将能源作为一种国际政策工具来使用。因此，这些国家的常规能源法制较为完善，重视常规能源的勘探、开采、生产、运输和出口，相关制度也很健全。但是，它们过于"财大气粗"，可再生能源法制和节能法制相对薄弱。同时，由于对于化石能源出口利益的追求，这些国家往往对节能减排制度态度暧昧。

（2）第二类主要包括既是能源生产大国，又是能源消费大国的国家。发达经济体中此类国家的代表是美国，新兴经济体中此类国家的代表是中国和印度。此类国家能源产量很高，但由于经济总量太大或经济发展速度太快，能源需求旺盛。此类国家大多不能实现能源自给，能够自给的也大多维持能源供给与能源需求勉强持平。因此，此类国家的能源法制往往是"标本兼顾"的：既重视常规能源法制建设，又强调可再生能源法制与节能法制的重要性，其能源法律体系也相对完整。

（3）第三类是本国能源产量较少、经济发达而又严重依赖能源进口的国家。此类国家的代表包括日本、韩国以及部分欧洲国家。此类国家大多国土面积狭小，资源有限，但经济、科技水平非常发达。这些国家多为外向型经济，出口高端工业产品，进口包括能源在内的初级资源和原材料。因此，这些国家在能源立法上既注重"开源"，又注重"节流"，能源法律制度非常完

---

① 参见和讯网：《非欧佩克国家的石油供应》，http://www.go24k.com/news/201206/22133619125452.shtml，2012-09-30。

备,尤其重视可再生能源法制建设。同时,此类国家非常重视环境保护,重视节能减排,相关法律制度处于世界领先地位。

(4)第四类主要是指联合国列出的"最不发达国家"(Less Developed Country,LDC)。最不发达国家多为国土面积小、资源储量少、经济实力弱、发展程度低的小国、岛国以及自然环境极为恶劣的国家。这些国家既没有欧佩克国家所具有的能源资源优势,又没有日本、韩国等国家具有的经济资源优势,能源结构极端落后,在国际能源市场中没有丝毫的发言权,完全处于被剥削的地位。因此,这些国家的能源法制极不健全,甚至不存在能源法制。

综上可见,非欧佩克国家在能源法方面既存在共性,又存在个性。这就需要我们在研究非欧佩克国家能源法时,需要结合不同国家的具体国情和法律体系,进行区别分析和对待,以便为我国能源法制建设提供充足的素材比较和参考。

第二章　日本能源法

第一节　日本能源状况

一、日本经济与社会基本情况

（一）地理、人口概况

日本是亚洲东部太平洋上的一个群岛国家。西隔东海、黄海、朝鲜海峡、日本海同中国、朝鲜、俄罗斯相望,东临太平洋。领土由本州岛、北海道、九州岛、四国 4 个大岛和 3 900 多个小岛组成,面积 37.8 万平方千米。本州岛是日本最重要的岛屿,面积 22.74 万多平方千米,约占全国总面积的60%。海岸线总长将近 3 万千米。

在人口上,日本的城市人口占 76%,2000 年人口达 1.2 亿,居世界第八位,人口密度为每平方千米 339 人,是世界上人口密度最大的国家。日本人口分布的地区差异较大,全国超过 500 万人口的都道府县有 8 个。2000 年,日本共有城市 672 个。其中,人口超过 100 万的城市有 11 个。东京—横滨、大阪—神户、名古屋被称为三大城市圈,三大城市圈 50 千米范围内的人口占日本总人口的 44%。人口稀少地区为北海道、山阴和四国部分地区。从产业人口来看,1998 年第一产业人口占 5.3%,第二产业人口占 31.5%,第三产业人口占 63.2%。

（二）经济概况

经过 1945—1955 年 10 年的艰苦努力,日本经济从第二次世界大战后一片废墟中恢复到战前水平。20 世纪 60 年代,日本经济以 10% 的速度迅猛发展,经济进入高速增长时期。20 世纪 70—80 年代,日本经济进入稳定增长期,经济平均增长速度为 5%,经济取得了飞跃发展,迅速跨入世界先进国家行列,并一跃成为仅次于美国的世界第二大经济强国。1987 年,日本人均 GDP 首度超越美国,造成美国所谓"日本威胁论"的产生。20 世纪 80 年代末至 90 年代初,日本出现"泡沫经济",经济过热。20 世纪 90 年代初"泡沫经济"崩溃,经济进入持续衰退期。进入 21 世纪后,日本经济出现改善迹象。2003 年日本的 GDP 为 4.4 万亿美元,2004 年日本 GDP 为 4.6 万亿美元,居世界第二位。2005—2007 年,日本 GDP 指数震荡明显:2005 年为 4.55 万亿美元,2006 年为 4.375 5 万亿美元,2007 年为 4.385 万亿美元。2008 年金融海啸席卷全球,日本经济明显受挫。2010 年,由于中国经济的快速发展,日本 GDP 规模开始落后于中国,降至世界第三位。

日本主要的工业部门有电子、钢铁、汽车、电机、造船、石油化学、纺织等,工业产值占工农业总产值的 90%。日本造船吨位长期位居世界首位,有"造船王国"之称。纺织工业和电器电子工业在工业中占有一定地位。工业临海分布是日本经济地理的一大特点,工业生产集中在太平洋沿岸地区。从本州岛的东京湾到九州岛的北部是日本最重要的工业地带,其中以东京区(东京—横滨)、大阪区(大阪—神户)、名古屋区和九州岛北部区为 4 个最重要的工业区。

日本的主要贸易对象是中国、美国、中东以及亚洲其他国家和地区。日本主要出口钢铁、机械、船只、汽车、电视机、纺织品、渔产品等,但其绝大部分工业原料依靠进口,铁矿石、锰矿石、铜、铅、锌、铝、镍、煤、原油 9 项最重要的工业原料对进口的依靠程度超过 50%,其中原油、铁矿石、铝、镍等几乎全部依靠进口。此外,还进口废钢铁、羊毛、小麦、糖及其他工业原料。

二、日本的能源状况和能源问题

(一)日本能源基本情况

日本国土面积狭小,资源极其匮乏,所需石油的 99.7%、煤炭的 97.7%、天然气的 96.6% 都依赖进口。[①] 煤炭、石油、天然气、核能是支持日本经济增长的四大能源支柱。同时,日本的节能技术先进,能源效率较高。1971—2009 年,日本一次能源的供应结构和供应变化情况如图 2、3 所示。

---

① 王冰:《日本的资源进口战略》,载《中国外资》2005 年第 8 期,第 24—26 页。

第二章　日本能源法

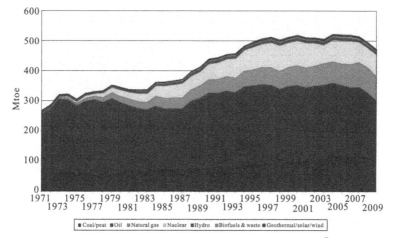

图 2　日本一次能源供应变化情况（1971—2009 年）①

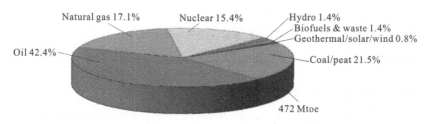

图 3　日本一次能源供应结构（2009 年）②

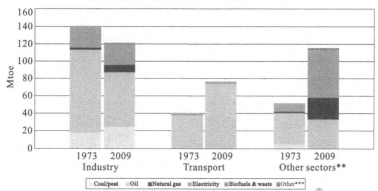

图 4　日本能源消费结构变化情况（1973—2009 年）③

---

①　See IEA：Total primary energy supply：Japan，http：//www. iea. org/stats/pdf _ graphs/JPTPES. pdf，2012-10-06.

②　See IEA：Share of total primary energy supply in 2009：Japan，http：//www. iea. org/stats/pdf_graphs/JPTPESPI. pdf，2012-10-06.

③　See IEA：Breakdown of sectoral final consumption by source：Japan，http：//www. iea. org/stats/pdf_graphs/JPBSFC. pdf，2012-10-06.

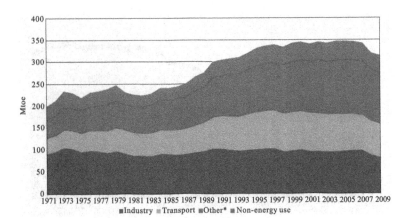

图 5 日本各产业部门最终能源消费变化情况(1971—2009 年)①

2009 年日本能源平衡情况参见下表。②

表 3 日本能源平衡表(2009 年)

[单位:千公吨油当量(ktoe)]

供应消费	煤炭	原油	成品油	天然气	核能	水能	地热能、太阳能等	生物燃料及垃圾能源	电力	热能	总计
生产(Production)	0	748	0	3 426	72 905	6 467	3 664	6 582	0	0	93 792
进口(Imports)	101 832	182 058	40 972	77 763	0	0	0	0	0	0	402 625
出口(Exports)	−809	0	−17 357	0	0	0	0	0	0	0	−18 166
国际航运(International Marine Bunkers)	0	0	−4 715	0	0	0	0	0	0	0	−4 715

---

① See Final consumption by sector:Japan,http://www. iea. org/stats/pdf_graphs/JPTFC. pdf,2012-10-06.

② See IEA:2009 Energy Balance for Japan,http://www. iea. org/stats/balancetable. asp? COUNTRY_CODE=JP,2012-10-06.

续表 3

供应消费	煤炭	原油	成品油	天然气	核能	水能	地热能、太阳能等	生物燃料及垃圾能源	电力	热能	总计
国际空运（International Aviation Bunkers）	0	0	−5 206	0	0	0	0	0	0	0	−5 206
库存变化（Stock Changes）	281	2 332	1 586	−528	0	0	0	−8	0	0	3 663
一次能源供应量（TPES）	101 304	185 138	15 279	80 661	72 905	6 467	3 664	6 575	0		471 993
传输（Transfers）	0	0	−9	0	0	0	0	0	0	0	−9
统计差异（Statistical Differences）	608	−274	−1 575	5 253	0	0	0	0	−1	16	4 027
发电厂（Electricity Plants）	−58 140	−3 182	−13 623	−51 761	−72 905	−6 467	−2 975	−4 081	89 525	0	−123 609
热电联产厂（CHP Plants）	0	0	0	0	0	0	0	0	0	0	0
热力厂（Heat Plants）	0	0	−7	−350	0	0	0	−141	−93	563	−28
天然气厂（Gas Works）	0	0	−1 538	1 472	0	0	0	0	0	0	−66
石油精炼厂（Oil Refineries）	0	−185 557	185 814	0	0	0	0	0	0	0	257

续表 3

供应 消费	煤炭	原油	成品油	天然气	核能	水能	地热能、太阳能等	生物燃料及垃圾能源	电力	热能	总计
煤炭转化厂 (Coal Transformation)	−15 048	0	−411	0	0	0	0	0	0	0	−15 459
液化气厂 (Liquefaction Plants)	0	0	0	0	0	0	0	0	0	0	0
其他 (Other Transformation)	0	4 322	−4 513	0	0	0	0	−17	0	0	−208
自用 (Energy Industry Own Use)	−2 910	−3	−8 241	−3 047	0	0	0	0	−4 749	−22	−18 972
配电损失 (Losses)	0	0	0	0	0	0	0	0	−4 345	0	−4 345
最终能源消费量 (TFC)	25 815	444	171 176	32 227	0	0	689	2 336	80 337	557	313 581
工业 (Industry)	24 973	18	24 184	7 403	0	0	0	2 313	23 234	0	82 125
交通 (Transport)	0	0	74 420	0	0	0	0	0	1 671	0	76 091
其他 (Other)	514	0	33 630	24 519	0	0	689	22	55 431	557	115 362
民用 (Residential)	0	0	12 731	9 040	0	0	470	22	24 597	31	46 891

续表 3

供应消费	煤炭	原油	成品油	天然气	核能	水能	地热能、太阳能等	生物燃料及垃圾能源	电力	热能	总计
商业和公共服务 (Commercial and Public Services)	514	0	17 353	15 478	0	0	133	0	30 522	525	64 525
农业/林业 (Agriculture/ Forestry)	0	0	1 712	0	0	0	87	0	75	0	1 874
渔业 (Fishing)	0	0	1 834	0	0	0	0	0	0	0	1 834
未分类 (Non-Specified)	0	0	0	0	0	0	0	0	236	0	236
无能源使用 (Non-Energy Use)	327	426	38 942	306	0	0	0	0	0	0	40 001
化工原料 (Petrochemical Feedstocks)	325	426	32 678	306	0	0	0	0	0	0	33 735

　　日本在节能和能源效率上和其他国家相比,居于先进地位。其相关数据参见下面表格。[①]

　　[①]　参见日本能源经济研究所计量分析部:Handbook of Energy and Economic Statistics in Japan 2005,日本节能中心 2005 年版,第 265 页。

表 4 单位产值能耗和油耗的国际比较

[单位:吨油当量(toe)]

	单位产值能耗/toe/百万美元 GDP				单位产值石油消费量/toe/百万美元 GDP			
	1973 年	1990 年	2002 年	2010 年①	1973 年	1990 年	2002 年	2010 年②
日本	124	91	90	110	96	52	45	44
欧盟	218	167	148	122	129	69	59	46
美国	433	296	249	170	206	118	98	65
中国	2 476	1 709	837	630	490	276	199	114
OECD	283	208	188	140	150	88	76	56
非 OECD	685	720	564	706	293	198	200	142
世界	345	297	262	250	172	117	101	79

1. 煤 炭

自工业革命之后,煤炭成为主要能源来源之一。日本有一定的煤炭储量,在 20 世纪 30—40 年代的战争期间以及战后经济恢复期间,出于军事、政治的需要,日本政府对煤炭工业实行了国家统一管理,煤炭为日本提供了 3/4 的能源。第二次世界大战后,随着国家能源发展政策逐渐由以煤炭为主的能源结构向以石油为主的能源结构的转换,日本煤炭工业在经历了 20 世纪 50—60 年代的短短十几年的产业结构的合理化调整后,在 1969 年开始的第四次煤炭产业政策中,明确地提出了"煤炭工业的自立发展已经没有可能,应该勇敢地去选择进退"这样的煤炭工业夕阳化路线。此后,1991 年开始的第九次煤炭产业政策中,进一步明确了"20 世纪 90 年代为煤炭工业调整的最后阶段"的方针,使日本煤炭工业的消亡进入了倒计时阶段。随着 1997 年 3 月三井三池煤矿和 2002 年 1 月太平洋煤矿的关闭,日本本土的煤炭工业最终画上了休止符。从 2002 年开始,日本实行新的煤炭政策,即"煤矿技术推广 5 年计划",和中国、印度、印度尼西亚等国家合作,开展煤矿技术培训和技术合作以及进行煤炭的海外开发工作。③

日本本土的煤炭工业虽然走向了消亡,但日本煤炭消费量却呈逐年上升趋势。石油危机后,日本重新认识到煤炭的重要性。现在日本的煤炭需

---

① 2010 年欧盟的数据源自世界银行数据库:http://data. worldbank. org. cn/topic/energy-and-mining,2012-10-05;2010 年其余国家和地区的数据源自 IEA:Key World Energy Statistics 2012,http://iea. org/publications/freepublications/publication/kwes-1. pdf,2012-10-05。

② 2010 年的数据根据 Key World Energy Statistics 2012 和 Statistical Review of World Energy 2012 整理。

③ 参见刘宏兵:《对日本煤炭工业消亡的思考》,载《经济问题》2004 年第 12 期,第 65—67 页。

求全部依靠进口(多来自澳大利亚)。2011 年,日本 24.64% 的一次能源消费来自煤炭。日本历年煤炭生产量、消费量见下表。[1]

表 5 日本历年煤炭生产量、消费量(1984—2011 年)

(单位:百万吨油当量)

年 份	生产量	消费量
1984	19.41	112.93
1985	19.03	119.38
1986	15.27	109.21
1987	14.53	111.07
1988	13.78	122.58
1989	12.53	122.67
1990	11.31	126.43
1991	9.58	129.33
1992	8.62	125.06
1993	7.94	127.07
1994	7.43	136.76
1995	6.96	141.56
1996	6.80	142.07
1997	4.38	150.57
1998	4.08	143.10
1999	4.07	154.71
2000	3.27	169.29
2001[2]	1.80	103.00
2002	0.80	106.60
2003	0.70	112.20
2004	0.70	120.80
2005	0.60	121.30
2006	0.70	119.10
2007	0.80	125.30
2008	0.70	128.70

---

[1] See EIA:International Energy Annual,http://www.eia.doe.gov/emeu,2012-04-02.

[2] See IEA:Key World Energy Statistics 2012,http://iea.org/publications/freepublications/publication/kwes-1.pdf,2012-10-05.

续表5

年　份	生产量	消费量
2009	0.70	108.80
2010	0.50	123.70
2011	0.70	117.70

其变化趋势表现为：

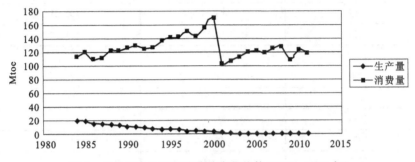

图6　日本煤炭生产与消费的变化趋势(1984—2011年)

2. 石　　油

2010年,日本是世界第三大石油净进口国。[①] 为确保石油的稳定供应,日本十分注重与石油生产国的合作和本国的石油储备建设。同时,在两次石油危机后,日本最迫切的是制定节能措施和石油替代,其结果是日本对中东石油的依赖度暂时有所下降。但是,一部分当时向日本出口石油的东亚国家由于本国国内能源消费的增长,由石油出口国转变成石油净进口国,日本自20世纪90年代初对中东石油的依赖程度再次攀升。尽管如此,日本能源供应中对石油的依赖仍达大约50%。

日本在世界主要石油消费国中的位置如下图所示。[②]

---

① See IEA:Key World Energy Statistics 2012,http://iea. org/publications/freepublications/publication/kwes-1. pdf,2012-10-05.

② See IEA:Key World Energy Statistics 2012,http://iea. org/publications/freepublications/publication/kwes-1. pdf,2012-10-05.

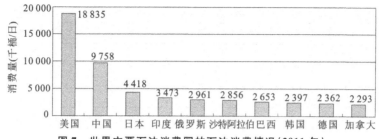

图 7　世界主要石油消费国的石油消费情况（2011 年）

日本在世界主要石油净进口国中的位置如下图所示。[①]

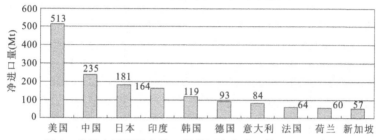

图 8　世界主要石油净进口国的石油净进口情况（2010 年）

日本历年石油生产、消费量参见下表。[②]

表 6　日本石油生产、消费情况（1986—2011 年）

（单位：千桶/日）

年　份	生产量	消费量
1986	52.3	4 503.0
1987	54.9	4 567.0
1988	59.5	4 849.0
1989	62.6	5 058.0
1990	66.6	5 315.0
1991	77.5	5 389.0
1992	80.8	5 478.0
1993	84.5	5 395.0
1994	81.7	5 655.0
1995	91.0	5 693.0
1996	100.0	5 739.0
1997	101.1	5 702.0
1998	104.4	5 507.0

①　See IEA：Key World Energy Statistics 2012，http：//iea. org/publications/freepublications/publication/kwes-1. pdf，2012-10-05.

②　See EIA：International Energy Annual，http：//www. eia. doe. gov，2012-4-1；EIA：Short Term Energy Outlook，http：//www. eia. doe. gov，2012-04-01.

续表 6

年 份	生产量	消费量
1999	109.5	5 642.0
2000	112.2	5 515.4
2001	121.1	5 412.0
2002	120.2	5 318.8
2003	116.6	5 428.4
2004	123.4	5 318.8
2005	128.5	5 327.9
2006	129.3	5 197.4
2007	132.4	5 037.0
2008	134.1	4 795.4
2009	137.6	4 405.8
2010	141.2	4 437.1
2011	135.0	4 464.1

日本石油生产与消费的变化趋势如下图所示。

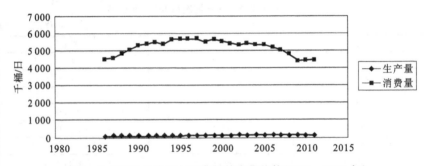

图 9　日本石油生产量与消费量的变化趋势(1986—2011 年)

3. 天 然 气

石油危机之后,天然气日益成为日本替代石油的一种新选择。日本天然气资源十分贫乏,但日本政府却十分重视天然气的消费,采取各种政策措施促进天然气消费,使天然气消费量以年均5%—10%的速度增长。2011 年天然气的消费量达到 1 055 亿立方米,[①]净进口量为 1 160 亿立方米。在一

---

① 参见 BP:《BP 世界能源统计年鉴(2012 年 6 月)》,http://www.bp.com/liveassets/bp_internet/china/bpchina _ chinese/STAGING/local _ assets/downloads _ pdfs/Chinese _ BP _ StatsReview2012.pdf,2012-09-30。

次能源消费结构中,天然气所占比例为 19.9%。[①]

日本在世界主要天然气消费国中的位置如下图所示。[②]

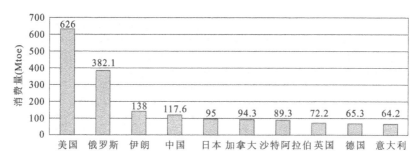

图 10 世界主要天然气消费国的石油消费情况(2011 年)

日本在世界主要天然气净进口国中的位置如下图所示。[③]

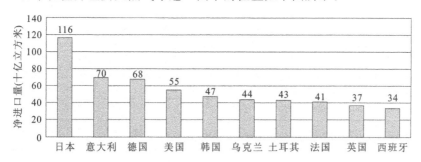

图 11 世界主要天然气净进口国的石油净进口情况(2011 年)

日本政府现在正在考虑今后扩大利用天然气的一系列计划。这些计划包括将燃烧石油和煤炭的热力发电厂改为燃烧天然气、用天然气代替石油作为向城市提供天然气的原材料和提倡使用燃气汽车。另一项新计划就是变更天然气的形式,把它作为液化燃料来利用,以扩大天然气的利用范围。[④]

日本历年天然气生产量、消费量参见下表。[⑤]

---

① See IEA:Key World Energy Statistics 2012, http://iea. org/publications/freepublications/publication/kwes-1. pdf,2012-10-05.

② See IEA:Key World Energy Statistics 2012, http://iea. org/publications/freepublications/publication/kwes-1. pdf,2012-10-05.

③ See IEA:Key World Energy Statistics 2012, http://iea. org/publications/freepublications/publication/kwes-1. pdf,2012-10-05.

④ 参见王正立、曹庭语:《日本的能源与能源政策》,载《国际动态与参考》2004 年第 20 期,第35—37 页。

⑤ See EIA:International Energy Annual,http://www. eia. doe. gov/emeu,2012-04-03.表中的天然气为干式天然气(Dry Natural Gas)。

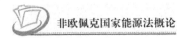

表 7 日本天然气的生产量、消费量情况(1984—2011 年)

(单位:十亿立方英尺)

年 份	生产量	消费量
1984	75.3	1 372.0
1985	78.6	1 467.0
1986	74.3	1 494.0
1987	76.6	1 543.0
1988	74.1	1 618.0
1989	70.9	1 731.0
1990	211.0	2 028.0
1991	219.0	2 175.0
1992	219.0	2 177.0
1993	225.0	2 217.0
1994	216.0	2 334.0
1995	223.0	2 409.0
1996	213.0	2 524.0
1997	205.0	2 590.0
1998	198.0	2 676.0
1999	201.0	2 818.0
2000	205.0	2 914.0
2001	193.0	2 902.0
2002	219.0	3 100.0
2003	185.0	3 100.0
2004	201.0	3 124.0
2005	173.0	3 110.0
2006	179.0	3 437.0
2007	172.0	3 748.0
2008	168.0	3 654.0
2009	180.0	3 650.0
2010	174.0	3 718.0
2011	116.0	3 976.0

其变化趋势如下图所示。

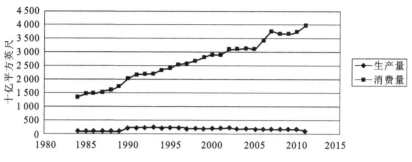

图 12　日天然气生产量与消费量的变化趋势(1984—2011 年)

4. 核能及电力

第二次世界大战后,日本在原子能领域的研究曾被全面禁止,1953 年美国提出了所谓"和平利用原子能"的口号,在全面垄断核武器开发这一核战略前提下,美国与原子能产业相关的各大企业开始以提供原子能技术援助的名义,向日本兜售原子能反应堆和核燃料。日本政府立即做出积极响应,并顺应本国财界要求于 1954 年提出了 2.35 亿日元的原子能利用特别追加预算,日本的核能逐渐发展起来。

日本在世界主要核电生产国中的位置如下图所示。[①]

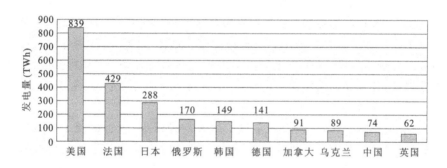

图 13　世界主要核电生产国的发电量(2010 年)

---

　　① See IEA:Key World Energy Statistics 2012,http://iea. org/publications/freepublications/publication/kwes-1. pdf,2012-10-05.

日本在世界主要核电装机大国中的位置如下图所示。[①]

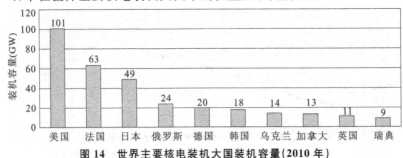

图 14　世界主要核电装机大国装机容量(2010 年)

总体上看,煤炭、天然气、核能是日本电力的主要能源来源。日本电力的基本情况参见下表。[②]

表 8　日本各种类能源的电力产量(2008 年)

能源来源	电力产量(单位:GW·h)	比例(%)
煤炭	247 875	25
石油	118 980	12
天然气	267 705	27
可再生能源	79 320	8
核能	277 620	28
总计生产	991 500	100

2011 年 3 月 11 日,日本东北部茨城县东部海域发生 9.0 级大地震并引发高达 10 米的强烈海啸。此次地震及海啸造成东京电力公司下属的福岛核电站 1、2、3 号机组失去场外交流电源,内部应急电源失效,从而导致反应堆冷却系统功能失灵,造成 7 级核泄漏事故[③],核反应堆堆芯和辐射屏障出现严重损坏,放射性物质出现一定泄露,形成世界史上罕见的地震、海啸、核泄漏三位一体的复合型灾害。

此次福岛核电站事故不仅造成了巨大的经济损失,也造成了极大的社会影响,可以说是第二次世界大战结束后日本国内最为严重的经济社会灾难。[④] 日本国内反核的呼声日益高涨,根据当时日本新闻网(NHK)所做的民意调查显示,有 71.2% 的日本国民对关闭核电站表示赞成,而且同时要求

①　See IEA:Key World Energy Statistics 2012,http://iea. org/publications/freepublications/publication/kwes-1. pdf,2012-10-05.

②　See IEA:IEA Energy Statistics,http://www. iea. org/Textbase,2012-04-05.

③　根据国际原子能机构(IAEA)的分类,核泄漏事故共分为 7 级,1986 年的苏联切尔诺贝利核事故被定义为最严重的 7 级。

④　参见[日]小坂直人:《福岛核电事故与日本能源政策的走向》,载《日本研究》2011 年第 3 期,第 37—41 页。

日本逐步减少核电站的人也达到了 64.3%。在强大的民意面前,时任日本首相的菅直人提出了"脱核电"的设想,并于 2011 年 5 月 6 日要求滨冈核电站所有机组停止运转,另外在建的 3 座机组以及规划中的 11 座也已完全停止。2011 年 5 月 10 日,菅直人宣布日本正在重新评估原有的核能发展计划,计划在 2050 年"摆脱核电站"。2011 年 8 月 6 日,菅直人在出席广岛核爆 66 周年纪念大会时,再次强调了要逐步摆脱核电的决心。应该说,在各种因素的作用下,核能在日本的发展将会逐渐减缩。

5. 可再生能源

为了保障能源战略安全,实现 2010 年《京都议定书》规定的温室气体减排标准,日本高度重视可再生能源的发展,加大对可再生能源的开发力度,并取得了可喜的成果。2011 年福岛核泄漏事故后,可再生能源的发展得到日本政府更大程度的重视。日本的可再生能源主要包括风能、太阳能、生物质能、小中型水电和地热能等。各种可再生能源所发电力参见下表。

表 9 日本可再生能源发电情况(2007 年)[①]

能源来源	发电量(单位:GW·h)	比例(%)
城市废弃物	6 894	5.5
工业废弃物	89	0.07
固态生物质	11 592	9.2
沼气	0	0
液态生物燃料	0	0
地热	3 374	2.7
太阳热能发电	0	0
太阳能光伏发电	2	0.001
水能	103 147	81.6
潮汐、波浪、海洋能	0	0
风能	1 310	1.1
总计	126 408	

各种可再生能源消费情况如下表。

表 10 日本可再生能源消费情况(2011 年)[②]

能源来源	消费量(Mtoe)	占本国一次能源消费比例(%)	占世界总量的比例(%)
水电	19.2	4.0	2.4
其他[③]	7.4	1.5	3.8

---

① See IEA:IEA Energy Statistics,http://www.iea.org/Textbase,2012-04-06.

② See IEA:Key World Energy Statistics 2012,http://iea.org/publications/freepublications/publication/kwes-1.pdf,2012-10-05.

③ 其他可再生能源,主要包括风能、地热、太阳能、生物质能和垃圾发电等。

从总体上看,日本自身的能源生产,在煤炭工业消亡后,现在主要是核能和可再生能源,其他能源基本依赖进口,参见下图。

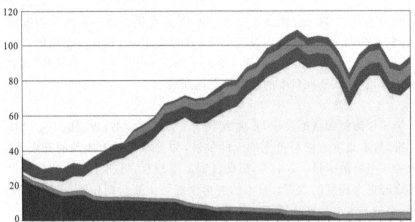

图 15　日本能源生产变化图(1971—2009 年)[①](单位:Mtoe)

(二)日本能源结构的演变

长期以来,日本一直在实施能源多样化政策,力求核能、天然气、煤炭和石油的均衡使用,并积极开发新能源,减少对石油类能源的依赖程度,优化能源结构。[②] 其变化可以分为两个阶段。

1.从以煤为主向以油为主转变[③]

日本能源结构随着能源市场的变化出现过多次调整。第二次世界大战前,日本能源消费结构以煤炭为主。第二次世界大战后,1945—1955 年是日本战后恢复经济的建设时期,由于第二次世界大战刚刚结束,国际环境还处在战后动荡时期,国际贸易在范围和领域上都受到很大限制,日本在解决能源问题上也只能依靠自己现有条件。当时日本一次能源主要依靠国产煤和水力。在 1955 年日本一次能源供给中,国产煤占 44%,水力占 27%,一次能源的自给率达 80%。为了加大煤炭产量,日本确立了以煤炭为中心的"官民一体"政策体制,从劳动力、生产技术、资本投入、民间参与等各方面加以保障。

---

①　See IEA:Energy production:Japan,http://www. iea. org/stats/pdf_graphs/JPPROD. pdf,2012-10-06.

②　刘丽君:《油价高企背景下美日德法能源政策概况》,载《中国能源》2006 年第 5 期,第 32—35 页。

③　丁敏:《日本的能源战略及其调整》,载《天然气经济》2004 年第 3 期,第 1—6 页。

1955—1975 年日本经济实现高速增长,同期对能源的需求也成倍扩大,能源供给结构发生重大变化,最突出的一点就是石油取代煤炭在日本一次能源中占了重要的地位。由于人类开采石油的技术和能力提高,国际石油能源供给力增强,石油比煤清洁又便于运输,当时石油价格又很便宜,日本由大量使用煤转向大量使用石油。1962 年石油首次超过煤炭成为日本能源消费的第一位。1955—1975 年的 20 年间,日本对能源的总需求增长了 5.7倍,对各类一次能源的需求增长分别为:石油增长 23.8 倍,天然气增长 46倍,煤增长 2 倍,水力增长 1.1 倍。到 1975 年,日本一次能源结构中石油的比重超过 70%,煤的比重降到 16.4%,日本国产煤的比重降到 3%,水力的比重降到 5%,一次能源的国内供给率也降到 12%。

2. 降低石油依赖度,实现能源构成的多样化

20 世纪 70 年代,中东地区发生了两次大的动荡(1973 年第四次中东战争和 1979 年伊朗政变),中东石油的生产和运输因此受阻,导致世界石油价格的飞涨,先后引发了两次石油危机。石油价格暴涨造成了日本的通货膨胀,严重打击了过度依赖石油的日本经济。石油危机后,日本开始了新一轮的能源结构调整,重点开发核电,积极进口煤和天然气,以降低对石油的依赖程度。与此同时,日本政府鼓励新能源的技术开发和利用,在耗能大的产业领域开展节能运动。

经过长期的努力,日本所设计的能源构成多样化战略已取得成效。1975—1997 年,日本对能源的总需求增长了 1.5 倍。其中,对核能的需求增长了 12.6 倍,对天然气的需求增长了 7 倍,对煤和石油的需求增长开始缩小,分别为 1.6 倍和 1.1 倍。20 世纪 90 年代末,石油在日本一次能源供给中的比重降到了 52%左右,比 20 多年前降低了 19 个百分点;新能源的比重上升幅度虽然不明显,但技术开发取得了很大进展。[1] 日本一次能源消费结构如下表所示。

表 11　日本一次能源消费结构(2011 年)[2]

能源品种	消费量(Mtoe)	占本国消费量的比例(%)	占世界消费量的比例(%)
石油	201.4	42.2	5.0
天然气	95.0	19.9	3.3
煤炭	117.7	24.6	3.2

① 参见丁敏:《日本的能源战略及其调整》,载《天然气经济》2004 年第 3 期,第 1—6 页。

② See IEA:Key World Energy Statistics 2012,http://iea.org/publications/freepublications/publication/kwes-1.pdf,2012-10-05.

续表 11

能源品种	消费量（Mtoe）	占本国消费量的比例（%）	占世界消费量的比例（%）
核能	36.9	7.7	6.2
水电	19.2	4.1	2.4
其他可再生能源	7.4	1.5	3.8
总计	477.6	100	3.9

（三）日本面临的能源问题

目前，日本所面临的能源问题概括起来，有以下四点。

1. 国民经济依然高度依赖进口资源，能源自给率低

据统计，日本能源绝大部分依赖进口。其中最为典型的是石油，而日本进口的原油绝大多数依赖中东地区。可以说，对于日本而言，其能源消费已基本形成"能源需求高度依赖石油，石油需求高度依赖进口，进口需求高度依赖中东"的畸形结构，这就使得日本的能源自给率偏低。根据 2006 年 6 月发表的《平成 17 年能源年度报告》显示，日本 1960 年煤炭及水力为主的能源自给率为 56%，但之后该比率大幅度下降，2006 年为 6.8%（加上核能为17.3%）。之后该比率呈逐年下降趋势，无疑成为日本能源安全的重大威胁。

2. **核电面临诸多两难困境**

20 世纪 70 年代石油危机以来，日本通过各种途径发展多样能源，特别是核能发电站的建立，到目前为止，日本是世界第三大核能利用大国，核发电已达到日本电力供应总量的 1/4 以上。核电虽然给日本能源带来巨大利益，但由于美国、前苏联核电站泄露事故在世界上造成不良影响，日本本土核电站也出现多次事故，如 1999 年住友金属矿业子公司（JOC）临界事故[①]和2011 年福岛核电站事故，日本国民反对建核电站的呼声强烈。日本发展核电不仅要面对国内民众压力，也要顾及来自国际社会的反对声音。美国及亚洲许多国家担心日本借发展核电之名行走向核武力强国之实，毕竟 20 世纪 90 年代以来日本极右势力的抬头令周围国家不安。

在 2011 年福岛核事故发生后，核能退出成为日本社会的共识，但如何退出却是一个相当难以处理的问题。鉴于核电站巨额的前期投入成本以及高昂的拆除费用，已建成使用的核电站不会马上完全停止，其中一部分将继续

---

① 1999 年 9 月 30 日，在日本茨城县东海村那珂郡，住友金属矿业子公司在进行核燃料加工设施施工时，不慎造成辐射外泄事故，放射性物质释放在环境中，共计 69 人遭到核辐射。最后被定性为 4 级核事故。

运行,同时加强安全防范标准以及定期检修;核电站的寿命在 40 年左右,而日本的核电站多数建于 20 世纪 80 年代,这就意味着到 21 世纪 20—30 年代将迎来核电站集中退役的高峰;从目前情况来看,新建核电站的可能性很小。这就要求电力能源生产企业要尽快确定核能的替代能源,以弥补核电站退役所带来的近 30% 的电力缺口。然而以目前可再生能源 9% 的规模来看,实现这一目标是非常困难的。

日本根据千叶大学学者的测算,2040 年使用可再生能源替代目前的全部核电机组发电量,要替代目前核电机组 2009 年的供电量,需要 1 044 万千瓦(kW)的水电机组、430 万千瓦的地热发电机组、3 850 万千瓦的风电机组、7 429 万千瓦的太阳能发电机组以及 120 万千瓦的生物质发电机组的组合才行,而这样的可再生能源组合目标的实现从日本目前的资源和技术条件来看,的确存在相当大的难度。日本能源自给率低且与其他国家不能进行电力交换,在这种情况下,完全关闭核电站就会面临很大的经济、社会问题。

3. 生产、生活领域耗能问题突出

石油危机以后,日本在节省能源、提高能源效率上做了巨大努力,大量消耗能源的产业都推行了各种节能措施并开发出许多节能技术和产品。日本的节能努力在 20 世纪 80 年代收到丰硕的成果。但是一些新的调查研究显示,进入 20 世纪 90 年代以来日本产业的能源效率出现滑坡。2000 年度日本最终能源消费比 1990 年度增长了 16.2%,工业生产在这 10 年间仅增长 0.4%,而同期工业对能源的消费却增长 9.1%,其中制造业对能源的消费增长 13.6%,工业生产平均能源消费增长了 13%。上述这些指标显示整个 20 世纪 90 年代日本产业能源效率出现前所未有的大滑坡。

同时,从 20 世纪 80 年代后期开始,随着各种民用电器普及率的提高和制造业生产的萎缩,民用能源消费和运输用能源消费增加,即非生产性能源消耗超过了生产性能源消耗。1995 年,日本民用能源和运输用能源消费之和在整个能源消费中首次超过 50%。日本家庭、办公、运输等领域的高能耗导致日本社会能效下滑,这是日本能源在 20 世纪 90 年代暴露出的新问题。例如,由于 20 世纪 90 年代日本经济不景气,许多家庭推迟更新旧家电和家用小汽车,现在日本小汽车中能效低的廉价车使用数量是 1990 年的 7 倍,能耗大的小汽车仍然在使用。如何改善建筑体系、改善家用电器、推行更科学的电器资源配置和交通资源配置体系是日本在能源消费中必须解决的新问题。

4. 新能源发展面临诸多难题

经过 20 世纪七八十年代的努力,日本在节能技术和产品方面的成绩卓越,在新能源开发上也取得一些进展,特别是太阳能利用居世界领先地位。但是与对核能技术的利用比较,日本对新能源技术的开发投入力度远远不够。长期以来日本能源开发预算的90%以上都倾注在充分利用石油和核能资源上,因此,多年来真正意义上的新能源开发及应用并没有什么进展。新能源在日本能源结构中的比重多年来没有明显提高。20世纪70年代初新能源在日本一次能源中约占0.9%,核能约占0.6%,二者比重不相上下。1990年核能比重上升至9.4%,而新能源的比重仅增加到1.3%。1998年核能在一次能源中的比重已经超过13%,而新能源仅占1%左右。

2011年福岛核事故后,新能源在日本得到了越来越多的重视,但日本的新能源发展仍然面临较大阻碍,其中首要问题就是日本电网网架薄弱问题。由于可再生能源,特别是太阳能、风能等缺乏稳定性,加强电力网架建设,增强各大区域性电力企业间的联络供给,是规模化发展可再生能源的基本前提条件。太阳能、风能发电受自然条件变化影响造成的无规律波动是电网稳定运行的一大难题,需要有大量的后备电力作为调节。日本的九大电力公司以地域为界限,分别经营其辖区内的发电及电力传输设备,彼此间的联络线非常薄弱,且关东与关西地区的用电频率不同,这使得远距离的电力输送和大规模的电力调度无法实现,从而限制了可再生能源电力规模化接入电网。

另外,可再生能源的前期投资较高以及由此导致的电价过高也是可再生能源市场化的主要障碍。以用户侧太阳能发电为例,一个日本家庭实现太阳能独立发电,一套设备需要300万日元(合人民币18万—20万元),太阳能的发电成本为49日元/千瓦时,而日本目前的售电价格为24日元/千瓦时。这就要求日本政府采取适当的补贴措施,以维持用户安装发电设备以及电力公司收购可再生能源电力的积极性,巨额的补贴费用是日本政府的沉重负担。

三、日本能源战略的演变和发展

(一)石油危机前的能源政策

在1973年第一次石油危机以前,日本并未形成整体性的能源战略,只是简单的能源政策组合。大致可以分成两个阶段,即战后复兴时期和高速成长期。

1. 战后复兴时期(1946—1961年)

在这一时期,煤炭作为主要能源发挥了极大的作用,确立了"官民一体"的煤炭增产体制,从而使日本经济从战后的荒废中恢复了过来。之后,为了应对朝鲜战争结束后的煤炭不景气而推行煤炭产业合理化,维持了以煤炭为主要能源供给的"煤主油从"政策。这个时期日本的能源政策可以概括为:采用倾斜生产方式;实施"煤主油从"政策。

2. 高速成长时期(1962—1972 年)

在这一时期,石油成为日本首要的能源资源,日本政府也实施了与石油供给配套的一系列政策,确立了"以石油为主、煤炭为辅"的能源政策方向。这一时期的能源政策目标是在"廉价、安全、自主"的原则下,力求保证经济高速发展情况下的能源供应。

(二)石油危机后的能源战略

在经历了经济高速成长后,20 世纪 70 年代的两次石油危机给日本带来了巨大的冲击。伴随"能源安全战略"概念在世界上的兴起,日本也越来越重视采取综合性的能源政策,自此,日本的能源政策体系逐渐开始形成。

1. 第一次石油危机后的能源战略(1973—1979 年)

1973 年 10 月,第四次中东战争爆发,并引发了第一次石油危机。这一时期日本的政策目标是确立能源供应的安全保障,它的特点在于由原来高速增长期的"廉价、安全、自主"的方针退到强调"即使牺牲经济利益也必须保证日本经济发展所需的石油供应"。具体措施包括:①制定了能源紧急对策;②推进石油储备的发展,并制定了《石油储备法》;③更加重视石油的稳定供给;④能源供给结构的改善,主要包括对石油依存度的降低及能源多样化、推进节能、开发新能源,实施了"阳光计划",颁布了《石油代替能源法》和《煤与石油及石油代替能源对策特别会计法》;⑤为保障电力的充分供给,1964 年,日本颁布了《电力事业法》;⑥为了使发电站的建立能顺利实施,日本政府在 1974 年出台了旨在提高发电站建立地区福利的"电力能源三法",即《发电设施周围地区整备法》、《电力能源开发促进税法》和《电力能源开发促进对策财政法》。

为实现该能源战略,在政府政策方面,1974 年日本政府开始实施著名的"阳光计划",主要开发煤炭液化、气化及太阳能电池等大型新能源技术。同年 2 月,日本政府于综合能源调查会下设各项基本问题恳谈会,于 1975 年 8 月完成名为《(昭和)50 年代能源稳定政策——稳定供给的选择》报告。主要理念是要兼顾能源的充足、廉价、稳定供应,主要内容是:减少石油进口依赖度;致力非石油之其他能源多元化;确保石油之稳定供应;推行能源节约政策;促进新能源的研究发展。

2. 第二次石油危机后的能源战略(1980—1985 年)

第二次石油危机以后,日本能源政策仍以政府与民间合作达成稳定供应为目标,同时为减低对石油的高度依赖,日本政府将能源政策重点由稳定能源供应转移至兼顾"石油替代能源之引进政策"之上。

为减低对石油的依赖度,日本第 91 届国会于 1980 年 5 月 30 日提出了旨在促使日本经济"减轻对石油的依存度,促进国民经济稳步发展和安定国民生活"的《促进石油替代能源开发和利用法》,指出了石油替代能源的供给目标以及一些保障石油替代能源政策顺利实施的措施(包括设施利用、财政保证、科学技术等),并提议设立新能源综合开发机构,在以前政策的基础上,增添了促进太阳能利用技术、新燃料油开发利用等。

3. 广场协议后的能源战略(1986—1991 年)

20 世纪 80 年代的日本,伴随高技术化、城市化、信息化的高速发展,进入了复合能源结构时代,建立了覆盖范围广、政策层面多的能源政策体系,能源战略日益成熟。1985 年广场协议后,日元升值,要加强日本产业的国际竞争力就要降低能源成本。这一时期的政策目标可以用"实现能源供应的安全保障与经济效益的最佳平衡"来概括。1987 年,作为追加政策目标,又补充了从质量角度出发的"形成适应用户需求的能源组合"。作为政策手段,日本此时特别重视对石油产业结构的改善、缩减炼油设备、改组石油产业、实现集团化及减弱对石油产业的控制。

(三)里约会议后的能源战略

1992 年 6 月在里约热内卢召开的联合国环境大会上,150 多个国家在《联合国气候变化框架公约》上签了字,1993 年 5 月日本国会最终批准了《联合国气候变化框架公约》,并于 10 月制定了《环境基本法》并开始执行。在这种情况下,日本正式确定了"经济增长、环境保护与能源安全保障"的国家能源战略目标,实现经济增长、环境、能源稳定供应三者的持续、协调发展。

在能源规划上,日本通产省于 1993 年开始实施"新阳光计划",这是一项由原来的"阳光计划"与之前的"月光计划"(主要开发大型节能技术)及"地球环境技术开发计划"三位一体综合开发与能源有关的革新技术和环境技术的国家级重要项目。在此基础上,日本最终确立了综合性能源政策体系。

(四)福岛核事故前日本能源战略的发展

随着"9·11"等一系列事件的发生,世界能源格局和市场发生了新的巨大变化。为了顺应新的能源形势,2006 年 5 月 29 日,日本颁布了《新国家能源战略》,这是日本首次制定的国家能源战略。

《新国家能源战略》由两部分组成,即对现状的认识及今后的战略和战略措施。新战略在分析总结世界能源供需状况的基础上,从建立世界上最先进的能源供求结构、综合强化资源外交及能源、环境国际合作、充实能源紧急应对措施等方面,提出了此后 25 年日本能源战略的三大目标、八大战略措施计划及相关配套政策。[①]

日本新能源战略的三大目标是:①确立国民可以信赖的能源安全保障;②为经济的可持续发展奠定基础,一体化解决能源问题和环境问题;③为解决亚洲和世界能源问题做出积极贡献。

为了实现上述能源战略目标,日本政府设定了五项数值指标:①到2030年,将能源利用效率至少再提高30%;②到2030年,将石油在一次能源供应总量中的比例从目前的约占50%进一步降到40%以下;③到2030年,努力将运输部门的石油依存程度从目前的几乎100%降低至80%左右;④2030年以后,核电在总发电量中所占比例达30%—40%或以上;⑤将日本企业权益下的原油交易量占海外原油总进口量的比例(自主开发比例)从目前的8%逐步扩大到2030年的40%左右。

日本新能源战略的八大战略措施计划是:①最先进的节能计划;②新一代的运输能源计划;③新能源创新计划;④核能立国计划;⑤综合资源保障战略;⑥亚洲能源环境合作战略;⑦强化国家能源应急战略;⑧能源技术战略。

2010年6月25日,日本政府颁布了修订后的《能源基本计划》,指出为进一步增进能源安全、努力实现2020年25%的温室气体减排目标并促进与拉动经济发展,应进一步加快核电的开发与利用。其中提出的核电发展目标为:到2020年新增9座核电机组,核电的设备利用率达到85%;到2030年至少新增14座核电机组,核电的设备利用率达到90%,使得以核电为主的零排放电源比重到2020年达到50%以上,2030年接近70%。此外,该计划还提出要进一步加强快中子反应堆技术的研发,力争在2025年进入实证试验阶段,2050年前实现商业化。

2010年6月,日本经济产业省发布了《核电推进行动计划》,再次强调了核能在日本未来能源发展中的优先地位,指出全球核电大发展的时代已经到来,并将大力发展核电。计划重申了《能源基本计划》中提出的核电发展目标,即到2020年新增9座核电机组,核电的设备利用率达到85%;到2030年至少新增14座核电机组,核电的设备利用率达到90%,指出通过大力发展核电来进一步提高零排放电源的比例,以实现相应的温室气体排放控制目标。

(五)福岛核事故后日本能源战略的走向

2011年3月的福岛核事故,对日本的能源战略转变及未来发展有着重大而长期的影响。在原有的能源发展战略中,日本政府一直将核能和可再

① 参见日本经济产业省:《新国家能源战略》,http://www.enecho.meti.go.jp,2012-04-03。

生能源当做其保障能源和环境安全的最佳选择。但在福岛核泄漏事故重创日本经济和民众信心后,日本政府宣布将中止原来的核电发展计划,并在短短数月间采取了一系列行动。核能的逐步退出使日本的能源战略在未来有着较大幅度的变化,2010年的《能源基本计划》基本被推翻。从目前看,福岛核事故后日本的能源战略的发展有如下几个方面。

1. 加快可再生能源的开发利用

日本在原有的《新成长战略》等文件中已经提出了要大力发展混合动力汽车、电动汽车以及燃料电池汽车的目标,同时还提出了发展零排放公用建筑与零排放住宅的相关规划,而2011年福岛核事故将会促进这些规划进一步加快实施。日本环境能源政策研究所认为,通过大力发展新能源和节能技术,强化全额收购制度,可以在2020年将可再生能源发电的比重提高到30%,进而逐步实现摆脱核电计划。

2. 进一步促进节能技术的开发应用

削减电力需求与开发可再生能源是摆脱核电政策的两个轮子。本次核危机后,日本政府就通过给企业下达15%的节电指标、关闭冷饮自动贩卖机、调整作息与生产时间以及提高空调温度等措施来实现夏季节电目标。同时还大力促进各种节能家电的销售,取得了外界难以想象的效果。如果从供给侧完全冻结新建核电机组并提前淘汰老旧机组,进而实现2050年摆脱核电目标的话,就需要进一步强化节能和能源效率的提高,到2020年将电力需求削减20%,到2050年削减50%,工厂、建筑及住宅的隔热、节能设备的普及等则成为其中的关键。

3. 大力发展热电联供等分散型电源

分散型电源具有应对灾害能力强、建设周期短、易与可再生能源结合以及与热利用配合效率高等特点。福岛核危机后,日本政府通过大力支持企业等单位的分散型电源重新开启与增设,有效缓解了核电大量停运所带来的电力短缺压力。如果日本政府最终决定采取逐步摆脱核电战略,近期内大量的工厂、建筑、家庭用中小型电源将发挥重要作用,特别是与智能电网相结合的中小型热电联供系统,将成为日本未来电源发展的方向。

4. 进行电力体制改革,加快智能电网发展

逐步打破电力市场的垄断销售格局,实现发电和输配电的分离,促进电力系统自由化改革,使客户能够自由选择供电方。同时,为整合可再生能源电源及分散型电源、促进零排放建筑和电动汽车发展,更需加快智能电网发展,只有切实提高电力系统的交互协调能力,才能为可再生能源逐步发展创造必要条件。

5. 核能的发展仍难有定论

从目前看,核能在日本将逐渐退出,但由于各方面条件的限制,仍然很难对其未来进展有较大的稳定预期。有一部分日本学者就提出,政府应冷静对待逐步摆脱核电的想法,应从短期、中长期的定量分析来统筹考虑其可能性。其认为,核电使日本能源自给率由4%提高至20%,大大缓解了日本能源安全方面的压力。同时,如果要实现2020年温室气体减排25%的目标,除原有核电机组外,新增9座核电机组的设备运行率达到80%则是基本前提。摆脱核电不仅将使2010年6月刚刚出台的《能源基本计划》成为一纸空文,也将严重影响到《新成长战略》中提出的实现能源环境大国战略目标的实现以及核电等相关基础设施的输出战略。

部分日本学者还指出,可再生能源目前只能作为补充性电源,高成本和不稳定性等问题还没有得到解决,如果替代核电则不仅需要等量的分析,更需要工程和制度等方面的设计与评估,况且能源政策的大幅调整将给经济活动和居民生活带来混乱,对日本经济的影响是致命的。此外,核燃料循环等领域的经验积累与人才培养非常重要,一旦退出再想进入则更加困难,需要深思熟虑后再做决定。

第二节　日本能源法及政策体系

一、日本法律体系概述

(一)日本近代法律体系

西方资本主义列强的压力是促使日本迅速走上近代法制道路的直接动因。1854—1860年,西方列强以武力迫使日本打开闭关自守的大门,德川幕府先后与美国、英国、法国、俄罗斯、荷兰等国签订了不平等条约,使日本面临半殖民地的危机。明治维新后,日本政府要求修改这些条约,而西方列强提出以在日本实行西方的立法为前提条件。

在西方各国的压力下,从19世纪70年代中期开始,日本着手进行法典编纂工作。开始是以法国法为模式,先后制定了《刑法》《治罪法》《民法》、《商法》等主要法典,但由于这些法典过分法国化,有的甚至照抄法国的法典,并不符合当时仍然保留有很多封建残余的日本国情,因而遭到日本各界的普遍反对和抵触。随后,日本转而效仿德国法。1889年颁布的《明治宪法》是仿德国《普鲁士宪法》制定的一部宪法典,以此为转机,日本仿照德国法编纂颁布了《商法典》、《民事诉讼法典》、《刑事诉讼法典》、《法院构成法》，至1907年《刑法典》颁布,资本主义法律体系的各主要法典均告完成,这标志着日本法走上了全面西方化的道路,日本近代资产阶级法律制度最终确立。

(二)日本现代法律体系

1945年8月15日,日本宣告无条件投降。第二次世界大战后,日本被置于盟国远东委员会控制之下,美军以盟军总部名义进驻日本。根据《波茨坦公告》等国际协议,战后日本应向和平、民主、独立方向发展。基于此,日本进行了法制改革,其主要任务是废除包括旧宪法在内的原有军事法西斯法律制度,重新制定宪法及各种急需法律,修改主要法典,到1952年这一任务基本完成。这一时期法律改革一方面体现了民主与法治的精神,另一方面表明了对英美法律部分内容的吸收,同时日本固有的法律传统和特色基本保留。1952年《旧金山和约》生效,日本独立。此后,日本走上自主的法制改革和建设道路,建立并完善了高度发达的现代法律制度。

战后日本法律制度的发展变化,表现出以下几个主要特点。

(1)虽然仍以大陆法系的六法体系为基础,但较多地接受了美国法的影响,法律风格有所变化。如判例在司法实践中的作用受到重视,英美法的原则和制度也在制定法中具有明显影响。

(2)按照三权分立原则,将第二次世界大战前以天皇为中心的君主立宪政体,改为以国会为中心的责任内阁制,但仍保留了天皇。

(3)通过立法,赋予公民较为广泛的民主自由权利,并在形式上确认了"国民主权"原则。

(4)废除了行政法院,有关行政诉讼案件,由普通法院直接受理,并借鉴美国司法制度的经验,将违宪审查权授予最高法院,提高了司法机关的地位。

(5)适应现代资本主义经济发展的需要,进行了大规模的经济立法活动。虽然没有形成统一的经济法典,但也建立了门类齐全、较为完整的经济法体系,在资本主义世界中具有一定的代表性。

(6)社会立法得到重视。以宪法第25条为依据,劳动法、社会保障法得到迅速发展,逐渐形成包括社会保险、社会福利、社会补助(救济)三个方面在内的完整体系。

(三)日本法的特点

日本法律制度在现代资本主义国家的法律体系中占有重要地位,其特点表现在以下几个方面。

(1)现代日本法既体现了大陆法系与英美法系的融合,也体现了东西方法律文化的有机结合。在法律的形成、发展过程中,日本非常重视对外来发达法律制度的借鉴和吸收,即使今天仍未停止,从而使日本法兼具两大法系的混合色彩,也为两大法系的逐渐融合积累了经验,架起了桥梁。与此同时,它还保持了作为东方国家和民族所独有的传统法律内容和习惯,从而体现了东西方法律文化的有机结合。

(2)日本法的发展说明了法律在经济发展中的作用。日本经济的急速发展带来了日本法律的不断完善,而不同时期法律的制定和生效又反过来促进了日本经济的稳定和发展,二者有机联系。

(3)日本法在发展、完善过程中,形成了较为发达、完整的法学理论。现代日本,几乎所有法律领域都存在几派具有代表性的学说,使日本法学理论独树一帜。法律制度的发展促进了法学的繁荣,而各派学说对立法、执法中的问题、判例的解释、立法走向等问题相互争鸣的结果客观上又促进了法律的发展与完善。

(4)日本法的发展促进了国民法律意识的提高,有利于日本社会的安定。在创建近代资本主义法律制度的过程中,国民的法律意识得到培养,并随着现代法律制度的不断完善而普遍得到提高。在现在的日本,国民的义务观念很强,对各种秩序遵守的自觉性相当高。国民良好的守法意识有助于维护法律的权威,发挥法律的效率,从而促进法律制度的进一步完善。

二、日本能源法体系

针对本国匮乏的能源储藏和较高的能源需求现状,日本较早就在注重调控国家能源政策的同时,运用法律手段对相关能源产业、能源供需制度进行调节和监管。综观日本能源立法,他们早期采取的是对石油、煤炭、电力、天然气、水资源、矿产资源等开发和利用分别予以规制的方法。与此同时,为贯彻施行能源专门法,日本还制定了一系列相关配套法规。此后,随着国家能源政策的变动,作为国家能源政策的基础,日本制定了《能源政策基本法》。目前,日本已构建了由能源政策基本法立法为指导,由煤炭立法、石油立法、天然气立法、电力立法、可再生能源立法、能源利用合理化立法、新能源利用立法、原子能立法等为中心内容,相关部门法实施令等为补充的能源法律制度体系,辅之以应对气候变化的相关立法,形成了金字塔式的能源法律体系,具有显著的特点。

(一)日本能源基本法

日本于2002年制定并施行了《能源政策基本法》(以下简称《基本法》)。该法共14条,是从宏观上统领日本能源法律体系的基本法,对诸多能源立法的基本问题进行了规定。

1. 立法目的

《基本法》第1条就对立法目的进行了规定:"鉴于能源是国民生活之安定向上及国民经济的保持和发展所不可缺少的,并且能源的利用将给地区和地球的环境造成较大影响,本法旨在通过确定与能源供需政策有关的基本方针,明确国家及地方公共团体的责任和义务的同时,规定能源供需政策的基本事项,以长期地、综合地和有计划地推进与能源供需有关的政策,并以此在对地区和地球的环境保护做出贡献的同时,对我国和世界经济的持续发展做出贡献。"

2. 指导思想

根据《基本法》第2条的规定,日本能源立法的指导思想为:"在降低对特定地区进口石油等不可再生能源的过度依赖的同时,推进对我国而言重要的能源资源开发、能源输送体制的完善、能源储备及能源利用的效率化,并对能源进行适当的危机管理,以实现能源供给源多样化、提高能源自给率和谋求能源领域中的安全保障作为政策基础,并不断改善政策措施。"

3. 环境保护

《基本法》第3条规定:"应当通过谋求能源消费的效率化和推进太阳能、风能等非化石燃料能源的转换利用以及化石燃料的高效利用,实现在防止地球温室化和保护地球环境的前提下的能源供需,并推进有助于形成循环型社会的各项政策措施。"

4. 利用市场机制

《基本法》第4条规定:"在能源市场自由化等有关能源供需的经济结构改革方面,应当充分考虑本法第1条、第2条的政策目的,并以充分发挥事业者的自主性和创造性,充分保障能源需要者的利益为主旨,推进规制和缓和等政策措施。"

5. 相关主体的义务

《基本法》明确规定了国家、地方公共团体、事业者和国民的相关义务,并对相关主体的相互协作提出了要求。

(1)国家的义务。《基本法》第5条规定:"国家负有遵从本法第1、2条至第4条所定的关于有关能源供需政策措施的基本方针,综合确定和履行能源供需政策措施的义务。在能源利用方面,国家应当通过使用可以降低因能源消耗而造成的环境负荷的物品,努力降低环境的负荷。"第11条规定:"政府应当每年就其在能源供需方面所采取的政策措施概况,向国会提交报告。"

（2）地方公共团体的义务。《基本法》第 6 条规定："地方公共团体负有遵循方针、供需能源时，在根据国家的政策措施并改善政策措施的同时，确立和履行与本地区实情相应的政策措施的义务。在能源利用方面，地方公共团体应当通过使用可以降低因能源消耗而造成的环境负荷的物品，努力降低环境的负荷。"

（3）事业者的义务。《基本法》第 7 条规定："事业者于其事业活动之际，负有在发挥自主性及创造性，致力于能源的有效利用、能源的稳定供给和地区与地球的环境保护的同时，配合国家和地方公共团体实施能源供需方面的政策措施的义务。"

（4）国民的义务。《基本法》第 8 条规定："国民应当在努力做到能源利用合理化的同时，尽量利用新能源。"

（5）协作义务。《基本法》第 9 条规定："国家、地方公共团体及事业者、国民及事业者、国民组织的民间团体，应对能源的供需相互理解，相互协助，努力发挥各自的职能。"

6. 具体措施

《基本法》第 10 条规定："政府应当完善为实施能源供需政策所必须采取的法制措施和财政措施、金融措施及其他措施。"

7. 能源基本计划与能源管理

《基本法》第 12 条规定："政府应当谋求长期地、综合地和有计划地推进供需政策措施，而制定关于能源供需的基本计划。能源基本计划，应当规定下列事项：（一）关于能源供需之政策措施的基本方针。（二）长期、综合并有计划地改善能源供需的政策措施。（三）为长期、综合并有计划地推进能源供需的政策措施，应当完善以重点研究和开发为目的的有关能源技术的政策措施。（四）除前三项规定之外的，为长期、综合并有计划地推进能源供需的政策所必要的其他事项。"同时，该条还规定："经济产业大臣应当在听取相关政府机关长官意见的同时，在听取综合资源能源调查会意见的基础上，编制能源基本计划的草案，并谋求内阁会议的决定。""政府应当及时了解和应对有关能源形势的变化，并且在对有关能源政策措施实施效果进行评估的基础上，至少每 3 年对能源基本计划进行一次检讨。认为有必要时，应变更能源基本计划。"

8. 能源国际合作

《基本法》第 13 条规定："为有助于稳定世界能源供需，防止伴随能源利用而产生的地球温室化等，国家应努力改善为推进与国际能源机构及环境保护机构的合作而进行的研究人员之间的国际交流，参加国际研究开发活动、国际共同行动的提案、两国间和多国间能源开发合作及其他国际合作所采取的必要措施。"

9. 信息公开与宣传

《基本法》第 14 条规定:"国家应在致力于对能源相关信息积极公开的同时,考虑到不以营利为目的的团体的活动和作用,努力完善能源合理利用观念的形成和能源相关知识的普及所必要的各项措施,以促使广大国民可以通过一切机会深化对能源的理解和关心。"

(二)日本能源专门立法概述①

1. 煤炭立法

在日本明治时期以后,煤炭作为燃料和铁铜原料成为产业的原动力,对产业经济发展起着非常重要的作用。虽然因 20 世纪 60 年代的能源革命,煤炭在能源中的统治地位被石油替代,但以 20 世纪 70 年代的两次石油危机为契机,煤炭的地位被重新得到确认。为改善日本脆弱的能源供需构造,煤炭成为替代石油的重要支柱,扩大了对煤炭的利用。为确保国土的有效利用、保全和民生安定,同时为煤矿业及褐炭矿业的健全发展做贡献,以有计划地对矿害予以修复为目的,1952 年 8 月 1 日日本制定了《临时煤矿矿害修复法》。为适应日本煤炭矿业政策,该法分别于 1993 年、1996 年、1999 年、2000 年被多次修改,并于 2000 年 3 月 31 日在实现其立法目的之际被废止。《临时煤矿矿害修复法》包括:总则、矿害修复长期计划、修复工程、指定法人、补则和罚则,共 106 条。此后,以"通过构建煤矿业合理化及安定之措施的同时,制定促进煤炭公司等开拓新领域事业的措施,力图顺利推进顺应能源现状和内外经济状况的煤矿业构造调整,为国民经济的发展做出贡献"(第 1 条)为立法目的,日本于 1955 年 8 月 10 日制定了《煤矿业构造调整临时措施法》。该法于 1993 年、1996 年、1997 年、1998 年、1999 年被进行了多次修改,并于 2000 年 3 月 31 日被废止,2002 年 12 月 13 日再度被修改。在体系结构上,该法包括:第 1 章总则,第 2 章煤矿业构造调整基本计划等,第 3 章新能源、产业技术综合开发机构的煤矿业的构造调整的业务,第 4 章开设坑口等的限制,第 5 章销售价格的限制,第 6 章煤矿业审议会,第 7 章杂则,第 8 章罚则,共 87 条。

为妥善处理因煤矿开采而引起的损害赔偿纠纷,日本以"关于煤炭矿业和褐炭矿业的矿害,在建立为矿害赔偿担保的准备金制度和解决矿害赔偿

---

① 下文中的部分内容,参见罗丽:《日本能源政策动向及能源法研究》,载《法学论坛》2007 年第 1 期,第 136—144 页。

纠纷的裁定制度的同时,通过在新能源、产业技术综合开发机构中展开有关顺利实施矿害赔偿等以及有计划修复矿害等业务,实现保护被害者等及国土的有效利用和保全,并为煤矿业及褐矿业的健全发展做出贡献"为目的(第1条),于1963年6月7日制定了《煤矿矿害赔偿等临时措施法》,并于1993年、1996年、1999年、2000年进行了多次修改,于2000年3月31日被废止,后又于2000年5月31日进行再次修改。该法由5章30条构成,第1章为总则,第2章为矿害赔偿担保的积存等,第3章为新能源、产业技术综合开发机构的煤炭矿害的赔偿等业务,第4章为杂则,第5章为罚则。该法明确规定了矿害赔偿担保的准备金制度。即该法第4条规定:"矿业权者或租矿权者,每年度必须缴纳该矿区或租矿区关于第4款或第5款规定的、由经济产业局长算定的金钱(矿害赔偿准备金)。"紧接着该法第5条明确规定了矿害受害人的矿害赔偿请求权,即"遭受矿害的被害人,关于矿害赔偿请求权,对于当该矿区或租矿区相关的矿害赔偿准备金机构中的准备金,与其他债权人相比,有优先请求履行的权利"。此外,该法还明确了解决矿害赔偿纠纷的裁定制度。即第11条之二明确规定:"在发生下列纠纷之际,当事人按照经济产业省所规定的程序,有权申请地方矿业协议会的裁定。但是,关于该矿害的赔偿,已付诸诉讼或者完成调停程序的,除外。第一,预先对产生的矿害赔偿纠纷进行解决,不仅对促进以修复法为基础的矿害的修复具有必要,而且还是经济产业大臣指定地域内产生的矿害赔偿纠纷。第二,因机构保有的采矿权而引起的相关矿害赔偿纠纷。第三,煤炭矿业结构调整临时措施法第35条关于煤炭矿山整理促进交付金的交付决定日开始,根据同法第35条之三第1款的规定,机构在同款第2号的债务履行之日止,同号规定的矿害赔偿产生的纠纷。"

日本煤炭立法对煤炭矿业结构调整、矿害治理和矿害赔偿纠纷等均进行了规制,对日本煤炭矿业的健康发展起着十分重要的作用。

2. 石油立法

在石油立法方面,日本制定了《石油业法》及相关关系法。以"通过调整石油精制业等的事业活动,以确保石油安定且低价供给,最终实现国民经济发展和国民生活的提高之目的"为宗旨,1962年5月11日日本制定了《石油业法》,并于1976年、1978年、1995年、1999年、2000年等分别进行了多次修改,随着日本石油政策的调整而于2001年6月20日被废止。日本《石油业法》由5章和附则组成,其中第1—5章共包括25条,附则包括4条。在体系结构上,分为第1章总则,规定了该法的目的,石油、特定设备、石油精制业等的定义和石油供给计划的制定;第2章为石油精制业等,规定了石油精制业的许可制度、许可的除外条款、许可的标准、新设特定设备的许可,事业的让与、承受和法人的合并、承继,石油制品生产计划、许可取消的条件,石油输入的申请、石油制品销售的申请、事业废止的申请,销售价格的标准额的确定等;第3章在1976年、1978年分别修改时被删除;第4章为杂则,规定了许可等的条件、石油审议会的咨询、报告征收;第5章为罚则,规定了违反前述相关规定的处罚罚金;附则规定了施行日期、法律施行前已从事石油业者的相关处置、政府对法律检讨的职责等。

此外,结合不同时期的石油政策,日本还制定了如下法律规范。具体包括:《石油业法施行规则》(1962年7月7日通产省制定,1962年7月10日施行)、《石油供给适当化法》(1973年12月22日公布与施行)、《挥发油销售业法》(1976年11月25日颁布,1977年5月23日施行)、《石油以及可燃性天然气资源开发法》(1952年5月31日颁布,1953年6月30日施行)、《石油公团法》(1967年7月29日颁布施行,1993年、1994年、1997年、1999年、2001年等多次进行了修改,并于2002年7月26日被废止)、《石油及能源供需构造高度化对策特别会计法》(1967年5月27日制定,1993年、1996年、1999年、2000年、2001年、2002年、2003年、2005年、2006年等进行了多次修改)、《确保液化石油气体的保安及交易适当化法律》(1967年12月28日制定,1993年、1994年、1996年、1997年、1999年、2000年、2003年、2004年、2005年、2006年等进行了多次修改)、《石油气体税法》(1965年制定,1982年、2000年、2001年、2005年等进行了多次修改)、《确保石油储备法》(1975年12月27日公布,1976年4月26日施行,并于1995年、1999年、2000年、2001年、2002年、2003年先后进行了多次修改)、《石油代替能源的开发及导入促进法》(1980年5月30日制定,1993年、1996年、1997年、1999年、2000年、2002年、2002年等多次进行了修改)等。

石油替代是优化能源结构、降低石油对外依存度的关键手段。第二次石油危机后,日本为了降低经济对石油的依赖程度,于1980年5月30日颁布了《石油替代能源法》。该法强调的是综合性,即:①不仅要注重对石油替代能源的开发,还要重视应用;②努力实现开发和利用石油替代能源的多种性;③制定金融、财政、税收等综合性的激励措施。该法还明确规定了"石油替代能源"的框架、范围和方向,即:①替代石油供燃烧之物;②替代作为热源的石油;③替代作为转化动力热源的石油;④替代转化电力的石油。可见,"石油替代能源"的概念不是指自然科学上运动能、热能的概念,而是指能够在社会上、经济上替代石油的能源。

总体上看,日本石油立法紧密结合国家石油政策,在不断修改、废止和新的立法之中得以完善。与此同时,继两次石油危机之后,经过调整的日本石油政策也逐步得到了巩固。通过石油立法,日本顺利完成了战略石油储备,调整了石油在能源中的结构,发展了石油业,保证了在世界范围内寻找和开发石油活动的展开,实现了石油进口渠道多元化目标,确保石油供给的稳定。

3. 天然气立法

在天然气立法上,日本以"通过调整天然气事业的运营,实现保护天然气使用者的利益,以及促进天然气事业的健全与发达,与此同时,通过规制天然气工作物的工程、维持、运用和天然气用品的制造、销售,最终实现确保公共安全,防止公害之目的"(第1条)为立法目的,于1954年3月31日制定了《天然气事业法》,并于1954年4月1日施行。此后,分别于1960年、1962年、1966年、1967年、1970年、1978年、1979年、1981年、1993年、1994年、1996年、1999年、2000年、2001年、2002年、2005年、2006年等对该法进行了多次修改。在体系结构上,《天然气事业法》,共62条,主要包括以下章节:第1章,总则,规定目的、定义;第2章,一般天然气事业,规定了一般天然气事业的许可(事业的许可、许可的申请、许可的基准、许可证、天然气工作物设置及事业开始的义务、供给区域等的变更、名称等的变更、事业的转让、受让和合并、承继、事业许可的取消等);第3章,简易天然气事业;第4章,天然气管道事业;第5章,一般天然气事业、简易天然气事业、天然气管道事业以外的其他天然气事业;第6章,天然气用品;第7章,杂则;第8章,罚则。此外,为贯彻实施《天然气事业法》,日本又制定了《天然气事业法施行令》(1954年4月1日公布并施行)、《天然气事业会计规则》(1954年4月1日公布并施行)、《天然气事业法施行规则》(1970年10月9日公布,1970年10月13日施行)、《确定天然气工作物的技术上的标准的通产省令》(1970年10月9日公布,1970年10月13日施行)、《天然气事业法相关费用令》(1970年10月9日公布,1970年10月12日施行)、《天然气用品的审定等省令》(1971年4月1日公布并施行)等相关配套法律。

通过天然气立法制度的完善,日本成功地实现了自20世纪70年代的两次能源危机之后的能源政策的调整,促进了天然气业的发展,使天然气从全国能源比例中1973年度的2%增至2001年度的13.1%,现在则为11%左右。

4. 可再生能源立法

日本于1991年制定了《再生资源利用促进法》,并于1991年10月18日制定了《再生资源利用促进法施行令》。虽然该法在一定程度上推动了废品回收,但日本废弃物仍未见减少,回收利用工作也未获得重大收效。其主要原因在于再生资源价格低落,产生了回收物有偿交易的现象。因此,1995 年以后,日本在容器包装、家电机器、汽车等部门,分别制定了回收推进法,即容器包装回收法、家电回收法、汽车回收法等。此后,《再生资源利用促进法》分别在 1993 年、1999 年、2000 年修改。其中,2000 年 6 月 7 日的修改将《再生资源利用促进法》更名为《资源有效利用促进法》,以"鉴于主要资源的大部分均依赖于进口的我国,伴随着近年的国民经济的发展,资源大量使用而产生了大量的使用完毕的物品和副产品,其中相当部分被废弃,而且再生资源以及再生零件的相当部分没有得到利用而被废弃的现状,为确保资源的有效利用的同时,抑制废弃物的发生,并为环境保全提供资助,构建有关抑制使用完毕物品等以及副产品产生和促进再生资源及再生零件的利用的措施,最终实现国民经济健全发展之目的"(第 1 条)为宗旨。2002 年 2 月 8 日,《资源有效利用促进法》再次被修改。在体系结构上,日本现行《资源有效利用促进法》包括总则、基本方针等、特定省资源业种、特定再利用业种、指定省资源化制品、指定再利用促进制品、指定表示制品、指定副产品、杂则、罚则等,共 11 章 44 条。

日本现行《资源有效利用促进法》明确规定了"为综合有计划地推进抑制使用完毕物品和副产品的产生,通过再生资源及再生零件的利用而有效利用资源,主务大臣(经济产业大臣、国土交通大臣、农林水产大臣、财务大臣、厚生劳动大臣以及环境大臣)决定并公布有关促进资源有效使用的基本方针"(第 3 条)。并且,在认识到 21 世纪日本持续发展的最大课题基础上,《资源有效利用促进法》明确规定了环境资源制约制度,即以对最终处分厂的制约、对资源利用的制约为内容的环境资源制约,包括如下内容:①对继存回收对策,追加了事业者的制品回收、强化回收实施等强行措施;②规定了抑制废品产生的制品省资源、长寿命化等废弃物发生抑制对策;③重新构建从回收的制品之中对其零件等的再利用的新对策,试图构筑循环型经济结构。

为配合《资源有效利用促进法》的施行,1991 年 10 月 18 日制定的《再生资源利用促进法施行令》也于 1993 年、2000 年、2001 年分别进行了修改,经 2001 年 3 月 22 目的修改更名为《资源有效利用促进法施行令》,并先后于 2002 年、2006 年进行了修改。

5. 节能立法

《能源利用合理化法》(又称《节约能源法》)是日本重要的能源立法。该法的施行使相关企业在不增加能源消耗的前提下,有效实现了经济总量的大幅增加。日本《能源利用合理化法》于1979年6月22日制定,并分别于1993年、1997年、1998年、1999年、2002年、2005年、2006年、2008年进行了多次修改。

在体系结构上,《能源利用合理化法》包括总则、基本方针等、工厂的相关措施等、运输相关的措施、建筑物相关的措施、机械器具相关的措施、杂则、罚则和附则8章,共99个条文。

(1)该法明确规定了其立法目的。即"为适应国内外关于能源的经济和社会环境,确保燃料资源的有效利用,本法试图通过构筑综合推进工厂、运输、建筑物以及机械器具等有关合理使用能源的必要措施,以及合理使用其他能源的必要措施,以实现国民经济健全发展之目的"(第1条)。

(2)该法明确了其基本方针。即"从综合推进工厂、运输、建筑物以及机械器具等行业合理使用能源的思想出发,经济产业大臣制定有关能源合理化使用的基本方针,并予以公布"。

(3)该法分别对工厂、运输、建筑物、机械器具等相关行业合理使用能源的具体措施进行了详细规定。《能源利用合理化法》通过严格规定能源标准,提高了建筑、汽车、家电、电子等产品的节能标准,不达标产品禁止上市。同时,该法对国家应在财政、金融以及税制上采取相关措施,研究开发推进及普及能源合理化使用的相关措施,通过教育获得、广告活动等加强国民对能源合理化使用的理解的同时,寻求国民的参与等的义务进行了规定,并对地方公共团体关于通过教育获得、广告活动等增进地方居民对能源合理化使用的理解等的义务等进行了规定,并明确了一般消费者关于提供相关促进合理化使用能源的情报的义务等。

这样,以《能源利用合理化法》为依据,日本通过改革税制积极鼓励企业节约能源,大力开发和使用节能新产品。达标节能产品,可以享受减免税优惠,也加强了对未达标企业或产品的处罚力度。在日本政府采取的有力措施展开的节能活动中,日本的节能技术取得了飞速发展。据相关统计表明,近年日本节能家电发展迅速,与10年前相比,日电公司空调耗电下降了50%—70%,东芝公司系列空调耗电下降了75%,松下公司最新节能冰箱耗电下降了85%。

相关的法律还有:(1)日本在1993年制定了《合理用能及再生资源利用法》,提出政府将积极推进:日本国内的节能工作;国外二氧化碳排放的控制工作;再生资源的"3R"有效利用;氟等特定物质的合理利用等活动。该法于2003年进行了修订。

(2)1993年3月,日本国会通过了与节能有关的两项法律《能源供需高级化法》和《节能、再生利用支持法》。前者以修改和强化 1979 年公布的《节能法》为中心,加入了《石油替代能源法与石油特别会计法》,并把新的地球环境问题的因素也考虑在内,制定了各种活动的预算。后者规定对主动采取节能及资源再生循环利用的业主执行超级利率融资,给予债权保证以及课税的优惠等支持制度。

6. 新能源利用立法

1980 年,日本制定了《替代石油能源法》,设立了新能源综合开发机构(NEDO),开始大规模推进石油替代能源的综合技术开发。此后,日本于 1997 年 4 月 18 日制定了《促进新能源利用特别措施法》,大力发展风能、太阳能、地热能、垃圾发电和燃料电池发电等新能源与可再生能源。该法的基本目的在于:为确保安定、稳妥地供应内外社会经济环境的能源,在促进公民努力利用新能源的同时,采取必要措施以顺利推进新能源的利用,为国民经济健康发展以及人民生活安定做出贡献。此后,该法于 1999 年、2001 年、2002 年等先后进行了修改。在体系结构上,该法分为总则、基本原则等、促进企业对新能源的利用、分则和附则 4 章,共 16 条。具体而言,第 1 章总则部分明确了其立法目的和相关定义;第 2 章基本原则等,对基本原则、新能源利用方针、指导及建议、对地方公共团体措施的考虑等内容进行了规定;第 3 章为促进企业对新能源的利用,对认定利用计划、利用计划的更改等、新能源产业技术综合开发机构的业务、石油替代能源的特例等进行了规定;第 4 章为分则,就征收报告、主管大臣和处罚规则等进行了规定。

为贯彻实施前述《促进新能源利用特别措施法》,日本在 1997 年 6 月 20 日又制定了《促进新能源利用特别措施法施行令》,具体规定了新能源利用的内容、中小企业者的范围。该法于 1999 年、2000 年、2001 年、2002 年经过多次修改。

相关的法律还有:(1)为促进新能源的利用,日本制定了《关于推进采购环保产品法》,从 2001 年 4 月开始执行。国家机关、公共设施必须依法带头采购太阳光发电系统和利用太阳能的热水器系统以及低能耗、低公害汽车等。

(2)为完善电力事业者利用新能源的必要措施,增加新能源的利用,日本国会在 2002 年 6 月通过了《电力事业者新能源利用特别措施法》,以促进"新能源国家标准"的实施,该法于 2003 年 4 月生效。为配套该法的实施,日本政府还相继颁布了《电力事业者新能源利用特别措施法施行令》和《电力事业者新能源利用特别措施法施行规则》等法规。

(3)为确立新能源、产业技术综合开发机构的相关事项,日本于 2002 年制定了《独立行政法人新能源、产业技术综合开发机构法》。

7. 核能立法

以"通过推进原子能的研究、开发和利用,确保将来能源资源、学术进步和产业振兴,以此为提高人类社会的福祉和国民生活水平做出贡献"(第 1 条)为目的,日本于 1955 年 12 月 19 日制定了《原子能基本法》,该法分别于 1978 年、1998 年、1999 年、2004 年等进行了多次修改。该法包括:总则、原子能委员会及原子能安全委员会、原子能的开发机关、与原子能相关矿物的开发取得、核燃料物质的管理、原子炉的管理、特许发明等措施、放射线致残的防止、补偿 9 章,共 21 条。该法规定了基本方针,即"以在和平目的的范围内,展开原子能的研究、开发和利用,并确保安全为宗旨,在民主经营下,通过自主地进行,并公开其成果,不断为国际援助做出贡献"(第 2 条)。"规定有关原子炉的运行等产生原子能损害的场合的损害赔偿的基本制度,以实现保护被害人,为促进发展健全的原子能事业做出贡献"为目的,1961 年 6 月 17 日本制定了《原子能损害赔偿法》,该法包括:总则、原子能损害赔偿责任、损害赔偿措施、国家的措施、原子能损害赔偿纠纷审查会、杂则、罚则 7 章,共 26 条。该法分别于 1994 年、1995 年、1998 年、1999 年、2002 年、2004 年等进行了多次修改。1965 年 12 月 19 日制定了《原子能委员会及原子能安全委员会设置法》,该法包括第 1 章总则、第 2 章原子能委员会、第 3 章原子能安全委员会、第 4 章原子能委员会及原子能安全委员会与相关行政机关等的关系、第 5 章补则,共 27 条。该法于 1983 年、1999 年 12 月 8 日、1999 年 7 月 16 日、1999 年 12 月 17 日、2002 年 12 月 18 日等分别进行了修改。日本通过立法和原子能政策,已实现了能源多样化战略,减少石油依赖程度,大力发展核电的目标。

此外,1987 年日本加入了《及早通报核事故公约》和《核事故或辐射紧急情况援助公约》,1988 年又加入了《核物质防护条约》。1995 年日本加入《核安全公约》,该条约规定缔约国要确立规范核能设施安全的安全要件、许可制度、检查制度等,采取辐射防护措施,制定紧急事态防备计划,对核能设施的选址、建设、运转采取安全措施。这就在国际法层面上进一步完备了日本国内的核能立法。

8. 电力立法

如何满足如此快速增长的电力需求一直是日本政府亟待解决的重要课题。1964 年,日本政府颁布了《电力事业法》,该法于 1995、1999 年进行了修订,逐步放松了对电力市场的管制,促进了电价的降低和服务的提升。另外,为了使发电站的建立能顺利实施,日本政府在 1974 年出台了旨在提高发电站建立地区福利的"电力能源三法",即《发电设施周围地区整备法》、《电力能源开发促进税法》和《电力能源开发促进对策财政法》。通过种种措施的实施,最终使得日本核能发电站得到大幅度发展,在一定程度降低了日本对石油的依赖程度。

(三)应对气候变化立法概述

在全球气候变化的大背景下,气候变化立法也对能源政策与能源法产生了直接影响。日本在应对气候变化立法上具有较好的成果,具体包括以下几个方面。

1. 通过《环境基本法》将全球气候变暖对策纳入法律体系

日本1993年制定的《环境基本法》以地球环境保全为基本理念,将全球气候变暖对策纳入环境法体系。根据该法第15条关于政府制定环境保全基本计划的规定,日本于1994年制定的《环境基本计划》就将有关应对全球气候变暖的对策置于重要地位,并明确规定了应在国际协作下,以实现《联合国气候变化框架公约》规定的"减少温室气体排放,减少人为活动对气候系统的危害,减缓气候变化"目标为宗旨,并考虑"增强生态系统对气候变化的适应性,确保粮食生产和经济可持续发展"等。当然,这一时期的日本应对全球气候变暖的对策尚停留于依托有关省厅的各种措施,而真正采取法律措施应对全球气候变暖问题,则始于加入《京都议定书》的前后。

2. 制定世界首部应对气候变化的法律——《全球气候变暖对策推进法》

日本应对全球气候变暖的第一步对策,是1998年10月9日通过的《全球气候变暖对策推进法》。该法是世界上第一部旨在防止全球气候变暖的法律,显示了日本积极应对全球气候变暖的姿态。在内容安排上,共包括总则、《京都议定书》目标达成计划、全球气候变暖对策推进本部、抑制温室效果其他排出的政策、保全森林等的吸收作用、分配数量账户等、杂则、罚则8章,共50条。该法具有如下显著特色。

(1)立法目的明确。其立法目的是:"由于全球气候变暖将对地球全体的环境产生深刻影响,在对气候圈保持着不致达到危险的人为干涉的情况下,促使大气中的温室效应气体的浓度予以安定,防止全球气候变暖已成为人类共同面临的课题。鉴于所有人均自主且积极地参与这一课题将至关重要,因此,关于全球气候变暖对策,在制定达成《京都议定书》目标计划措施的同时,通过制定有关促进抑制社会经济活动及其他活动所排出的温室效果的措施等,实现推进全球气候变暖对策之目的,在确保现在及未来之国民的健康与文化的生活的同时,为人类的福祉做出贡献。"

(2)明确了国家、地方公共团体、事业者、国民应对温室气体的基本职责。关于国家的基本职责,该法第 3 条规定,国家在为掌握大气温室效应气体浓度变化状况及相关气候变化、生态系统状况而进行观测与监测的同时,应综合且有计划地制定并实施全球气候变暖对策。国家在推进旨在抑制温室效应气体排出等的措施的同时,对于抑制温室效应气体排出等相关措施,应谋求该措施达成目的之调和,以顺利执行抑制温室效应气体排出等。国家就其自身事务及事业,在采取措施强化削减温室效应气体排出量及吸收作用保全的同时,应支持地方公共团体抑制温室效应气体排出等,以及为促进事业者、国民或者由其组织的民间团体开展有关抑制温室效应气体排出的活动,应该努力采取技术建议及其他措施。关于地方公共团体的职责,该法第 4 条规定,地方公共团体应配合区域之自然的社会的条件,推动有关抑制温室效应气体排出等的措施。地方公共团体在对其自身事务及事业采取措施削减温室效应气体排出,保全吸收作用及有关强化措施的同时,为促进该区域的事业者或者居民开展抑制温室效应气体排出等相关活动,应努力提供前款所定措施的相关信息以及采取其他必要措施。关于事业者的职责,该法第 5 条规定,事业者就其相关的事业活动,应在努力采取措施抑制温室效应气体排出等的同时,必须协助实施国家及地方公共团体所做出的有关抑制温室效应气体排出等措施。关于国民的职责,该法第 6 条规定,国民,就其日常生活,在努力采取措施抑制温室效应气体排出的同时,必须协助实施国家及地方公共团体实施的抑制温室效应气体排出等措施。

(3)设置全球气候变暖对策推进本部,落实政府机构职责。该法第 3 章第 11 条明确规定,为综合且有计划地推进全球气候变暖对策,在内阁设置"全球气候变暖对策推进本部",具体管理的事务包括:①制定《京都议定书》目标实现计划方案以及推进实施该方案;②综合调整有关推进实施长期全球气候变暖对策。此外,根据该法第 12—19 条的规定,在组织机构上,全球气候变暖对策推进本部设立推进本部长、副本部长及本部部员。本部长由内阁总理大臣担任,全面负责本部事务及指挥监督;副本部长由内阁官房长官、环境大臣及经济产业大臣担任,职责是协助本部长工作;本部部员由其他国务大臣担任。此外还由内阁总理大臣任命若干名干事担任具体工作。除法律已经确定的事项外,有关推进中的措施由政府的政令规定。

(4)规定了抑制温室效应气体排出的基本措施。①实行温室效应气体算定、报告、公布制度。即一定数量以上的温室效应气体排出者负有算定温室气体排出量并向国家报告的义务,国家对所报告的数据集中计算并予以公布的制度。根据该法第 21 条第 2 款的规定,伴随着事业活动而在相当程度上排出较多温室效应气体并由政令规定的排出者(称为"特定排出者"),

每年度必须由各事业所分别就温室气体的排出量向事业所管大臣报告。事业所管大臣,将报告事项及集中计算的结果向环境大臣及经济产业大臣予以通知,与此同时,要适当保护特定排出者的权利利益,国家对所报告的数据集中计算并公布。环境大臣及经济产业大臣,在采用文档记录事业所管大臣等通知的报告事项等的同时,集中计算、公布该记录内容,以便任何人均能够请求公开该记录文档。为增加对公布、公开的资料的理解,特定事业者可以提供排出量增减状况相关的资料及其他资料。②设立全球气候变暖防止活动推进员。即根据地域全球气候变暖的现状,都道府县知事等有权挑选并委任旨在通过开展启发普及全球气候变暖对策,加快促进防止全球气候变暖活动的热心与有识之士为全球气候变暖防止活动推进员的制度(第23条)。全球气候变暖防止活动推进员主要向居民启发普及全球气候变暖对策,进行有关咨询、提供信息等活动。③设立国家、都道府县等全球气候变暖防止活动推进中心。为积极推进有关启发普及与广泛宣传全球气候变暖对策,有效开展座谈、培训推进员、对日常生活排放温室效应气体的调查研究、提供日常生活使用产品排放温室效应气体信息的提供等活动,该法明确规定了设立国家、都道府县等全球气候变暖防止活动推进中心的制度。

(5)构建了保全森林等吸收作用制度。该法第28条规定,政府及地方公共团体,为实现《京都议定书目标达成计划》所规定的温室效应气体的吸收量相关的目标,以1964年《森林·林业基本法》第11条第1款规定的森林、林业基本计划以及其他完善及保全森林或者保全绿地、绿化推进计划为基础,应保全及强化森林对温室效应气体的吸收作用。

(6)实行分配数量账户簿制度。该法第29条规定,环境大臣及经济产业大臣,以《京都议定书》第7条第4款为基础,根据计算分配数量的方式的有关国际性决定,制定分配数量账户簿,开设可以进行取得、保有及移转算定分配数量的账户。

3. 立法明确环境省"抑制温室气体排放"的管理职责

日本《环境省设置法》(1999年通过,2001年1月6日施行)第2章明确规定了环境省的任务及所管理事务。其中,第4条第22款明确规定,从环境保全观点出发,环境省的职责之一便是制定抑制温室气体排放事务及事宜相关的标准、指示、方针、计划以及其他与此类似的政策;并制定抑制温室气体排放事务及事业相关法律规范以及其他类似规制。为实施《环境省设置法》与《环境省组织令》,日本制定了《环境省组织规则》(2001年1月6日制定),其第3章明确规定在环境省设置地球环境局,地球环境局由总务课、环境保全对策课、全球气候变暖对策课组成,负责推进实施政府有关防止全球气候变暖、臭氧层保护等地球环境保全的政策。此外,还负责与环境省对口的国际机构、外国政府等进行协商和协调,向发展中国家和地区提供环保合作。

4. 制定《氟利昂回收破坏法》,抑制温室效应气体排放

该法将氟利昂类冷媒氟氯烷烃(CFC)、氢氟碳化物(HFCs)、含氢氯氟烃(HCFC)纳入其法定义务范围,以减少对大气臭氧层的破坏,抑制温室效应气体排放,从而降低温室效应。该法在明确事业者、制造业者、地方公共团体、国民与国家各主体职责的基础上,对第一种类特定产品产生的氟利昂的回收进行了详细规定。并明确规定从事第一类氟利昂回收业、第二种特定产品交付业以及第二种氟利昂回收业的从业者,必须获得都道府县知事的登记;从事特定产品氟利昂类破坏事业的从业者必须获得经济产业大臣及环境大臣的许可;在回收、搬运、破坏过程中,必须遵守主管省令规定的标准。对于违反交付、领回义务者,给予指导、建议、劝告、命令;对于违反规定标准者,由传告改为命令。由于该法以排放高浓度温室效应气体的氟利昂类的3种物质的回收、破坏为目的,对减少温室气体排放具有重要意义。

5. 实行税制改革,探讨实施全球气候变暖对策税[①]

作为日本实现《京都议定书》规定的削减温室效应气体6%的减排目标的手段之一,日本政府正在大力推进税收改革,探讨征收全球气候变暖对策税(又称"环境税"),拟在石油、天然气和煤炭的进口、开采及精炼环节等方面课税,除征收煤和汽油等矿物燃料的税额外,居民也需要缴纳环境税,并将这些税款用于执行《京都协议书》的有关事项,减少温室气体排放。日本环境省自2004年11月5日公布《环境税具体方案》以来,每年均公布该年度环境省相关税制改革方案。2009年公布的《2010年度税制改革要求,征收全球气候变暖对策税的具体法案》,以原油、石油产品、气体状碳化氢(天然气、液化石油气等)、煤为对象,对输入者、提取者进行阶段性课税(灵活运用石油煤炭的纳税制度)。关于汽油,在前述基础上,对汽油制造者等进行阶段性课税(灵活运用挥发油税的纳税制度)。据报道,一旦2010年开征环境税,其税收预计可达2万亿日元。这些收入将优先用于开发太阳能发电等新能源以及推广低油耗、节能环保型汽车。鉴于开征环境税不仅将增加产业界的成本,煤油、电费的涨价也将影响国民生活,时任首相的鸠山由纪夫对2010年4月起开征全球气候变暖对策税的预定计划持谨慎态度。因此,日本政府于2009年12月14日做出决定,放弃从2010年4月起对煤炭、煤油、

---

① 罗丽:《日本应对气候变化立法研究》,载《法学论坛》2010年第5期。

汽油等所有石化燃料开征全球变暖对策税,将在对该制度设定进行充分讨论的基础上,力争 2011 年度以后开征。

6. 制定《全球气候变暖对策基本法》(草案)①

目前,日本确立了到 2020 年将日本的温室气体排放量减少到 1990 年时 25％的水平(中期目标);到 2050 年,将日本的温室气体排放量减少到 1990 年时 80％的水平(长期目标)。因此,为明确相关政策的地位、基本方向,日本已着手制定《全球气候变暖对策基本法》,并将《全球气候变暖对策基本法草案》提交于 2010 年 1 月 18 日—6 月 16 日期间召开第 174 回国会审议。尽管没有通过,但《全球气候变暖对策基本法》仍是日本未来的立法趋势。

日本《全球气候变暖对策基本法》(草案)共包括总则、中长期目标、基本计划、基本政策、杂则 5 章 35 条和附则 10 条。

(1)立法目的。《全球气候变暖对策基本法》(草案)第 1 条明确规定了该法的立法目的。即鉴于在不对气候系统造成危险的人为干涉的水平下,使温室气体安定化,防止与适应地球温暖化,是人类共同的课题,在确保一切主要国家参加的公平且具有实效性地为防止地球温暖化的国际框架内进行预防具有重要意义,本法在致力于为地球总体上削减温室气体排出量做贡献的同时,旨在通过在国际社会中率先不断促进包括转换能源供求方式在内的社会经济结构,谋求脱化石燃料化等,尽最大努力削减温室气体排出量。与此同时,为实现保全且强化森林碳汇,适应地球温暖化的社会,依据环境基本法的基本理念,对有关地球温暖化对策,通过确立基本原则、明确国家、地方公共团体、企业及国民职责,设定有关削减温室气体排出量的中长期目标,确定地球温暖化对策的基本事项,推进旨在确保经济发展、雇佣稳定及能源供给稳定的地球温暖化对策,旨在确保现在和未来的国民享有健康的文化生活的同时,为地球环境保全做出贡献。

(2)基本原则。《全球气候变暖对策基本法》(草案)在第 3 条中从七个方面明确规定了该法的基本原则。

①构筑低碳社会原则。继 2008 年 7 月 7—9 日于北海道举行的八国集团首脑会议之后,为尽快摆脱对化石能源的依存现状,日本政府提出了"构建低碳社会"行动计划设想。日本内阁会议于 2008 年 7 月 26 日通过的《构建低碳社会行动计划》明确规定将"创新技术开发"与"构建低碳社会"作为实现 2050 年世界温室气体排出量减半的重要手段。

① 罗丽:《日本〈全球气候变暖对策基本法〉立法与启示》,载《上海大学学报(社会科学版)》2011 年第 6 期。

　　为进一步贯彻构筑低碳社会行动计划的方针,《全球气候变暖对策基本法》(草案)第3条第1款明确规定了构筑低碳社会的原则。即"通过积极推进尽量抑制社会经济活动及其他活动所排出的温室效应气体以及其他排出温室效应气体等相关活动"地球温暖化对策,"构筑确立新的生活方式等,不断实现确保丰富的国民生活以及确保产业国际竞争力的经济持续增长,削减温室气体的排出量,同时强化与保全温室气体的吸收作用的社会"。

　　②在国际合作的基础上积极推进地球温暖化对策原则。全球气候变化是人类社会共同面临的难题,只有加强国际合作,才能更好地造福人类,实现经济发展与环境保全相协调的可持续发展。因此,日本《全球气候变暖对策基本法》(草案)明确规定了在国际合作的基础上积极推进地球温暖化对策原则。即"必须在考虑防止与适应地球温暖化是人类的共同课题,以及我国经济社会与国际社会的紧密相互依存关系的基础上,活用我国已积累的相关知识、技术与经验等,并在国际合作的基础上,积极推进与我国在国际社会中地位相适应的地球温暖化对策"。

　　③鼓励与资助防止地球温暖化的研究开发及其成果普及的原则。应对全球变暖,构筑低碳社会,需要进行技术创新,为减少煤炭、石油等高碳能源消耗、减少温室气体排放提供技术支撑。为进一步明确贯彻《构建低碳社会行动计划》与实现温室气体减排长期目标所确立的重要手段"创新技术开发",并保障"创新技术开发"手段的真正实现,《全球气候变暖对策基本法》(草案)规定了"鼓励与资助防止地球温暖化等的研究开发及其成果普及的原则"。即"鉴于防止和适应地球温暖化的技术开发及其他研究开发及其成果的普及至关重要,因此,地球温暖化对策必须谋求这些研究开发及其成果的普及"。

　　④鼓励、资助发展防止地球温暖化产业的原则。日本政府为落实地球温暖化对策,通过资助措施大力发展防止地球温暖化产业的大力发展。如日本于1994年10月2日通过的《推进地球温暖化对策地域计划措施补助金支付纲要》中明确规定,对地方公共团体推进地球温暖化对策地域计划所需部分必要经费由国家金库补助,以实现地域推进地球温暖化对策。2002年4月25日通过的《构筑脱温暖化地域的改革事业费补助金支付纲要》第3条明确规定,该补助金用于支助地方公共团体进行的地球温暖化对策为目的的事业中的有关利用生物质的新能源供给与利用系统等事业。包括有关畜产废弃物的沼气发酵公共设施利用事业、有关厨余垃圾的沼气发酵的公共设施利用事业和木质生物质利用促进事业等。《全球气候变暖对策基本法》(草案)进一步明确了鼓励与资助发展防止地球温暖化产业,增加其就业机

会,保障雇佣稳定的原则。即"地球温暖化对策,必须在谋求资助防止与适应地球温暖化产业的发展及增大就业机会的同时,保障因推进地球温暖化对策所带来的影响的企业的雇佣稳定"。

⑤确保能源供给稳定原则。由日本地球温暖化对策推进本部于2002年3月19日通过的《地球温暖化对策推进大纲》明确规定了推进以能源供给与需求两方面对策为中心的二氧化碳排出量的削减对策。即从需求面而言,着力开展能源节约;从供求面而言,提高替代石油原料的原子能、天然气的比例,保障能源供给稳定。《全球气候变暖对策基本法》(草案)进一步明确了确保能源供给稳定原则。即"地球温暖化对策,必须谋求不断与能源相关政策的相互联系,确保能源稳定供给"。

⑥与有关保全生物多样性、防灾、确保食料供给稳定、能源相关措施等密切配合原则。《全球气候变暖对策基本法》(草案)明确规定:"地球温暖化对策,必须在考虑地球温暖化对国民生活产生广泛的不良影响的同时,谋求与有关防灾、保全生物多样性、确保食料的稳定供给、保健卫生以及医疗等相关措施的互相配合。"

⑦企业、国民理解原则。《全球气候变暖对策基本法》(草案)明确规定,地球温暖化对策必须就其给经济活动与国民生活所带来效果与影响而不断获得企业及国民的理解的同时,应当给予适当的财政运营措施。

(3)国家、地方公共团体、企业和国民的职责。《全球气候变暖对策基本法》(草案)第4—7条明确了国家、地方公共团体、企业与国民的职责。

①国家的职责。关于国家应对变暖的基本职责,日本早在1998年10月9日制定的《全球气候变暖对策推进法》第3条中就进行了明确规定,即国家在为掌握大气温室效应气体浓度变化状况及相关气候变化、生态系统状况而进行观测与监测的同时,综合且有计划地制定并实施全球气候变暖对策。国家在推进旨在抑制温室效应气体排出等的措施的同时,就抑制温室效应气体排出等相关措施,应谋求该措施达成目的之调和,以顺利执行抑制温室效应气体排出等。国家就其自身事务及事业,在采取措施强化削减温室效应气体排出量及吸收作用保全的同时,应支持地方公共团体抑制温室效应气体排出等以及为促进事业者、国民或者由其组织的民间团体开展有关抑制温室效应气体排出的活动,且努力采取技术建议及其他措施。

在此基础上,《全球气候变暖对策基本法》(草案)第4条从四个方面进一步明确规定了国家在应对气候变化方面的职责。a. 国家负有遵循前条所规定的地球温暖化对策的基本原则,并应综合且有计划地制定与实施地球温暖化对策。b. 国家在推进抑制温室气体及适应地球温暖化的政策措施的同时,在为实现其目的而不断协调相关措施的基础上,采取有效途径实行抑制温室气体排出与适应地球温暖化对策。c. 国家在制定与实施地球温暖化对策时,除应努力促使地方公共团体、企业、国民以及民间团体相互间协调之外,还须为实现援助地方公共团体的地球温暖化对策、促进民间团体等进行防止与适应地球温暖化的行动目标,努力采取技术性援助及其他措施。d. 国家应对所管事务及事业,就削减温室气体排出量、保全与强化等采取有关提供物质资助、人员调配、推进有利于削减温室气体排出量契约的以及其他有关削减温室气体排出量及保全与强化森林碳汇的措施。

②地方公共团体的职责。关于地方公共团体的职责,《全球气候变暖对策推进法》(草案)第4条规定:地方公共团体应配合区域之自然的、社会的条件,推动有关抑制温室效应气体排出等的措施。地方公共团体在对其自身事务及事业采取措施削减温室效应气体排出、保全吸收作用及有关强化措施的同时,为促进该区域的事业者或者居民开展抑制温室效应气体排出等相关活动,应努力提供前款所定措施的相关信息以及采取其他必要措施。在此基础上,《全球气候变暖对策基本法》(草案)第5条从三个方面进一步明确规定了地方公共团体在应对气候变化方面的职责。a. 地方公共团体负有遵循基本原则,就地球温暖化对策适当分担国家责任的同时,制定和实施与本地方公共团体区域的自然的、社会的条件相适应政策的责任。b. 地方公共团体,在制定与实施地球温暖化对策之际,在努力与国家其他地方公共团体及民间团体等相互配合的同时,为促进本地方公共团体区域的民间团体等防止与适应地球温暖化的相关活动,必须努力提供前款规定的相关信息以及采取其他措施。c. 地方公共团体,应对所管事务及事业,就削减温室气体排出量、保全与强化森林碳汇等采取有关提供物质资助、人员调配、推进有利于削减温室气体排出量契约,以及其他有关削减温室气体排出量及保全与强化森林碳汇的措施。

③企业的职责。关于企业的职责,《全球气候变暖对策推进法》第5条规定:事业者就其相关的事业活动,应在努力采取措施抑制温室效应气体排出等的同时,必须协助实施国家及地方公共团体所做出的有关抑制温室效应气体排出等措施。《全球气候变暖对策基本法》(草案)第6条也进一步明确规定了企业的职责。就其企业活动,在努力采取抑制温室气体排出的措施(包括其他抑制温室气体排出等的措施)的同时,必须协助实施国家及地方公共团体的地球温暖化对策。

④国民的职责。关于国民的职责,《全球气候变暖对策推进法》(草案)第6条规定:国民就其日常生活,在努力采取措施抑制温室效应气体排出的

同时,必须协助实施国家及地方公共团体实施的抑制温室效应气体排出等措施。《全球气候变暖对策基本法》(草案)进一步规定,国民就其日常生活,在努力采取抑制温室气体排出等措施的同时,必须协助实施国家及地方公共团体的地球温暖化对策。

(4)重要措施。为强调应对气候变暖对策中的重要措施的地位,《全球气候变暖对策基本法》(草案)对法律上的措施与年度报告等措施进行了规定。

①法律上的措施。由于实现《全球气候变暖对策基本法》(草案)目的需要政府在法律、财政、金融、税收等方面进行全方位支持,因此,《全球气候变暖对策基本法》(草案)第8条明确规定:为达成本法目的,政府必须采取必要的法律、财政、税收、金融措施以及其他措施。

②年度报告等。年度报告制度是有效掌握与落实地球温暖化对策的基本制度。因此,《全球气候变暖对策基本法》(草案)第9条明确规定:政府每年必须向国会提出有关地球温暖化的状况及政府采取的地球温暖化对策相关的报告。

(5)基本计划。《全球气候变暖对策基本法》(草案)第3章以“基本计划”为题,对政府制定削减温室气体排出量的基本计划进行了明确规定。根据《全球气候变暖对策基本法》(草案)第12条的规定,“政府必须制定地球温暖化对策基本计划”。基本计划需包括地球温暖化对策的基本方针、温室气体的种类及其排出量与吸收量的目标、预测2030年及2040年的温室气体排出量、政府必须采取综合且有计划的地球温暖化对策以及除上述规定外的有关为综合且计划地推进地球温暖化对策的必要事项5项内容。

在程序上,地球温暖化对策基本计划由负责掌管地球温暖化对策事务的大臣制定,并交由内阁决定。具体而言,负责掌管地球温暖化对策事务的大臣在制定基本计划之际,须通过互联网及其他适当方法,采取能够反映地方公共团体及民间团体等意见的必要措施。此外,在内阁决定通过该基本计划时,负责管理地球温暖化对策实务的大臣必须及时公布该基本计划案。

7. 制定《低碳投资促进法》

为了促进低碳经济发展,为相关业者特别是中小企业主提供有效的支持,日本经济产业委员会于2010年2月12日向第174次国会提交了《从事适合能源环境的制品开发与制造产业促进法案》(内阁法案第30号),该法又称为《低碳投资促进法》,经参众两院审议后,参议院于5月18日最终通过该法案,5月28日以第38号法律形式公布。

(1)立法目的。为了使日本经济社会能够快速地持续成长,利用优良技术在能源环境领域开拓新的市场,培育新兴产业非常重要。《低碳投资促进法》明确提出其立法目的是:随着内外能源、经济社会环境的变化,鉴于开发、制造适合能源环境的制品事业的重要性日益重要,通过为此等事业的实施顺利筹集必要的资金以及开拓适合能源环境的制品市场采取措施来促进该项事业,进而通过振兴日本产业来实现国民经济的健全发展。

(2)对关键概念的界定。该法首先对重要的概念做了界定。其中"适合能源环境的制品"是指:a. 为了从非化石能源中获得电力或热能,或者为了制造燃料而使用的、由主管大臣指定的、能够高效率地获得电气或热能,或制造燃料的机器、装置或设备;b. 主管大臣规定的、认为相对于能源的消费量,其性能提高程度非常显著的机械(不包括前项所列者)的机械;c. 使用时其对能源消费的环境造成的负担较小,主管大臣规定的机械(不包括前两项所列者);d. 主管大臣规定的、开发或制造的、使用前面三项所列的产品作为部件的产品。e. 主管大臣规定的、专门为了与第一到三项所列的产品配合使用而开发、制造的机械,并且是第一到三项所列产品使用时所必需的。

该法第2条第4项对"特定事业"做了界定:"开发或制造适合能源环境制品的事业中,应技术变革而利用高新产业技术,预计可以显著提高技术水平或创出新的事业及其他对日本产业活动的发展和改进有特别帮助者。"第5项对"租赁契约"做了明确:"以取得对价,同意他人使用适合能源环境制品的契约,使用适合能源环境制品的期间(以下简称为'使用期间')为3年以上,并且未规定自使用期间开始日(以下简称'使用开始日')以后或使用开始日后的一定期间内,当事人一方或双方随时可以申请解约者。"另外还规定了"租赁保险合同",指"满足下列一定条件的合同:a. 合同中约定,以租赁合同形式出租适合能源环境制品的事业者(以下简称为'租赁业者')支付保险费;b. 承保人与租赁业者约定,对于租赁业者缔结的租赁合同,在使用开始日后的支付日租赁业者未能收到支付的对价时,根据该租赁者的请求,补偿租赁业者因未能收到支付的对价而受到的损害,并收取保险费"。

(3)对特定事业的促进。该法第2章规定了对特定事业的促进。

① 对特定事业促进计划认定进行了规定。第4条规定事业者可以编制要实施的特定事业相关计划(以下简称"特定事业计划"),根据主管省令的规定,向主管大臣提出,由主管大臣认定特定事业计划是否适当。两个以上的事业者要共同从事特定事业时,这两个事业者可以共同编制特定事业计划,并接受前项的认定。特定事业计划应当记载特定事业的内容与实施期间,特定事业实施所需的资金额及筹资方法。主管大臣接到第1项的认定申请后,认为特定事业计划符合一定条件时,可以对其进行认定。

② 规定了特定事业计划的变更。接受第 4 条第 1 项的认定者(以下简称为"认定事业者")要变更认定的特定事业计划时,应根据主管省令的规定接受主管大臣的认定。主管大臣认为认定事业者未依据认定的特定事业计划(依据前项规定进行变更认定时,为其变更后的计划,以下简称为"认定特定事业计划")实施特定事业时,可以取消其认定。主管大臣认为认定特定事业计划不符合第 4 条第 4 项各条件时,可以指示认定事业者变更该认定特定事业计划,也可以取消其认定。

③ 规定了对特定事业的资金支持。其中第 6 条规定:尽管有《股份公司日本政策金融公库法》(2007 年法律第 57 号))第 1 条与第 11 条规定,公库仍然可以从事下列业务(以下简称"特定事业促进协调业务"):a. 向指定金融机关提供贷款,再由其向认定事业者提供按认定特定事业计划实施特定事业所需的资金贷款;b. 从事前号所列业务所附带之业务。第 7 条则规定特定事业促进协调业务的实施方案,即公库应根据基本方针,依据主管省令规定,规定特定事业促进协调业务的方法、条件,并制定其他实施特定事业促进协调业务的方针。要制定特定事业促进协调业务实施方针,公库应取得主管大臣的认可。要变更该实施方针时,同样应取得主管大臣的认可。公库依据前项的规定取得主管大臣认可后,应及时公布特定事业促进协调实施方针。公库则必须根据特定事业促进协调业务实施方针来从事特定事业促进协调业务。

第 8 条是对指定金融机关的指定。即主管大臣根据申请,可以指定符合下列基准的申请者作为指定金融机关,由其根据主管省令的规定,从公库中接受贷款,然后将该贷款用于认定事业者按照认定特定事业计划实施特定事业所需的资金贷款业务:①银行及其他政令规定的金融机关;②此项规定的业务规则符合法令与基本方针及特定事业促进协调业务实施方针,并且充分确保特定事业促进业务正确并真正实施;③其人员构成具备确保特定事业促进业务正确并真正实施的知识与经验。欲依据前项规定接受指定者,应根据主管省令规定的程序、基本方针与特定事业协调业务实施方针来规定特定事业促进业务规则,将其列入指定申请书中,向主管大臣提出。业务规则中应当规定特定事业促进业务实施体制及实施方法相关的事项,以及其他主管省令规定的事项。根据第 8 条第 4 项的规定,下列人员不能接受指定:①违反本法、《银行法》及其他政令规定的法律或因违反依据上述法律所做的处分,处以罚金以上刑罚,自执行结束后或免于执行后未经五年者;②根据第十五条第一项的规定取消指定,自取消指定之日起未经过 5 年者;③对于法人而言,执行业务的管理人员中,符合下列情况者:a. 成年被监护人或被保佐人，未能复权的破产者；b. 依据第 15 条第 1 项规定取消指定金融机关的指定时，在该指定取消的听证日期及场所公示日之前的 60 天内其指定金融机关的管理人员中自该指定取消之日起未经过 5 年者。

主管大臣指定金融机关之后应当公示其商号或名称、住所及从事特定事业促进业务的营业所或事务所所在地。指定金融机关要变更其商号、名称或从事特定事业促进业务的营业所或事务所所在地，应提前向主管大臣申请。主管大臣收到前项规定的申请时应当公示其内容。指定金融机关要变更业务规则应经主管大臣认可。主管大臣认为指定金融机关的业务规则难以保证特定事业促进业务正确且真正实施时，可以命令其变更业务规则。公库应与指定金融机关就特定事业促进协调业务缔结协议，根据协议来开展业务，协议的内容应包含下列事项：①有关指定金融机关从事特定事业促进业务贷款条件标准的事项；②指定金融机构编制财务状况及特定事业促进业务实施状况报告书并向公库提出；③指定金融机关从事特定事业促进业务及公库从事特定事业促进协调业务的内容及方法以及其他主管省令规定的事项。公库要缔结前项协议时，应经主管大臣认可。变更协议同样要经主管大臣认可。

指定金融机关应根据主管省令的规定，就特定事业促进业务置备账簿，记载主管省令规定的事项，并予以保存。主管大臣认为本法施行而有必要时，可以就特定事业对指定金融机关发布必要的监督命令。

第 14 条规定了业务的停止，指定金融机关要全部或部分停止或废止特定事业促进业务时，就根据主管省令的规定预先向主管大臣申请。主管大臣接到前项规定的申请时，应公示其内容。指定金融机关全部废止特定事业促进业务时，对该指定金融机关的指定即失效。主管大臣在指定金融机关符合下列条件时可以取消指定：①认为特定事业促进业务不能正确且真实地实施时；②指定存在不正当行为时；③违反本法、基于本法的命令或处分时。主管大臣根据前项规定取消指定时应当公示。指定金融机关在依据第 14 条第 3 项的规定指定失效时或依前条第 1 项的规定取消指定时，该指定金融机关或其一般继承人在根据该指定金融机关从事的特定事业促进业务契约了结交易的目的范围内，仍视为指定金融机关。

综上所述，对从事适合能源环境制品开发与制造的事业，随技术革新而利用高新产业技术，能带来技术水平的显著提高、产生新的事业以及从事有助于促进和改善其他产业活动的特定事业的事业者，如果已接受主管大臣对事业计划的认定，股份公司日本政策金融公库将通过指定金融机关提供低利息、长期的资金贷款。

(4)对需求开拓支持法人的规定。为了对特定事业提供支持,该法第3章还规定了需求开拓支持法人制度。第18条是对需求开拓支持法人指定的规定:经济产业大臣如果认为以从事适合能源环境制品需求开拓事业为目的的一般社团法人、一般财团法人及其他政令规定的法人符合下列标准,可以根据其申请,将其指定为需求开拓支持法人,从事第20条规定的业务(以下简称"需求开拓支持业务"):①拥有真正实施需求开拓支持业务所必需的、符合经济产业省令规定标准的财产基础,并且能正确估计需求开拓支持业务的收支;②包含职员、业务方法及其他事项在内的需求开拓支持业务实施计划对于切实有效地实施需求开拓支持业务而言是适当的;③管理人员或人员构成不会对公正实施需求开拓支持业务有所阻碍;④如果从事需求开拓支持业务之外的其他业务,该等业务不会对公正地实施需求开拓支持业务造成阻碍。

除了指定为需求开拓支持法人的积极条件外,第18条第2项还规定了消极条件:①申请人如果违反本法规定、处以刑罚,在其执行结束或免于执行之日起未超过2年;②依据第30条第1项或第2项的规定被取消指定,自其取消指定后未超过2年;③管理人员中存在否定资格者,经济产业大臣均不能将其指定为需求开拓支持法人。经济产业大臣指定需求开拓支持法人后,应将其名称、住所、从事需求开拓支持业务的事务所所在地及需求开拓支持业务开始日期予以公示。需求开拓支持法人要变更其名称、住所、从事需求开拓支持业务的事务所所在地时,应在欲变更的两周之前,向经济产业大臣提出申请。经济产业大臣收到申请后,公示其内容。

需求开拓支持法人从事下列业务:①租赁保险合同的承保;②提供与适合能源环境制品有关的信息;③从事上述业务所附带的业务。随后对需求开拓支持法人管理人员的选任与辞退、业务规则、事业计划、会计处理(区分经理)、责任准备金、监督命令、业务停止、指定取消以及信息提供等做了详细规定。

由此可见,为了促进中小企业等通过租赁合同对适合能源环境制品的利用,本法创设了经济产业大臣指定需求开拓支持法人对租赁合同承保的新保险制度。

(5)杂项规定与罚则。该法第4章是杂项规定,其中规定了国家的职责和义务,即国家对适合能源环境制品的规制现状加以评估,如有必要根据其评估结果采取措施,对从事适合能源环境制品开发或制造的事业者,通过技术咨询、研修或提供信息及其他必要的措施,全面推进。另外还对报告征集、现场检查、主管大臣、过渡措施等做了详细的规定。

第 5 章是罚则,对违反相关规定的需要开拓支持法人管理人员或职员及其他违法人员应当承担的责任做了严格具体的规定。

三、日本能源政策体系

日本能源政策的基本目标是:能源安全(Energy Security)、经济增长(Economic Growth)、环境保护(Environment Protect),简称为"3E"目标。在这一目标指导下逐步形成的日本能源政策体系主要包括:能源储备政策、能源进口政策、能源开发政策、能源节约政策、能源国际合作政策。

(一)能源储备政策

第一次石油危机暴发后,日本一方面加入世界能源机构的能源储备体系,同时也开始着手建立本国的石油战略储备。1975 年,日本制定了《石油储备法》,该法第 1 条明确宣示,石油储备的目的在于当石油供给不足时,保证石油的稳定供给,并且有助于国民生活的稳定和经济的顺利发展,并以法律形式明确了从事石油进口、精炼和销售业务的公司的责任义务关系,以全面推进民间的石油储备。1978 年,日本石油公团开始负责建立国家石油储备,确立了日本现行的国家和民间两极储备体制的雏形。1981 年,日本民间储备达到了政府设定的 90 天的目标值。1988 年,国家储备也达到了 50 天的使用量。到 1996 年,日本相继建成 10 年国家石油储备基地,政府还从民间租借了 21 个石油储备设施。2002 年 7 月 19 日,日本通过了《独立行政法人——石油天然气、金属矿产资源机构法》,决定废除日本石油公团,将其业务并入金属矿业事业团,组建石油天然气、金属矿产资源机构,将机构推向民营化,简约了机构和业务设置。该机构的主要职责之一,就是受国际委托进行国家石油储备,维护国家储备设施。[①] 2007 年,日本石油储备量位居世界第二。[②] 2012 年 2 月 10 日,日本通过了《石油储备法修正案》,在吸取东日本大地震后燃料严重不足的教训基础上,增加了燃料稳定供应对策等内容。修正案要求各石油公司有义务参与"灾害应对计划"的共同制定工作,利用炼油厂和油罐车等提供合作,能够在紧急情况下将汽油等迅速送往灾区。日本政府将在 2012 年度将全国分成约 10 个等级的区域。此外,该法还增加新规定,允许动用旨在应对海外供应不足的国家石油储备,用来处理国内灾害。对于目前大多直接贮藏原油的储备方式也将重新研究,力争分区域储

---

① 参见姜贵善:《日本提前启动重要矿产资源新机构》,载《国土资源情报》2004 年第 2 期,第 53—54 页。

② 参见《石油储备量世界排名:日本第 2,韩国第 6》,http://bbs.tiexue.net/post2_3044563_1.html,2012-10-05。

备均相当于 4 天消耗量的汽油、柴油和煤油。[1]

表 12　日本政府和民间石油储备情况 [2]

(单位:万千升)

年　份	1999	2002	2007	2012
民间储备	4 390	4 055	4 010	3 665
	72 天	77 天	65 天	73 天
政府储备	5 000	4 844	4 490	8 439
	84 天	92 天	120 天	198 天

在资金上,迄今为止,日本已从国家预算中支出近 2 万亿日元用于国家石油储备项目以及民间储备补贴。这笔庞大的开支被认为是必不可少的"国家安全成本"。为了解决石油储备需要的巨额资金,日本对进口原油和成品油收取石油税并设立石油专用账户,税金主要用于国家石油储备。同时,日本还编制了国家石油储备特别预算,作为战略石油储备和液化石油气储备的专项资金。为了扶持企业为完成石油储备义务而建设新增的石油储备设施,日本对企业进行必要的财政和金融支持;对为完成石油储备义务而采购的原油,政府通过石油公团对超过 45 天储备量天数(最高为 80 天)所需资金的 80% 提供低息贷款。

在储备方式上,由于受到地形限制,日本的储备方式是因地制宜,采用多种形式,主要有地面储备、半地下储备、海上储备和地下洞穴储备等方式。民间储备一般都有自己的储油罐,国家储备在刚起步时,由于没有容纳大批量原油的永久性设施,采取了租借油船储备的临时性措施。为了保证国家石油储备目标的顺利实施,日本从 20 世纪 80 年代起采取了建立永久性储备基地的方针,从 1980 年建设第一家国家石油储备公司(六小川原石油储备公司)起到 1996 年 8 月止,已建成 10 处国家石油储备基地,1997 年度又新增加 130 万千升储积,从而实现了国家石油储备的目标。从日本国家石油储备基地的布局现状而言,呈现大分散、小集中之态势,即总体布局比较均衡,但相对集中在国土的北部、中部和南部的三个地区内。

在管理上,日本政府石油储备的管理、维护费用基本上能够实现自我平

---

[1]　参见《日本通过石油储备法修正案确保受灾时燃料供应》,http://www.chinanews.com/gj/2012/02-10/3659213.shtml,2012-10-06。

[2]　1999、2002 年的数据参见日本石油网:http://www.jnoc.go.jp,2012-04-04;2007 年的数据参见《石油储备量世界排名:日本第 2,韩国第 6》,http://bbs.tiexue.net/post2_3044563_1.html,2012-10-05;2012 年的数据参见《日本:截至 2012 年 4 月底的日本石油储备现状》,http://info.yup.cn/energy/60127.jhtml,2012-10-06。

衡。其方法是按照市场规律,低进高出,以差价回收资金和支付管理费用。从总体上看,日本的能源储备在应付能源危机方面起到了"缓冲库存"的作用,对保障能源稳定供应、平抑能源价格、应对紧急状态、减少意外损失等起到了无法替代的作用。

(二)能源进口政策

日本对中东石油的依存度达 87%,远远高于其他发达国家。一旦中东因战乱或政治格局的改变而断油,日本的经济将会受到极大影响。所以,确保中东石油供给渠道的畅通和寻求能源进口渠道的多元化,一直是日本外交政策的一个重要方面。在 1973 年第一次石油危机时,面对"断油"的严峻形势,日本被迫对长期追随美国的"亲以色列路线"做出重大调整,支持巴基斯坦人民的自决权。于是,阿拉伯产油国才决定把日本列为友好国家,不削减对日本的石油供应。

从 20 世纪 70 年代末期开始,日本增加了从印度尼西亚、中国和墨西哥等非中东产油国的石油进口,实现了石油供给渠道的多元化,曾使日本对中东石油的依赖程度在 20 世纪 80 年代一度下降到 67% 左右。但好景不长,20 世纪 90 年代后期该比例再次攀升到 87% 左右。为此,日本进一步加强了与中东国家的关系,并将重点放在与伊朗改善关系上。同时,日本积极加强和俄罗斯的能源外交和能源合作,争夺远东石油、天然气管道的建设路线,在全球展开能源争夺战。

经过多年的努力,日本的能源进口渠道多元化格局基本形成,在一定程度上缓解了对中东石油的过度依赖,能源安全程度进一步提高。

(三)能源开发政策

大力开发替代能源,走能源多元化之路,一直都是日本能源战略的重点。以石油危机为契机,日本于 1974 年制定并实施了"新能源开发计划",即"阳光计划",主要包括太阳能、地热能、氢能的利用以及煤的气化和液化。技术开发重点是针对上述能源的采集、输送、利用和储存。与此同时,也包括风能、海洋能和生物质能的转换和利用。为了开发省能技术,提高能源的利用率,1978 年日本又启动了节能技术开发计划,即"月光计划"。按照该计划,不但要进行以能源有效利用为目的的技术开发,还要推进以燃料电池发电技术、热泵技术、超导电力技术等大型节能技术为中心的技术开发。20 世纪 80 年代末期,温室气体排放引起全球变暖问题引起世界关注。为了实现经济与环境的协调发展,日本于 1989 年推出了《环境保护技术开发计划》,开展地球环境技术研究,研究的重点领域包括使用人工光合作用固定二氧化碳、二氧化碳的分离和化学物质的生物分解等技术。

1993 年,日本政府把"阳光计划"、"月光计划"和"环境保护技术开发计划"有机地融为一体,推出了"能源与环境领域综合技术开发推进计划",又称"新阳光计划"。该计划的思想是:在政府领导下,采取政府、企业和大学三者联合的方式,共同攻关,以革新性的技术开发为重点,在实现经济可持续增长的同时,同步解决能源环境问题。为了保证"新阳光计划"的顺利实施,日本政府每年为该计划拨款 570 多亿日元,其中 362 亿日元用于新能源技术开发。预计这项计划将延续到 2020 年。

日本新能源开发政策大致可以分为三个层面:①研究提出长期能源需求供给预测。即以确立能源总需求及供给政策为目的,提供能源未来需求的预测,以修改能源供给的政策。预计到 2010 年日本对石油之依存度将降至 45%,对新能源和可再生能源的利用提高到 3%。②确定能源政策取向及相关责任。明确国家、地方公共团体、事业单位的责任和国民应尽的职责;要求政府每年定期向国会报告能源政策的实施情况等。③制定专门法律及扶持政策。为此,日本出台了新的能源法及《电力事业者新能源利用特别措施法》,制定了一系列新能源推广的奖励及补贴制度,对新能源开发利用提供补助金或融资。例如,对大规模引进风力发电、太阳光发电、太阳热利用及废弃物发电等,或宣导新能源的公共团体,补助 50% 以内的事业费及推广费;对于符合新能源法认可目标的新能源推广项目,则补助 1/3 以内的事业费;另对非营利组织给予支持,以协助和推广新能源事业的发展。目前,日本的能源多元化开发战略已经取得显著成效,能源结构逐步趋向合理。

(四)能源节约政策

日本政府一贯重视能源节约,在 2006 年《新国家能源战略》中的八大战略措施计划中,第一项就是最先进的节能计划。其节能政策主要包括以下几点。

1. 提升节能管理机构

日本节能管理工作由经济产业省代管的资源能源厅负责。2001 年小泉政府机构改革后,在精简机构的条件下,节能管理机构由原来资源能源厅煤炭部的节能课升格为节能新能源部,编制 65 人。

2. 节能激励措施

包括:对节能设备推广、示范项目实行补贴;经济产业省每年财政拨款 380 亿日元(约 3 亿美元),用于补贴家庭和楼房能源管理系统和高效热水器;对使用列入目录的 111 种节能设备实行特别折旧和税收减免优惠,减免的税收约占设备购置成本的 7%;政策性银行给予低息贷款,以鼓励节能设备的推广应用。

3. 节能奖励

经济产业省定期发布节能产品目录,开展节能产品和技术评优活动,分别授予经济产业大臣奖、资源能源厅长官奖和节能中心会长奖。

4. 节能宣传

为在全国范围内推广节能,政府建立节能日和节能月(每年2月),面向普通消费者和公共机构,举办能源效率展览和各种大型活动。概括而言,日本的节能政策是政府主导、企业实施、机构推进、行业监督、公众参与。

(五)能源国际合作政策

随着经济全球化的发展,日本政府在继续开展石油外交的基础上,把能源领域的国际合作提高到全球战略的高度,积极推进与相关各国在石油储备、节能技术和新能源开发利用等领域的合作,并力图建立一种国际能源安全机制。总体上看,日本与能源国家的合作政策主要分为三个方面。

1. 快速提升与中亚国家的合作关系,以期进一步拓宽能源进口源

中亚国家拥有丰富的资源能源,逐渐成为全球能源供应市场的重要地区。而且,借助丰富的资源能源寻求经济快速发展正成为中亚国家的外交战略。在此背景下,日本不仅在舆论上开始着重强调与中亚国家具有极强的互补性,而且在行动上也迅速提升了"中亚外交"战略。自"上海合作组织"成立后,日本就开始谋求旨在加强与中亚合作关系的机制和途径。在日本的积极推动下,日本和中亚之间出现了3个对话机制,即"中亚+日本"外长对话机制、"中亚+日本"高级别务实对话机制、"中亚+日本"东京对话机制。"中亚+日本"外长对话机制始于2004年,规定每两年举行一次。2004年8月,在哈萨克斯坦召开了第一届"中亚+日本"五国外长会议,在会上,日本表示将向中亚国家提供包括财政援助在内的帮助,以促进中亚内陆国家早日实现"获得出海口的愿望"。2008年8月15日,日本与乌兹别克斯坦签署了《投资协议》,该协议使日本在乌兹别克斯坦投资能源迈出了重要一步。

2. 在保持与中东传统友好关系基础上,通过合作方式和合作项目等方面的策略创新,强化双方关系

日本在经历20世纪70年代的两次石油危机后,加强了与中东产油国的关系。特别是自2006年《新国家能源战略》颁布实施后,日本又推出了诸多创新举措,以期进一步巩固和强化二者间的关系。2007年4月27日,时任日本首相的安倍晋三结束对美国的访问后,直飞中东,对沙特阿拉伯、阿拉伯联合酋长国、科威特、卡塔尔和埃及五国进行访问,日本政府官员和经团连组成的两个官民混合访问团包括近180位企业家也随安倍晋三首相同程

访问。这表明日本与中东在合作方式上与以往相比已有变化,即:把产业合作与能源外交捆绑在一起,从而谋求"以商稳油"、"以油促政"。2007 年 4 月 28 日,安倍晋三首相在与沙特阿拉伯国王阿卜杜拉的会谈中富有创意地提出"石油共同储备构想"。日本向沙特阿拉伯提供部分位于冲绳的国家储油设施的使用权,作为交换,沙特阿拉伯承诺在紧急状态下优先向日本提供石油。2009 年 6 月 25 日,日本与阿拉伯联合酋长国把这一构想率先付诸实践。日本同意把新日本石油公司鹿儿岛市喜入石油基地作为储备地,并承诺在自然灾害或战乱可能导致日本石油进口量不足的紧急情况下,日本可优先使用该油罐中的石油。

3. 积极与中国、印度等能源消费大国合作,提升国家形象

在合作内容上,日本从节能、新能源及清洁煤炭利用三个方面加强了与中国、印度等国家的合作。在节能方面,日本鼓励有技术能力的公司把节能技术、节能设备向海外普及并促使亚洲国家实施节能立法。在新能源方面,通过接受培训人员和派遣专家,支持亚洲国家建立新能源的开发、利用体制,支持日本企业在亚洲开展环境保护、节能技术开发等商业活动。在清洁煤炭利用方面,通过接受培训人员、派遣专家,支持亚洲国家清洁煤的技术开发,促进和推广亚洲煤炭的洁净利用、生产,通过示范试验和人力资源开发,进行煤炭液化技术的合作等。在合作机制上,日本主要通过多边框架与双边框架加强与消费大国的合作。一方面,通过五国能源部长会议进行合作。2006 年 12 月 16 日,在北京召开了由中国、印度、日本、韩国和美国 5 个国家(这 5 个国家的能源消费占世界石油消费总量的近一半)能源部长组成的部长会议。另一方面,通过东亚峰会进行沟通。2007 年 1 月,在东亚峰会上,安倍晋三首相提出以推进节能、强化生物能开发和利用、扩大煤炭的清洁利用以及消除能源贫困作为日本对外能源合作的核心,安倍晋三首相还建议东亚各国制定节能目标及其行动计划。这都表明了日本能源外交的决心与多样化途径。

第三节　日本能源法律制度

一、日本能源法律制度概述

(一)能源管理制度

日本实行国家统一管理的能源管理制度。根据能源基本法和各能源专

门法的规定,日本经济产业省(Ministry of Economic,Trade and Industry,METI)负责能源管理工作。如《能源政策基本法》第 12 条规定:"经济产业大臣应当在听取相关政府机关长官意见的同时,在听取综合资源能源调查会意见的基础上,编制能源基本计划的草案,并谋求内阁会议的决定";《电力事业者新能源利用特别措施法》第 3 条规定:"经济产业大臣每 4 年内听取综合能源调查委员会意见,根据经济产业省令的规定,制定该年度以后的 8 年间电力事业者新能源电力的利用目标";《促进新能源利用特别措施法》第 3 条规定:"经济产业大臣制定关于促进新能源利用的基本原则并予以公布";等等。

从总体上看,日本能源主管机构的职责包括:①事业许可;②事业许可的取消;③对从事石油事业、电力事业、天然气事业等事业者基于相关费用以及其他条件而制定的供给规程予以认可;④编制能源基本计划。日本能源法律制度中实行国家统一管理的成功经验表明,对事关国计民生的能源实行国家统一管理,既有利于统筹兼顾、统一规划能源政策,也是避免各职责部门的职责不清、相互推诿的最佳选择。

(二)战略和规划制度

在能源战略方面,进入 21 世纪之后,日本政府明显加强了对能源领域的战略筹划。这反映在《能源政策基本法》第 11 条的规定上,"政府应当每年就其在能源供需方面所采取的政策措施概况,向国会提交报告"。据此,2006年,日本公布了《新国家能源战略》。2007 年 5 月 25 日,日本内阁会议通过了《2007 能源白皮书》,该报告从战略高度提出了日本在能源领域的若干中长期举措,指出:"我国作为资源小国,能源问题事关国家利益。必须站在全球的视点,作为国家战略来重新确立能源政策。"并就确保能源稳定供应、维护能源安全提出了 3 项战略性的举措:①确立自立的、符合环境要求的能源结构。即在推进节能的同时,大力推进核能、太阳能、风能等清洁能源的发展,继续降低石油在能源消费结构中的比重。②采取战略的、综合性的对策以确保能源资源。a. 要积极开展首脑外交和政府间的双边磋商;b. 要加强国家对能源开发行业的金融、财政支持;c. 通过缔结自由贸易协定(FTA)和投资协定、提供政府开发援助(ODA)和国际开发银行的贷款等,与资源提供国建立战略关系。③在亚洲和世界解决能源、环境问题过程中发挥主动性。强调运用自己处于世界领先地位的节能技术,在减少温室气体排放、推进与亚洲各国的能源合作方面发挥主动性。

在能源规划上,日本《能源政策基本法》第 12 条明确规定:"政府应当谋求长期地、综合地和有计划地推进供需政策措施,而制定关于能源供需的基本计划。能源基本计划,应当规定下列事项:①关于能源供需之政策措施的基本方针。②长期、综合并有计划地改善能源供需的政策措施。③为长期、综合并有计划地推进能源供需的政策措施,应当完善以重点研究和开发为目的的有关能源技术的政策措施。④除前三项规定之外的,为长期、综合并有计划地推进能源供需的政策所必要的其他事项。"在编制程序上,该条规定:"经济产业大臣应当在听取相关政府机关长官意见的同时,在听取综合资源能源调查会意见的基础上,编制能源基本计划的草案,并谋求内阁会议的决定。"同时,该法规定:"政府应当及时了解和应对有关能源形势的变化,并且在对有关能源政策措施实施效果进行评估的基础上,至少每3年对能源基本计划进行一次检讨。认为有必要时,应变更能源基本计划。"

据此,日本在《能源政策基本法》出台后,相继出台了《能源基本计划》(2003 年 10 月)、《能源基本计划修改案》(2007 年 3 月)等一系列文件,对能源生产、消费、进口的各项具体政策进行了规定,并随时根据新的情况进行调整。

(三)能源储备制度

日本在战略石油储备上的法治建设较为完备。1975 年的《石油储备法》是其最重要的石油储备法,共包括总则、石油储备、石油气储备和其他条例 4 章,细则对石油储备责任者的义务、石油储备的计划、数量、品种、动用以及惩罚等都予以明确规定。1978 年修改的《日本国家石油公司法》决定由国家石油公司建立国家石油储备。自 1978 年,日本已建立起国家储备和民间储备的双重体制。1989 年日本政府修改了《石油储备法》,明确石油储备以国家储备为主,并规定逐步降低民间企业法定的石油储备量。

按日本《石油储备法》的规定,凡从事石油进口、石油炼制和石油销售者均有义务承担 70 天经营量的义务储备,并必须按照通商产业省的规定,每年度编制今后 4 年的石油储备计划,上报通商产业大臣。同时,为了确保国际能源组织所规定的 90 天净进口量的义务量,日本政府依靠从海外进口原油和成品油所收取的石油税来支持国家石油储备体系的建设。在石油储备管理体制上,可分为 4 个层次:①通产省资源能源厅是主管石油产业的最高领导部门,其职能是制定有关石油产业的政策法规;②日本石油公团(JNCC)是国家石油储备的实施机构,成立于 1968 年 10 月,原名石油开发集团,1979 年更名为石油公团;③核心石油公司是参股私营公司中投资最多的公司,对储备工程建设起主导作用;④国家储备公司是进行实际运作的基层组织。

此外,日本还建立了液化石油气储备。1981 年,日本按照《石油储备法》的规定,启动了民间液化石油气储备,并在 1998 年成立了日本液化石油气储备公司,专门从事国家液化石油气储备基地的建设和管理工作。按照计划,到 2010 年,日本液化石油气要达到相当于 80 天的进口量,其中 30 天为政府储备,50 天为民间储备。

(四)新能源开发制度

1997 年,日本制定了《促进新能源利用特别措施法》。该法的基本立足点是"投入能源事业的任何人都有责任和义务全力促进新能源和再生能源推广工作"。该法规定,由经济产业大臣制定促进新能源利用的基本原则,并予以公布。该基本原则包括:①新能源利用中的能源使用者应采取的相关基本事项;②为促进新能源利用而进行能源供给的企业(能源供给企业)和从事新能源利用中的机械工具制造和进口的企业(制造企业)应采取措施的相关基本事项;③促进新能源利用措施的相关基本事项;④其他与新能源利用相关的基本事项。能源使用者、能源供给企业、制造企业均须注意基本原则的规定,努力促进新能源的使用。

2003 年,日本制定并实施《电力事业者新能源利用特别措施法》,简称"RPS 法"。该法主要对可再生能源配额进行了规定,即以配额的形式通过法律对电力事业者利用新能源的义务进行规定。其中规定电力事业者应当在每年按照经济产业省令的规定,利用超过基准利用量的新能源电力(包括风能、太阳能、地热能、水能、生物质能等)。基准利用量以前一年度该电力事业者的电力供给量为基础进行测算。

概括而言,根据《促进新能源利用特别措施法》、《电力事业者新能源利用特别措施法》等法的规定,日本在新能源开发利用上主要采取以下三个方面的法律措施。

1. 新能源开发利用管理措施

根据《促进新能源利用特别措施法》第 3 条的规定,经济产业省(Ministry of Economic, Trade and Industry, METI)负责新能源的管理工作。该法第 4 条规定:"能源使用者必须注意基本原则的规定,努力使用新能源。能源供给企业及制造企业必须注意基本原则的规定,努力促进新能源的利用。"根据管理体制,促进新能源利用的基本原则由经济产业大臣制定并予以公布。具体而言,该基本原则包括:①新能源利用中的能源使用者应采取的相关基本事项;②为促进新能源利用而进行能源供给的企业(能源供给企业)和从事新能源利用中的机械工具制造和进口的企业(制造企业)应采取措施的相关基本事项;③促进新能源利用措施的相关基本事项;④其他与新能源利用相关的基本事项。能源使用者、能源供给企业、制造企业均须注意基本原则的规定,努力促进新能源的使用。

在管理职责上,根据《促进新能源利用特别措施法》第 5 条的规定,经济产业大臣应根据新能源利用的特性、新能源利用相关技术水平等相关事宜,不断注意保护环境,在应予推进利用的新能源种类和方法等相关事宜上,为能源使用者制定方针并公布。

2. 强制性措施

为保障新能源开发利用目标的实现,日本新能源立法中对能源企业课以一些强制性义务,包括以下几种。

(1)许可义务。根据《促进新能源利用特别措施法》,在企业活动中欲使用新能源的,须制定与该新能源利用相关的计划(利用计划),并向经济产业大臣提交,方可获得对此利用计划适当性主旨的认定。如变更该利用计划,必须得到主管大臣的承认。如果该企业未按照该计划进行新能源利用,主管大臣可取消该认定。

(2)使用配额义务。根据《电力事业者新能源利用特别措施法》,电力事业者有利用特定限额新能源的义务。具体而言,指电力事业者应当在每年按照经济产业省令的规定,利用超过基准利用量的新能源电力电力事业者有义务在下一年 6 月 1 日前,向经济产业省报告新能源的利用情况。如果所利用的新能源电力未达到基准利用量,并且没有正当理由时,经济产业大臣可以进行劝告。如果未达到经济产业省所规定的基准,经济产业大臣可以命令该电力事业者在一定期限内必须进行改正。不服从改进命令者,最高罚款可达 100 万日元。

除了对企业提出新能源利用义务外,日本新能源立法还在一定程度上规定了政府的义务。根据《关于推进采购环保产品法》,政府机关、公共机构有义务采购利用新能源的相关产品,如太阳光发电系统和利用太阳能的热水器系统以及低能耗、低公害汽车等。

3. 经济刺激措施

日本一贯注重通过经济手段促使业者改变能源使用习惯,并将其在法律中予以确认。《促进新能源利用特别措施法》及相关立法也制定了一系列新能源推广的奖励及补贴制度,对新能源开发利用提供补助金或融资。例如,对大规模引进风力发电、太阳光发电、太阳热利用及废弃物发电等或宣导新能源的公共团体,补助 50% 以内的事业费及推广费;对于符合新能源法认可目标的新能源推广项目,则补助 1/3 以内的事业费;另对非营利组织给予支持,以协助和推广新能源事业的发展。

(五)节能法律制度

日本的节能技术处于世界先进地位,其节能的法律制度体系也比较完备,主要的法律制度有以下几种。

1. 节能管理体制

日本有健全的节能管理体制,形成了"经济产业省—新能源、产业技术综合开发机构(NEDO)—节能中心"的组织架构。经济产业省根据国家总体要求,制定完善的法规、条例,制定经济、产业政策,对企业的节能提出要求和奖惩措施。2001年小泉政府实行机构改革,节能管理机构由原来的资源能源厅所属的煤炭部的节能课升格为节能新能源部。国家机构中与节能工作直接相关的部门还有环境省、国土交通省等,他们从不同角度对节能工作进行职能管理。

在经济产业省下,组建了作为独立法人的新能源、产业技术综合开发机构,既组织、管理研究开发项目,也负责提供研究经费。对重大科技项目初期给予全部资金支持,随后按照技术进展和市场化程度给予不同的资金支持。节能中心则是一个民间组织,实质上属于准政府机构,具体负责节能措施的实施,总部设在东京,全国有8个分支机构。节能中心在政府与企业之间发挥中介机构的作用,一方面接受政府委托开展节能调查;另一方面通过会员制度,发挥其产、学、研的优势,为中小企业提供能源诊断,给出节能技术改造的建议。节能中心每隔半年向社会公布一次节能产品排行榜,是日本推进节能工作的重要力量。

2. 用能单位分类管理制度

《节约能源法》根据能源消耗的多少,对能源使用单位进行分类管理,促使企业不断提高能源使用效率。具体措施有:①根据上年度企业能耗大小,将超过一定能耗量的企业划分成两类进行管理,即指定年能源消耗折合原油3 000公升以上或耗电1 200万千瓦时以上的单位为第一类能源管理单位,年能源消耗折合原油1 500公升以上或耗电600万千瓦时以上的单位为第二类能源管理单位。上述单位必须每年减少1%的能源消耗,建立节能管理机制,任命节能管理负责人(能源管理人员),定期报告能源的使用情况。第一类能源管理单位还必须向国家提交节能中长期计划。②每年对被管理的企业实施现场检查,并依据经济产业大臣制定的判断标准进行评分。③对评分不及格的第一类企业采取通报、责令改正或罚款等措施,对评分不及格的第二类企业进行劝告。对于节能达标的单位,政府在一定期限给予减免税的优惠。

同时,企业的节能管理人员实行能源管理师制度,由国家统一认定能源管理人员的从业资格,并加强能源管理人员的培训。

3. 建筑物用能管理制度

日本 1979 年制定的《节约能源法》中就包括住宅与建筑方面的内容。2005 年修订后的《节约能源法》做了比较大的改动。在与建筑、住宅相关的部分,将节能部分的义务申报范围由以前的只针对建筑物不包括住宅,扩大到住宅(2 000 平方米以上的集合住宅),从而强化了民生部门的节能。同时,《节约能源法》对办公楼、住宅等建筑物提出了明确的节能要求,并制定了建筑物的隔热、隔冷标准。新建或改建项目必须向政府有关部门提交节约能源的具体措施。用能超过限额的建筑物必须配备能源管理员,负责向政府有关部门提交节能中长期计划、年度计划及落实的成效。

4. 能效标识制度

根据《节约能源法》,日本从 1999 年开始对汽车、商用和家用电器设备等实行强制性能效标识制度。其标识设计的指导思想是:有利于消费者将该产品的能源效率与其他产品比较;采用简单的符号或标记,便于消费者理解和查询;提供产品的相关性能指标。标识的格式由日本经济产业省统一规定。日本还与美国联合实施了办公设备的能效标识计划。电脑、显示器、打印机、传真机、复印机、扫描仪和多功能驱动器等,达到了美国能效标准的就贴上"能源之星"标志,并相互承认。标识制度的实施,极大地推动了日本用能产品能效水平的提高。

图 16　日本的节能标识

日本的节能标识不仅细致地对产品节能效果进行了划分,还包含了产品是否完成节能计划、能够节省的能源费用等信息,为消费者的选择提供了直观、明确的依据,对其详细解释参见图 17。

5. 节能评价制度

根据 2003 年实施的《节能型产品销售业者的评价制度》,营业面积 800 平方米以上,节能型产品销售额占总销售额 50%以上的大规模电器卖场都是该制度的评价对象;2005 年扩展为节能型产品销售额占总销售额 50%以上的全部家电销售业者。日本政府每年都会发表"节能型产品普及推动优秀点"的排名,自 2004 年开始还设定了经济产业大臣奖、环境大臣奖等奖项。

通过定期开展的奖项和节能产品评选活动,对积极销售节能型产品和提供节能相关信息的销售商给予肯定性评价和奖励。

多级别评价:
产品的节能性从1星到5星,从低到高排列。
完成"领跑者"计划的产品是5星,在星形标志的下方明确表示产品是否完成节能计划。

节能标识:
完成"领跑者"计划的产品节能标识中"e"为绿色,未完成的为橙色。
还有"领跑者"计划的完成率以及能耗效率(一年的消费电量)。

一年能够节省的电费:
为了能够更直观地了解该产品的能耗效率(一年的耗电量等)在这里标出一年能够节省的电费。

图 17 对节能标识的解释

二、日本独具特色的能源法律制度

综观日本能源法律政策体系,其中最有特色的当属领跑者制度和能源管理师制度。

(一)领跑者制度

在工业节能取得一定成绩的同时,随着经济的发展,居民、商业以及交通部门的用能却不断地增加。为此,日本于 1999 年 4 月修改《节约能源法》,加入了领跑者制度,这是日本独创的一项节能法律制度。所谓的"领跑者"(Top Runner),是指汽车、电器等产品生产领域能源消耗最低的行业标兵。领跑者制度意味着,该种商品均必须超过现有商品化的同类产品中节能性能最好的产品。因此,领跑者制度即为节能标准更新制度。节能指导性标准按当时最先进的水平——领跑者制定,5 年后这个指导性标准就变成强制性标准,达不到标准的产品不允许在市场上销售,而新的指导性标准又同时出台。领跑者制度就是通过确立行业标杆,要求其他企业向其看齐,即确定家电产品、汽车的现有最高节能标准,从而使汽车的油耗标准、电器产品等的节能标准高于目前商品化机电产品中最佳产品性能。

在适用范围上,领跑者的对象往往是随着形势的变化而不断扩大。日本政府往往根据形势的变化(如技术进步程度、老百姓需求的提高),有针对性地对该制度的适用范围予以扩大。例如:在 2006 年 4 月修订的《节约能源法》中,液晶、等离子电视机、DVD 录像机、保温电饭锅、微波炉、卡车、巴士等产品就被追加为领跑者对象。

在组织机构和程序上,领跑者标准的适用对象主要由自然资源及能源委员会审定。该委员会是经济贸易产业省的顾问机构。其下设立能量标准委员会具体负责领跑者标准的审议;标准的细节条款,由能量标准委员会附设的标准评估委员会承担。该委员会负责单个产品标准细节的技术审议。随后将讨论结果呈报能量标准委员会,并由其做出决定。经能量标准委员会批准的《领跑者标准草案》应向世界贸易组织(WTO)通报,以避免进口产品的贸易壁垒问题。完成这些手续后,通过修订《节约能源法》及相关条例,将目标产品正式纳入领跑者标准的适用范围。

从实施上看,所谓领跑者标准,一开始并不是强制性的,但有一系列的规定来迫使企业去追赶"领跑者",包括设定基准目标、不断改进的幅度要求、达标年度。在规定的时间内未达到该标准的制造商,政府可采取警告、公告、命令、罚款(100万日元以下)等措施,原产品也不许继续销售。同时,在出售时,每类产品均与领跑者的水平进行比较并贴放星级标签,以标示与领跑者的差距及使用1年所需的电费(检测结果由日本节能中心出具),标签由零售商加贴。

从总体上看,领跑者制度很好地推进了日本企业及产品的技术更新,形成了以技术为导向的市场竞争,鼓励和激发了企业不断创新的内在动力,取得了很好的成效。该制度实施以来,日本各种电器都实现了超出当初预想的节能效率改善。比如汽车行业,通过实施领跑者制度,2004年度比1995年度能源消费效率提高了22%,而按原定目标,是2010年提高23%。

(二)能源管理师制度

按照日本《节约能源法》的规定,在节能工作中必须推行能源管理师制度,即由专门的能源管理人员负责进行能源管理。所谓"能源管理师",是专门的能源管理人员,具体分为能源管理师和能源管理员两类。如前所述,日本《节约能源法》将超过一定能耗量的企业划分成两类进行管理。根据该法及其实施令的规定,具体措施包括四个方面。

(1)焦炭制造业、供电企业、供气企业、供热企业中的第一类能源管理单位,如果年能源消耗量在3 000—100 000公升原油的,需配备1名能源管理人员(具备能源管理师资格);年能源消耗量在100 000公升原油以上的,需配备2名能源管理人员(具备能源管理师资格)。

(2)第一类能源管理单位中除焦炭制造业、供电企业、供气企业、供热企业以外的单位(热能工厂),年能源消耗量在3 000—20 000公升原油的,需配备1名能源管理人员(具备能源管理师或能源管理员资格);年能源消耗量在 20 000—50 000 公升原油,需配备 2 名能源管理人员(具备能源管理师或能源管理员资格);年能源消耗量在 50 000—100 000 公升原油的,需配备 3 名能源管理人员(具备能源管理师或能源管理员资格);年能源消耗量在 100 000公升原油以上的,需配备 4 名能源管理人员(具备能源管理师或能源管理员资格)。

(3)第一类能源管理单位中的电力工厂,年能源消耗量不满 2 亿千瓦时的,需配备 1 名能源管理人员(具备能源管理师或能源管理员资格);年能源消耗量在 2 亿—5 亿千瓦时的,需配备 2 名能源管理人员(具备能源管理师或能源管理员资格);年能源消耗量在 5 亿千瓦时以上的,需配备 3 名能源管理人员(具备能源管理师或能源管理员资格)。

(4)第二类能源管理单位,应选任 1 名能源管理人员(具备能源管理员资格即可)。

按照规定,由国家统一认定相关人员的从业资格:①能源管理师的资格取得有两种渠道。一种为全国统一考试,每年一次,每次合格率不到 30%,无先期条件要求,考试通过发放能源管理师执照;另一种为能源管理师进修,要求具备 3 年实际工作经验,考试合格发放能源管理师执照。②能源管理员在资格取得上,需通过能源管理员培训,并取得能源管理员培训结业证,无先期条件要求。被选任后,每 3 年必须参加一次提高资质的培训。

能源管理师的考试科目包括必修基础科目和选修专业科目,其中必修基础科目主要是能源综合管理及法规(能源形势与政策、能源概论、能源管理技术基础、与合理使用能源有关的法律及命令等),选修专业科目分热领域专业(热与流体流动基础、燃料与燃烧、热利用设备及其管理)和电气领域(电气基础、电气设备和机器、电力应用)。

能源管理师在企业负责能源消费设备的维护、能源使用方法的改善及监督、编制中长期计划和定期报告书等工作。其具体任务如下:①起草基本节能方针时给予协助,根据基本方针计算必要的投资成本。②制定节能促进组织计划,与雇主和部门主管协调后确定节能促进组织框架。定期召集节能促进委员会会议,担任委员会秘书。③根据法定标准的规定制定强制性管理标准,编制公司所需的其他管理标准,指定管理标准的负责部门。编制管理标准时,能源管理师应充当协调人,并向相关部门提供关于基本原则的必要资料,规定格式、负责部门和最后时限。④调查实际能耗,编制基本单位管理图。⑤每年为整个公司和各部门指定、分派节能任务,设定相应的定量目标。⑥对全公司和各部门员工进行教育。与员工一道制定奖励方案,以表彰有节能贡献的部门或员工。⑦每月、每年以单位能耗管理图的形式向雇主及各部门报告节能工作情况。⑧听取相关部门意见后制定改进计划(例如全公司节能工作和设施改进)。⑨起草定期报告,编制中长期计划草案初稿。⑩经常了解最新技术及其他公司的优良规范。

能源管理师制度的实施,有效的监督和促进了日本重点用能企业的能源使用情况,起到了较好的效果。

第四节　反思与借鉴

一、日本核能安全法律规制的反思

2011 年 3 月的福岛核电站事故表明,尽管在形式上日本已经基本形成了由国内法和国际法组成的体系完整、管制细密的维护核电安全制度框架;但从实质上看,其国内法体系、核能安全监管、守法状况等方面存在不少值得反思的问题。[①]

1. 核电安全控制法律体系存在结构性障碍,影响管制效果

单从核能安全控制法律体系的结构本身来看,日本学者西胁由弘列举了其存在的九个方面的问题:①核电站设置许可的许可要素不分明;②设置许可的标准不明确;③在工程计划认可方面偏重于规范结构强度,未包含品质保证;④机能和性能规范过于简单;⑤设置许可审查与工程认可计划审查的关系不清;⑥安全规定均为运转管理方面的内容,基本设计要求和运转管理要求混淆;⑦采取阶段管制结构,管制缺乏约束力;⑧安全检查种类过多且重复,不能开展机动性检查;⑨对燃料体加工的检查形同虚设。

以设置许可的许可要素不分明为例。这是指法律规定不明确,缺乏具体的行政规章,审查使用的判断标准也只是各种指南。为实现《反应堆等规制法》目的而提出的"机能要求",如对地震、火灾、环境的安全性要求等,本来应由行政规章来规定,实际上却处于空白状态,指南也未对此做出规定。而"性能要求"如结构强度、耐火性能等,虽在《电气事业法》中制定了细则,但未实现定量化。专家指出,《反应堆等规制法》的细则中应规定机能要求,明确许可要素。这是因为指南只不过是原子能安全委员会的内部规定,设置许可的具体判断标准应由行政部门制定。而且,指南虽可灵活适应技术进步,制定和修改也更容易,但现实是其修改程序并不明确,修改也不频繁,

---

① 范纯:《简析日本核电安全的法律控制体系》,载《日本学刊》2011 年第 5 期。

并未吸收新知识和新观点。

2. 制度安排多是对事故或故障的简单应对,具有明显的滞后性

核电安全控制法律体系是以核电站基本设计为监督重点给予设置许可的,对详细设计的监督是对照基本设计监督实行的阶段性管制。就反应堆的设置与运转而言,所谓"阶段性管制",就是按照设置许可、设计及工程方法的认可、使用前检查等一系列措施的顺序来实施管制。因此,一旦现场出现难题,就不能对设计的正确性进行审查。另外,设置许可的内容具有较强的约束力,机器的实际状况并未能反映于法律规定中,即使是为提高安全性的改造,在程序上也十分麻烦。而且,长期以来,日本对核能安全控制法律体系未有充分讨论,所谓的法律修订只是简单的事故或故障对应性的修改。对事故本身来说,相关制度安排并未发挥超前管制的作用,反而是滞后性十分明显。

例如,2000 年 7 月日本基于核燃料加工厂临界事故的教训修改了《反应堆等规制法》,追加了对核燃料加工企业进行定期检查的制度,创设了对所有核电企业和从业人员遵守安全规定的状况进行检查的制度。又如,2002 年 12 月,日本根据核电站自主检查中存在的问题再次强化了核能安全规范,修改了《电气事业法》和《反应堆等规制法》,全面实行定期检查制度,引入设备健全性评价制度,设置独立行政法人原子能安全基础机构等。上述措施虽具亡羊补牢功效,但事前管制作用的彰显效果不佳。

3. 核电安全管制的手法落后,在吸收先进的管制手法方面停滞不前

从核电安全管制的手法看,国际社会很早就强调有效果、有效率的管制(Effective and Efficient Regulation)和持续改善(Continuous Improvement)的管控。其中,核能概率安全分析(PSA)被视为一种有效的管控手法。所谓"核能概率安全分析",是采用系统评价技术和概率风险分析方法,对各种可能发生的事故进行全面分析,指出堆芯损坏概率和放射性物质释放的后果,最终发现设计缺陷和可能的失效模式。可以说,利用核能概率安全分析的结果进行管制这一手法具有明显的效果。

原子能安全委员会提出安全目标方案时,虽也强调使用该手法较为得当,但又表明至少现在还不会用于核电站的安全性判断。原子能安全保安院也强调核能概率安全分析结果作为安全性判断规则比较得当,因为核能概率安全分析集约了相关安全数据,是工学专家的判断手法。但在具体运作上,有关人员尚未达成共识,所以该手法的使用也未见进展。2011 年 6 月 7 日,原子能灾害对策本部的事故报告书强调,作为教训,应有效利用风险管理概率论的安全评价手法,利用核能概率安全分析,通过风险的定量评价,

积极推进降低风险的努力。

4. 核能安全监管体制存在问题

在日本,承担核电安全控制的监管机构有原子能委员会(AEC)、原子能安全委员会(NSC)、经济产业省原子能安全保安院(NISA)、经济产业省资源能源厅、文部科学省、独立行政法人原子能安全基础机构(JNES)等。目前日本的核电安全监管体制呈现出"多龙治水"的组织状态,存在着遇到紧急事态时判断迟缓的可能。而且因为各机构职能分散,还存在核电建设时争夺权利、事故发生时相互推脱责任的危险,未必能够进行有效运营和监管。具体来看,日本核电安全监管体制存在以下问题。

(1)核电安全管控体制的关系并未理顺。2000年日本行政体制大改革前,原子能安全委员会与科学技术厅的核能安全局有密切关系,能够掌握现场的第一手信息。但是改革后,原子能安全委员会被置于内阁府下,不具备充分的调查能力,反而对各类现场安全信息难以掌握。也就是说,对确保核电安全来说,这种组织关系安排已成为不合理的体制。

另外,关于预防辐射基本思路的研究很多都被委托给放射线审议会,而该审议会又移交给文部科学省,原子能安全委员会无法实现充分的安全管控。对放射性同位元素的规范,根据医疗法、药事法等的规定,均与各省厅有关。而放射线审议会变成文部科学省的审议会后,各省厅对预防辐射的技术标准进行协调出现困难。现在,当除发电用反应堆以外的反应堆设施或带辐射性设施发生事故时,因科学技术厅属于内阁府,与相关省厅的协调比较顺利,但是另一部分反应堆因划归文部科学省和经济产业省管控,难以迅速采取对应措施。

(2)核电安全双重监督体制的必要性正在丧失。原子能安全委员会从设立至今已有30多年,在安全审查方面积累了丰富经验,安全审查的模式化也有所发展。但是由于一次审查和二次审查的对象、判断标准相同,双重审查监督反而变成了审查的重复,如今,对行政审查的再审查已缺乏合理性。①双重监督不应是对行政审查的再审查,其重点应是补充性审查。②在目前这种运转管理时代,随着运转管制重要性的增强,原子能安全委员会的管制资源分配应从基本设计转移到运转管理方面来,应当废弃法定的双重审查监督体制。

(3)监管体制的独立性不足。日本是《核安全公约》的缔约国,该条约要求缔约国的核能安全管制和推进核能利用有效分离。可以说,管制和推进的分离是国际趋势。美国、法国等都确立了具有独立性的管制机构,而日本的经济产业省原子能安全保安院在经济产业省内的独立性却是不明确的。

国际原子能机构指出,核电监管当局的独立性不可缺少。首相助理细野豪志也强调机构改组不可避免,要重新审视经济产业省原子能安全保安院和原子能安全委员会的地位和作用。要强化监管机构的独立性,既可以选择国家行政组织结构中的委员会制度,如国土交通省的运输委员会,也可以选择在内阁府以外设立的委员会形式,如公平交易委员会。当然,也有人强调应该组建像美国原子能管制委员会那样的组织,还有人主张将原子能安全委员会和经济产业省原子能安全保安院合而为一,成立原子能安全厅。

原子能灾害对策本部事故报告书指出,作为教训,日本应强化安全监管体制,明确安全责任所在,这就要求经济产业省原子能安全保安院从经济产业省独立出来。此外,独立行政法人原子能安全基础机构的检查工作也有问题。比如对福岛第一核电站3号机组安全阀的检查就存在错误,而且在检查过程中过于依赖东电公司,就连午餐费也让东电公司负担,可以说其检查并不认真,甚至合谋串通致使检查延误,明显存在不负责任的现象,目前该机构的独立性已遭到质疑。

事实上,日本核电安全监管体制并没有真正发挥职能。究其原因,就在于21世纪以来日本推行的日本式经济体制改革未取得充分效果,尤其在核能领域表现得十分明显,即政府对核能安全的监督体制没有充分理顺,存在多头监管甚至交叉监管、错位监管的现象。管制当局与核能企业之间没有建立起真正的市场体制下的监管与被监管的关系,政府保护色彩依然浓烈。应当说,体制创新是一个动态发展的过程,政策上的主观愿望与客观阻力存在反复博弈,致使改革充满不确定性,结果导致出现体制改革停留在表面、体制被锁定在无效率状态的可能。受本次核事故的影响,日本已经开始注意改善核能安全监管体制,今后将对核能行政进行根本性改革。预计改革将关注管制机构的独立性,改变双重监管体制的低效状况。

5. 核能安全守法情况堪忧

福岛核事故暴露出日本核电业长期缺乏严格守法的问题。东京电力公司过去就曾经有过不遵守法律的不良记录,包括篡改安全记录、隐瞒安全事故等,如2002年就发生了东京电力公司对外界隐瞒其堆芯围筒焊接部位出现裂缝的事件。而本次福岛事故发生后,东京电力公司仍不履行信息公开义务,不向外界透露真实信息。如2011年3月14日发生氢气爆炸后,东京电力公司面对各方质问总是回答"在确认",暴露出其从现场得不到详细信息的实态。2011年3月22日国际原子能机构指出,福岛核电站依然在泄漏放射性物质,但其原因不清楚,正是因为来自日本的信息不充分,影响了该机构对情况的把握。

应当说,日本《原子能基本法》中规定的公开原则(在今天可以理解为核能信息公开)具有重要意义。但日本历史上发生的多次核事故均暴露出核电行业普遍存在着轻视安全和违反信息公开原则的现象。受临界JCO事故的影响,《反应堆等规制法》制定了内部告发者保护制度。东京电力公司的隐瞒事件,也是因为美国技术人员的内部告发而曝光的。但事实是,该制度的运用情况并不乐观,2007年3月发现北陆电力志贺1号机组、东京电力公司福岛1—3号机组均发生过临界事故,这充分显示了核电行业根深蒂固的不履行信息公开义务的弊病。

20世纪80年代中期到90年代中期,日本因在核能领域取得一定成绩而出现行业性的自信和傲慢,尤其是东京电力公司对来自外部的认为其技术需要改进的建议听而不闻,暴露出其在安全文化方面存在欠缺。2011年6月11日,原国际原子能机构官员、瑞士核能工学专家布鲁诺·贝劳德披露,他在20年前就向东京电力公司提出过确保电源和水源多样化、整固反应堆安全壳和外部建筑、设置防止氢爆炸的机器、设置吸收放射性物质的过滤器等建议,但东京电力公司没有听取。因此,本次核事故与其说是天灾,不如说是东京电力公司招致的人祸。布鲁诺·贝劳德强调,福岛第一核电站运转的是美国通用电力公司生产的沸水型反应堆"马克1型",因压力容器和安全壳近,若出现氢气压力,就有急剧上升的危险。而瑞士电力公司也采用"马克1型"反应堆,为弥补其不足,曾进行了改进作业。1992年美国通用电力公司也向东京电力公司提出了改良建议,但东京电力公司认为没有改良的必要。此外,2007年国际原子能机构就曾经指出,福岛核电站对地震和海啸的预想对策不充分。事实上,从东京电力公司的输电线基础设施来看,该公司的确忽视了海啸对策。综上所述,可以说此次事故是东京电力公司妄自尊大导致的"东电型事故"。

另外,日本传统上的安全文化建设主要体现在制度建设、员工培训、团队精神等方面,但20世纪90年代中期以后,因为对核能安全过于自信且漫不经心,日本核电行业的安全文化建设停滞不前。以1999年JCO临界事故为开端,日本核电行业又接连出现多次事故、故障。2007年日本经济产业大臣指示进行发电设备大检查,结果判明该行业过去隐瞒事故、篡改数据的现象较多,故决定将安全文化建设作为企业接受国家认可的安全规定事项。由此,安全文化在日本成为法律规范的对象。2007年11月经济产业省原子能安全保安院出台了《企业安全文化评价指南》,却导致了现场出现僵硬态势,即出现了"一强化管制就丧失创意、一强化监管就降低士气、一推行指南化就失去自主性"的二律背反局面,出现了消极遵守法律规范的倾向,损伤了真正的核安全文化建设。从福岛核事故的后期污水处理情况来看，单纯的人为错误、明显的粗心大意不断，总共导致 11 起故障，处理设施不得不停止运转，预期净化目标被迫推迟，这就延误了福岛核事故的有效处理。

总之，福岛核泄漏事故的发生并非偶然，除对自然灾害的预想与防范不够充分以外，更重要的是，核电安全法律规制体系存在不少显和潜在的问题，与事故发生存在一定的因果关系。对此，日本应当深刻省思，进行彻底改革。

二、日本能源法的借鉴

中国目前正面临着十分严峻的能源形势。日本在能源法律政策上的经验和措施，对我国能源法律体系的建构具有借鉴意义。

1. 应建立金字塔形能源法律体系

根据前文，日本已构建了以《能源政策基本法》为指导，《电力事业法》、《天然气事业法》、《原子能基本法》、《能源利用合理化法》等能源专门法为主体，《电力事业法施行令》、《天然气事业法施行令》、《促进新能源利用特别措施法施行令》等相关法规为配套的金字塔式能源立法体系。该法律体系保证了在宏观上对能源立法进行指导的同时，各专门领域也能有具体细致的规范，取得了较好的效果。

我国目前已制定了《煤炭法》(1996 年)、《电力法》(1996 年)、《节约能源法》(1997 年制定，2007 年修改)、《可再生能源法》(2006 年)等能源专门法，也制定了一系列相关配套法律规范。同时，我国正在加紧研究制定能源法。我国应借鉴日本金字塔形的能源法律体系，系统完善我国能源法律制度体系。即在重点展开制定具有能源基本法性质的能源法的同时，完成我国能源专门法相关立法和修改工作，如尽快制定《石油天然气法》、《原子能法》等特别法，尽快修改《煤炭法》、《电力法》等，以完善我国能源专门法的体系和内容。

2. 能源立法应具有较大的灵活性，根据形势随时修改

日本的能源立法强调灵活性。《能源政策基本法》第 12 条就明确规定："政府应当及时了解和应对有关能源形势的变化，并且在对有关能源政策措施实施效果进行评估的基础上，至少每 3 年对能源基本计划进行一次检讨。认为有必要时，应变更能源基本计划。"

在能源专门法上，其变动较为频繁，如《节约能源法》实施 28 年来，日本根据不同时期技术进步程度、市场需求的变化，及时进行必要的修订，前后共计修订了 8 次。每一次的修改都具有很强的针对性。如 2002 年的修改提

高了汽车、空调、冰箱等产品的节能标准;2003 年的修改对企事业单位的能耗标准做了更为严格的规定,节约达标者可减免税收,未达标者则重罚;2006 年的修改则将液晶、等离子电视机、DVD 录像机、保温电饭锅、微波炉、卡车、巴士等产品追加为领跑者对象,并重新评估了空调器和电冰箱标准;2007 年,日本经济产业省日前决定扩大《节约能源法》的适用范围,将连锁便利店的店铺等也列为限制对象,以期提高温室气体减排效率。其他的能源立法,也都经常进行修改。可见,我国应在能源立法中注重灵活性,在必要时对能源专门法和相关配套法规进行修改。

3. 能源立法应注重可操作性①

日本在保障能源立法可操作性方面,主要采取了 4 种措施:①明确管理主体。能源管理部门过多或者各部门之间职能相互交叉,不利于能源的管理。根据能源基本法和专门法的规定,日本经济产业大臣负责能源管理工作,保证了能源法律法规的执行。②在法律中规定量化指标。日本注重在能源立法中提出具体的量化指标,以此保证法律目标的具体化。实践证明,在法律中规定量化指标与保障法律稳定性并无矛盾,较好地保证了法律的执行贯彻。③及时制定配套法规。在制定某一能源专门法后,日本政府会及时制定施行令、施行规则等相关配套法规,更加具体、细致的对相关问题进行规范。④多重措施促进立法执行。日本能源立法在提出明确的能源目标与法律义务时,并不是一味通过行政强制手段督促企业履行,而是注重采取适宜的制度安排,引导、促进、监督企业履行法律义务。这方面的典型代表是日本的能源管理师制度。

我国现有的能源立法偏重原则化,可操作性不强,使其在实践中难以有效地发挥效果。纵观我国现有的能源立法,仅《节约能源法》进行了一次修改,其他法律都一直未进行必要的修订。这和日本能源立法随时根据新的形势进行修改形成了鲜明的对比。2007 年修订后的我国《节约能源法》强调了能源计量管理,明确了政府机关等公共机构的节能义务,对用能产品能效标识、节能产品认证等做出了具体的规定,在可操作性上取得了较大的进步,配套的国家节能标准(包括:22 项高耗能产品单位产品能耗限额标准,5 项交通工具燃料经济性标准,11 项终端用能产品能源效率标准,8 项能源计量、能耗计算、经济运行等节能基础标准)也于 2008 年由国家标准化管理委员会颁布实施,在可操作性上取得了一定进步。但除此之外,其他的能源立法在可操作性上仍然没有大的改观,规定过于原则,相应的配套法规也比较

① 陈海嵩:《日本能源立法执行情况及对我国的启示》,载《华北电力大学学报》2009 年第 5 期。

缺乏。我国应借鉴日本能源立法在保障可操作性上的经验,完善法律规定,并建立能源立法的配套法规和标准体系。

4. 能源立法应注重培育相关专业机构[①]

日本在能源立法中,较为注重对能源专业机构的建设,并专门制定法律进行规范。如日本在 1967 年制定的《石油公团法》,设立了专门负责石油和液化石油气开发和技术开发的国家石油公司(石油公团)。1978 年,日本修改了《石油公团法》,调整了石油公团的职能,使其承担起国家石油和液化石油气储备的责任。2002 年 7 月 19 日,日本国会正式通过《独立行政法人石油天然气、金属矿产资源机构法》,决定废除原隶属于资源能源厅的石油公团,将其归并到原隶属于资源能源厅的金属矿业事业团,新组建了独立行政法人石油天然气、金属矿产资源机构,并对该机构的职责等进行了明确的规定。又如:1980 年,日本制定的《替代石油能源法》,设立了新能源综合开发机构,负责新能源利用技术的研究和推广。2002 年,日本制定了《独立行政法人新能源、产业技术综合开发机构法》,专门对该机构的目的、职责、业务等问题进行了规定。

可见,制定专门立法对相关机构进行规范是日本能源立法的一个特点。在能源管理上,政府往往面临着资金、信息、技术不足的困难,此时就有必要引入社会力量,实现社会的"自我规制"(self-regulation)。借鉴日本经验,我国也可以考虑大力发展能源专业机构,为国家对能源的综合管理提供补充,更好地保障能源立法在社会中得到切实实施,并在能源立法中对社会性的能源专门机构加以专门规范。

5. 国际合作是能源立法的重要内容

如今,能源问题已超出局部和经济范畴,日益全球化和政治化,对国家安全、大国关系以及国际战略正在产生深远影响,对外能源合作要由政府统筹规划调控。对此,能源立法应进行相应的规范。日本《能源政策基本法》第 13 条就专门规定:"为有助于稳定世界能源供需,防止伴随能源利用而产生的地球温室化等,国家应努力改善为推进与国际能源机构及环境保护机构的合作而进行的研究人员之间的国际交流,参加国际研究开发活动、国际共同行动的提案、两国间和多国间能源开发合作及其他国际合作所采取的必要措施。"我国能源基本法中,也应规定相应内容。

6. 应高度重视核能安全立法

目前我国国内包括已运营、建设中、筹建中的核电站项目多达 43 个,累

---

① 陈海嵩:《日本能源管理及其启示》,载《中国科技论坛》2009 年第 11 期。

计投资额将高达 1.8 万亿元。公开资料显示,国内已运营的核电站有 6 个,国务院已经核准 34 台核电机组,装机容量为 3 692×10⁴ 千瓦,其中已开工在建机组达 25 台,是全世界核电在建规模最大的国家。部分省市的电力短缺以及国家对核能的政策和资金扶持,是这一轮核能飞速发展的主要原因。

然而,日本福岛核事故表明,核能发展首先应注重安全性。在发展核电过程中,不能仅从地方产业和经济发展角度考虑问题,应更具环境和风险意识,必须避免过去那种大型石化基地布局在大江大河两岸的高风险做法,从国家和区域的整体角度做好电源建设规划,切实做好相应的区域布局协调工作,以降低可能的事故风险及影响。同时,应进一步加强安全管理,从设备工艺到运行以及核废料处理等多个方面强化风险意识,努力避免未来可能出现的各种风险事故的发生。另外,核电安全监管体制、核电企业安全文化等方面也非常重要。对此,都应在我国未来的原子能法中得到明确体现,在安全与效率的价值选择上争取双赢,形成有效规制核能安全的法律体系。

第三章 韩国能源法

韩国(Republic of Korea),位于亚洲大陆东北朝鲜半岛南部,东、南、西三面环海。韩国是一个新兴市场经济国家,宪法领土范围为整个朝鲜半岛及附属岛屿,实际领土约占朝鲜半岛总面积的 4/9,面积 9.96 万平方千米,半岛海岸线全长约 1.7 万千米(包括岛屿海岸线),总人口 5 008.7 万(2010 年 1 月底的数据),民族主要为朝鲜族,语言为朝鲜语(韩语),货币为韩元。首尔是韩国的首都。韩国一级行政区划包括 1 个特别市(首尔)、1 个特别自治市(世宗)、6 个广域市(釜山、大邱、仁川、光州大田、蔚山)、8 个道(京畿、江源、忠清北、忠清南、全罗北、全罗南、庆尚北、庆尚南)和 1 个特别自治道(济州)。

韩国实行的是三权分立、依法治国的政治体制,属大陆法系国家。韩国总统是国家元首和全国武装力量司令,也是国家最高行政长官,负责各项法律法规的实施。总统通过主持由 15—30 人组成的国务会议行使职权。国务总理须由总统提名,国会批准,有权参与制定重要的国家政策。韩国总统不能解散国会,而国会则可以弹劾总统。韩国实行一院制,国会是国家立法机关,具有制定法律等职权。韩国法院共分三级:大法院、高等法院和地方法院。大法院是最高法庭,负责审理对下级法院和军事法庭做出的裁决表示不服的上诉案件。大法官由总统任命,国会批准。

韩国是半岛国家,国土面积狭小,国内市场狭窄,是外向型经济。韩国是经合组织(OECD)、世界贸易组织(WTO)、亚太经合组织(APEC)、20 国集团(G20)成员国之一。截至 2010 年 11 月,与韩国签订自由贸易区协定的国家和地区达 45 个。

第一节 韩国能源状况与能源法体系

一、韩国能源状况

韩国是国际能源署(IEA)的成员国。根据国际能源署 2011 年公布的数据,截止到 2009 年,韩国能源总产量(energy product)为 44.31 百万吨标准油当量,能源净进口总量为 198.1 百万吨标准油当量;其中一次能源供应量(TPES)为 229.18 百万吨标准油当量;燃料燃烧所产生的二氧化碳排放量(CO_2 emissions from fuel combustion only)为 515.46 百万吨(Mt),低于日本(1 092.86 百万吨)、印度(1 585.82 百万吨)和俄罗斯(1 532.60 百万吨),高于澳大利亚(394.88 百万吨)和南非(369.37 百万吨),占世界总量的 1.78%。2009 年,韩国人均一次能源供应量为 4.7 吨标准油(toe/capita),低于澳大利亚(5.93 吨),高于南非(2.92 吨)、印度(0.58 吨)、俄罗斯(4.56 吨)和日本(3.71 吨),高于世界平均水平(1.8 吨);韩国人均二氧化碳排放量为 10.57 吨(t CO_2/capita),高于南非(7.49 吨)、日本(8.58 吨)、俄罗斯(4.56 吨)和印度(1.37 吨),低于澳大利亚(17.87 吨),高于世界平均水平(4.29 吨);韩国每生产 1 吨标准油当量的一次能源需排放二氧化碳 2.25 吨(t CO_2/toe),低于印度(2.35 吨)、日本(2.32 吨)、南非(2.56 吨)、俄罗斯(2.37 吨)和澳大利亚(3.01 吨),略低于世界平均水平(2.39 吨)。[①]

韩国能源供需形势紧张。根据英国石油公司 2011 年公布的数据,截止到 2010 年,韩国一次能源消费量为 255 百万吨标准油当量,比 2009 年增长了 7.7%,占世界消费总量的 2.1%。[②]

(一)石 油

根据英国石油公司公布的数据,截止到 2010 年底,韩国石油消费量为 2 384 千桶/日,共计 105.6 百万吨,较 2009 年增长了 2.5%,占当年全球总消费量的 2.6%。在炼厂产能方面,韩国 2010 年的产能为 2 712 千桶/日,占世

---

① See IEA:Key World Energy Statistic 2011,http://www.iea.org/publications/free_new_Desc.asp? PUBS_ID=1199,2012-04-26.

② 参见 BP:《BP 世界能源统计年鉴(2011 年 6 月)》,http://www.bp.com/assets/bp_internet/globalbp/globalbp_uk_english/reports_and_publications/statistical_energy_review_2011/STAGING/local_assets/pdf/Chinese_statistical_review_of_world_energy_full_report_2011.pdf,2011-08-06.

界产能的 3%。[1] 根据国际能源署公布的数据，截止到 2009 年底，韩国是世界第五大原油(crude oil)净进口国，净进口量为 115 百万吨，占当年世界净进口总量的 5.74%。从成品油(oil products)来看，截止到 2009 年，韩国是世界第六大成品油生产国，年产成品油 116 百万吨，占当年世界总产量的 3.1%。但韩国成品油进口量也很大，是世界第九大成品油净进口国，2009 年的净进口量为 13 百万吨，占当年世界净进口总量的 2.82%。在精炼石油产品(refinery capacity of oil)方面，韩国需要大量进口，2009 年的净进口量为 102 百万吨，居世界第六位，占当年世界进口量的 4.8%。在石油产品零售价格方面，根据国际能源署公布的数据，截止到 2011 年第一季度，韩国工业用途的重型燃油(heavy fuel oil for industry)零售价格为 736.89 美元/公吨(UDS/tonne)；家用轻型燃油(light fuel oil for households)零售价格为 1 110.08 美元/千升(USD/1 000 litres)，高于日本(1 055.29 美元/千升)；无铅优质汽油(unleaded premium gasoline)零售价格为 1.673 美元/升(USD/litre)，低于日本(1.715 美元/升)，高于澳大利亚(1.393 美元/升)。[2]

(二)天 然 气

根据英国石油公司公布的数据，截止到 2010 年底，韩国天然气消费量为 429 亿立方米，合 38.6 百万吨油当量，比 2009 年增长了 26.5%，占当年世界消费总量的 1.4%。[3] 根据国际能源署公布的数据，截止到 2010 年底，韩国是世界第六大天然气净进口国，净进口量为 43 十亿立方米(billion cubic metres, bcm)，占当年世界天然气净进口总量的 5.24%。[4]

在天然气贸易方面，截止到 2010 年，韩国天然气进口总量为 444.4 亿立方米，全部为液化天然气，占当年世界液化天然气进口总量的 14.93%，占当年世界天然气进口总量的 4.56%。由于韩国三面环海，又与北面的朝鲜处于分裂敌对状态，俄罗斯等国家的油气管道很难接通过来，所以韩国的管道

① 参见 BP：《BP 世界能源统计年鉴(2011 年 6 月)》，http://www. bp. com/assets/bp_internet/globalbp/globalbp_uk_english/reports_and_publications/statistical_energy_review_2011/STAGING/local_ assets/pdf/Chinese _ statistical _ review _ of _ world _ energy _ full _ report _ 2011. pdf, 2011-08-06。

② See IEA：Key World Energy Statistic 2011, http://www. iea. org/publications/free_new_ Desc. asp? PUBS_ID＝1199,2012-04-26.

③ 参见 BP：《BP 世界能源统计年鉴(2011 年 6 月)》，http://www. bp. com/assets/bp_internet/globalbp/globalbp_uk_english/reports_and_publications/statistical_energy_review_2011/STAGING/local_ assets/pdf/Chinese _ statistical _ review _ of _ world _ energy _ full _ report _ 2011. pdf, 2011-08-06。

④ See IEA：Key World Energy Statistic 2011, http://www. iea. org/publications/free_new_ Desc. asp? PUBS_ID＝1199,2012-04-26.

天然气进口量为 0。[①]

在天然气产品零售价格方面,根据国际能源署公布的数据,截止到 2010 年第一季度,按总热值(Gross Calorific Value,GCV)计算,韩国工业用途天然气(Nat. gas for industry)零售价格为 610. 27 美元/百亿卡(USD/107 Kcal GCV);家用天然气(Nat. gas for households)零售价格为 655. 49 美元/百亿卡。[②]

(三)煤　　炭

根据英国石油公司公布的数据,截止到 2010 年底,韩国煤炭探明储量为 126 百万吨,全部为亚烟煤和褐煤,占世界亚烟煤和褐煤探明储量的 0. 03%,占世界煤炭探明总量的 0. 01%,储产比为 60。韩国烟煤和无烟煤产量为 0。在煤炭生产方面,韩国 2010 年煤炭产量为 0. 9 百万吨油当量,比 2009 年下降了 17. 3%,在世界总产量中所占比重低于 0. 05%。在煤炭消费方面,截止到 2010 年底,韩国煤炭消费量为 76 百万吨油当量,比 2009 年增长了 10. 8%,占世界消费总量的 2. 1%。[③] 可见,韩国煤炭供求形势严峻,严重依赖进口。根据国际能源署公布的数据,韩国是世界第三大硬煤(hard coal)净进口国。截止到 2010 年,韩国硬煤净进口量为 119 百万吨,占当年世界硬煤净进口总量的 12. 54%。[④]

(四)核　　能

核电站能力因子(capacity factor),是一个核电站发电管理水平的重要标志,可以衡量一个国家应用和发展核电的能力。韩国的平均核电站能力因子从 1995 年的 87. 3 提高到 2005 年的 95. 5,高于世界 2005 年的平均水平(79. 3)。[⑤] 根据国际能源署公布的数据,截止到 2009 年,韩国是世界第五大核电生产国,当年生产核电 148 太瓦时(TW·h),占世界的 5. 5%;装机容量为 18 吉瓦(GW),居世界第六位,占世界的 4. 85%;韩国核能发电占该国

① 参见 BP:《BP 世界能源统计年鉴(2011 年 6 月)》,http://www. bp. com/assets/bp_internet/globalbp/globalbp_uk_english/reports_and_publications/statistical_energy_review_2011/STAGING/local_assets/pdf/Chinese_statistical_review_of_world_energy_full_report_2011. pdf,2011-08-06。

② See IEA:Key World Energy Statistic 2011,http://www. iea. org/publications/free_new_Desc. asp? PUBS_ID=1199,2012-04-26.

③ 参见 BP:《BP 世界能源统计年鉴(2011 年 6 月)》,http://www. bp. com/assets/bp_inter-net/globalbp/globalbp_uk_english/reports_and_publications/statistical_energy_review_2011/STAG-ING/local_ assets/pdf/Chinese _ statistical _ review _ of _ world _ energy _ full _ report _ 2011. pdf,2011-08-06。

④ See IEA:Key World Energy Statistic 2011,http://www. iea. org/publications/free_new_Desc. asp? PUBS_ID=1199,2012-04-26.

⑤ 参见薛新民:《韩国核电发展模式的启示》,载《中国电力企业管理》2010 年第 7 期,第 30 页。

国内总发电量(total domestic electricity generation)的 32.7%,高于世界平均水平(13.5%),居世界第三位。[1] 根据英国石油公司公布的数据,截止到 2010 年底,韩国核能消费量为 33.4 百万吨油当量,与 2009 年相比没有变化,占当年世界消费总量的 5.3%。[2]

(五)可再生能源

根据英国石油公司公布的数据,截止到 2010 年底,韩国水电消费量为 0.8 百万吨油当量,比 2009 年增长了 32.9%,占世界消费总量的 0.1%。韩国 2010 年除水电外其他可再生能源消费量为 0.5 百万吨油当量,比 2009 年增长了 13.6%,占世界消费总量的 0.3%。其中,韩国 2010 年生物燃料产量为 287 千吨油当量,比 2009 年增长了 31.9%,占当年世界总量的 0.5%。[3]

(六)电　　能

根据国际能源署公布的数据,截止到 2009 年,韩国电能产量为 452 太瓦时,占当年世界电能总产量的 2.3%,居世界第十位;当年电力消费量为 437.73 太瓦时,占世界总消费量的 2.37%。从化石燃料发电(electricity production from fossil fuels)情况来看,韩国以煤炭发电量为主,2009 年煤炭发电量为 209 太瓦时,占当年世界煤炭发电总量的 2.57%,居世界第七位。在电力零售价格方面,根据国际能源署公布的数据,截止到 2010 年,韩国家庭用电价格(electricity for households)为 0.083 4 美元/千瓦时,低于日本(0.232 2 美元/千瓦时)。[4]

二、韩国能源法体系

(一)韩国能源法律体系

1. 宪　　法

宪法是韩国的基本法,是包括能源法在内的其他法律法规的母法。该法制定于 1948 年 7 月 17 日,后经过 9 次修改(最近一次修改是 1987 年 10

---

① See IEA:Key World Energy Statistic 2011, http://www. iea. org/publications/free_new_Desc. asp? PUBS_ID=1199,2012-04-26.

② 参见 BP:《BP 世界能源统计年鉴(2011 年 6 月)》,http://www. bp. com/assets/bp_internet/globalbp/globalbp_uk_english/reports_and_publications/statistical_energy_review_2011/STAGING/local_assets/pdf/Chinese_statistical_review_of_world_energy_full_report_2011. pdf,2011-08-06。

③ 参见 BP:《BP 世界能源统计年鉴(2011 年 6 月)》,http://www. bp. com/assets/bp_internet/globalbp/globalbp_uk_english/reports_and_publications/statistical_energy_review_2011/STAGING/local_assets/pdf/Chinese_statistical_review_of_world_energy_full_report_2011. pdf,2011-08-06。

④ See IEA:Key World Energy Statistic 2011, http://www. iea. org/publications/free_new_Desc. asp? PUBS_ID=1199,2012-04-26.

月29日)。韩国宪法中有涉及能源的规定。例如,该法规定:矿物、其他重要的地下资源、水产资源、水力及经济上可利用的自然力可按法律规定在一定期间内特许其开采、开发或利用;国土和资源受国家保护,国家为了平衡地开发和利用而制定必要的规划。

2. 有关能源的法律

根据国会立法原则,韩国的成文法规范原则上以法律形式确立,作为仅次于宪法的重要法源。韩国能源法律既包括能源单行法(如韩国《煤炭产业法》、《城市煤气法》、《原子能法》等),还包括涉及能源的普通法律(如韩国《环境影响评价法》、《外贸法》、《垄断规制法》中就有涉及能源的规定)。此部分是韩国能源法律体系的核心部分。

3. 与能源有关的国际法

韩国宪法遵守国际法,依据宪法缔结或颁布的条约和一般予以承认的国际法规与国内法拥有同等效力。与能源有关的国际法包括《联合国气候变化框架公约》等。

4. 与能源相关的紧急命令

韩国法律规定,总统可以在国家非常时期颁布具有法律效力的紧急命令和紧急财政经济命令。非常时期主要是指在遇到内忧、外患、天灾、地变或重大财政、经济危机时,总统为了维持安全保障或公共安全秩序,认为有必要采取措施而又无等待国会召集的时间余地时,可以采取最少限度的财政、经济处分或下达与此相关的具有法律效力的命令。并且,在涉及国家安危的重大交战状态,为了保卫国家安危认为有必要采取必要措施而又无等待国会召集的时间余地时,总统可以下达具有法律效力命令。能源问题涉及国计民生、经济发展、国家安全,在非常时期尤为重要,因此与能源相关的紧急命令属于韩国能源法律体系的重要组成部分。

5. 与能源相关的行政命令

在韩国,行政命令是指根据行政权订立的法律规范(条约等国际法规和自制法规除外)的总称。由于行政法规复杂多样,要求专门化和迅速的立法性对应,在韩国宪法中,赋予行政部一定范围的立法权。行政立法有下列几种类型。

(1)总统令。韩国法律规定,总统令是由作为行政权力实施人的总统发布的委托命令和执行命令,其业务范围涉及行政机能全部,自然也包括有关能源的协调与管理。

(2)总理令和部门令。国务总理或各行政部门的长官受总统令授权或依职权,可关于管辖事务发布总理令或部门令。

(3)行政规则。韩国的行政规则主要包括训令、预告、告示和指南等。

行政规则虽然对一般国民或其他国家机关不具有拘束力,但在韩国大法院的判例中,行政法规根据上位法令的明示性委托发令时,所谓具备法令补充性规则,认证其具有法规性的地位。

可见,与能源有关的总统令、总理令、部门令和行政规则是韩国能源法律体系中的重要组成部分。

6. 韩国国会、大法院、宪法裁判所和中央选举管理委员会制定的与能源有关的规则

韩国国会、大法院、宪法裁判所和中央选举管理委员会可在不与法律相抵触的范围内制定某些规则,特别是大法院规则尤为重要。与能源相关的规则也属于韩国能源法律体系的一部分。

7. 自治法规

韩国宪法保障地方自治制,地方自治团体行使自治立法权,独立制定条例和规则等自治法规。自治法规须在法律与行政命令的范围内制定,包括经过地方议会决议通过制定的条例和由地方自治团体长官制定的规则两种类型。与能源有关的自治法规构成了地方能源法制的重要部分。[1]

(二)韩国能源政策

韩国能源政策的目标是:实现可持续的能源供给(sustainable energy supply),即使能源供应保障经济稳定增长和人民生活水平稳步提高的同时,使能源消费与环境相协调。韩国试图通过提高经济体内部的能源利用效率和保证稳定的能源外部供给两个政策途径,来实现上述目标。为此制定的能源政策手段包括:①能源市场自由化,让市场和价格体系发挥稳定能源需求总量,调整国民经济产业结构和能源消费结构的重要作用;②推动能源、环境技术开发,积极推广节能技术、清洁能源、新能源和可再生能源;③进行广泛深入、形式多样的能源合作,加强政府的能源外交,大力推进海外能源开发,稳定能源进口总量、调整进口结构。[2]

2004 年,韩国设立了国家能源委员会,由总统担任委员长。该委员会把确保能源供求稳定作为首要任务,并审议有关能源的主要政策、项目、预算、运营等问题。[3] 2006 年 2 月,韩国通过了《韩国能源框架法案》。2006 年 11

---

① 参见《韩国的法律体系(上)》,http://blog. sina. com. cn/s/blog_62f6320b0100fzqi. html, 2012-08-07。

② 参见卢岩、王蕴:《东北亚能源合作及韩国在其中的作用》,载《亚太经济》2005 年第 3 期,第 59—60 页。

③ 参见廖新年、李玉华:《韩国保障能源供给的应对战略综述》,载《国际资料信息》2005 年第 4 期,第 21 页。

月 28 日,韩国政府组织制定了《2030 韩国能源展望》(Korea Energy Vision 2030),提出未来 20 多年韩国能源发展计划,确立了 3 个基本发展方向、5 个基本目标和 9 项关键任务。3 个基本发展方向:确保能源安全、提高能源效率和全面环保。5 个基本目标:实现能源自给;建设低能耗社会;摆脱过高依赖石油的状况;实现能源多渠道支撑的开放社会;促进韩国向能源设备与技术出口大国转变。9 项关键任务:提高韩国能源公司海外开采资源能力;建立牢固的氢基经济基础和加速新型能源和再生能源发展;大幅改进能源效率和能源储备;加强韩国能源公司海外发展能力;发展能源尖端技术并使之商业化;建立一个高效的国内能源市场;实现能源稳定供应;实行新的核能政策;提高社会能源福利。[1] 2008 年 9 月,韩国国家能源委员会通过了《国家能源基本计划》(2008—2030)。该计划制定了韩国未来 20 年的国家能源战略的具体目标和实施方案,并确定了每隔 5 年修改一次《国家能源基本计划》,这是能源领域最高级别的战略计划。[2] 到 2020 年《国家能源基本计划》完全落实之后,韩国能源进口费用预计可减少 344 亿美元;新增就业岗位可达 95 万个,每千美元 GDP 耗能(TOE)指数将由 0.341 降到 0.185,降幅达 46%;能源技术将由目前发达国家 60% 的水平跃居世界一流水准;韩国国家可控的能源比重将由 2007 年的 27% 提高到 65%,从而实现"能源自主"的宏大目标。[3] 韩国还制定了《2010 年能源政策和发展战略》,其基本目标包括:在 2010 年把原子能发展成为出口产业,出口额要达到 3 亿美元,技术自立度要达到 95%。此外,在资源开发方面,石油的自主开发率要达到 10%,天然气和有烟煤的自主开发率要达到 30%。同时,2010 年无烟煤的产量要从上年的 382 万吨降低到 300 万吨。该战略的重点是培育有国际竞争力的综合能源企业,在液化天然气、管道天然气和液化石油气领域建立竞争机制,并准备在电力方面建立东北亚电力合作体制。[4] 韩国还制定了《国家能源技术发展规划》(2006—2015),要求在 2013 年以前石油自给率达到 18%,二氧化碳排放量减少 1 700 万吨,能耗降低 5%。[5] 韩国政府支持能源事业产业化,并与产业界及相关科研机构保持密切沟通,以政府资助形式支持韩国地质

---

① 参见刘舸:《东北亚能源安全局势与韩国的战略选择》,载《当代韩国》2009 年第 2 期,第 10 页。
② 参见祁国平:《韩国的低碳行动计划》,载《资源与人居环境》2010 年第 4 期,第 54 页。
③ 参见张东明:《浅析韩国的绿色增长战略》,载《当代韩国》2011 年第 2 期,第 18 页。
④ 参见廖新年、李玉华:《韩国保障能源供给的应对战略综述》,载《国际资料信息》2005 年第 4 期,第 21 页。
⑤ 参见谢晶仁:《韩国开发利用新能源的现状及对我国的启示》,载《农业工程技术(新能源产业)》2010 年第 12 期,第 7 页。

资源研究院（KIGAM）等机构开展研发工作，鼓励能源技术向产业转化。1995 年开始，韩国政府在预算中设立了能源特别账目，以备不时之需。[①] 此外，韩国还设立了一些专门性的研究院，负责能源政策与技术标准的审议和研究工作，如韩国技术标准研究院（KATS）、韩国能源经济研究院（KEEI）、韩国能源研究院（KIER）等，此外，一些隶属于知识经济部的大型国有能源企业与组织也具有部分能源管理职能。[②]

在能源市场政策方面，韩国不仅限制市场的准入，而且限制交易方法。此外，韩国产业资源部（MOFCOM）有权制定能源供需计划以保障供需的稳定，采取调整供需措施以及应对紧急情况（韩国《电气营业法》《煤炭产业法》《城市煤气法》有相关的规定，且韩国能源产业一般不适用韩国《垄断规制法》）。但是，在 2000 年之后，韩国开始对能源产业的限制区分为合理理由的限制措施和无合理理由的限制措施。无合理理由的限制措施适用于韩国《垄断规制法》。同时，韩国还尽量扩大虽有合理理由但超过必要范围或程度的限制措施的范围。[③]

韩国十分重视能源外交的重要作用。官方发展援助（Official Development ment Aids，ODA）是韩国经常采取的能源外交手段之一。韩国借此积极开展与东南亚、中东、中亚和非洲的能源合作，并追随美国介入伊拉克战争和战后重建。同时，韩国还提出了"欧亚能源合作机制"。该机制又被称为"能源丝绸之路"，韩国试图通过这条可以连接欧亚两洲的"能源丝绸之路"，将俄罗斯和中亚地区的石油和天然气方便地运送到本国，使更多国家风险和利益共享，避免少数国家操纵能源市场，以便使能源价格更加稳定。此外，韩国还与联合国经济和社会理事会亚洲太平洋分委员会（UN Economic and Social Commission for Asia and the Pacific）合作共建"泛亚能源体系"（Trans-Asia Energy System）。通过该机制，可以构建一个包括化石燃料、电力、核能以及其他能源在内的亚太地区复合型能源市场，这将非常契合于由亚洲地区经济发展水平和地理特征多样性所导致的能源需求类型的多样性，有利于亚洲国家各得其所，促进互惠互利，韩国也能从其中得到好处。[④]

---

① 参见宋效峰：《韩国的能源战略及其启示》，载《亚非纵横》2006 年第 3 期，第 45 页。

② 参见邓夏岚：《韩国能效监管机构》，http://www.tbtmap.cn/portal/Contents/Channel_2125/2010/1216/113163/content_113163.jsf? ztid=2155, 2012-09-08。

③ 参加权五乘：《韩国经济法》，北京大学出版社 2009 年版，第 93 页。

④ 参见刘舸：《东北亚能源安全局势与韩国的战略选择》，载《当代韩国》2009 年第 2 期，第 11—12 页。

第二节　韩国常规能源法制

一、韩国油气资源法制

韩国是典型的贫油贫气国,油气资源需要大量进口。因此,韩国非常重视油气行业的健康发展。韩国重视调动各方面有利因素,形成合力。韩国成立了由政府、民间和学术界石油专家组成的海外资源开发特别工作组,并拟定一份题为《实现原油天然气自主开发目标方案》的报告。这份报告提出,到 2013 年底,韩国将把石油自主开发率由 2005 年的 3.7% 提高到 15%;石油自主开发率由 2005 年的 5.8% 提高到 2013 年的 30%。[①] 当然,最重要的就是进行健全的法律规制。

(一)韩国石油法制

20 世纪 90 年代,韩国开始进行油气资源行业市场化改革。1997 年,韩国实行油品价格自由化。1999 年,韩国将炼制企业的政府批改制改为报告制。1998 年,韩国开始允许外资持有国内石油企业 50% 以上的股权。

韩国十分重视石油储备战略制度。1980 年 6 月,韩国政府正式制定了石油储备计划,目标是石油储备达到国内 60 天的消费量。韩国石油储备体系由国家储备与民间储备组成。国家储备的主体为韩国石油开发公社,民间储备义务则由国内各家石油炼制、进口、销售企业承担。[②] 韩国共制订了 3 个中长期计划:在 1980 年的第一个石油储备计划中,韩国政府投资修建了 2 个石油储备基地和 1 个液化气储备基地。到 1988 年,韩国的石油储备量达到 38 080 000 桶,可持续使用 66 天,超过预定目标。1990 年,韩国政府制定了第二个石油储备计划,增设了 6 个储备基地,使石油储备到 2003 年达到 49 460 000 桶。1995 年,韩国政府又制定了第三个储备计划,再增建 7 个储备基地。2002 年,韩国加入了国际能源署,决定将 60 天用量提高到国际能源署要求的 90 天。但随着油价上涨和国内消费量的激增,韩国政府于 2003 年再次修改了原定计划,使石油储备可维持 101 天的消费,其中政府储备维持 48 天,民间储备维持 53 天。2007 年,韩国石油储备量已经达到世界第六

---

①　参见刘舸:《东北亚能源安全局势与韩国的战略选择》,载《当代韩国》2009 年第 2 期,第 14 页。

②　参见房广顺等:《冷战后韩国的能源战略及其发展趋势》,载《辽宁大学学报(哲学社会科学版)》2009 年第 2 期,第 73 页。

位,其中商业储备930万吨,国家储备1 040万吨,合计1 970万吨。[①] 韩国石油储备的初衷是为了应付战时之需,但更是为了满足社会经济发展的需要。如今,韩国石油储备已由最初的静态储备向动态管理转变。在石油供应顺畅时,韩国通过石油储备的适当运营获得利润,实现"以油养油"的目的。在必要时,韩国政府将会对石油储备的投放实施价格管制、控制消费、实行石油配给等一系列措施。韩国自落实石油储备之后,仅在1991年海湾战争时期曾经动用过一次。当时,韩国政府向国内市场投放了500万桶储备油,约占其总储量的15%,从而稳定了国内石油市场。[②]

(二)韩国天然气法制

韩国很早就意识到天然气的重要性。1972年,韩国就开始在城市部分地区供应液化石油气(LPG)取代人工煤气,并决定实施调研液化天然气(LNG)。1979年,韩国电力公司(KEPCO)正式开展进口液化天然气可行性研究。1983年,韩国天然气公司(KOGAS)正式从韩国电力公司中分离出来,负责规划、经营和管理进口与运输液化天然气所需的基础设施。[③] 1990年4月,韩国颁布了《建设全国天然气分配系统总规划》,开始在全国建造转运站和分配设备,将首尔天然气管网扩展为全国天然气网。[④] 1996年,韩国正式建成了1 400千米的全国范围内的天然气输配网。韩国天然气消费主要作为城市燃料和发电能源使用。[⑤] 之后,为了深化改革,韩国天然气公司被分解为若干私营公司,以便能使市场机制对能源的配置起到基础性作用。[⑥]

在价格机制上,韩国政府规定按成本加成法对天然气定价,城市用气由韩国天然气公司按每立方米254.56韩元的原料价加59.4韩元的供气费形成313.96韩元的批发价销售给地方城市天然公司,地方城市天然气公司再以每平方米370.34韩元的平均零售价格销售给最终用户,虽然居民做饭用气价格最高,每平方米达441.13韩元,但仍低于煤炭、燃料油的价格。同时,

---

　①　参见《石油储备量世界排名:日本第2,韩国第6》,http://bbs. tiexue. net/post2_3044563_1. html,2012-10-06。

　②　参见《德国和韩国石油战略储备》,载《中外能源》2007年第6期,第115页。

　③　参见尤向阳:《从韩国对天然气开发利用过程看上海能源结构调整趋势》,载《能源技术》2001年第1期,第14—15页。

　④　参见郭勇刚、刘红:《韩国城市燃气发展现状分析》,载《北京石油管理干部学院学报》2010年第4期,第23页。

　⑤　参见尤向阳:《从韩国对天然气开发利用过程看上海能源结构调整趋势》,载《能源技术》2001年第1期,第14—15页。

　⑥　参见宋效峰:《韩国的能源战略及其启示》,载《亚非纵横》2006年第3期,第46页。

韩国政府禁止民用部门使用煤炭和石油产品,多次颁布各项环保措施,进一步加强了天然气的竞争能力。在韩国天然气市场发展初期为保证供应安全,实行垄断经营。进口的液化天然气全部交由韩国天然气公司独家经营,具有国有垄断性,而且采用长期合同(20—25 年的期限)照付不议,虽然保证了供应商的稳定和利益,但天然气价格很高,影响了用气量,为此政府引入竞争机制。1999 年,韩国政府进行天然气工业改革,对接收站和输送管道的进口和销售实施分离,并对接收站、储存和输送网络建立开放准入制度,引进不同供应商进行竞争,提高消费者的自主选择权。此外,韩国政府还大力推进国有天然气输配公司私有化,并鼓励天然气输配系统实现民营化,并成立城市天然气协会,充当天然气公司、政府和设备供应商之间的中间人。①

此外,在 1996 年,韩国还开始了对天然气水合物的研究。该项目开始由韩国地球科学和矿产资源研究院主持。2005 年 7 月 19 日,韩国政府专门成立了国家天然气水合物研发机构(GHDO-K)。② 该机构由韩国知识经济部(MKE)、地球科学和矿产资源研究院、韩国天然气公司、韩国国家石油公司4 个部门组成。韩国政府、知识经济部、天然气公司、海洋与渔业部(MO-MAF)、科技部(MOST)等多个机构均会投资赞助天然气水合物的研究。国家天然气水合物研发机构的主要作用是推动国家天然气水合物计划,包括R&D③ 项目管理、国际合作、制定策略和行动计划等。韩国制定了《天然气水合物发展计划》(2005—2014),准备分三个阶段实施:①2005—2007 年为第一阶段,进行精确勘探和钻井的核心技术研究;②2008—2011 为第二阶段,进行精确勘探和钻井的资源评估和基础生产技术;③2012—2014 年为第三阶段,进行生产测试及开采方法确认。④

二、韩国煤炭资源法制

在韩国,煤炭工业起始于 1920 年,并在 20 世纪 70 年代达到顶峰。随着煤炭储量的日益减少、安全性的不断下降和劳动力成本的提高,韩国煤炭产

---

① 参见郭勇刚、刘红:《韩国城市燃气发展现状分析》,载《北京石油管理干部学院学报》2010 年第 4 期,第 23 页。

② 参见杨金玉、刘哲君:《韩国天然气水合物勘探行动》,载《海洋地质动态》2008 年第 11 期,第48—50 页。

③ 所谓"R&D"(Research and Development),是指在科学技术领域,为增加知识总量(包括人类文化和社会知识的总量)以及运用这些知识去创造新的应用而进行的系统的创造性的活动,包括基础研究、应用研究、试验发展三类活动。可译为"研究与开发"、"研究与发展"或"研究与试验性发展"。

④ 参见樊栓狮等:《韩国天然气水合物研究开发思路及对我国的启示》,载《中外能源》2009 年第 10 期,第 20—22 页。

业开始走下坡路。1989 年,韩国开始陆续关闭缺乏经济活力、安全性极差的小煤矿。韩国采矿促进公司(KMPC)负责包括煤炭开采在内的所有矿物的开采业务。主要活动包括:①为采矿基金筹集资金(包括贷款);②为采矿业购买、出租或出售矿物产品、机械、工业和材料;③对使用新设备的工人安排教育和培训计划,包括安全教育以及煤矿现代化方面的技术咨询。

三、韩国电力法制

(一)韩国电力市场改革

韩国电力公司的历史可以追溯到 1898 年 1 月 26 日建立的首尔电力公司。1961 年 7 月,首尔电力公司和其他地区电力公司合并,成立了韩国电力公司。1981 年 7 月 1 日,韩国电力公司、首尔电力公司、南韩电力公司 3 家电力公司合并成韩国电力公司。1982 年 1 月 1 日,该公司被国有化。1989 年 8 月,该公司在韩国股市上市。1994 年 10 月,该公司又在纽约交易所正式上市。[①] 1997 年 6 月,韩国成立了电力产业重组委员会,以推动电力市场体制改革,该委员会由 12 名学者、研究员、企业代表和相关领域的专家组成。1999 年 1 月,韩国商业、工业与能源部(MOCIE)正式公布了《电力工业重组初始方案》。1999 年,韩国商业、工业与能源部公布了《电力工业重组基本计划》。此次电力改革的目标是引入竞争,提高韩国电力工业的效率;确保电力供应的长期性、低电价和电力运行稳定性;通过提供多种选择来向消费者提供更多的便利。[②] 国有企业韩国电力公司被分解为 6 家发电公司,并将原有的发电厂的发电容量分成 5 份,由 5 家发电公司承担,而韩国电力公司自己经营第 6 家公司,并继续管理韩国核电站的运营。同时,各家公司的总部要陆续迁出首尔;重组后的公司要以经济活力和技术稳定性为评价标准。2000 年 12 月,韩国通过了《电力企业修正法案》和《电力工业重组促进法案》。2001 年 4 月,独立的、非营利的韩国电力交易中心(KXP)正式从韩国电力公司中剥离,专门负责调度和系统管理,而韩国电力公司则专门负责输电、配电和售电业务。同时,韩国还成立了电力委员会(KEC)作为电力市场监管者,并负责电力市场的设计以及未完成的电力工业重组和私有化任务。[③]

韩国电力公司改组分为以下几个阶段:(1)第一阶段(1999—2002 年):

---

① 参见刘明娟等:《韩国电力公司资产负债率控制经验研究》,载《国际商务财会》2011 年第 12 期,第 74 页。

② 参见傅胤荣等:《韩国电力市场改革及其启示》,载《华东电力》2007 年第 1 期,第 67 页。

③ 参见雷体钧:《韩国的电力工业改革》,载《电力技术经济》2003 年第 4 期,第 66 页。

在此阶段,韩国对供电产业机构进行重组,需要修正相关法律法规,重新评估资产并重新分组,建立发电公司,为构建发电池(pool)做准备。发电池的操作执行者是一个独立实体,韩国电力公司(KEPCO)是发电池的唯一购买者。该公司将继续保留其输电、配电业务。韩国政府实行补贴政策,工业用电价格有所提高,但实际价格会依据当时发电池的效率而定。[①]

(2)第二阶段(2002—2003 年):此阶段启动了发电市场竞争。韩国电力公司正式分解成不同的发电公司,开始运营电力库,创立独立的管理机构,配电部门私有化,开始直接向用户供电,政府允许发电公司向大客户出售限定的电量,建立起能产生半小时电价的较成熟的电力批发市场(PBP)。

(3)第三阶段(2003—2009 年):在此阶段,配电业务从输电业务中分离,组建新的地区性配电公司,构建双边竞争的批发市场(TWBP),允许发电公司向用户直接售电。

(4)第四阶段(2009 至今):2009 年开始进入第四阶段,随着配电市场竞争机制的引入,将建立起电力零售业务的竞争机制,消费者联盟和专业电商将参与其中,消费者可根据市场规则选定向任何一家配电公司或电力经纪商购买电力。[②]

从 2000 年开始,韩国开始重视智能电网建设,计划 2011 年前建设必要的智能电网设备,进行实证实验。韩国绿色增长委员会认为,世界上的大多数国家的智能电网是传统电网技术与信息技术的融合,覆盖的领域较小。而韩国智能电网是传统电网技术与多种技术、多个行业的交叉融合,涵盖交通、家电、住宅、环境等各个领域,建设的内容包括智能输配电网络、智能住宅、智能交通、智能分布式发电与储能、智能电力市场、智能用电终端以及智能用电服务等几个方面。[③] 截止到 2010 年,韩国共有 168 家企业参与智能电网实证实验,总投资 2 395 亿韩元,其中政府援助 685 亿韩元。智能电网吸引了 LG、现代等大型企业的参与。在韩国南部的济州岛,已经有 6 000 户独栋住宅及公寓被选择用来构建智能电网小区。[④] 2010 年 1 月,韩国知识经济部制定了《韩国智能电网发展路线 2030》(Korea's Smart Grid Roadmap 2030)。发展路线分为三个阶段,目标是在 2030 年全面完成韩国智能电网建设,实现整个电网的智能化。①第一阶段(2009—2012 年),完成韩国智能电

---

① 参见刘文丽:《变革中的韩国电力集团公司》,载《华东电力》2000 年第 10 期,第 57 页。
② 参见傅胤荣、胡义华、潘永雄:《韩国电力市场的改革及对我国电力工业的启示》,载《电力信息化》2007 年第 1 期,第 94—95 页。
③ 参见王雪等:《韩国绿色增长战略与智能电网》,载《能源技术经济》2010 年第 11 期,第 33 页。
④ 参见古丽萍:《国外智能电网发展概述》,载《电力信息化》2010 年第 8 期,第 32 页。

网的初期建设,初步确立韩国智能电网在世界范围内的领先地位。②第二阶段(2013—2020 年),将智能电网在全国范围内进行推广,重点实现用电环节的智能化。在韩国 7 大城市以区为单位进行智能电网建设,预计 2017 年完成 7 大城市电动汽车充电站建设,2015 年前完成智能电表的全国普及应用。③第三阶段(2021—2030 年),全面完成韩国智能电网建设,实现整个电网的智能化。①

(二)韩国电价制度

2001 年 4 月,"基于成本的电力库"(CBP)开始运作。在"基于成本的电力库"中有两个电力市场,分别是为火电站和核电站准备的基本负荷型市场和非基本负荷型市场。由电力库计算出次日 24 小时贸易的系统边际价格,所有的发电商和零售商必须通过"基于成本的电力库"进行电力贸易发电商的发电容量通过拍卖程序竞标获得。符合条件的大客户允许直接从电力库中购买限定的电量,部分电力经纪商不参与该市场,每个发电机组的预计成本决定调度计划。韩国电力交易中心下设的发电成本评估委员会(GCEC)定期评估每个发电机组的可变成本、工程费用、固定成本等。此外,电力系统采用容量费的方法来促进发电容量的投资和补偿现有机组的成本回收。②具体议价程序分为发电公司报价(事实上市场成员不报价,仅申报可用容量以及煤炭等一次能源储备等情况)、需求预报、价格生成程序、系统边际电价、调度计划、实时调度、计量、结算八个阶段。每月 6 日后交易所开始结算程序,9 日后交易所寄送基本结算结果,22 日后综合各方意见,将最后的结算结果提交给各市场主体。③ 具体环节是由韩国电力公司提出申请,经过电价委员会审议,经过商业、工业与能源部以及财政经济部(MOFE)协商之后确定,包括基本电价和从量电价两部分,并按用途可以分为民用、商用和农用等几个部分,按不同的用途和不同的电压等级制定。④ 韩国通过城市用户对边远山区和孤岛用户进行交叉补贴,并使工业部门的电价低于平均发电成本,以提高韩国产品的国际竞争力;韩国的农业电价也非常低。⑤

---

① 参见王雪等:《韩国绿色增长战略与智能电网》,载《能源技术经济》2010 年第 11 期,第 33 页。

② 参见傅胤荣等:《韩国电力市场改革及其启示》,载《华东电力》2007 年第 1 期,第 67 页。

③ 参见刘波、费维刚:《韩国电力市场化改革及启示》,载《中国电力企业管理》2008 年第 11 期,第 31 页。

④ 参见井志忠:《韩国电力市场化改革探析》,载《东北亚论坛》2006 年第 3 期,第 89 页。

⑤ 参见雷体钧:《韩国的电力工业改革》,载《电力技术经济》2003 年第 4 期,第 66 页。

四、韩国核能法制

20 世纪中期,韩国处于东西方冷战前沿,核能利用首先起步于军事领域。1959 年,韩国成立了原子能研究所。1962 年,韩国正式启动核电发展计划,将核能利用重心从军用转为民用。1971 年,韩国第一座核电站开始动工。1978 年,韩国第一座核电站正式投入商业运营。相同时段内,韩国核能立法也开始起步。

(一)韩国核能基本法

1958 年 3 月 11 日,韩国正式颁布《原子能法》(Atomic Energy Law)。之后,该法经过多次修改。韩国《原子能法》确立的目标是通过规定有关核能研究、开发、生产和利用及其安全控制的事项,并通过促进核工业的科学进步与发展,帮助改善人民生活水平,提高社会福利,努力防止辐射造成的危害以及确保公共安全。同时,该法还明确规定了核电站、核设施、核燃料循环、核材料、放射性同位素和放射源设施的关于许可、执行程序、运营、退役的要求,明确防护辐射危害的控制区域、防范措施、计量测量,并明确相关法律责任。此外,该法还规定了设立放射性废物管理基金、原子能研究与发展基金、每 5 年修订一次核能全面发展计划、开放公正听证程序等内容。

(二)韩国核能长期规划

韩国原子能委员会主要负责制定韩国核能发展长期规划(如《至 2030 年原子能发展长期规划》),韩国教育科技部需要根据核能发展长期规划制定本年度的实施方案。按照《原子能法》的规定,核能发展长期规划必须强调和平与安全利用核能的基本原则和提高人民生活水平、保证人与自然和谐发展的主旨。规划一般需要明确四个目标:①促进核发电作为国内主要的稳定电力供应来源;②实现自主核反应堆开发和在遵守不扩散核武器的原则下的核燃料循环技术研发;③培育领先的核能科技能力并将核工业作为战略出口产业;④加强基础核技术研究以及促进核能民用技术在农业、工程、医药和工业领域的应用,在造福人类和科技进步上处于领先地位。

(三)韩国核能管理机构

韩国核活动主要由原子能委员会(AEC)负责,该机构成立于 1958 年,直接对总统负责。1999 年之后,随着法律的修改,该机构改为对总理负责。该机构的职责主要包括:①对核能利用和安全有关的重要事项进行审议并做出决定;②负责核能利用活动的综合协调;③制定促进核能发展的综合计划;④制定核能利用指出的预算和分配计划;⑤促进核能利用的实验与研究;⑥培养和培训核能利用方面的研究人员、工程师和技术人员;制定放射性废物管理措施及其他事项等。① 原子能委员会下设原子能利用和发展委员会,负责具体事务的落实。

韩国核安全委员会(NSC)是由原子能委员会分离出去,现由教育科技部管辖,负责制定核能安全方面的重要决定,该委员会主席由教育科技部部长兼任。教育科技部还下设核能局,作为韩国核能的决策机构,该局由核政策处、核能国际合作处、核安全处和辐射安全处等机构组成。

韩国知识经济部负责电力生产和资源利用政策的制定、核电规划的制定以及核电计划实施的监督。韩国包括核电企业在内的国有大型能源企业也归该部管理。韩国最大的核电公司是成立于2001年的韩国水电与核电公司(KHNP),该公司是国有的韩国电力公司的子公司,负责韩国主要核电站的建设和运营。该公司下设有韩国电力技术、韩电技工、斗山重工、韩国原子能燃料和韩国建设企业等机构,分别负责核电站综合设计、核电站维护检修、核电站主设备供应、核燃料制造供应和核电站建设等工作。② 韩国核技术的研究由韩国电力公司下设的原子能研究机构(KAERI)提供,而有关核安全领域的研究则由韩国核安全机构(KINS)提供。③

(四)韩国核能基本制度

1. 韩国放射性矿物勘探、开采制度

韩国《原子能法》中没有有关放射性矿物勘探、开采的规定。韩国《矿业法》第3章对铀、钍等放射性矿物的开采进行了详细规定。

2. 韩国放射性物质、核燃料管理制度

韩国放射性物质、核燃料的使用需要获得韩国教育科技部签发的许可,并应在许可申请书中随附核辐射环境影响评估报告、安全控制规程、设计与工作方法解释性说明、业务操作的质量保证大纲以及教育科技部条例规定的其他文件。此外,核燃料处理或处置的必要事项应经原子能委员会审议,并由教育科技部部长和商业、工业与能源部(现名为韩国知识经济部,MKE)部长会同相关部长确定。④

在核燃料供应保障方面,韩国主要核燃料用户是韩国水电和核电公司。该公司大多向美国、俄罗斯、法国、英国、加拿大、澳大利亚、南非等国家按国际市场浓缩铀公开报价,通过远期合同和现货价格购买。核燃料转换和浓缩服务是由韩国同美国等国签订长期协议提供的,而核燃料组件制造则大

---

① 参见徐原:《世界原子能法律解析与编译》,法律出版社2011年版,第87页。
② 参见薛新民:《韩国发展核电的经验及启示》,载《中国能源》2008年第2期,第7—8页。
③ 参见徐原:《世界原子能法律解析与编译》,法律出版社2011年版,第91—92页。
④ 参见徐原:《世界原子能法律解析与编译》,法律出版社2011年版,第95页。

多由韩国国内自行生产以满足需要。

3. 韩国核能相关许可制度

韩国规定以下五种情况由教育科技部审核签发许可:①核动力反应堆及相关设施的建造、运营许可;②核研究反应堆的建造和运营许可;③提炼或加工核材料的许可;④核燃料使用许可;⑤生产、销售、使用或机动性使用放射性同位素或辐射发生装置的许可。以下四种情况由教育科技部审核批准:①核动力反应堆及相关设备的退役计划;②制造核辐射发生装置、含有放射性同位素装置或从外国进口辐射设备;③建造并运营放射性废物储存、处理和处置设施及其附属设施;④制造核物质运输集装箱或进口外国制造的核物质运输集装箱。以下七类人员需要领取相关执业许可:①核反应堆运营监督员;②核反应堆营运者;③核燃料操作员;④核燃料监督员;⑤放射性同位素通用操作员;⑥放射性同位素特殊操作员;⑦核辐射操作监督员。[①]

4. 韩国核设施管理制度

在韩国,核设施首先应当要经过厂址审批,然后进行环境影响评价。审批合格的,将获得核设施建设许可。核设施建设许可需要根据定期安全评审制度(Periodic Safety Review,PSR)和标准设计证书制度授予。经许可建设后的核设施需要经过专业人员的强制检查,通过强制检查的核设施才能取得运营许可。专业检查人员对取得运营许可的核设施也须进行质量评审和日常检查。运营商需要雇佣持有教育科技部颁发的核设施操作员执照的人员进行核设施的运营活动,而教育科技部则负责对核设施进行监察,确保核设施的安全运行符合相关标准。

韩国《原子能法》还规定了核设施应急响应制度,韩国教育科技部负责制定和实施应急演习计划,所有核电站内、厂外应急机构每3年至少组织一次核应急演习,而厂内的小规模演习则必须每年组织一次。核设施的退役,则需要申请人向主管部门提交退役计划。退役计划应具体包括退役的方法、工作时间表、消除放射性材料及其所造成污染的方法、放射性废物处理和处置的方法、防治核辐射事故所必要的措施、放射性材料等对环境的影响评估及对策、退役的质量保证大纲以及教育科技部规定的其他事项。教育科技部应在这类退役完成前确认并检查设施的退役状况。[②]

5. 韩国核材料、核设施贸易制度

韩国核材料、核设施的进出口由教育科技部和知识经济部协同决定。

---

① 参见徐原:《世界原子能法律解析与编译》,法律出版社2011年版,第91—92页。

② 参见徐原:《世界原子能法律解析与编译》,法律出版社2011年版,第97页。

韩国的核材料、核设施的进出口贸易,适用韩国《外贸法》的相关规定。核材料和核设施的进出口应当以防止核扩散为目的。韩国知识经济部具体负责《外贸法》涉核领域的执行,负责控制物品清单、控制区域、许可程序和政府机构管理。此外,韩国还在1995年依据核供应集团的指引,在《外贸法》中附加限制进出口物品清单公告。韩国《技术发展促进法》也有涉及相关核材料、核设施进出口的相关规定,韩国教育科技部、知识经济部具体负责该法的执行。

6. 韩国核辐射防护制度

韩国《原子能法》要求核辐射防护必须遵守"合理、尽可能低的准则"(As Low As Reasonably Achievable,ALARA),对进入放射性区域的工作人员的防护方法及监控要求都有详细的规定,并对工作人员的培训做出了更为详尽的要求。韩国《原子能法施行令》和《原子能法实施条例》明确规定了相关核辐射防护细则、核辐射防护标准、放射性物质泄露状况和剂量限度以及安全保护活动应当建立的安全检查、强制性监督和技术标准等。

韩国《原子能法》还规定了核辐射剂量计读取服务承包商的相关权利与义务。承包商应通过教育科技部的相关认证,具备相关安装、运行、读取设施所需的必要技术能力的承包商才能获准注册。承包商应保证其符合教育科技部相关条例所规定的标准。

公众的核辐射防护,则由韩国《组织机构法》和《核设施保障监督与实物保护法》具体规制。此两法规定,应在核设施周围设立控制区,防止公众及其财产受到核辐射的损害。更多的核辐射安全防护措施,则须由教育科技部公告做出要求。[①]

7. 韩国放射性废物管理制度

1996年以前,韩国原子能研究机构负责放射性物质的管理。1996年,该项权力改由韩国电力公司具体执行。2009年,韩国成立了专门的放射性废物管理公司(KRMC)负责对韩国国内放射性废物进行管理。韩国《放射性废物管理法》和《特别财政辅助法》对中低放射性废物进行了具体的规制。

建造放射性废物储存、处理和处置设施及其附属设施须经教育科技部的许可。申请人需要向教育科技部提交核辐射环境影响评估报告、安全分析报告、安全控制规程、设计与施工方法说明、质量保证大纲以及条例规定的其他文件。韩国知识经济部负责制定并实施控制措施,包括有关储存、处理或处置(不包括核燃料的处理和处置)的基本政策和计划,控制措施的制

---

① 参见徐原:《世界原子能法律解析与编译》,法律出版社2011年版,第67—72页。

定和实施事项应符合韩国《电力事业法》的要求。在处理和处置方面,任何人不得利用倾入海洋的方式处理、处置放射性废物;运营者以外的任何人不得利用浅埋方式或深埋地下的方式处理、处置相关放射性废物;任何计划委托处理、处置核设施建造者或运营者开展放射性废物处理、处置的,应按照相关规定移交放射性废物。[1]

8. 韩国核材料运输制度

韩国《原子能法》规定,核材料从储存地向外运输应当事先通知教育科技部,经审查合格之后才可签发运输许可证。但是,韩国《原子能条例》中所列的低放射性废物表中所列物质运输不需要许可审批。[2]

9. 韩国核能延期运行制度

韩国法律规定,核电站的初始运行许可证将在设计寿命到期后失效。2000年,韩国引入了定期安全评审制度,每10年确认一次运行核电站的安全水平。2005年9月,韩国修改了相关法律法规,正式完成了核电站在设计寿命之外延期运行的立法。这些法律法规包括为了获得核电厂设计寿期之外延期运行的许可而必须满足的规定要求,并建立在两条原则之上:①一是按照申照基准(即申请许可证应当达到的标准,英文简称CLB)提供的可接受的安全水平,申照基准在延期运行期间应保证安全水平不低于其设计寿期失效之前;②应考虑近来的安全研究结果与运行经验,满足验收标准,以保证即使在国际技术标准下,也能维持最高水平的安全。规定延期运行要求的法律法规包括:①《原子能法》:规定了涉及商业反应堆和相关设施大修或者定期安全评审的实施的内容;②《大修或定期安全评审强制法令》:规定了大修或定期安全评审提交的时间、内容、方法与基准以及延期运行的附加内容;③《大修或定期安全评审强制规定》:规定了大修或定期安全评审的11个安全因素和技术基准;④《2005-31号公告》:规定了涉及延期运行应用的技术基准的导则。所有的延期运行的申请必须在设计寿命到期前2—5年内提交以进行审评与批准。

韩国规定,大修或定期安全评审11个安全因素包括:在评审的时候反应堆设施的实际物理情况、安全分析、设备质量鉴定、老化评审、安全性能、其他电厂与研究结果的运行经验、运行与检修规程、组织管理、应急计划和辐射管理等。每个安全因素都应该用有效的标准与实践对所涉及电站进行评审,也属于申照基准范畴,但它可能根据每个电站的初始申照基准的不同而

---

① 参见徐原:《世界原子能法律解析与编译》,法律出版社2011年版,第101页。

② 参见徐原:《世界原子能法律解析与编译》,法律出版社2011年版,第113页。

各有差别。而反应堆设施的实际物理情况、设备质量鉴定(EQ)和时限老化分析(TLAA)是评估的重要工作步骤。①

10. 韩国核信息保护制度

韩国《原子能法》规定,原子能委员会和原子能安全委员会的成员或从事《原子能法》法定职责的公职人员不得泄露在履行职责过程中了解到的涉核信息,不得将这些涉核的国家机密或商业秘密用于实施《原子能法》规定范围之外的其他目的。②

11. 韩国核损害责任制度

韩国《核损害补偿法》和《核责任赔偿协议法》详细定义了什么是核损害,规定了核侵害责任的义务和补偿要求,补偿区域包括韩国领土、领海、领空以及专属经济区。韩国核责任强制保险义务为 3 亿特别提款权。此外,韩国还规定了重大自然灾害免责条款,并延长个人伤害诉讼时效达 30 年。此外,韩国核损害责任还包括有限责任原则、营运者责任数额法定原则等。③

12. 韩国核法律责任制度

韩国《原子能法》规定了破坏核设施、危害人类生命、财产或干扰公共安全,构成犯罪的,依法承担刑事责任。通过不当方法使用核设施、放射性物质及相关设施、核燃料循环设施或核辐射发生装置,构成犯罪的,依法承担刑事责任。对犯罪行为,须根据具体情节分处罚金、有期徒刑,直至死刑,韩国《原子能法》实行双罚制,任何人在从事核能相关工作中有违法行为的,除了对违法者处罚外,相关法人也将受到罚金处罚。④

五、韩国水能法制

(一)韩国水电大坝管理制度

韩国的大坝根据用途不同分属不同的机构管理。韩国农村社区和农业公司(KRC)及当地政府管理中小型灌溉坝和供水坝,韩国水资源公司(Kwater)负责管理多用途大坝,而韩国电力公司负责管理水力发电大坝。韩国制定了《公共建筑物安全控制特别法》,把大坝列入公共建筑物的范围之内。韩国公共建筑物分为 1 类和 2 类。根据该法,对于 1 类大坝,每 5 年应由政府指定的机构对其进行深入的安全检查和评估;对于 2 类大坝,应由大坝管理机构进行常规检查,必要时进行深入检查和评估。韩国还开发了

---

① 参见廖泽军:《韩国:核电厂延期运行立法》,载《中国核工业》2007 年第 11 期,第 38—40 页。
② 参见徐原:《世界原子能法律解析与编译》,法律出版社 2011 年版,第 113 页。
③ 参见徐原:《世界原子能法律解析与编译》,法律出版社 2011 年版,第 67—72 页。
④ 参见徐原:《世界原子能法律解析与编译》,法律出版社 2011 年版,第 110 页。

大坝安全管理系统(KDSMS),该系统主要包括六个主要模块:基本继承编码和规范系统、水文信息系统、现场检查和数据管理系统、仪器和监测系统、现场调查和安全评估系统、信息收集系统。[①]

(二)韩国水库水质保持制度

自 20 世纪 90 年代以来,韩国水库一直不断恶化,严重影响水电站的运营效率,政府开始重视水电站水库水质的保护。韩国在水电站上游地区划定保护区,禁止在这些土地上可能产生污染的活动。此外,韩国还划定了沿河缓冲区。韩国还在 2003 年推广了总污染负荷管理系统,根据污染物浓度与总污染负荷来调整管理,制定水质目标,考虑有关地区水的各种用途和生态系统,还包括按城市或流域确定最大容许污染负荷。韩国还建立了流域总管理系统,在修筑水电站时应考虑水量、水质、生态与环境、水量管理必须与各河段的目标水质与生态保护相适应,它涉及对所有相关方面的资料管理。韩国政府与各大学、非政府组织以及城市开展合作,建立综合利用大坝环境保护研究中心,具体负责:①对水库水质与环境进行基本调查与研究;②对水质与环境保护进行讨论,并提出解决方案;③收集环保组织和居民的意见,并将任何不满意见记录下来;④推动涉及居民环保的项目。韩国规定要制定水库管理计划,必须对建坝产生的生态变化进行连续监测,必要时采取适当的保护措施。例如,必须采取切实可行的具体措施,如为濒危与保护物种建立栖息地;必须鼓励实施生态恢复工程,考虑相关的水系、合适的预算以及该地区的地理情况等;还应该包括工程建成后的评价以及维护计划,恢复工程需要与大坝附近地区的综合改善环境计划相结合,而不是单目标工程,这样才能增加人们对环境有利、对提高当地人民生活水平有利的大坝工程的了解;至于水生物种的保护,要求当地社区开展改善水质、保护鱼类以及在水库中放养幼鱼等工作;必须对已建大坝的环境状况进行监测,适当地控制水的使用,设置生态保护设施,甚至可以作为自然研究场所。此外,韩国还设有流域管理基金。[②]

---

① 参见李涛、崔弘毅:《韩国大坝安全管理系统开发》,载《大坝与安全》2011 年第 6 期,第 57—65 页。

② 参见金东洙:《韩国保护水库水质的措施》,载《水利水电快报》2004 年第 18 期,第 3—5 页。

第三节　韩国可再生能源法制

一、韩国可再生能源政策

1997 年 1 月,韩国制定了《第一次新能源再生能源技术开发及利用普及基本计划》(1997—2006),提出了到 2006 年把新能源再生能源的供给比率提高到 2% 的目标。2003 年 12 月,韩国制定了《第二次新能源再生能源技术开发及利用普及基本计划》(2003—2012),把 2006 年和 2011 年新能源再生能源的普及目标分别提高到 3% 和 5%。但 2005 年,新能源再生能源在韩国一次能源消费中所占的比重只有 2.1%,太阳能发电规模只有日本的 1%。因此,韩国于 2007 年成立了新能源再生能源的综合报告中心,专门负责新能源与可再生能源的研究汇报工作。2008 年 9 月,韩国又制定了《第三次新能源再生能源技术开发及利用普及基本计划》,提出在一次能源消费中把石化燃料的比重由目前的 83% 降低到 2030 年的 61%,把新能源再生能源的比重由目前的 2.4% 提高到 2030 年的 11%,扩大 4.6 倍的目标。[1]

同时,由于国际金融危机的影响,韩国经济长期低迷,政府一直准备寻找新的经济增长点。韩国政府估算,发展新能源与再生能源产业可以比制造业多创造 2—3 倍的就业机会。尤其是发展太阳能、风力发电,创造的就业机会相当于普通产业的 8 倍。韩国政府计划,截至 2013 年将投入 107 万亿韩元发展新能源与再生能源,这将创造 156 万—181 万个就业岗位。为此,韩国政府制定了一系列指标:韩国计划到 2030 年,将新能源与再生能源的普及率由 2007 年的 2.1% 提高到 11%;在世界市场的占有率由 2007 年的 0.7% 提高到 15%;生产规模由 2007 年的 5 亿美元提高到 1 300 亿美元;出口额提高到 1 000 亿美元,跻身世界十大能源强国之列。[2]

2008 年,韩国政府正式提出了《低碳绿色增长战略》,为韩国未来经济的发展提出了基本方向和道路。所谓"低碳绿色增长",就是以绿色技术和新能源创造新的增长动力和就业机会的国家发展新模式。该战略要求提高能效和降低能源消耗量,要从能耗大的制造经济向服务经济转变,使这一战略

---

[1]　参见李炳轩:《韩国能源战略研究》,吉林大学 2011 年硕士学位论文,第 4 页。
[2]　参见班威:《"绿色经济"在韩国成为时尚》,载《农村财政与财务》2009 年第 10 期,第 48 页。

成为支撑、引导韩国未来经济发展的新动力。① 该战略的初步构想具体包括：①努力减少石油、煤炭等化石燃料在整个能源结构中所占的比重，大幅度提高新能源与可再生能源所占的比重。具体目标为：将新能源与可再生能源所占比重从 2007 年的 2.4％ 提高到 2030 年的 11％。同期太阳能、风能、生物质能及地热能将分别增长 43 倍、36 倍、18 倍和 50 倍。②到 2020 年要将使用太阳能等新能源与可再生能源的"绿色住宅"普及到 100 万户。③到 2012 年，跻身世界"绿色汽车四大强国"行列。④到 2030 年前，韩国要新建 10 座 140 万千瓦级的核电站，使本国核电在能源构成中所占的比重由 2007 年的 36％ 提高到 59％。⑤将核电站申建费用与地方希望的特定项目捆绑进行综合援助，以此提高地方在地区建设核电站的积极性。⑥到 2030 年，韩国政府将对新能源与可再生能源设备和技术投资 111.5 万亿韩元，其中设备投资 100 万亿韩元，企业和政府分别投资 72 万亿韩元和 28 万亿韩元；技术研发投资 11.5 万亿韩元，政府和企业分别投资 7.2 万亿韩元和 4.3 万亿韩元。⑦韩国知识经济部将与民间经济团体共建绿色能源产业促进委员会，制定相关政策，推动新能源与可再生能源的产业化。②

2008 年，韩国公布了《国家能源计划》，并通过供给和需求两个方面推进这个计划的实施，而能源结构调整主要表现在改善供给方面。在供给方面，计划要求到 2030 年把能源结构调整到理想水平，新能源和可再生能源由目前的 2％ 增长到 2030 年的 11％，化石燃料将由目前的 83％ 降低到 61％。③ 2010 年 3 月，韩国批准了可再生能源应用标准（RPS），要求 14 家生产能力超过 500 兆瓦的发电公用事业企业到 2015 年可再生能源比重占到 4％，到 2022 年增加到 10％；到 2016 年，韩国强制性要求可再生能源增加 350 兆瓦/年；到 2022 年，可再生能源增加量将达到 700 兆瓦/年。在经济手段方面，所有可再生能源技术均可以获得 5％ 的税收抵免，并且从 2009 年开始，对可再生能源发电设施使用的所有的部件及设备实施进口关税减半政策。安装可再生能源设施，政府将提高 60％ 的补贴，并对可再生能源项目提供低息贷款（5.5％—7.5％），包括 5 年宽限期、10 年还款期。④

韩国还积极推进中小企业转型，鼓励大企业与中小企业间建立绿色能源合作伙伴合关系。2009 年 1 月，韩国知识经济部宣布政府将与三星、LG 等 73 家大型企业与中小企业共同参与研发的绿色能源技术开发路线图，确

① 参见袁利平：《韩国的低碳绿色发展战略经验介绍》，载《中国科技投资》2011 年第 7 期，第 47 页。
② 参见祁国平：《韩国的低碳行动计划》，载《资源与人居环境》2010 年第 4 期，第 54—55 页。
③ 参见单吉堃：《韩国应对气候变化的政策与行动》，载《学习与探索》2010 年第 6 期，第 153 页。
④ 参见钱伯章：《韩国可再生能源目标及政策》，载《太阳能》2011 年第 4 期，第 56 页。

定了 2030 年前重点研发的 15 个"朝阳领域"。韩国政府计划到 2012 年底将年出口额 1 亿美元以上的绿色企业由 4 个增加到 15 个,塑造一批世界一流具有国际竞争力的绿色能源企业集团。韩国政府还为积极采用新能源与可再生能源的中小企业建立资金输血管道,设立 1.1 万亿韩元的绿色中小企业专用基金,并以产业银行为主,成立规模为 3 000 亿韩元的研发及产业化专项支持基金。韩国政府还积极引导民间资本投资绿色能源产业,对绿色存款免征利息所得税,并发行 3 年期或 5 年期的绿色债券,并对投资绿色能源产业比例超过 60% 的基金,给予分红所得收入免税等优惠。①

　　韩国还在重点工程建设中贯彻充分利用可再生能源的原则。例如,2008 年 12 月 29 日,韩国"四大江工程"正式开工。该工程是韩国"绿色新政"的重要组成部分,总投入 14 兆韩币(约合 180 亿美元)试图以改造汉江、锦江、洛东江和荣山江为切入点,实现应对气候变化、促进人与自然和谐相处、构筑未来地区性绿色经济均衡发展的基础。韩国政府表示要在该工程中综合运用信息技术(IT)、太阳能技术(ET)和绿色技术(GT)。例如,该工程将在江岸两边设置太阳能电池板,可以发电支持一部分工程建设。② "绿色新政"除"四大江工程"外,还包括建设绿色交通系统、普及绿色汽车和绿色能源,扩增替代水源以及建设中小规模的环保型水坝等重点工程项目。

　　具体来看,韩国针对风能、太阳能、生物能以及生活垃圾能源采取不同的政策措施。在风电方面,韩国对风电建设给予一定补助,以鼓励风电的发展。韩国 2011 年年底前建成的风电站,可以享受 15 年期的固定电价政策,2010 年的风电固定电价为 0.092 美元/千瓦时。在税收方面,韩国原来的风电税收优惠减免政策为 107.29 韩元/千瓦时,从 2009 年 10 月起,每年降低 2%,直到 2012 年由可再生能源应用标准取代此项政策。③ 即从 2012 年开始,韩国将主要通过配额制来支持风电的发展。作为一个半岛国家,韩国海上风能资源丰富。2009 年,韩国成立了海上风电指导委员会,负责海上风电的研究,并宣布在韩国西海岸建设 250 万千瓦的海上风电项目。根据相关开发路线图计划,该项目将用 9 年分三个阶段实施:①第一阶段(前 3 年)为示范期,计划安装 10 万千瓦;②第二阶段(接下来的 3 年)安装 90 万千瓦,积累运行经验和探索商业运营模式;③第三阶段(最后 3 年)安装 150 万千瓦,实

---

　　① 参见班威:《"绿色经济"在韩国成为时尚》,载《农村财政与财务》2009 年第 10 期,第 47—48 页。
　　② 参见薛严:《从"四大江工程"看韩国"绿色新政"的实施》,载《科技视界》2011 年第 34 期,第 44—45 页。
　　③ 参见钱伯章:《韩国可再生能源目标及政策》,载《太阳能》2011 年第 4 期,第 56 页。

现商业运营。[①] 2010 年 11 月,韩国知识经济部发布了《海上风力促进计划书》,计划至 2019 年累计投入 9.3 万亿韩元,现代重工和大宇海事工程等公司将在韩国西南海域的釜山和灵光郡的海岸外,建造 500 台风力涡轮机,建设发电能力达 2 500 兆瓦的海上风力发电产业基地。[②] 在开发风电的过程中,政府非常注重环境保护,坚持环境保护重于经济建设的发展思想,对风电建设可能影响环境的因素考虑得非常周到,严格规定出线的走向、植被的还原等。[③]

在太阳能利用方面,由于太阳能发电成本高,初期阶段只有依靠政府扶持才能发展起来。韩国政府对太阳能发电的扶持政策主要包括:①资金扶持。对太阳能发电设备、零部件生产、设施安装以及运营提供长期低利融资,以减轻企业初期投资的资金负担。②技术扶持。据韩国知识经济部公布,2008 年对新能源与可再生能源技术开发的扶持资金总额达 1 994 亿韩元,其中对太阳能部门,决定每年给每个战略性技术研发项目拨款 100 亿韩元,最长扶持期长达 5 年,促使核心技术开发尽早突破和投入使用。③差额补贴。太阳能发电站生产的电力由于成本因素价格居高不下,初期阶段只有依靠政府补贴才能发展起来。韩国政府采取的做法是:太阳能电站卖给国家电网的电价与政府公示标准电价之间的差价由政府补贴。[④] ④税收减免。韩国先后在 2006 年、2008 年两次出台太阳能优惠减免补贴政策。太阳能减免税率根据太阳能发电装置的装机容量制定,例如小于 30 千瓦的装置为 572 韩元,大于 1 兆瓦的装置为 509 韩元,直到 2012 年可再生能源应用标准正式实施。[⑤] 同时,韩国政府在《重点绿色技术开发和商业化战略》中加大了对包括硅片型太阳能电池在内的 27 项重点可再生能源技术的投入力度,投资金额将在 2012 年底达到 2 万亿韩元。[⑥] 由此,韩国已经形成了"政府扶持、企业投资、地方参与"的太阳能发电事业发展模式。

在生活垃圾能源方面,从 2007 年开始,韩国开始推广生活垃圾处理设施(MBT)建设,以实现生活垃圾的"能源化"。具体过程是:将可燃物从生活垃圾中筛选出来,加入一定量的添加剂后,加工成固体燃料;或者利用食品垃

① 参见于贵勇:《韩国风电展开"海上"攻势》,载《风能》2011 年第 11 期,第 18 页。
② 参见曹晓蕾:《韩国新能源领域知识产权与产业发展研究》,载《东北亚论坛》2011 年第 3 期,第 94 页。
③ 参见黄跃兵:《从韩国电力建设看环境保护》,载《湖北电业》2006 年第 4 期,第 62 页。
④ 参见袁利平:《韩国的低碳绿色发展战略经验介绍》,载《中国科技投资》2011 年第 7 期,第 49 页
⑤ 参见钱伯章:《韩国可再生能源目标及政策》,载《太阳能》2011 年第 4 期,第 57 页。
⑥ 参见祁国平:《韩国的低碳行动计划》,载《资源与人居环境》2010 年第 4 期,第 54 页。

坂,从中提取气体燃料,从而实现把生活垃圾转化成为用于工业生产和居民生活的宝贵能源。2007 年 7 月,在韩国首都圈垃圾处理管理公社举行的该国首个生活垃圾处理设施(MBT)建设招标,最终由泰荣、浦项和 SK 三大公司联合竞标成功。据韩国环境部资源循环局表示,建设初期该设施固体燃料日产能力为 80 吨,到 2012 年底将达到 1 200 吨,相当于每年节省 1 500 亿韩元。韩国环境部决定在 2012 年以前将现有的生活垃圾处理设施至少增加到 8 个,再加上各地方自建的设施,生活垃圾能源化的效益将会十分可观。在使用生活垃圾生产固体燃料备受青睐的同时,利用先进设备焚烧垃圾产生的热量发电、供热也大受重视。据测算,韩国全国利用焚烧垃圾热量发电、供热的销售额到 2006 年已经达到 600 亿韩元。[1] 2007 年,韩国全国 43处大型生活废弃物焚烧设施运行所取得的成果相当于节约了价值 4 010 亿韩元的原油,节能效果显著。此外,还相当于减少了二氧化碳温室气体排放量 1 800 千吨,以二氧化碳排放权换算相当于取得了 305 亿韩元的减排效果。垃圾焚烧设施所回收热能的 75.8% 供给韩国地区供暖公司等企业,除增加了销售收入 301 亿韩元外,作为取暖和建筑设施、附属设施的热源等直接使用,则相当于节省了 1 384 亿韩元的取暖费。其余热能的 24.2% 转换为电力后供给韩国电力公司,除增加了 16 亿韩元的销售收入外,转换为动力又相当于节约了 624 亿韩元的电费。[2] 垃圾还可以用来构建垃圾沼气发电站。2006 年,韩国建成了当时世界最大的垃圾沼气发电站,为 50 兆瓦级,可为 18万户家庭供电,预计年收益逾 169 亿韩元。此外,它将替代韩国每年 50 万桶重油进口,相当于减少 200 亿韩元的能源进口。截止到 2007 年,韩国国内共有利用垃圾填埋场产生沼气发电的电站有 12 座,正在运行的供气设施有4 个。[3]

在生物能源等高端能源方面,韩国国家科学技术委员会通过了《国家融合发展基本计划》(2009—2013),对四种融合技术的研发及产业化发展做出系统规划,生物能源技术就包括在内,其他三种也都是与新能源和可再生能源相关的技术。韩国政府决定发掘新的融合性技术产业,依靠融合技术提升现有产业水平,创建高附加值产业,增加就业机会。韩国政府将进一步完善政府法规,成立尖端、融合、复合型技术发展促进委员会,建立部门间合作协调机制,从而实现包括新能源和可再生能源在内的一系列高端技术的发

---

① 参见《韩国:大力推进生活垃圾"能源化"》,载《工程咨询参考》2008 年第 3 期,第 31 页。
② 参见《韩国利用垃圾发电节能效果显著》,载《中国电力》2008 年第 7 期,第 24 页。
③ 参见《韩国建成世界最大垃圾利用沼气发电站》,载《江西电力》2007 年第 1 期,第 44 页。

展。① 生物燃油是韩国重点发展的项目。为了推广生物燃料的利用,韩国强制推广生物柴油掺混,不再提供纯石化柴油。韩国政府对于生物柴油没有明确的补贴和税收优惠政策,但规定生物柴油企业产量的一部分必须销售给国内的石油公司,其余部分可以由企业自主销售。② 韩国还计划在 2013 年执行可再生燃料标准(RFS)体系,将汽车使用生物燃料和汽油的混合物列入指令性计划,将柴油中加入生物柴油的最低比例提高到 20%。③

二、韩国可再生能源法律法规

1987 年 12 月,韩国颁布了《替代能源技术促进法》,用于规制新能源与可再生能源的发展。1997 年 12 月,韩国颁布了《替代能源开发及利用普及促进法》,用以代替《替代能源技术促进法》。2002 年 2 月,韩国设立了替代能源开发普及中心,重点研发太阳能、风能和氢燃料电池三大领域。2002 年 3 月,韩国第一次修订了《替代能源开发及利用普及促进法》,引进了发电差额支持制度、认定制度、公共机构新能源再生能源利用义务化制度等。2003 年 5 月,韩国对该法进行了第二次修订,引入了可持续发展概念。为了更好地促进可再生能源的发展,韩国在 2005 年全文修订了《替代能源开发及利用普及促进法》,把法律名称改为《新能源和可再生能源的开发、使用和传播促进法》,该法正式把"替代能源"的名称改为"新能源和可再生能源",并加强支持新能源再生能源技术的国际标准化,公共机构新能源再生能源利用义务化,发电差额支持,支援新能源再生能源技术开发成果的商品化,鼓励大学及研究中心就特定的科研目的进行人才培养。④ 该法的立法目的是通过促进技术开发、促进新能源和可再生能源的利用和传播,实现能源利用多样化;通过激活新能源和可再生能源工业,减少有害人类或环境的气体排放,实现国民经济的健康发展,促进国家福利。该法对新能源与可再生能源进行了详细的定义:所谓"新能源与可再生能源",是指除石油、煤、核能、天然气以外的其他能源,包括太阳能、生物能、风能、小型水力、燃料电池、来自液化或气化煤和气化重残留物的能源、海洋能、垃圾、地热能、氢能以及韩国总统法令规定的其他能源。韩国商业、工业与能源部(现名为韩国知识经济部)设立新能源与可再生能源理事会,负责编制新能源与可再生能源基础计

---

① 参见列春:《韩国:加大研发力度,发展绿色经济》,载《工程机械》2010 年第 2 期,第 75 页。
② 参见宁守俭:《韩国生物柴油产业化简评》,载《现代化工》2008 年第 9 期,第 83 页。
③ 参见曹晓蕾:《韩国新能源领域知识产权与产业发展研究》,载《东北亚论坛》2011 年第 3 期,第 95 页。
④ 参见李炳轩:《韩国能源战略研究》,吉林大学 2011 年博士学位论文,第 4 页。

划。该计划的主要内容包括:①目标和期限;②新能源与可再生能源的技术开发;③新能源与可再生能源的利用和传播目标。该计划的实施时限一般为 10 年以上,商业、工业与能源部(现名为韩国知识经济部)认为有必要可以修改该计划。新能源与可再生能源生产商可以根据该计划制定或实施的新能源与可再生能源项目,并就各项问题同中央相关管理机构进行协商,同时就各种新能源与可再生能源技术提供动力的情况定期进行公示,并定期公示项目的执行情况。韩国新能源与可再生能源理事会还负责以下事项:①基础计划的制定和改变事项,应排除对基础计划细节中总统法令所规定的事务进行修改;②涉及新能源与可再生能源的技术开发、使用和传播的重要事项;新能源与可再生能能源可提供的电能的标准价格及改变的问题;③商业、工业与能源部(现名为韩国知识经济部)部长认为有必要的其他事项。韩国商业、工业与能源部(现名为韩国知识经济部)还设有新能源与可再生能源开发和传播中心,具体从事以下工作:①对新能源与可再生能源技术开发、使用和传播执行予以支持和管理;②对新能源与可再生能源项目进行支持和管理;③进行新能源与可再生能源的教育、宣传;④进行新能源与可再生能源项目的国外调研和国际合作;⑤由商业、工业与能源部(现名为韩国知识经济部)部长委托的促进新能源与可再生能源技术开发、使用和传播所要求的其他项目。韩国商业、工业与能源部(现名为韩国知识经济部)部长认为有必要,可以委托特别市市长、城市市长或地方官员行使。同时,若韩国商业、工业与能源部(现名为韩国知识经济部)部长认为必要,可以推荐从事能源行业的人员从事投资新能源与可再生能源项目,可以强制国家机关、地方政府的新建建筑使用人以及法律法规规定的其他人员使用新能源与可再生能源,可以建议有条件使用新能源与可再生能源的工业、营业场所或其他集中居住区使用新能源与可再生能源,或者安装相关使用设施。此外,该法还规定了新能源与可再生能源设备监管、新能源与可再生能源证书的发放及相关表示的管理制度、证书发放机构或功能检测机构的委任或取消委任以及相关财政措施、收费制度、过失罚则等。① 2006 年 9 月,韩国部分修订了《新能源和可再生能源的开发、使用和传播促进法》,增加了制定基本计划时要考虑"温室气体减排目标"等内容。②

---

① 参见杨翠柏:《国际能源法与国别能源法(上)》,巴蜀书社 2009 年版,第 634—646 页。

② 参见李炳轩:《韩国能源战略研究》,吉林大学 2011 年硕士学位论文,第 4 页。

第四节　韩国节能法制及相关环保法制

一、韩国节能法制

(一)韩国节能管理机构

韩国知识经济部和能源管理公团(KEMCO)负责实施能效标准与标签制度、待机功耗减低程序制度和高能效设备认证制度,以扩大普及节能产品,鼓励制造商和进口商生产和销售高能效产品,引导消费者识别和购买更多的节能产品。同时,韩国知识经济部和能源管理公团还制定了一系列的政策和措施以便于监管和规范能源市场,如提供资金援助和税收补贴等优惠措施、制定最低能效标准、能源标签和等级、测试标准和方法以及违反规定的处罚条例等。[①] 韩国能源管理公团还负责专业节能公司(ESCO)资质认证。节能公司是一种专业公司,在推广节能新技术、新设备的同时获取经济效益,而用能公司(用户)则是要寻求节能新技术、新设备以降低成本。通常,节能公司与用能公司(用户)合作的项目流程可以描述为:专业节能公司对用能公司(用户)进行考察,做出能耗诊断,提出项目方案;在用能公司(用户)确认后实现立项,双方签订合同,合同期可以为 2—10 年(通常为 3—5年)。节能项目合同主要有两种情况:①共担节能合同。专业节能公司提供技术,同时投资安装设备,承担技术风险和资金风险。②经过担保的节能合同。专业节能公司负责项目实施,只提供技术,资金由用能公司筹集。对于以上两种情况,韩国节能政策法规都有严格的规定,以保证节能效果和用能公司的效益。在合同期内,节能效益由双方分享。合同期过后节能设备和投资归用能公司所有。项目完成合同规定的指标经过验收后,节能公司可以分享合同规定的节能效益,用能公司则可以享受低息贷款和税收减免。[②]韩国还设有国家能源节约促进委员会,可以制定相关节能政策。例如,在2004 年 9 月,该委员会制定并发表了韩国长、短期能源效率改善对策,通过改善能源利用制度和适当的奖励措施引导消费者主动节约能源,以缓解国

---

① 参见邓夏岚:《韩国能效概况》,http://www.tbtmap.cn/portal/Contents/Channel_2125/2010/1215/113126/content_113126.jsf? ztid=2155,2012-08-09。

② 参见王天义:《节能降耗:韩国的做法与启示》,载《经济学家茶座》2008 年第 2 期,第 150—155 页。

际社会能源供应紧张给韩国带来的压力。[①]

(二)韩国主要节能制度

韩国经济发达,但地域狭小,资源贫乏,能源对外依赖性更高。20 世纪 70 年代石油危机时期,韩国深受其害,逐渐认识到节能事业的重要性。1978 年,韩国成立了能源与资源部(先后更名为产业资源部、商业、工业与能源部,现名为知识经济部)。1979 年,韩国颁布了《能源利用合理化法》,该法旨在实施综合性的政策来保证能源的稳定需求和供应,增进能源的合理有效利用,减少能源利用引起的环境破坏。1997 年,韩国政府对《能源利用合理化法》进行修订,引入了能源价格提前公布制度,允许政府通过各种税收调节能源价格,以控制各部门的能源消费。[②] 2008 年,韩国公布了《国家能源计划》,并通过供给和需求两个方面推进这个计划的实施,而节能主要表现在需求结构调整方面。具体而言,该计划要求提高所有建筑的保温标准,家用设备的能效标签和住宅商业设施的能源效率标准。该计划的目标是:要求能源效率到 2030 年提高 46%,每年将提高 2.6%。[③] 2009 年国际金融危机时期,韩国又提出了"低碳绿色增长"的经济振兴战略,把节能减排、增加就业和创造新的经济增长点三大目标结合起来,试图再创"汉江奇迹"[④]。根据韩国政府的规定,所有国家机关都必须使用最低能效标准,并在 2009 年底之前把白炽灯全部换为二极管(LED)产品,其他照明器材也将逐步更换成二极管产品;在选购公务用车时,应当优先购置小排量汽车或混合动力汽车,使之占年采购量一半以上,并设置小排量汽车和混合动力车的专用停车场。政府还施行了奖惩制度,所有公共部门要提交能源消耗年度业绩。被评为能源效率优秀的机关,将得到不同的奖励;如果业绩不佳,将被扣成果奖金,并扣减负责人的评分。

韩国还将节能措施与惠民政策相结合,计划在首都圈、釜山等大城市开展"变废为能"活动,充分利用废弃资源,到 2012 年底之前在全国建立 14 个"环境能源城";到 2020 年底之前建成 600 个利用农业副产品实现能源 40% 自给的"低碳绿色村庄"。另外,韩国政府计划在未来 4 年内建设 200 万户使

[①] 参见廖新年、李玉华:《韩国保障能源供给的应对战略综述》,载《国际资料信息》2005 年第 4 期,第 22 页。

[②] 参见张友国:《日韩经济—能源—环境政策协调机制及启示》,载《当代亚太》2007 年第 11 期,第 52 页。

[③] 参见单吉堃:《韩国应对气候变化的政策与行动》,载《学习与探索》2010 年第 6 期,第 153 页。

[④] 自 20 世纪 60 年代以来,韩国政府实行了"出口主导型"开发经济战略,推动了本国经济的飞速发展,在短短 20 多年的时间里,由世界上最贫穷落后的国家之一,一跃成为中上等发达国家、"亚洲四小龙"之一。韩国的发展被称为"汉江奇迹"。

用太阳能热水器等的绿色家庭,并在全国家庭普及"二氧化碳储值卡"计划。政府还计划在大城市建立自行车专用车道,在 2020 年底之前实现全国自行车车道达到 3 000 千米的目标。韩国的政策细致入微,还为家庭主妇开设了"绿色课堂",传授日常家务和购物活动中的节能减排常识。韩国还专门针对节能领域企业加大了政府融资力度,计划到 2013 年增加到 2 000 亿韩元。① 2011 年 6 月 8 日,韩国环境部宣布了《生活中的绿色生活文化扩展对策》,准备将水电气的使用量减少 10%。根据地区条件不同,韩国实行不同的奖励工资制度。同时,为了鼓励公民节约资源,"绿色卡"也在各地上市。"绿色卡"的使用者在使用公共交通工具、购买绿色认证产品及做其他与节约资源有关的事情时,会得到相应积分。一年内最多可以得到 20 万的积分。②

在具体的行业和领域中,韩国相关行政部分颁布了许多法令,比较新的法令包括:2010 年 1 月 20 日,韩国修改的《能效标签和标准条例》。该法规起始于 1992 年,其依据是韩国的《能源利用合理化法》的相关规定,不定期修改。其主要内容包括:法规名称的定义、产品的法定范围及技术标准、能源效率测试机构的法定规范、出具测试报告的法定规范、产品能源效率基准及分级规范、基准的验证及宣告、产品标签认证以及市场管理规范等。③ 认证项目具体由韩国能源管理公团联合家用电器、照明器具以及工业锅炉等 500 家生产商共同运作。④ 此次修改将冰箱等 10 余种产品纳入能源效率等级体系当中,制造商和进口商都必须标明该体系辖下的每一种类型的产品的能源效率等级(1—5 级)。其中 1 级代表最高能效水平,5 级则代表最低能效水平,每个产品型号所获得的能效等级是通过比较该产品的能耗量和目标能耗量计算得出的。⑤ 2011 年,韩国知识经济部公布了《测定机动车辆能效及其等级鉴定的法规》。该法规主要规定了轮胎能效测定的适用范围、轮胎能效的测试程序和测定方法、轮胎能效的等级和标准、提供信息和能效等级的鉴定、授权测试机构的指定和责任、轮胎能效自我测试的应用和评估、宣布轮胎能效测试结果、轮胎能效售后监督、轮胎能效等级鉴定和标准的实施时间等。2011 年 7 月 27 日,韩国技术标准研究院发布了《〈电器安全控制法

---

① 参见班威:《"绿色经济"在韩国成为时尚》,载《农村财政与财务》2009 年第 10 期,第 47—48 页。
② 参见袁利平:《韩国的低碳绿色发展战略经验介绍》,载《中国科技投资》2011 年第 7 期,第 49 页。
③ 参见杜以会:《韩国与欧盟国家的能源效率管理(一)》,载《农业工程技术(新能源产业)》2010 年第 2 期,第 7 页。
④ 参见李爱仙:《韩国用能产品能效项目简介》,载《世界标准信息》2007 年第 Z1 期,第 62 页。
⑤ 参见《韩国修订能效标签条例涉及 13 种产品》,载《日用电器》2010 年第 1 期,第 4 页。

案〉的修正法案》。该法案有如下新规定:为了对现今广泛使用的、没有进行器具电气安全评定的充电器和能源储存系统提供安全认证服务,将电动车辆的充电器和能源储存系统增加到自我监管安全确认制度的范围中。[①]

1. 韩国建筑节能制度

在韩国,建筑物直接和间接排放的温室气体占排放总量的 25%,如果不实现建筑物减排,就很难实现韩国的整体减排目标。[②] 因此,建筑节能制度是韩国重要的节能制度之一。韩国《低碳绿色增长基本法》规定,对于大型建筑物,将实行能源、温室气体目标管理制,严格限制能源的使用。[③] 从 2002 年初开始,韩国对公共住宅、复合住宅及业务用建筑实行了亲环境认证制度(又称"绿色建筑评估准则",简称"GBC"),并计划今后对教育、商业、旅馆等建筑分阶段实施。韩国建设交通部和环境部指定韩国住宅公司的城市住宅研究院、能源技术研究院、能效协会、建筑学会作为"综合亲环境建筑物的认证制度"的评价、认证机关,对所申请的建筑物进行评价认证。韩国住宅公司的评估标准包括土地利用及交通、能源及资源、生态环境和室内环境等。韩国能源技术研究院的认证标准为地球环境、地区环境和室内环境,其中地球环境就包括温室气体排放和天然能源的利用等。韩国能效协会的认证标准包括近邻环境和合适性、资源消费、环境负荷、长期耐久性、工程管理以及室内环境。韩国建筑学会的认证标准包括自然环境影响最小化建筑、和自然相调和的建筑以及室内环境优秀建筑。2004 年,韩国各机构统一了亲环境建筑物认证标准,包括土地利用和交通、能源资源及环境负荷、生态环境和室内环境等。[④] 2010 年,韩国的环境认证制度已经涵盖了所有的建筑类型,评价的部分也分为土地的利用、交通、能源、材料及资源、水资源、环境污染、有机管理、生态环境和室内环境。[⑤]

建筑物废物循环利用制度是韩国建筑物能源节约制度的重要组成部分。2003 年制定了《建筑废弃物再生促进法》,明确了政府、排放者、建筑废弃物再生产品生产商的义务以及对建筑废弃物再生产品生产企业的资本、规模、设施、设备、技术能力的要求。更重要的是规定了建筑工程有义务使

[①] 参见路欣:《2011 年颁布的技术性贸易措施》,http://www.tbtmap.cn/portal/Contents/Channel_2125/2012/0620/147535/content_147535.jsf? ztid=2155,2012-08-09。

[②] 参见袁利平:《韩国的低碳绿色发展战略经验介绍》,载《中国科技投资》2011 年第 7 期,第 48 页。

[③] 参见鲁冬:《韩国的低碳绿色增长》,载《学习时报》2010 年 6 月 19 日(第 6 版)。

[④] 参见李云兰:《韩国亲环境住宅建筑认证制度发展过程及指标体系》,载《节能与环保》2005 年第 11 期,第 13—16 页。

[⑤] 参见樊娜:《我国与韩国绿色建筑评价标准体系比较分析》,载《绿色建筑》2011 年第 3 期,第 46—47 页。

用建筑废弃物再生产品的范围和数量,明确了未按规定使用建筑废弃物再生产品将受到必要处罚。韩国交通部还制定了《建筑废弃物再利用要领》,根据不同利用途径对质量和施工标准做了规定。韩国建设循环资源学会先后承担了该国建筑废弃物可再生利用研究课题,协助政府起草建筑废弃物再生利用方面的法规,参与了制定再生利用产品标准、企业认定标准、废弃物回收市场价格等许多具体工作。许多相关的大企业都参加了学会,向学会提供了大量的课题研究成果。学会经费来源于会费和生产企业提供的补助,没有政府资金。[①] 韩国还提出了"智能建筑"[②](intelligent building)理念,并制定了相关的等级划分标准。智能建筑物可以提供良好、舒适、安全的办公环境,还能节约能源和管理费用,但是相关费用会因此而提高 5%—15%。但是韩国认为,如果在建筑管理自动化、办公及通信自动化、安全与检测自动控制方面加以调整,就可以降低维护费用 20%—30%。[③] 这样,智能建筑才更具实用性。2011 年 4 月,在韩国仁川市正式启用全球第一座完全零排放的现代智能建筑物。该建筑面积 2 500 平方米,是一个气候变化研究中心的办公地。该座耗资 800 万美元的零碳建筑内部完全采用清洁能源,完全没有温室气体的直接排放和间接排放。该建筑总计使用 66 种清洁能源技术,包括太阳能、地热能等。据韩国政府预计,这栋大楼每年能够节约能源成本10 万美元,每年减少温室气体排放量 100 吨。[④] 该经验非常值得推广。在物质保障方面,韩国规定了调整智能建筑技术的投资措施,包括有限地选择控制项目、有限制地选择子项多少、合理决定子项实施技术等级等。节能是智能控制的目的之一,包括水的循环利用、电能、天然气的节约等。[⑤]

2. 韩国供热(制冷)节能制度

为了节能,韩国对供热(制冷)施行彻底的能源需求管理。韩国热复合发电厂和韩国低于暖房公社负责向不同规模的用户供热或制冷。供热企业全年对热用户供热,但每个用户安装自己的热量表,以便控制自己需要的采

[①] 参见谢曦:《赴日本、韩国考察建筑废弃物再利用》,载《砖瓦世界》2012 年第 3 期,第 43 页。

[②] 所谓"智能建筑",是指通过将建筑物的结构、设备、服务和管理根据用户的需求进行最优化组合,从而为用户提供一个高效、舒适、便利的人性化建筑环境。智能建筑是集现代科学技术之大成的产物,其技术基础主要由现代建筑技术、现代电脑技术、现代通讯技术和现代控制技术组成,在一定程度上能够起到节能减排的作用。

[③] 参见刘行:《日本智能建筑技术考察与思考》,载《工程设计 CAD 与智能建筑》2002 年第 6 期,第 16—22 页。

[④] 参见袁利平:《韩国的低碳绿色发展战略经验介绍》,载《中国科技投资》2011 年第 7 期,第48—49 页。

[⑤] 参见刘行:《日本智能建筑技术考察与思考》,载《工程设计 CAD 与智能建筑》2002 年第 6 期,第 16—22 页。

暖热量,节约采暖费。政府执行能源费用联动政策,如果国际油价、煤炭价格变动,会反映在销售价格上。政府在每年 2 月 1 日和 8 月 1 日根据客观情况调整供热价格。2000 年开始,供热企业采用先进技术,可以在远程控制室确认每个家庭的热用量和每个热量表运行情况。在制冷节能方面,1992 年以来,韩国开始推广吸收式冷冻器,收集余热进行制冷,以便提高设备全年的利用效率。[①]

3. 韩国待机功耗减低制度

该制度最早始于 1999 年的"e-Standby"计划,英文形象地将它音译为"节能小子"计划(energy boy),它的法律依据为《能源利用合理化法》第 18 条"待机功耗减低的指定产品"、第 19 条"待机强制性警告标志的指定产品"和第 20 条"减低待机功耗高的产品"。2010 年,韩国制定了减少电器产品的待机功率低于 1 瓦的"行动的韩国 2010 路线图"(Standby Korea 2010),韩国知识经济部和能源管理公团还共同颁布了《待机功耗减低程序应用规定》,详细规制了待机功率减低制度。韩国是国际上首次实行强制性待机功耗警告标记的国家,这是提高节能效率制度创新的关键性政策变化,也是韩国能效标准和标签制度的重要里程碑。

待机功耗减低程序制度是以制造商或进口商的自愿参与为条件的,在待机时间内采用睡眠模式以及引导待机功耗最小化的自愿协议制度,对于符合政府标准的产品应加贴节能标识("节能小子"标签),在待机功耗减低程序上已经注册待机功耗减低的优质产品,不工作时将自动从睡眠模式转化成节能的最低功耗模式。韩国知识经济部和能源管理公团根据目标产品和技术发展现状,将逐步增加实行警告性标记的产品。对于实施待机功耗减低程序的产品的国内制造商和进口商,需提供待机功耗的强制性申报,且对于未达到待机功耗减低标准的产品实施强制性警告标记。若违反规定,最高罚款将达 500 万韩元。

在韩国国内生产销售和国外进口的产品中,在待机功耗减低程序制度中部分产品实施自愿性能源认证的产品,包括干手机和服务器等。韩国部分产品实施强制性待机警告标识,强制性待机警告标识是分阶段实施的:①第一阶段(2008 年 8 月 28 日):电视机 1 种产品;②第二阶段(2009 年 7 月 1 日):计算机、显示器、打印机、多功能设备、机顶盒、微波炉共 6 种产品;③第三阶段(2010 年 7 月 1 日):盒式磁带录像机(VCR)、音频产品、数字多功能光盘(DVD)、收音机和录音机、视频门电话、无线/有线电话、电子座厕、

①　参见韩泰日:《韩国的供热及节能情况》,载《区域供热》2006 年第 4 期,第 46 页。

传真机、复印机、扫描仪、调制解调器、家庭网关共 12 种产品。即除了节能和自动电源控制装置，上述 19 种属于待机功耗减低程序制度的产品在待机功耗达不到要求时，都须加贴黄色警告标识。①

4. 能效标准与标签制度

能效标准与标签制度（Energy Efficiency Label and Standard Program）始于 1992 年，其法律依据是《能源利用合理化法》中的第 15 条"规定机械和材料的效率管理"和第 16 条"机械和材料的能源效率的后续管理"。2010 年 6 月 16 日，韩国知识经济部颁布了第 2010—124 号告示《能效标识和标准规定》，对韩国生产企业和进口企业必须遵守的能效标准与标签制度进行了新的规定。在能效标准与标签制度下，产品应根据能源消耗或者能源使用量分为 1—5 等级，并且应符合最低能效标准（MEPS）。对能源消耗过度以及普及率较高的产品，要加贴一个 1—5 级的能效等级标签。1 级产品是最节能的产品，而 5 级的节能效果最差，一般情况下，1 级的产品比 5 级的产品多节约 30%—50%的能源，同时禁止生产和销售未达到最低效率标准的产品。为了使消费者更容易选购高效节能型产品，韩国制造商和国外进口商须履行以下三条义务：①根据产品的能效或能源使用量指出产品的能效等级（1—5 级）；②产品经测试后，制造商或进口商需要向能源管理公团申报；③对未达到 5 级的产品禁止生产和销售。能效标准与标签制度对 23 种产品实施了最低能效标准，若不符合最低能效标准（第 5 等级）而在韩国国内生产或者销售，最高罚款可达 2 千万韩元。②

5. 高能效设备认证制度

高能效设备（High-efficiency Appliance Certification Program）是指由能效检测机构测量的能效和质量测试结果均符合所有高效设备项目，并须获得高效设备认证的产品。根据《能源利用合理化法》中的第 21 条"高能效设备认证"和第 22 条"高能效设备的后续管理"以及韩国知识经济部的相关规定，从 1996 年 12 月开始，要对达到一定能效标准以上的产品实施自愿性认证。高能效设备认证制度是以制造商和进口商自愿参加为前提的认证制度。若能源年消耗量达 2 000 吨以上的企业或事业团体参加该制度，则需要与政府签订自愿协议。自愿协议是指生产、供给、消费能源的企业或事业团体与政府签订的协议，企业制定节能及减排温室气体的目标以及履行推进

---

① 参见邓夏岚：《韩国待机功耗减低程序制度》，http://www.tbtmap.cn/portal/Contents/Channel_2125/2010/1216/113166/content_113166.jsf? ztid＝2155，2012-08-10。

② 参见邓夏岚：《韩国能效标准与标签制度》，http://www.tbtmap.cn/portal/Contents/Channel_2125/2010/1216/113165/content_113165.jsf? ztid＝2155，2012-08-22。

日程和实行方法等,而政府通过监控和评价,并且实施资金援助和税收补贴,共同达到目标的非强制性政策。协议在签订之日起 5 年内有效。同时,政府对参加协议的中小型安装和生产企业提供多达 250 亿韩元的援助资金以及中小企业申请高能效设备认证时免测试手续费等优惠措施。若投资于法律规定的节能设施,则从相关的纳税年度的企业税或个人所得税中扣除设施投资金额的 20%;对希望参与的企业进行事前技术指导,协助制定实施计划,提供工程技术和节能技术相关的咨询;并且通过媒体、网络、杂志等积极宣传优秀企业。实行高能效设备认证的产品有等变压器、电动机、照明设备等数十种。[①] 对部分获得高能源标签认证的产品,韩国政府还提供产品安装奖励(installation incentives)及广告补助(dissemination subsidies)等财物退还款(financial rebates)政策,以促进高能源效率产品的市场转换。这项措施适用的产品为高能源效率产品认证计划中的马达、变频器、泵浦、变压器以及高能源效率认证的照明产品,如荧光灯管及电子式安定器等。此外,韩国还在政府采购方面给能效认证产品提供优先权。

6. 能源查核制度

韩国的能源查核制度,可细分为工业、商业大楼及交通等不同的能源查核。在工业部门,韩国有两种不同的能源查核:深度查核(in-depth audit)及免费查核(free audit)。深度查核或称为"技术服务查核",一般都是应能源用户的主动要求所做的查核,这项工作会收取部分服务费用。而免费查核主要提供给中小型工厂,其年耗能量为 250—5 000 吨油当量,年用电量为 1 百万—3 千万度。在商业大楼部分,能源管理公团接到住宅及商业大楼业主的主动查核要求后,将收取部分服务费用并提供能源查核的技术服务。对于政府部门及公家机构,则提供免费的查核服务。查核诊断之后,则依据诊断的结果,提供技术协助,并规划可行的节能方案。在交通部门中,能源管理公团会提供能源查核服务给拥有 50 辆以上车辆的运输公司,改善其车辆的能源效率。能源查核后,能源管理公团会提供能源浪费的改善建议以及车辆能源效率管理的技术指导。[②]

7. 公共参与制度

鉴于能源压力日益上升,韩国加大了节能方面的社会宣传力度,调动全民共同参与,把节能与千家万户的实际利益结合起来,引导人们树立节能意

---

① 参见邓夏岚:《韩国高能效设备认证制度》,http://www.tbtmap.cn/portal/Contents/Channel_2125/2010/1216/113167/content_113167.jsf? ztid=2155,2012-08-22。

② 参见杜以会:《韩国与欧盟国家的能源效率管理(一)》,载《农业工程技术(新能源产业)》2010 年第 2 期,第 8—9 页。

识,提高节能效果。韩国负责能源事业的能源管理公团每年在用电高峰的 7 月、8 月,都要举办家庭节能实践活动。参加活动的家庭在用电高峰的 7 月和 8 月两个月里用电量如果比上年同期的节约量达到规定数额,经过核准后即分别发给相应的奖金以资鼓励。在报名之后,每个家庭都能得到一套宣传材料和《节能指南》,参加者为能实现节能目标自然就认真钻研节电知识,宣传教育的目的也就随之落到了实处。这种将宣传教育同物质奖励相结合的方法,更能增强节能实践活动的吸引力。[①]

二、韩国与能源相关的环保法制

(一)韩国与能源相关的环保基本制度

韩国的环境基本法是制定于 1990 年的《环境政策基本法》(后于 1999 年、2002 年和 2005 年经过修改),该法的历史渊源可以追溯到 1963 年的《公害防止法》、1997 年的《环境保全法》。《环境政策基本法》的立法目的,是通过明确有关环境保全的国民的权利、义务和国家的职责,确定环境政策的基本事项,从而预防环境污染和环境毁损,适当、可持续地管理、保全环境,使所有国民享受健康舒适的生活。这一规定与韩国《1980 年宪法》第 35 条第 1 项"所有国民都享有在健康快适的环境中生活的权利,国家和国民应当为环境保全而努力"关于环境权的规定相一致。该法明文确定了可持续发展原则、事前预防原则等,能源开发与利用也应符合上述基本原则。[②] 此外,韩国还有 1990 年的《环境污染受害纷争调整法》(该法经过 3 次修改,现名为《环境纷争调整法》)、1993 年的《环境影响评价法》以及 1999 年的《环境、交通、灾害等的影响评级法》(于 2001 年施行并于 2003 年修改,简称《综合影响评价法》)。这些法律协调一致共同构成了韩国的环保基本制度,其中与能源相关的主要包括以下制度。

1. 事前环境性检讨制度

事前环境性检讨制度是指对环境有影响的行政规划(包括能源规划)确立之前,或者非环境影响评价对象的一定规模的开发项目审批之前,对环境影响进行的评价,以促使项目单位充分考虑对环境的影响的制度。该制度是依据《环境政策基本法》或依据其他个别法实施的。如果能源规划制定者或不需要实施环境影响评价的能源企业实施可能涉及环境保护的活动时,

---

① 参见《韩国:自觉节能已成"共有文化"》,载《求知》2005 年第 10 期,第 43—44 页。
② 参见罗丽、徐今姬:《韩国〈环境政策基本法〉研究》,载《环境科学与技术》2009 年第 7 期,第 195—199 页。

需要和协议机关进行事前环境性检讨协议。协议机关一般为主管的行政机关。如果项目主管机关是中央行政机关时,能源企业必须和该机关的行政首长协议;如果主管项目的是地方行政机关,则能源企业必须与地方环境署长官进行协议。环境性检讨主要包括以下几个阶段:事前环境性检讨书的编制及提出、征求意见、事前环境性检讨书的申报。申报获批后,需要对协议的履行进行管理和监督,如果有不当情况发生,还可能引出事前环境性检讨再协议程序。[①]

2. 环境影响评价制度

韩国《综合影响评价法》对适用环境影响评价制度的对象进行了列举性规定,包括:城市开发,产业选址及产业园区的划定,能源开发,港口建设,道路建设,水资源开发,铺设铁路,机场建设,河川利用和开发,共有水面的填埋,旅游园区开发,山地开发,特定区域的开发,体育设施,废弃物处理设施,国防军事设施,开采土石等。建设单位是编制环境影响报告书的主体。建设单位没有能力编制的,可以委托由资质的环境影响评价机构代理。该报告书的主要内容应当包括:①对报告书全面、具体的分析及评价;②居民及有关行政机关对环境影响评价书草案的意见以及对公听会举行情况的分析及评价;③反映影响评价结论而编制的项目规划书的内容;④事后环境调查的规划。环境影响评价程序包括以下几步:①评价书草案的编制并征求居民意见;②评价书正本的编制;③环境影响报告书的提出和审查;④检讨及审查内容的通报;⑤评价书审查。[②]

3. 环境纷争调整制度

根据韩国《环境纷争调整法》的规定,韩国中央和地方设置了作为合议制的准司法的行政机构,即环境纷争调整委员会,分别从事各自独立的纷争调整。中央环境纷争调整委员会负责裁定重大案件、跨两个以上市或道的纷争案件、法定由中央处理的案件等,而地方环境纷争调整委员会对地方环境案件具有裁定权。此外,《环境纷争调整法》规定了斡旋制度,可处理比较简单的纷争案件,但斡旋遇阻时,须采用调停程序处理;调停遇阻时,须采用裁定程序处理。为确保各个程序的效率性,该法律规定,斡旋为 3 个月,调停和裁定为 9 个月。[③] 由能源引发的环境纠纷也归于此法调整。

4. 公众参与制度

韩国《环境政策基本法》规定了公众参与的范围:地区居民、有关专家、

---

①　参见林宗浩:《环境影响评价法制研究》,中国法制出版社 2011 年版,第 82—87 页。

②　参见林宗浩:《环境影响评价法制研究》,中国法制出版社 2011 年版,第 90—92 页。

③　参见范纯:《韩国环境保护法律机制研究》,载《亚非纵横》2010 年第 5 期,第 55 页。

环境团体及民间团体等。公众参与的方式主要是通过公听会。根据韩国《行政程序法》的规定,公听会是指行政机关通过公开讨论,针对某种行政行为向当事人、具有专业知识和经验的人以及其他一般人等,广泛征求意见的程序。公听会设有主持人,一般由对该项目或环境评价具有相关学识与丰富经验的人员担任,一般由项目开发商与主管行政首长协商后确定。公听会的程序一般包括公告、陈述人的选定、公听会举行、公听意见的反映等。①

5. 司法审查制度

司法审查制度是韩国环保制度的重要组成部分。司法审查包括实体审查和程序审查两种。

(1)实体审查。韩国法律规定,如果其违法性还不至于使环境影响评价制度等基本环境制度变为有名无实的制度等严重程度的情况下,法院一般不进行实体审查。

(2)程序审查。当以下情况出现时,韩国法院可以实施程序审查:①属于环境影响评价对象的项目,但未实施环境影响评价的;②不属于环境影响评价的对象,实施可能涉及环境保护的行为,未实施事前环境性检讨的;③未实施法定的征求军民意见等程序的;④许可机关不采纳协议意见而做出与其相违背的处分的;⑤其他程序出现瑕疵的情形。当出现以下情形时,法院可宣布相关行政许可撤销或无效:①属于环境影响评价对象范围的项目,未实施环境影响评价的;②未实施法定的征求居民意见等程序的情形;③许可机关不采纳协议意见,而做出撤销行政机关的许可处分的。②

(二)韩国应对气候变化法制

1. 韩国应对气候变化的法律法规及相关政策

2010 年,韩国正式公布并实施《低碳绿色增长基本法》。该法发端于韩国的《国家能源基本计划》。2008 年 8 月 15 日,韩国总统李明博在韩国光复节大会上正式提出了"低碳绿色增长"(Low Carbon,Green Growth)理念,作为国家发展的首要课题。为落实"低碳绿色增长"理念,韩国政府于 2008 年 8 月公布了《国家能源基本计划》,计划在 2030 年能源消费中化石原料的比重从 83% 降至 61%,太阳能、风能、地热能等新可再生能源的比重从 2.4% 提升至 11%;2008 年 9 月,韩国政府公布《绿色能源发展战略》,确定了优先发展的九大领域。2008 年 12 月 11 日,联合国秘书长潘基文在联合国气候

① 参见林宗浩:《环境影响评价法制研究》,中国法制出版社 2011 年版,第 159—166 页。
② 参见林宗浩:《环境影响评价法制研究》,中国法制出版社 2011 年版,第 274—278 页。

变化大会上提出了"绿色新政"①(Green New Deal)理念,立刻引起了韩国的积极响应。"绿色新政"的目标有三个:创造就业岗位、扩大未来增长动力和基本确立低碳增长战略,其主要内容为:基础设施建设、低碳技术开发和创建绿色生活工作环境。② 具体来说,"绿色新政"要开展"四大江工程"、建设绿色交通系统、普及绿色汽车和绿色能源;扩增替代水源以及建设中小规模的环保型水坝;建设低碳铁路、自行车道路和公交系统;修建中小型环保型水坝,增加河流的储水功能,并减缓洪水和其他水灾;投资3万亿韩元用于扩大森林面积,提供23万个就业岗位;在全国修建200万个绿色住宅和办公室,即建设200万户具备太阳能热水器等的绿色家庭,并将20%的公共照明设施更换为节电型灯泡。③ 2009年1月,韩国政府在李明博总统主持的国务会议上决定制定《绿色增长基本法》并成立直属总统的绿色增长委员会(the Green Growth Commission,GGC)。不久,韩国政府发布了《绿色增长基本法》立法预告,以听取社会各界的意见。2009年7月,韩国政府公布了《绿色增长国家战略及五年计划》,提出2020年跻身全球七大"绿色大国"、2050年成为全球五大"绿色强国"的战略目标。2009年初,韩国整合了《能源基本法》、《可持续发展基本法》和《气候变化对策基本法》等立法内容,向公众发布了《绿色增长基本法》预告文本。2010年1月13日,韩国总统李明博正式在《绿色增长基本法草案》上签字。

韩国颁布该法在很大程度上是为了承担全球温室气体减排的责任。该法共7章68条;第1章是总则,共9条,包括立法目的、基本理念、定义、基本原则以及国家、地方自治团体、企业和国民的职责等;第2章是绿色增长基本战略,共5条,包括绿色增长基本战略(包括政策目标、促进战略、重点促进课题、财源等内容)、中央和地方自治团体促进计划、促进事项审查和评价等;第3章是绿色增长委员会等,共6条,包括委员会的构成与运营、职能、会议、专业委员会、企划团以及公务员派遣等;第4章是绿色增长促进,共17条,包括实现绿色经济的基本原则、绿色经济发展基本计划、绿色产业转换、循环经济促进、绿色经营促进、绿色技术开发与产业化、绿色信息通讯技术普及、

---

① "绿色新政"是对环境友好型政策的统称,主要涉及环境保护、污染防治、节能减排、气候变化等与人和自然的可持续发展相关的重大问题。潘基文呼吁全球领导人在投资方面,转向能够创造更多工作机会的环境项目,在应对气候变化方面进行投资,促进绿色经济增长和就业,以修复支撑全球经济的自然生态系统。参见薛严:《从"四大江工程"看韩国"绿色新政"的实施》,载《科技视界》2011年第34期,第44—45页。

② 参见赵刚:《韩国推出"绿色新政"确立低碳增长战略》,载《科技促进发展》2010年第7期,第75页。

③ 参见鲁冬:《韩国的低碳绿色增长》,载《学习时报》2010年6月19日(第6版)。

绿色金融、亲善环境体系改变、绿色产业支持、绿色标准化与认证、大中小企业合作、中小企业支持、绿色产业集群、绿色职业、国内环境规制以及国际环境规范等；第 5 章是低碳社会的实现，共 11 条，包括应对气候变化基本原则、能源政策基本原则、应对气候变化基本计划、能源基本计划、气候变化应对和能源目标管理、温室气体排放量和能源使用量报告、温室气体信息管理体制、总量限制的排出权交易、汽车航空海运的温室气体排放、气候变化影响评价和适应对策、原子能产业等；第 6 章是绿色生活和可持续发展的实现，共 11 条，包括绿色生活和可持续发展的实现、绿色国土管理、水资源的可持续管理、绿色交通体制构造、绿色建筑物扩大、农林水产、生态旅游促进、绿色生产消费文化的拓展、绿色生活运动、绿色生活实践、可持续发展基本计划等；第 6 章还有补则，共计 8 条，包括资料提出要求、未来战略研究中心、绿色增长基金的设置运营和管理、国际合作、国会报告、国家报告书等；第 7 章是罚则，共 1 条，针对减排企业不如实制作提供减排量明细表而设立的罚款规定。[①] 该法的目标是在 2020 年以前，把温室气体排放量减少到温室气体排放预计量（BAU）的 30%。[②]

该法对绿色增长做出结构性、框架性安排，具体细则需要经总统令、地方立法乃至行政规划等进一步落实。但在法律效力上，该法第 9 条规定本法优先于其他有关绿色增长法律的适用。国家和地方自治团体依照其他法律确立的行政计划和政策，应当与本法以及国家绿色增长基本战略相协调。基本法专门提出了"绿色生活"、"绿色文化"概念，要求国民珍惜每一滴水、每一张纸、每一度电，终生节能减排，积极开展绿色生活运动（第 57 条），实现生态民主主义（第 4 条）。为向国民普及绿色增长知识，韩国于 2009 年 8 月在首尔开设绿色增长体验馆（Experience Green Growth，EGG），分为绿色之家、绿色办公室、绿色交通等 6 个展区，向国民生动展示太阳能、风力、环保车、原子能等低碳绿色技术和产品。[③]

该法主要规定了以下制度：(1)绿色经济制度。基本法第 4 章提出"绿色经济"概念，旨在摆脱以化石燃料为中心的经济增长方式，统筹考虑经济与产业、科技、环境、国土、文化、雇用、福祉等部门的协调发展（第 21 条），提倡创办绿色产业，构建绿色技术和产业集群（第 34 条）。"绿色经济"不单是传

---

① 参见宋彪：《〈韩国绿色增长基本法〉述评》，http://www.chinareform.net/2010/0225/12839.html，2012-08-03。

② 参见《韩国〈低碳绿色增长基本法〉正式生效》，载《日用电器》2010 年第 4 期，第 6 页。

③ 参见宋彪：《〈韩国绿色增长基本法〉述评》，http://www.chinareform.net/2010/0225/12839.html，2012-08-03。

统产业的绿色化转换,还包括绿色技术、绿色职业、绿色金融等新经济要素的创造。

(2)能耗量化管理制度。基本法第42条确立了能耗目标管理制度,对排放温室气体、能耗量高的企业实行量化管理,政府基于企业人力、技术、竞争力以及国家目标等因素设定企业减排目标,要求企业制作3年期能耗量和减排量明细表并依法公示(第43条);基于此,基本法确立了总量限制的排出权交易制度(第45条),同时对汽车、航空、海运设置温室气体排放进行限制(第46条)。该制度目前受到一些高耗能、高排放企业的反对。

(3)绿色交通制度。基本法第52条确立了亲善环境的绿色交通体制,要求划时代减少交通拥堵造成的社会费用。该法规定扩充干线车道和高速车道,将低碳交通车道作为国家基干交通网的根基,普及氢燃料汽车、混合动力电动汽车等高效汽车。

(4)绿色文化和教育制度。基本法要求产品生产消费全过程节能减排,要求产品生产经营者向消费者公示能耗量(第56条),强化绿色增长的学校教育、职业教育和终身教育(第58条),要求媒体制作放映与低碳绿色增长相关的节目等,促进全民性的绿色生活运动(第57条)。

(5)绿色增长基金制度。基本法在第6章补则中确立了绿色增长基金,吸收一般会计、特别会计、各方面捐赠、公共资金等款项,用于绿色增长的产业、技术、人才培养、宣传教育、国际合作等事宜;基金由国务总理负责运营管理,并在国务总理室设立基金运营审议会。①

韩国还有许多与气候变化相关的行政法令。韩国制定过《清洁空气保护法案》及其实施细则。2011年5月3日,韩国环境部公布了《〈清洁空气保护法案〉实施细则修正案》(G/TBT/N/KOR/310)。该修正案涉及以下方面:加强了柴油车辆的排放标准(欧6标准);加强了建筑机械的排放标准(等级4);加强了重型汽油和燃气车辆的排放标准(欧6标准);采用了新的轻型柴油车辆颗粒物数量(PN)标准;采用了新的汽油直喷(GDI)车辆定期维修(PM)标准;加强了轻型汽油车辆蒸发排放标准;扩展了重型柴油车辆和建筑机械的使用期限。2010年10月18日,韩国环境部公布了《汽车的平均能耗效率标准、汽车温室气体排放允许标准及其实施和管理公告》(G/TBT/N/KOR/296)。该公告宣布,韩国将实施汽车平均能耗效率标准和温室气体排放标准,这些标准已经从2012年起开始生效。这些标准适用于客车和

---

① 参见宋彪:《〈韩国绿色增长基本法〉述评》,http://www.chinareform.net/2010/0225/12839.html,2012-08-03。

10座以下的客货两用汽车。汽车制造商应当选择该标准中的任何一种,并且遵守该标准。这些标准将根据汽车制造商的平均整备质量,2012—2015年逐步采用,并且以灵活的方式实施。2011年8月31日,韩国环境部正式公布了《汽车平均能耗效率标准、温室气体排放允许标准及其实施和管理法规》。该法规在2011年6月9日经过批准,并于2012年1月1日开始生效。①

在政策层面,韩国于2008年做出了"低碳绿色发展"的愿景,并于次年确定了未来中长期国家温室气体排放目标:到2020年排放量比正常排放量低30%。2010年4月,韩国政府制定了《低碳绿色发展行动纲要》。根据该纲要,政府将为超出排放标准的企业和工厂制定减排目标并实施行动计划,以确保这些企业能够达标。韩国政府认为,尽管这些应对气候变化所采取的措施会给企业带来一些负担,但企业可以以此提高自身竞争力,而且通过主动承担社会责任,还能提高企业知名度。② 2008年10月,韩国政府公布了《为绿色成长及应对气候变化的废弃物资源、生物质能源对策方案》,包括构建600个低碳绿色乡村等七大重点推进课题,以应对气候变化和能源危机,为经济增长提供新动力。③ 2009年1月2日,韩国发布了"3G战略"。所谓"3G战略"指的是绿色创新、绿色结构调整以及绿色价值链,该战略的三个方面彼此相互联系和影响。绿色创新能够研发出一些新的技术,进一步应对全球的气候变化,同时创造出更多的环保型能源及材料。绿色结构调整,是将那些低端产业向低碳绿色的行业转型,创造出一个新的环境友好型的市场结构,通过绿色信息技术、生物科技、纳米科技等新技术的创新和利用把现有的一些产业转换成为绿色产业。绿色价值链,就是在低端产业中应用绿色价值链,建立起高效益、低耗能、低排放的标准,并且把信息技术充分合理地应用于绿色链中。④ 2009年7月,韩国开始在全国家庭和店铺等非生产性单位全面开展二氧化碳储值卡计划,参与者可以通过使用水、电、煤气等节约量折算成二氧化碳排放量,进而换取相应的点数奖励,每个点数最多可以获得相当于3韩元的储值量。⑤

① 参见路欣:《2011年颁布的技术性贸易措施》,http://www.tbtmap.cn/portal/Contents/Channel_2125/2012/0620/147535/content_147535.jsf?ztid=2155,2012-07-09。
② 参见郭春花、岳宝彩:《韩国:积极应对气候变化》,载《纺织服装周刊》2010年第35期,第35页。
③ 参见李梅、苗润莲:《韩国低碳绿色乡村建设现状及对我国的启示》,载《环境保护与循环经济》2011年第11期,第24页。
④ 参见薛明:《韩国低碳绿色增长战略研究》,吉林大学2011年硕士学位论文,第20—21页。
⑤ 参见祁国平:《韩国的低碳行动计划》,载《资源与人居环境》2010年第4期,第54页。

2. 韩国应对气候变化的机构

2005 年,韩国环境部和气象厅牵头成立了韩国气候变化专门委员会(Korean Panel on Climate Change,KPCC)。该委员会是国家级开展气候变化研究、影响评估及制定对策的常设专门委员会,在韩国的气候变化研究领域内起核心作用。韩国环境部大气保护局局长和气象厅气候局局长共同担任该委员会的委员长,委员会由韩国环境部和气象厅的局课级人员以及气候、大气、水力、林业及社会、经济等各部门的专家以及韩国中央行政机关的政策制定人员组成。韩国气候变化专门委员会的主要职能是:制定有关气候变化的短、长期研究计划;为气候变化的研究以及举办或参加气候变化领域的国际活动提供经费支持和帮助。韩国气候变化专门委员会设有事务委员会、事务局、气候变化研究会等子机构。气候变化研究会主要由政策制定机关和大学等民间研究所的专家组成,主要职责是促进韩国气候变化专门委员会与韩国民间有关机构的交流与合作,促使韩国国内研究气候变化的工作井然有序。[1]

根据《低碳绿色增长基本法》成立的绿色增长委员会,主要职责是制定国家低碳绿色增长战略、应对气候变化基本规划、能源基本规划、可持续发展基本规划,并负责审议与绿色增长有关的重要政策、计划及其落实情况等。该委员会隶属总统,由当然委员(官方委员)和委任委员(民间委员)组成,实行国务总理和民间人士组成的共同委员长制(第 15 条)。委员会下设气候变化对策委员会、能源委员会和可持续委员会。当然,绿色增长委员会应当做好与其他已设的相关委员会之间的职能协调。[2] 该修正案的拟生效日期为:2013 年 1 月 1 日(重型车辆);2014 年 1 月 1 日(轻型汽油和燃气车辆的蒸发排放);2014 年 1 月 1 日(汽油直喷车辆的定期维修);2012 年 1 月 1 日(轻型柴油车辆的颗粒物数量);2014 年 9 月 1 日(轻型柴油车辆)。[3] 2009 年 5 月,该委员会发布了《绿色信息技术国家战略》,设定了"信息技术产业部门的绿化"(Green of IT)和"用信息技术实现绿色化"(Green by IT)两大领域九大核心课题,包括利用信息技术实现的低碳工业环境、制造业绿化、智能(smart)绿色交通体系和智能型实时环境检测体系等。2009—2103

① 参见江澄、罗勇:《韩国气候变化专门委员会成立》,载《气候变化研究进展》2005 年第 3 期,第 141 页。

② 参见宋彪:《〈韩国绿色增长基本法〉述评》,http://www.chinareform.net/2010/0225/12839.html,2012-08-03。

③ 参见《韩国出台〈清洁空气保护法案〉实施细则修正案》,http://www.bzjsw.com/xin-wenzhongxin/2011-05-26/12187.html,2012-08-20。

年,韩国政府将为此投入 42 000 亿韩元,以便减少 1 800 万吨二氧化碳排放量。[①] 韩国环境部还设立了温室气体综合信息中心,负责执行将能源消耗量平均每年减少 1%—6% 的计划。[②]

此外,该法还规定了各级政府的相关职能。例如,中央政府必须协助地方政府采取相关措施实现绿色增长;地方政府应当考虑本地特色等相关状况规划或执行低碳计划或绿色增长计划。[③]

---

① 参见祁国平:《韩国的低碳行动计划》,载《资源与人居环境》2010 年第 4 期,第 54—55 页。

② 参见鲁冬:《韩国的低碳绿色增长》,载《学习时报》2010 年 6 月 19 日(第 6 版)。

③ 参见高铭志:《论日韩气候变迁与能源相关基本法之立法框架》,载《中国法学会能源法研究会 2011 年年会会议论文资料集》,第 320—329 页。

第四章　印度能源法

印度共和国(Republic of India),位于亚洲南部,国土面积 328.7 万平方千米,约为中国的 1/3;2008 年的人口为 113 996 万人,是仅次于中国的世界第二人口大国;人口增长率为 1.34%,约为中国的 2.6 倍,世界平均水平的 1.15 倍;人口密度为 383 人/平方千米,约为中国的 2.7 倍,世界的 7.4 倍;2009 年国内生产总值为 12 360 亿美元,约为中国的 1/4,占世界的 2%。

印度历史悠久,是世界四大文明古国之一,拥有悠久灿烂的法制历史和法律文化。印度法系与大陆法系、普通法系、中华法系、伊斯兰法系一起并称为"世界五大法系"。时至近代,印度沦为英国殖民地,被迫逐渐接受了西方法制文明,"形成了现代印度法律体系,即不同于英国普通法的印度判例法。1947 年印度独立,但并未割断与英国的联系,仍是实行普通法系的国家"[①]。独立以后,印度自称是主权的社会主义的非宗教的民主国家,实行联邦制。为集中力量迅速改变经济社会长期落后的现实局面,印度长期实行计划经济体制,行政立法、行政命令在法律实践中占有重要地位。20 世纪后期以来,印度逐步进行市场经济改革,经济政策有所放松,同时还进行一系列法典化和法律清理、法律编纂等活动,成文法有所发展,一个具有本国特色的法律体系基本形成。

印度宪法规定,联邦议会由联邦院和人民院组成。联邦院共 245 席,其中 12 位由总统任命,其他议员由各邦及中央直辖区立法院议员选举产生,任期 6 年,每 2 年改选 1/3。联邦院每年召开四次会议。宪法规定由副总统担任联邦院议长。副总统由中央议会两院联席会议秘密投票选举产生,任期 5 年。如联邦院出席议员半数以上通过决议,并经人民院同意,可罢免副总统。人民院共 545 席,由选民直接选举产生,每 5 年举行一次大选。联邦议会作为中央立法组织,有权制定效力涉及全部或部分领土的法律。国防、外

---

① 参见夏怡:《印度的法律概况》,http://www.tbtmap.cn/portal/Contents/Channel_2125/2009/1029/87993/content_87993.jsf,2011-07-16。

交、货币、所得税、消费税、铁路、船运、邮电等联邦清单事项,只有联邦议会才具有立法权。邦议会作为地方立法机关,仅对公共秩序、公共卫生保健、治安、娱乐、博彩、财产税、销售税、货物入市税等"邦清单"的事项具有立法权。而刑事法律制度、工会制度、物价制度、婚姻制度、电力、媒体和印花税等"共同清单"的事项,联邦议会和邦议会都具有立法权。印度议会两院下设多个委员会,为议员、政府部长及高级官员非正式讨论政府政策、原则、计划及执行方式提供讲坛。每个委员会成员一般不超过 40 人。议会两院下设的委员会大体相同。委员会成员的任命、任期及议事程序也基本相似。议会委员会分为两种:①临时委员会,在必要情况下设立,完成使命后即不再存在;②常设委员会,委员每年或定期选举或任命产生,工作基本是持续进行。常设委员会下与能源相关的有能源委员会、石油及化工委员会和科技、环境与林业委员会等。①

总的来看,印度与中国相似,都是国土面积较大,人口负担较重,人均能源占有量较少的发展中国家;历史上都是经济社会极为落后的殖民地或半殖民地国家;都是法制历史悠久的文明古国;两国都是由计划经济体制向市场经济体制转轨的新兴市场国家。因此,研究印度能源法律制度对我国能源法制的构建很具有借鉴意义。

第一节　印度能源状况与能源法体系

一、印度的能源状况

印度能源结构与中国相似。根据英国石油公司 2009 年公布的数据,印度煤炭消费所占的比重为 52.4%,石油为 31.7%,天然气为 10.0%,水能为 5.1%,核能为 0.8%。② 面对沉重的人口压力和经济社会飞速发展的客观要求,印度的能源消费长期以来迅速飙升。2009 年,印度的一次能源消费量达到了 4.69 亿吨油当量,比 2008 年增长了 7.7%,占世界一次能源消费量的 4.2%。③ 伴随着印度工业化进程的加快和经济的迅速崛起,在过去的 30 年

---

① 参见夏怡:《印度的立法体系》,http://www.tbtmap.cn/portal/Contents/Channel_2125/
2009/1029/87995/content_87995.jsf? ztid=2172,2011-07-16。
② See British Petroleum,Statistical Review of World Energy,June 2010,p. 41.
③ See British Petroleum,Statistical Review of World Energy,June 2010,p. 40.

里,能源需求增长率为年均 3.6％。① 根据印度政府的一项统计数据显示,到 2015 年,印度的能源消费将增长 50％。② 能源的高消费导致印度能源过度依赖进口。2008 年,印度全国能源总产量为 468.31 标准煤,净进口量为 157.89 标准煤,占能源总产量的 33.7％。③

印度政府十分重视本国的能源问题,目前设立了电力部、煤炭部、石油和天然气部、新能源和可再生能源部、原子能部等多个涉能中央政府部门,并于 2005 年成立了一个由涉能中央政府部门和印度计划委员会组成的最高能源委员会,协调国家能源的总体供需。由此可见,印度开始重视并加强政府对能源部门的统一领导和管理。④

二、印度的能源政策

(一)积极维护常规能源安全

在印度看来,常规能源为主导的能源格局短期内不会改变,常规能源安全构成了能源安全的基础。因此,印度政府通过下列三大政策来维护本国的能源安全与稳定。

1. 石油战略储备计划

早在 1995 年,印度政府为应对战争或类似事件可能引发的油价暴涨情况,开始讨论制定石油战略储备计划,计划建设可存储 1 255 万吨原油的设施以保证炼油厂 45 天的生产量,其中初期工程是建设可存储 425 万吨原油的设施以保证 15 天的生产用量。1998 年,印度政府命令石油部着手准备该计划的落实工作,但由于资金和技术等问题致使该计划短暂搁置。⑤ "9·11"事件后,印度政府出于对印巴局势、国内种族冲突和国际恐怖主义的担忧,开始恢复石油战略储备计划,将印度石油公司、巴拉特石油公司和印度斯坦石油公司等国有石油公司的存储能力由 4.3 亿升提高到 8.7 亿升,并开始制定实施细则。2006 年 1 月 6 日,印度政府正式宣布建立国家石油战略储备,力争在 2010 年能够达到 500 万吨石油战略储备,2045 年达到

① 参见付学谦:《印度的能效与节能状况》,载《电力需求侧管理》2010 年第 5 期,第 79 页。

② See Sascha Mufiller Kraenner,China's and India's Emerging Energy Foreign Policy,Report of the German Development Institute,July 2008,p. 5。

③ See IEA:Key World Energy Statistic 2010, http://www. iea. org/textbase/nppdf/free/ 2010/key_stats_2010. pdf,2011-07-14.

④ 顾海兵、李彬:《印度国家经济安全法律体系及其借鉴》,载《国家行政学院学报》2009 年第 4 期,第 88 页。

⑤ 参见《印度恢复建立战略石油储备计划》,http://www. chinaccm. com/15/1505/150502/ news/20010918/161939. asp,2011-07-16。

1 500 万吨石油战略储备，以维护本国的常规能源安全。2007 年 1 月，印度第一座石油战略储备基地在维维沙卡帕特南破土动工，其他几所基地也陆续开工。[①] 2009 年 12 月 15 日，为实现国际能源署规定的一国战略石油储备应当达到 90 天的要求，印度石油部长普拉萨达宣布成立印度战略石油储备有限公司(India Strategic Petroleum Reserve Limited)作为油储的特殊目标机构(Special Purpose Vehicle)，再次斥资 5 亿美元准备在 2012 年之前增建 500 万吨战略石油储备。[②]

2. 石油恢复计划

该计划是印度政府在其"十一五"计划中提出的，目的是通过经济、技术的管理手段的革新来提高现存油田的产量。该计划主要由印度石油天然气总公司(ONGC)承担，计划投入 1 165 亿卢比[③]，着重提高印度 5 个海上油田和 13 个陆地油田的产量，计划到 2030 年增产石油 1.2 亿吨。[④]

3. 油气资源的新勘探许可证政策

1991 年，印度政府为应对海湾战争所引发的石油危机，提高本国油气资源的勘探开发能力，开始计划实施勘探许可证政策(Exploration Licensing Policy)，在油气能源勘探开采领域引入市场机制。1993 年，印度正式推行该制度，由印度油气能源管理总局(DGH)向符合竞标条件的私有企业颁发勘探许可证，允许私营经济投资油气资源勘探开采领域。1997 年，印度政府颁布新勘探许可证政策(New Exploration Licensing Policy)，将竞标主体扩大到外国企业。之后，印度先后成功进行了八轮招标。2010 年 10 月 15 日，印度又提供了 34 块总面积约 88 807 平方千米的油气产区进行第九轮招标。截止到 2011 年 3 月底，印度共收到关于其中 33 块油气产区的 74 个投标申请，其中包括 8 家外国公司。[⑤]

此外，印度"十一五"计划(2007—2012)也提到了维护常规能源安全要求与措施。印度希望在"十一五"计划期间把国内原油产量提高到 2.07 亿吨，比"十五"计划提升 23％，把国内天然气产量提高到 2 246 亿立方米，比

---

① 参见时宏远：《试析印度的能源政策》，载《国际论坛》2011 年第 1 期，第 69 页。

② 参见《印度拟 2012 年增建 500 万吨战备储油基地》，http://www. chinanews. com/cj/cj-gjcj/news/2009/12-16/2019934. shtml，2011-07-16。

③ 卢比为印度货币。根据 2011 年 7 月 30 日印度卢比对美元的汇价，1 卢比约等于 0. 022 7 美元。

④ See Indian Ministry of Petroleum and Natural Gas, Report of the Working Group on Petroleum and Natural Gas Sector for the XI Plan (2007—2012), November 2006, p. 26.

⑤ See Commodity Online, India receives 74 bids for 33 oil blocks under NELP-IX, http://news. chemnet. com/item/2011-03-29/1518591. html，2011-07-16。

"十五"计划提升 41%;[①]"十一五"末期,印度应该能够维持相当于 90 天的进口石油量的石油储备量;印度政府可以在紧急时购买邻国的石油储备,比如新加坡,以缓减短期内能源价格的上涨;积极与其他国家进行能源储备的合作。[②]

(二)确立战略性的新能源和可再生能源政策

新能源,主要是指随着新科技革命发展起来的正处于研究实证当中的开发利用较少的能源,例如太阳能、风能、潮汐能、地热能和海洋能等。可再生能源就是可供循环或持续性使用,不因其自身变化或人类利用而有所减损的能源,如水能、风能、生物能、海洋能、太阳能等。印度能源安全角势长期以来一直不容乐观,因此,制定明确的新能源和可再生能源发展战略性政策是其摆脱能源束缚的重要途径。印度在第 11 届新能源和可再生能源五年计划会议上,明确提出了 2008—2012 年新能源与可再生能源发展的战略目标:到 2012 年新能源与可再生能源如太阳能光伏电池发电将占印度电力需求的 10%,在电力构成中将占 4%—5%。新能源与可再生能源的增速将快于常规发电,新能源与可再生能源将占 2008—2012 年总增加能源 70 000 兆瓦的 20%。[③]

发展前沿的新能源与可再生能源,离不开科学技术的创新与革命。印度计划委员会早在 2006 年就在其"十一五"计划中制定了《能源综合政策报告(IEPR)》,作为印度未来 5 年的基本能源政策路线。该报告要求,印度要在合理的期间内,实现新能源和可再生能源商业化运作的技术革新,包括太阳能技术(太阳热能技术和光伏太阳能技术)、生物燃料技术(生物柴油、生物乙醇、生物质材种植技术、木炭气化技术和社区沼气池建设等)、核能综合利用技术、混合燃料汽车技术、高能电池技术、天然气水合物(可燃冰)开发技术等。报告还明确了印度的基本技术路线,即由国家投资建立国家能源基金,为新能源和可再生能源的开发利用提供强有力的物质保障,以切实提高能源生产和利用效率,最终实现能源自给、能源安全和能源独立。[④] 该报告还提出可再生能源的发展目标:2031—2032 年,可再生能源在印度能源构成中所占份额为 5%—6%。该报告同时指出,可再生能源具有分布式特性,

---

① See Indian Ministry of Petroleum and Natural Gas, Report of the Working Group on Petroleum and Natural Gas Sector for the XI Plan (2007—2012), November 2006, pp. 82-84.

② 吴峰:《印度"第十一个五年(2007—2012 年)计划"能源政策评析》,载《全球科技经济瞭望》2008 年第 7 期,第 14 页。

③ 参见裴永刚:《印度新能源政策及其评析》,载《国土资源情报》2009 年第 9 期,第 44 页。

④ 参见裴永刚:《印度新能源政策及其评析》,载《国土资源情报》2009 年第 9 期,第 45 页。

能够为农村和少数民族地区以及偏远地区创造很大的社会效益和经济效益。[①]

为使新能源与可再生能源进一步发展,进一步提高其产业化水平,印度政府制定了强有力的激励政策。例如:印度政府已经计划在资金方面为发展新能源与可再生能源支持补贴约 10 亿美元,潜在的补贴支持为 0.07 美元/瓦。同时,印度政府为鼓励多用新能源与可再生能源进行发电,规定把新能源与可再生能源的发电量代替装机容量作为衡量指标,根据实际发电量通过贸易税收折扣政策(TTRc)给予一定优惠;规定不同能源种类的不同价格,鼓励企业用风能和小水电发电。[②]

印度的中央国家行政机关中,有专门负责新能源与可再生能源的行政机关。该机关的前身是成立于 1981 年的其他形式能源委员会。不久,该委员会改名为非常规能源部。2006 年,非常规能源部更名为新能源和可再生能源部(MNRE),全面负责印度新能源和可再生能源领域的相关政策的制定和执行、研发项目的组织和协调以及国际交流与合作等。在印度政府制定国家太阳能计划中,又要求该部设立太阳能管理局,负责指导和监管太阳能的技术开发与利用。[③]

(三)提倡节能,提高能效

印度是发展中国家,经济科技基础薄弱,能源利用尚属粗放型,2006 年的单位 GDP 能耗为 639 千克标准油当量,约是世界平均水平的 2.2 倍。[④]印度辛格政府曾推出一系列举措以提倡节能,提高能效,主要有提高能源生产企业能效、改造落后电网、提高能源运输能力、大力倡导节能工具和产品的推广、大力发展公共交通等。印度还于 2001 年通过了《能源节约法》并于 2005 年加以修正,力图通过法律手段倡导节能,提高能源利用效率。一位德国专家曾说,印度《能源节约法》是世界上最严厉的能源法律。2006 年 8 月,印度的《能源综合政策报告》要求合并现有的印度石油储备研究协会和能源效率局,根据《印度能源储备法案》组建一个独立的机构——印度能效局(BEE),由联邦政府直接给予资金支持。该局的主要任务有:推行有利于提高能源效率的能源器械、设备和运输工具,提出鼓励企业节能设备商业化的"金萝卜"激励措施;对使用高能耗的设备给予罚款,必要时可以向用户公开

---

① 参见[印]C·V·J·瓦尔马:《印度非常规能源发展概况》,赵宁琼译,载《水利水电快报》2009 年第 3 期,第 27 页。

② 参见裴永刚:《印度新能源政策及其评析》,载《国土资源情报》2009 年第 9 期,第 44 页。

③ 参见裴永刚:《印度新能源政策及其评析》,载《国土资源情报》2009 年第 9 期,第 44 页。

④ See S. N. Malakar, India's Energy Security and the Gulf, Academic Excellence, 2006, p. 6.

信息,可以列入政府采购的黑名单;对重点的能源消费行业建立能源标准;进行相关的培训和奖励。[1] 2008 年,印度宣布实施提高能效计划,力图通过建立市场机制、制定优惠政策等措施,引导产业部门和消费者积极进行节能与调高能效,争取到 2012 年,印度全行业实现节省电力 1 000 万千瓦。[2] 此外,节约能源、提高能效还是印度履行国际承诺的重要举措。2009 年印度在哥本哈根气候峰会前宣布,印度的减排目标暂定为,到 2020 年单位国内生产总值二氧化碳排放比 2005 年下降 24%。[3]

(四)实行一体化能源政策

2006 年 8 月,印度政府计划委员会正式将其组织 20 位来自各部委、行业协会以及能源研究领域的专家组成的专家委员会历时两年制定的《一体化能源政策》建议报告提交给政府。印度于 2008 年底正式通过该报告,将能源的一体化作为一项长期坚持的能源政策。该报告指出,印度在提供充分的价格适中和质量满意的能源供应方面面临十分艰巨的挑战。没有准入壁垒的竞争性市场是实现能源品种及其利用技术最优化选择的最有效方法,而不同能源品种之间的相对价格是促进能源结构最优化的核心,即应该让所有能源品种在同一个可比价格体系下充分竞争,包括将不同能源涉及的环境和安全成本内化,让市场自主决定能源结构及其利用技术的选择,而不是政府主观确定扶持某一种能源而排斥另外一种。该报告还预测了印度未来能源结构的可能走向,但是并没有规定详细的能源结构发展目标。[4]

(五)大力推行能源行业激励政策和措施

印度对本国能源行业的政策支持力度很大。在常规能源方面,印度规定进口勘探设备免税,勘探费用可在其他经营中摊提,勘探损失可在其他业务费用中扣除,允许亏损期 8 年,且通过实行股份化吸收国内私营企业资本,力图为本国能源安全奠定一个坚实的基础。[5] 在新能源与可再生能源方面,印度政府通过财政补贴、税收优惠、政策扶持和加大投入等途径,促进太阳能、风能、水能、生物质能的技术研发、利用和产业优化升级。

此外,印度"十一五"计划要求建立国家能源基金(NEF),为能源的科技资金投入提供物质支持。国家能源基金应当由政府投入为主体,积极吸引

---

① 参见吴峰:《印度"第十一个五年(2007—2012 年)计划"能源政策评析》,载《全球科技经济瞭望》2008 年第 7 期,第 17 页。

② See Government of India, National Action Plan on Climate Change, June 2008, p. 3.

③ 参见陈利君:《中印能源战略与合作问题探讨》,载《东南亚南亚研究》2010 年增刊,第 45 页。

④ 参见叶玉、刘宗义:《中印能源政策比较研究》,载《南亚研究》2010 年第 3 期,第 66—68 页。

⑤ 参见方雯、曾琰:《印度的能源对策分析》,载《南亚研究季刊》2009 年第 1 期,第 60 页。

个人、企业、科研机构、行业协会等社会力量参与到投资与研发当中去,实现投资、研究与生产的高度衔接,最终形成对能源行业强大的物质支持与智力支持。

（六）实施《气候变化国家行动计划》,促进能源与环境可持续发展

针对印度存在的能源供求危机、能源安全角势严峻、能源结构不合理、能源利用对环境的污染和破坏等影响能源与环境可持续发展的问题,印度政府于 2008 年颁布了《气候变化国家行动计划》(National Action Plan on Climate change,NAPCC)。该计划主要包括八大全国性计划:太阳能计划、提高能效计划、可持续生活环境计划、水资源保持计划、喜马拉雅生态保护计划、绿色印度计划、农业可持续发展计划和建立气候变化战略知识平台计划。印度政府还为此专门设立了跨部门协调领导小组,详细制定了该计划的实施目标、战略、行动计划、时间、监督和评价措施等内容,以实现能源与环境的可持续发展。[1]

（七）努力开展能源外交

印度能源对外依存度高。根据印度计划委员会的预计,2031—2032 年,印度的石油对外依存度可能高达 93％。[2] 但是,印度地缘政治环境并不理想,靠近西亚、中亚和缅甸等政治敏感区域,又与中国、巴基斯坦等国具有领土纠纷,能源安全战略环境非常脆弱。因此,印度近年来大力拓展能源外交,力图实现能源国际供给的多元化。

印度积极开展同非洲和拉美等能源新贵国家的能源合作。2005 年,印度在尼日利亚获得了两个深水油区 25 年的开发权。2005 年 10 月,印度公司出资 300 万美元购买了利比亚一盆地油区的开采权,作为交换条件,该公司将产油量的 1.5％分配给利比亚国家石油公司。2007 年 11 月,印度石油和天然气部部长斯里尼瓦森(Srinivasan)曾指出:"在未来两三年内,印度从非洲国家进口的石油将达到 2 400 万—2 500 万吨,约占国内需求总量的20％—24％。"2008 年 4 月 8—9 日,印度在新德里召开了第一届印非峰会,邀请非洲主要国家参加,商讨关于能源合作问题,以促进印度在非洲能源战略的实现。[3] 同时,印度继续发展同海湾国家的传统能源合作关系。例如,2005 年 1 月 7 日,印度与伊朗国家石油公司在新德里签署了价值达 400 亿

① 《印度发布〈气候变化国家行动方案〉》,http://news. 163. com/09/0923/09/5JST2L7U00013OMP. html,2011-07-18。

② See Planning Commission of India,Integrated Energy Policy:Report of the Expert Committee,August 2006,p.45.

③ 参见时宏远:《试论印度与非洲的能源合作》,载《西亚非洲》2008 年第 11 期,第 36—37 页。

美元的初步协议。协议规定,印度将从伊朗进口液化天然气并开发伊朗油气田。2006 年 4 月,印度石油和天然气部长访问卡塔尔,与卡塔尔能源工业部长商讨了双边能源合作问题。2006 年 6 月,科威特与印度发表了联合声明,表示要加强能源合作。2006 年 1 月,沙特阿拉伯国王阿卜杜拉访问印度,双方发表了《德里宣言》,表示建立战略性能源伙伴关系。[①] 2009 年,印度与沙特阿拉伯签订以劳动力换资源的协定,沙特阿拉伯向印度供应 50 万桶/日的原油,印度向沙特阿拉伯提供大量劳动力。[②] 此外,印度积极加强同周边国家之间的能源交流与合作。例如,2010 年 3 月 5 日,在印度的大力倡导下,孟加拉国湾多层次经济技术合作联盟(BIMSTEC)成员国能源部长会议决定在印度成立一个区域性能源中心,以加强南亚与东南亚国家之间的能源合作。[③]

为便于开展能源外交,印度在石油部内专门设置了外交部的分支机构,为印度所属各大石油和天然气公司在海外开展活动提供便利和进行政策性指导。[④] 2011 年 7 月,印度计划委员会副主席阿鲁瓦理亚表示,印度准备从外汇存底中拨出 100 亿美元成立主权财富基金,以协助国营企业竞购海外能源资产。印度大型国有石油和天然气公司可以利用来自外汇储备的 100 亿美元的主权基金在海外竞购能源资产,以实现印度能源供给多元化,维护印度能源安全。

但是,根据世界银行(The World Bank)标准,印度对外开放程度较低,只有 28％;[⑤]作为 WTO 成员国,其投资壁垒和贸易壁垒却有很多,因此多次受到 WTO 批评。总的来看,印度改革能源外交与对外贸易政策任重道远。

三、印度能源法体系与特点

(一)印度的能源法体系

1. 印度宪法的相关规定

印度宪法是印度的国家根本大法,是印度能源法制定和施行的基础。印度宪法在其"基本权利和国家政策的指导原则"中,责成国家"保证对社会物资的平均分配,防止财富或资源的过分集中"。[⑥] 而其中的"资源"就包括

---

① 参见杨思灵、高会平:《印度能源形势与发展趋势分析》,载《南亚研究》2009 年第 3 期,第 113 页。
② 参见卢向前:《〈2009 年国内外油气行业发展报告〉综述》,载《国际石油经济》2010 年第 2 期,第 35 页。
③ 参见刘洋:《南亚、东南亚 7 国成立能源中心》,载《中国能源报》2010 年 3 月 15 日。
④ 参见张起花:《主权基金:印度能源攻略》,载《中国石油石化》2010 年第 8 期,第 57 页。
⑤ 参见刘卿:《对美国与印度能源合作的分析与思考》,载《国际石油经济》2007 年第 4 期,第 21 页。
⑥ 陈劲:《从法律体系看印度市场经济》,载《南亚研究季刊》2000 年第 2 期,第 15 页。

能源资源。

2. 相关联邦立法

印度宪法规定:除财政法案与其他有关财政的法案外,其他法律议案在议会两院(联邦院和人民院)的任何一院中首次提出均可。[①] 议会通过的与能源相关的法律(例如印度《电力法》、《原子能法》、《能源节约法》等)也就成为了印度能源法的主体部分。

3. 相关的邦立法

印度各邦享有"邦清单"和"共同清单"所列事项的立法权。各邦立法机关通过的与能源相关的邦立法作为印度的地方能源立法,与印度联邦立法一道共同构成了印度能源法的重要组成部分。

4. 相关的行政法规与规章

主要是指印度行政机关制定的与能源相关的法规与规章,例如印度《石油工业(发展)条例》、《能源借阅规则》、《能源管理人员认证法规》等。

5. 相关的法院判例

印度是普通法系国家,崇尚遵循先例原则,法院判例在该国法律体系中起到了十分重要的作用。印度法院做出的具有普遍约束力的判例(包括印度所承认的在其独立前英联邦所做的判例)如果涉及能源,也属于印度能源法体系的一个渊源。

6. 相关的国际条约或国际公约

印度参加的与能源相关的国际条约(例如《印美民用核能合作协议》等)或国际公约(例如《联合国气候变化框架公约》、《京都议定书》等),规范了印度在国际能源合作中的权利与义务以及印度进行能源开发与利用活动须承担的国际责任。因此,相关国际条约也就构成了印度能源法体系中的一部分。

(二)印度能源法的特点

1. 能源立法数量繁多

由于历史、国情等原因,印度立法不仅包括中央和地方立法,而且还包括经国家认可的判例法,甚至还包括由国家认可的传统印度教法,印度行政机关的立法权也很强大。印度作为能源消费大国,十分重视能源立法工作。印度颁布的能源单行法很多,也较为全面,主要包括《石油法》、《电力法》、《原子能法》、《太阳能(建筑物)强制使用法》、《能源节约法》等,其范围不仅

---

① 参见夏怡:《印度的立法体系》,http://www.tbtmap.cn/portal/Contents/Channel_2125/2009/1029/87995/content_87995.jsf? ztid=2172,2011-07-16.

涉及传统的常规能源以及节能领域,还涉及新能源与可再生能源领域。而其他领域的立法(民商事立法、刑事立法、诉讼程序立法等)中,也有许多与能源相关的法律规范。由此可见,能源立法数量繁多是印度能源法的特点之一。

2. 能源法律体系庞杂

印度作为联邦制国家,中央和地方各成相应的能源法律体系;作为计划经济向市场经济转轨的国家,印度行政权力较大,能源行政法规和规章也较为完备;作为普通法国家,印度能源判例法也自成体系。由此,印度就形成了从中央到地方、立法行政司法层面的法律制度相互交融的状态,共同构成了一个庞杂的能源法律体系。

3. 能源制度健全

数量繁多的立法和庞杂的能源法律体系造就了印度健全的能源制度。印度的能源制度主要包括:石油战略储备制度、油气资源勘探许可证制度、节能制度、提高能效制度、能源行业激励制度、能源市场化制度等。在能源危机和气候变化的大背景下,健全的能源制度为印度能源的开发和合理利用提供了强有力的智力支撑与制度保障。

4. 能源法制的建立与能源体制改革相结合

作为经济转型国家,印度能源法制建设是伴随着能源体制(只要是指市场化体制)改革进行的。印度通过能源立法活动拉开了能源体制改革的序幕,健全的能源法制为能源体制改革提供了依据。而能源体制改革也迫切要求健全的能源法制来保障,改革的顺利进行则又为能源法制建设提供了良好的政策背景,更有利于能源法的实施,二者相互结合,共同促进。

5. 能源法制实施效果尚待拓展

和广大发展中国家一样,印度社会也具有传统观念浓重、法治意识淡薄等现象,印度能源法律制度也存在着体系繁杂僵硬、法律衔接性差、具体制度难以落实等问题,法制实施效果并不理想,尚待拓展。

第二节　印度常规能源法制

一、印度电力法制

(一)印度电力能源概况

与中国相似,电能是印度主要应用的能源之一。"2009 年 3 月,印度的装机容量已超过 14.7 万兆瓦,年人均耗电量为 612 千瓦时(kW·h)。在亚洲的发展中国家中,印度的装机容量位居第二。印度已经成为世界上排名第五的电能生产大国。印度政府计划到 2012 年拥有 200 万兆瓦发电量。"[1]但是,由于经济社会的高速发展和庞大的人口压力,印度目前电力短缺状况严峻。根据印度电力部门的统计,2003—2006 年,印度的电力需求呈逐年递增状态,增量分别为 3 082 兆瓦、3 332 兆瓦、5 349 兆瓦和 7 460 兆瓦;2007—2008 年,该国的用电需求为 10.9 兆瓦。但是,印度在用电高峰期的发电量仅为 9.1 万兆瓦。预计,印度电力总需求量将在 2030 年超过 95 万兆瓦,届时电力缺口将更加扩大。[2] 电力短缺促使电价飙升,至 2009 年 11 月,国内电力交易基准价格已达 7 卢比/千瓦时(约合 15 美分),高峰期间达 8.50 卢比/千瓦时(约合 18.5 美分)。[3]

(二)印度电力制度改革

20 世纪 90 年代以来,印度开始推进电力制度改革,要求发电、输电相互独立,配电、售电一体化,最终实现电力产业市场化,以市场化的竞争机制实现电力产业的优胜劣汰,从而促进电力行业的良性发展。同时,政府要加强宏观调控力度,中央与地方政府之间、同级政府不同电力监管部门之间相互监督、分工合作,实现印度电力系统的整体优化。1991 年,印度将 1910 年制定的《电力法》和 1948 年制定的《电力(供给法)》进行了清理和整合,制定了统一的《电力法》,在电力行业中开展私有化改革。印度政府提出了独立发电企业计划(IPP 计划),正式开放发电业,让外国投资者可以在印度建设独立的发电企业。但是由于外商的进入,造价陡升,电价过高,超出用户的承受能力,独立发电企业计划因此而失败。[4]

1998 年,印度修改《电力法》,宣布实现厂网分开,建设项目和配电项目向私有经济放开;成立中央电力监管委员会(CERC)用于制定电力收费基准,18 个邦也相应成立邦电力管制委员会。2001 年 2 月,联邦政府提出了电力发展和改革加速计划(APDRP),此计划主要包括:所有用户强制安装表计、改善用电负荷情况、降低配电成本等,其目的是促进配电改革、降低输配电网损、提高供电质量和用户满意度。[5] 在技术革新方面,该计划要求进行

① 付学谦:《印度的能效与节能状况》,载《电力需求侧管理》2010 年第 5 期,第 79 页。
② 参见付学谦:《印度的能效与节能状况》,载《电力需求侧管理》2010 年第 5 期,第 79 页。
③ 参见《印度政府开始实施"国家太阳能计划"》,载《玻璃》2010 年第 3 期,第 54 页。
④ 参见马莉等:《印度电力市场化改革情况及最新进展》,载《中国电力》2007 年第 6 期,第 72 页。
⑤ 参见齐放、张粒子:《印度电力市场化改革的新进展》,载《电力需求侧管理》2008 年第 2 期,第 63 页。

旧火电与水电厂的技术革命,实现电网的现代化,更新并加强低于 33 千伏(kV)或 66 千伏的二级送配电网络。在资金支持方面,该计划为推动邦电力部门电力改革与发展,帮助邦电力部门制定电力改革与发展等方案。2000—2001 年,印度政府为执行这些改革方案给各邦拨付了 100 亿卢比的电力发展和改革加速计划基金。2001—2002 年,印度政府又划拨了 4 216亿卢比的电力发展和改革加速计划基金。当然,各邦并不是无条件得到这些基金,须满足以下三个最低标准:邦已经成立邦电力管制委员会;电力管制委员会已制定初步定价表;邦电力局应至少比上一年度降低现金损失。[①]2001 年,印度政府制定了《2001 电力法案》,主要内容包括:中央政府制定全国性电力政策须与邦政府协商;简化中央电力局的审批程序,对私人投资输电领域发放许可证;除水电项目外,投资发电厂实行免许可证;赋予邦电力部门更大权力,邦电力局可征收附加费,并逐步取消交叉补贴[②]等。[③]

(三)印度 2003 年《电力法》

印度电力体制改革进行了 10 多年以后,取得了一定的成绩,但是存在的问题依然十分明显。印度"发电装机不足,对用户服务水平没有改善,配电吸引私人投资的努力失败,低压电网管理混乱,输变电损失上升,电价合理化成为泡影(因为供电成本上升速度大大高于电价可能上升速度),窃电现象更加严重,电力企业严重亏损影响了市场融资能力"[④]。为此,印度于 2003年再次修改《电力法》,该法分为 18 部分,第一部分为前言(Preliminary),第二部分为国家电力政策与计划(National Electricity Policy and Plan),第三部分为发电(Generation of Electricity),第四部分为许可(Licensing),第五部分为输电(Transmission of Electricity),第六部分为配电(Distribution of Electricity),第七部分为税收(Tariff),第八部分为运转(Works),第九部分为中央电力局(Central Electricity Authority),第十部分为监管委员会(Regulatory Commissions),第十一部分为有关电力的上诉法院(Appellate Tri-

---

①　参见赵建军:《印度电力改革及其成效分析》,载《华北电力大学学报(社会科学版)》2003 年第 3 期,第 33 页。

②　交叉补贴一般发生在两类不同的用户之间,电网企业对一类用户收取较高的费用,用来补贴为另一类用户提供低价的服务,从而在一定程度上保证电网企业自身利益不受到损害。其具体表现为工、商业用户电价补贴居民、农业生产用电价。从公平性的角度考虑,电力企业通过实施交叉补贴机制能够满足不同种类用户的用电需求。但从效率的角度来看,用户电价中的交叉补贴会影响电力企业供电的积极性,造成电力用户的额外损失,导致社会整体收入水平的降低和效率无谓的效率损失。参见齐放、张粒子:《印度电力市场化改革的新进展》,载《电力需求侧管理》2008 年第 2 期,第 64 页。

③　参见李韩房、谭忠富:《印度电力市场化改革概况》,载《华东电力》2007 年第 7 期,第 92 页。

④　谢绍雄:《印度电力体制改革遗留的问题与对策》,载《国际电力》2003 年第 6 期,第 5 页。

bunal for Electricity),第十二部分为调查及执法(Investigation and Enforce-ment),第十三部分为重组董事会(Reorganization of Board),第十四部分为犯罪与刑罚(Offences and Penalties),第十五部分为专门法院(Special Courts),第十六部分为争议的解决(Dispute Resolution),第十七部分为其他条文(Other Provision),第十八部分为杂项(Miscellaneous)。

该法主要对发电、输电、配电等方面进行了详细的规定:①除水电外,所有发电项目都可免于行政许可;②独立电力生产厂家将电力输入电网时不受区别对待,也可以建立自己的独立电网;①③电力生产商可以独自和用户签订供电合同;④允许电力消费企业自行设立发电设施,自备电厂并为自用目的的输送电能的用户不必支付附加费;⑤鼓励私有经济进军电力行业;⑥区分公私电力传输设施,允许竞标私有电力传输许可证,但政府所有的传输设施暂不实行市场化;⑦电力监管委员会负责制定传输标准,中央电力局负责安装;⑧电力消费主体可以自由选择电力生产主体;⑨分阶段放开配电侧并对直接购电的用户收取交叉补贴附加费直至交叉补贴完全取消;⑩设立上诉法院,组织听取群众对于电力监管委员会的意见;②⑪新能源的发电量至少要占10%,电价方面要实行优惠;⑫彻底取消乡村发电、输电与配电许可证制度,乡村电力企业由村委会、合作社等乡村社会组织负责管理;⑬强制性地进行表计安装和计量;⑭对窃电行为进行严厉的制裁等。

可见,2003年《电力法》在印度电力法律体系中起到了电力基本法的作用,也是现阶段印度电力改革的纲领性文件,在印度电力改革史乃至印度能源法制史上都具有里程碑式的意义。

(四)印度的电力政策

为保障发电的燃料供应,印度"十一五"计划规定要实行液体燃油和天然气的强制供应,保障油气能源向发电企业的流动,确保能源供应,优化能源结构。同时,该计划还规定今后应该逐渐鼓励私人电力企业以平等的身份参与竞标;要明确以投入为基础的电价确定方法,并考虑消费者的利益、项目的长期投入与回报以及风险等因素;各邦电力法规委员会应综合采用跨年度电价计价和一天内分时段计价的做法;改变目前地方公共部门的电力投资收益比例低于联邦公共部门电力投资收益比例现状,形成公平合理的电力竞争市场;应取消联邦公共电力企业与私人电力企业的差异化电费

---

① 参见杨翠柏:《印度能源政策分析》,载《中国法学会能源法研究会2009年会议论文集》,第160页。

② 参见齐放、张粒子:《印度电力市场化改革的新进展》,载《电力需求侧管理》2008年第2期,第64页。

结构;政府应设立种子资金,发展电力设备市场,适当延长均摊电力项目承担的债务年限,比如 20 年。[1]

2006 年印度公布《国家农村电气化政策》,提出了在"十一五"计划末期实现农村的电气化,要求计划到 2012 年能提供合格稳定的高品质电力产品,以满足每个单元/每家/每天最低的生活消费用电;针对并网困难或是并网不符合成本效益的村庄或居所,可以采用单机系统离网方案或太阳能光伏发电分离照明技术为偏远乡村提供电力;印度各邦政府应当在本政策出台后六个月内发布本邦的农村电气化的详细计划。该计划应当被列入该邦的地区发展计划当中去,还应提交给拨款委员会;印度地方政府机构(Gramapanchayat)有权向符合电气化资格的村庄颁发认可证书,并于每年 3 月 31 日再次核准该村的电气化地位。

(五)印度电力管理体制

在电力管理机构上,印度中央政府设有中央电力局(CEA)、电力部(MOP)和电力监管委员会(CERC),中央电力企业主要包括国家热电公司、国家水电公司、核电公司和印度高压电网有限公司,还有由印度高压电网有限公司、国家水电公司、国家财务公司和其他机构参股设立的印度电力贸易公司(PTC)。中央电力局成立于 1951 年,并于 1975 年成为独立的技术性电力主管部门,职能主要包括电力规划、工程施工、电力运行维护标准的制定和在技术、经济方面向电力部提出建议等。电力部成立于 1992 年 7 月,主要负责有关电力法规的颁布(包括水电、火电、输电和配电)、行业政策制定、项目的投资决策及电力项目实施监督等。电力监管委员会是在 20 世纪 90 年代中期印度电力改革时成立并由 1998 年《电力法》正式确立的电力监管机构,主要负责电价的制定、电力市场建设、跨邦输电业务、颁发电力业务许可证,并负责向印度中央政府提出电力政策和电价政策建议。[2] 印度电力监管委员会是独立的监管机构,具有独立的行政执法权。

印度中央电力企业与中国的中央电力企业相似,都是具有一定管理职能的行政性公司。例如,印度电力贸易公司负责购买私营电力企业生产的电力,然后将购买的电力卖给各邦电力局,期间的交易安全问题由中央政府给邦政府的专项拨款和提供的信用证来保证。私营电力商专门与该公司进行电力买卖活动而不必与正在进行改革、极具金融风险的邦电力局谈判,从

---

[1] 参见吴峰:《印度"第十一个五年(2007—2012 年)计划"能源政策评析》,载《全球科技经济瞭望》2008 年第 7 期,第 14—15 页。

[2] 参见马莉等:《印度电力市场化改革情况及最新进展》,载《中国电力》2007 年第 6 期,第 72 页。

而降低了电力投资方的风险。现在,印度电力贸易公司开始将交易活动拓展到尼泊尔、不丹等相邻国家,还积极谋求与中国进行电力合作与交易。虽然印度有如此多的行政性电业企业的存在,但由于印度电力市场基本上是开放的,这些企业在行业内的垄断程度要远远低于中国的中央电力企业。例如,"在发电环节,目前(印度)中央政府所有资产占 32%、地方政府所有资产占 57%、私有资产占 11%;在输电环节,大部分资产由中央政府和地方政府所有,但在国家电网层面,作为试点有 2 条输电线路引入了私人投资;在配电环节,包括地方政府所有资产和已私有化的资产。"①

在地方电力管理方面,印度设有 5 个地区电力局(北部、东部、东北部、西部和南部电力局),负责协调和管理有关邦之间的电力发展和运营事务。② 每个邦相应设有邦电力局(SEB)和邦电监管会(SERC)。2003 年以前的各邦电力局各自负责本邦内关于电力产业的所有行政性业务和经营性业务。2003 年印度新《电力法》颁行后,要求对各邦电力局进行重组,将邦电力局重组为发电、输电、配电电力公司,并逐渐实现私有化。现在,印度各邦电力局有些已经正式改组为公司制,有些正处于变革当中,极少数的依然维持以前的邦电力局模式。由于地方电力局改革期间负债极其严重,印度专门成立了专家小组,专家小组提出了一次性解决过去债务方案,建议由各邦政府通过发行 15 年期的免税债券,所欠债务实行证券化,免除 50%各邦所欠债务以刺激各邦采纳证券化解决方案。③ 印度邦电监会的权力非常大,不接受中央电监会的管理,可以制定邦内发电、输电、配电和售电各环节的电价,负责邦内电力交易许可证的发放。

印度地方电力改革于 20 世纪 90 年代开始启动。奥萨里是第一个实行电力改革的邦,1995 年 4 月 1 日,该邦正式实施《奥萨里邦电力改革法》,邦电力局对发电、配电等电力经营方面的垄断地位彻底丧失,分别由奥萨里高压输电网公司、奥萨里水电公司、奥萨里发电公司履行其相关功能,新成立的邦电力管制委员会只管理定价与发放许可证。该邦还逐步对电力分配进行分区管理,每个电力分配区的经营权在竞标的基础上逐步实现公营电力的私有化。该邦的电力改革还有世界银行提供的 315 亿美元的贷款援助。但由于该邦电力改革相对激进,没有考虑到当时的实际情况,引发了很多问题。例如,当地电价产生了剧烈波动,而网损却没有降低。所以,1996 年该

---

① 马莉等:《印度电力市场化改革情况及最新进展》,载《中国电力》2007 年第 6 期,第 73 页。
② 参见林志远:《纵观印度电力体制改革》,载《广东电力》2008 年第 4 期,第 33 页。
③ 参见赵建军:《印度电力改革及其成效分析》,载《华北电力大学学报(社会科学版)》2003 年第 3 期,第 33 页。

邦对此改革进行了否定,之后的电力改革也变得十分谨慎。[①] 1999 年 2 月 1 日生效的《安得拉·旁遮普电力改革法》推动了印度安得拉邦和旁遮普邦的电力改革,该法案将邦电力局改组为发电有限公司与输电有限公司,两个公司各自经营发电与送配电业务,邦政府拥有这两个公司 100% 股权。相关各邦的电力管制委员会都已制定了详细的价目表。[②] 但是,安得拉和旁遮普两个邦的电力改革也是收效甚微。截止到 2003 年,邦电力公司负债累累,不得不靠折旧准备金和股本收益来支付欠款,举步维艰。为了规范地方各邦的电力改革活动,解决现存的诸多问题,根据新《电力法》的规定,印度政府要求邦电力局与电力部签订单独的协议备忘录(MOA),以加强责任追究制,引入经济核算制,建立在线的管理信息系统,降低损耗,并确定参数来提高顾客的满意度和系统稳定性。印度电力发展和改革加速计划为各邦改革提供总计 4 000 亿卢比的资金,一半用于改进输电和配电系统,另一半用于减少邦电力局的财务亏损。2003 年 3 月,印度政府还成立了一个专门的领导小组与 24 个邦和印度储备银行(RBI)签订了三方协议,以免税债券的形式试图清偿邦电力局的债务。[③]

综上所述,印度 2003 年《电力法》虽然希望以中央统一的框架来代替各邦各自为政的局面,但由于该法中很多方面的规定过于模糊甚至存在空白,并未起到明确改革方向的作用,因此电力改革的主动权仍旧掌握在各个邦的手中。[④] 可见,印度电力法制改革并不成功,有很多问题尚待解决。

二、印度油气能源法制

(一)印度油气能源概况

由于经济的发展,印度油气能源的需求量和消费量越来越大。2009 年,印度消费的石油达到了 1.49 亿吨,是世界第四大石油消费国,比 2008 年增长了 3.7%,占世界石油消费量的 3.8%。[⑤] 根据国际能源署的预测,2002—2030 年,世界的石油需求年增长率约为 1.6%,而仅印度一国的年增长率就

---

①　参见马莉等:《印度电力市场化改革情况及最新进展》,载《中国电力》2007 年第 6 期,第 72 页。

②　参见赵建军:《印度电力改革及其成效分析》,载《华北电力大学学报(社会科学版)》2003 年第 3 期,第 34 页。

③　参见[印度]I·M·萨哈伊:《印度电力部门的改革与重组》,祝劲译,载《水利水电快报》2010 年第 15 期,第 2 页。

④　参见徐介宪、迟峰、宋平:《国外电力改革与立法的做法与经验》,载《华东电力》2006 年第 7 期,第 37 页。

⑤　See British Petroleum,Statistical Review of World Energy,June 2010,p. 11.

会达到 2.9%。[1] 预计到 2030 年，印度的石油消费将以每年 2.4% 的速度增长，增至 450 万桶/天，而印度石油产量只能增至 140 万桶/天。[2]

天然气是印度着力发展的常规能源之一。2009 年，印度消费的天然气为 519 亿立方米，比 2008 年增长了 25.9%，占世界天然气消费量的 1.8%。[3] 根据国际能源署的预测，2002—2030 年，印度天然气的需求年增长率更将高达 5% 以上。[4]

与印度油气能源需求相矛盾的是该国油气能源相对储量较小。根据英国石油公司公布的数据，2009 年印度石油已探明储量为 80 亿吨，只占世界储量的 0.4%，储采比为 21 年；天然气已探明储量为 1.12 万亿立方米，只占世界储量的 0.6%，储采比为 29 年。[5] "据估计，如果不能及早发现新油田，印度目前国内的石油探明储量只能使用到 2016 年。"[6] 印度天然气也存在类似状况。此外，由于印度人口负担过重，致使人均油气能源占有量远远落后于世界水平，供需矛盾尖锐。

印度油气能源过度依赖进口。2007—2008 年，印度的原油产量为 3 411.7 万吨，消费量进口 15 610.0 万吨，净进口量为 12 167.0 万吨，对外依存度高达 77.9%。在天然气领域，印度从 2004 年开始丧失了自给能力，直到 2009 年，该国天然气年消费量为 519 亿立方米，生产量为 393 亿立方米，净进口量为 126 亿立方米，对外依存度为 24.3%。[7] 较高的对外依存度使印度本国经济很容易就受到世界能源危机和经济波动的影响。"据印度财政部和中央储备银行的研究报告，国际石油价格每桶上涨 5 美元，将使印度经济增长率降低 0.5 个百分点，通货膨胀率增加 1.4 个百分点。"[8] 同时，根据印度石油部统计，由于 2004 年以来的国际油价飙升，使得其经济损失每年达 1 800 亿卢比(43 卢比约合 1 美元)之多。[9]

(二)印度油气市场化改革

在油气能源市场制度方面，印度国内成品油价格主要有零售价、出厂价两个价格。出厂价主要参照进口平价确定，进口平价的计算主要考虑交货

---

[1] See S. N. Malakar, India's Energy Security and the Gulf, Academic Excellence, 2006, p. 162。

[2] 参见钱新:《印度走上能源改革之路》,载《石油知识》2010 年第 1 期,第 56 页。

[3] See British Petroleum, Statistical Review of World Energy, June 2010, p. 27。

[4] See S. N. Malakar, India's Energy Security and the Gulf, Academic Excellence, 2006, p. 162。

[5] See British Petroleum, Statistical Review of World Energy, June 2010, p. 6。

[6] 韩立华:《中印能源合作形势及前景分析》,载《国际贸易》2007 年第 5 期,第 45—48 页。

[7] 参见时宏远:《试析印度的能源政策》,载《国际论坛》2011 年第 1 期,第 66 页。

[8] 刘文:《中国与印度能源合作的政治经济分析》,载《东南亚纵横》2008 年第 12 期,第 69 页。

[9] 参见程瑞生:《印度的外交策略趋势》,载《国际问题研究》2008 年第 1 期,第 26—29 页。

(FOB)价、关税、海洋运输费用和其他相关费用。零售价是由出厂价加上流通成本、税收和销售利润构成。印度成品油税收主要是关税、消费税和销售税。关税对成品油和原油都征收；消费税，属于联邦税；销售税，属于州税；其他如入市税等，只有少数地区征收。[①]

印度石油价格委员会(OPC)于 1974 年开始执行政府管理价格机制(简称"APM 机制")，于 1984 年由印度石油成本评审委员会(OCRC)做了修订调整。国内原油价格由两大国有原油生产企业(印度石油天然气公司和印度石油公司)的运营成本加上 15％的税后收益形成。国内成品油价格由炼油企业、管道运输和销售公司的运营成本加 12％按净资产计算的税后收益形成。上下游公司的成本核算由企业提出，政府审定。政府同时对煤油和液化石油气的消费者价格进行补贴。

印度由于政府管理价格机制的存在，致使政府长期垄断国内成品油价格，实行政府定价的做法广受批评。因此，2002 年 4 月，印度政府通过法令废除了政府管理价格机制，对国内油气管理制度进行改革，实行有管理的市场化定价制度。其主要内容包括：政府不再制定价格，改由企业自己定价；政府规定企业定价的规则，即将参照成品油进口平价确定的国内炼厂出厂价作为终端消费者的基础价格；政府在特殊情况下有临时价格干预权；企业不再享有稳定的销售利润；国家继续对煤油和家用液化石油气进行补贴，补贴纳入联邦财政预算，3—5 年内逐步取消。[②] 印度政府通过这些措施企图实现政府控制下的能源市场良性竞争。同时，印度政府雄心勃勃，又于 2005 年 10 月成立了国家石油产品定价与税收委员会，专门负责研究与制定调整成品油定价机制和税费结构等问题。但是，伴随国际能源供需形势的恶化和能源价格的普遍增长，在 2006 年 2 月，印度一揽子原油价格已经达到 63.2 美元/桶。[③] 印度政府对日益增加的补贴预算力不从心，继而发布命令将补贴责任逐步由政府财政转嫁到能源企业身上，引起国内能源企业的强烈不满。此外，印度政府还不断提高能源税率，试图将国际油价上涨的压力转嫁到国内普通消费者身上。例如，2002 年 4 月 1 日，印度德里地区汽油消费税税率为 2.85 卢比/升；但到了 2006 年 8 月，税率上升到 14.93 卢比/升，上涨

① 参见冯石：《印度成品油价税改革之路》，http://www.jyz.com.cn/zz/ShowArticle.asp?ArticleID=123788，2011-07-20。

② 参见冯石：《印度成品油价税改革之路》，http://www.jyz.com.cn/zz/ShowArticle.asp?ArticleID=123788，2011-07-20。

③ 参见林伯强：《油价改革要考虑国内通胀承受力》，载《第一财经日报》2010 年 1 月 25 日。

了 5 倍多。① 同年 6 月 5 日,由于国际原油价格暴涨,印度国内的汽油和柴油零售价每升分别上升了 4 卢比和 2 卢比。即使印度政府通过行政手段针对日常生活影响较大的液化气和煤油维持价格不变,但依旧引发了相关行业人员的罢工抗议。面对能源企业和普通民众的强烈不满和在野党的抨击,印度政府不得不于 2006 年收回了已经放开的对汽油和柴油的定价权,改革事实上已经破产。

继国内市场改革之后,印度政府又开始着手改革能源国际贸易市场。2004 年 3 月,印度政府发布命令,将汽油和柴油关税由 20% 降低到 10%;2004 年 6—8 月,印度政府又把汽油消费税由 30% 下调到 23%,把柴油消费税由 14% 下调到 8%。2005 年,印度又通过公共分配制度(Public Distribution System),将民间常用的液化气和煤油关税和销售税降为 0%。② 这就使得西亚、中亚、北非、俄罗斯等国的廉价油气涌入印度市场,印度能源贸易逆差程度更加严重。2008 年,印度通过了一项关于提高燃油价格、降低原油和燃油进口税及消费税的决议,保障石油公司稳定经营并增加进口。③ 2010 年 6 月底,为了削减预算赤字,印度政府又宣布取消燃油价格管制政策,不再补贴油价,这导致汽油和柴油等价格全面上涨,又引发了各大城市长达 12 小时的政治总罢工。④ 直至今日,印度油气市场化问题依然是国内外相关各方争论的焦点。

(三)印度油气能源开发法制

在油气能源开发制度方面,印度的《1934 年石油法》详细规定了石油的炼制、运输、储存、进口等方面的具体制度,是石油资源开发利用的基本法律。1948 年,印度《油田(管理和开发)条例》授权中央政府以勘探许可证等租约的方式授予采矿权。1959 年印度的《石油天然气法规》针对陆上与海上不同的石油勘探许可和采矿许可给予详细的规定,授予权主体依然是中央政府。1974 年,印度颁布《石油工业(发展)条例》,规定印度应当设立石油工业发展委员会,以补贴、贷款、担保、认购股票等方式对石油工业的勘探开发给予物质支持。1993 年 4 月,印度石油天然气部设立了油气能源管理总局(DGH),负责向石油天然气部提供有关油气勘探开发问题的咨询,监督和管

---

① 参见徐博:《油价改革在印度》,载《中国石油石化》2006 年第 18 期,第 30 页。
② See Indian Ministry of Petroleum and Natural Gas, Report of the Working Group on Petroleum and Natural Gas Sector for the XI Plan(2007—2012),November 2006,p. 18。
③ 参见王威:《2008 年全球矿业政策概述》,http://www.mlr.gov.cn/zljc/201005/t20100512_148585.htm,2011-07-19。
④ 参见时宏远:《试析印度的能源政策》,载《国际论坛》2011 年第 1 期,第 68 页。

理石油公司的勘探许可证和开采许可证等事项,同时实行勘探许可证政策。1997 年,印度公布了新勘探许可证政策,允许国内外公司竞争投标印度勘探区块,并降低矿区使用费(分别规定石油在陆上为 12.5%,海上为 10%;天然气均为 10%;水深超过 400 米的深水矿区使用费前 7 年为 5%),减免税收(石油勘探前 5 年免税,随后 5 年只缴纳 30%的所得税;在东北部地区免税 7 年;同时,从 1999 年 4 月 1 日起,经印度石油天然气部批准,石油公司每年可以最多留出应税利润的 20%作为储备金存入国家银行,用于油井停止商业性生产后的井场复原,如果公司从该储备金中提款用于其他目的则这部分资金应作为利润和当年的业务收益照章纳税)。[①]

(四)印度油气能源税收法制

为了鼓励进口,印度不断降低油气能源进口关税。2011 年 6 月 25 日,印度把原油进口关税从 5%降为零,把柴油和汽油进口基本税率从 7.5%降至 2.5%。同时,印度也在计划将液化天然气关税再降低 5%。消费税方面,印度政府也于 2011 年 6 月 25 日决定把柴油消费税从每升 4.6 卢比降至每升 2 卢比。[②]

印度还规定,征收个人所得税、企业所得税、消费税、关税和劳务税的 2%作为教育附加税,但汽油、高速柴油、轻柴油不征收教育附加税;矿产勘察要征收劳务税。[③]

印度一直致力于油气能源的“开源”,并制定了鼓励外资和私人资本积极参与的法律政策,例如,“进口勘探设备免税,勘探费用可在其他经营中摊提,勘探损失可在其他业务费用中扣除,允许亏损期 8 年,并且通过实行股份化吸收国内私营企业资本。”[④]

(五)印度油气能源管理机构

印度油气能源的主管机构是石油天然气部(Ministry of Petroleum and Natural Gas),负责石油工业的监督和管理,包括:油气勘探与开发、炼油及石油天然气的销售和分配,石油化工及副产品的生产,石油进出口等。[⑤] 该部下设石油规划和分析小组(Petroleum Planning and Analysis Cell,

---

① 参见娄承:《印度促进油气工业发展的新政策》,载《国际石油经济》1999 年第 5 期,第 33 页。
② 参见刘亚南:《印度宣布降低油品进口关税》,http://oil. xinhua08. com/a/20110627/633710. shtml,2012-04-26。
③ 参见张宏民:《印度石油工业及其产业政策变迁》,载《国际石油经济》2005 年第 6 期,第 57 页。
④ 牟雪江:《看印度能源做法》,载《中国石油企业》2008 年第 Z1 期,第 34 页。
⑤ 参见刘增洁、许天良:《印度油气能源现状及政策回顾》,载《国土资源情报》2010 年第 7 期,第 9 页。

PPAC)、石油工业发展委员会(the Oil Industry Development Board,OIDB)和油气能源管理总局(the Directorate General of Hydrocarbons,DGH)。石油规划和分析小组原名为石油工业协调委员会(the Oil Coordination Committee,OCC)。石油工业协调委员会成立于1975年,主要负责决定炼油厂的产品组合,并向炼油厂分配原油;根据短期的供求预案对进口和储运基础设施进行规划;执行政府的价格政策;监管石油储备账户;协调并监测石油市场;每个月组织一次工业协调会议和供应规划会议。2002年4月,该委员会改名为石油规划和分析小组,负责分析国内外油价走势,预评石油进出口趋势,维护石油资源数据库的信息交流系统,应对影响石油安全的紧急情况和突发事件。石油工业发展委员会成立于1975年,主要负责对石油工业的发展提供财务等方面的支持,为勘探、生产、炼油、储运、销售提供贷款和无偿资助。油气能源管理总局成立于1993年,是一个监管机构,代表国家对石油公司在石油天然气上游领域的活动进行监管,并确保国内的油田开发活动符合工程作业要求。印度还设有石油工业安全总局(the Oil Industry Safety Directorate),专门负责国家的石油安全;[1]设有石油天然气贸易委员会,负责石油天然气的流通工作。

此外,印度的大型国有油气公司虽然在一定程度上实现了股份制改造,但依旧存在行政性公司的印记,在一定程度上负责实施印度扩大油气供应的政策与战略。这些公司主要包括印度石油天然气公司(Oil and Natural Gas Corporation Limited,ONGC)、石油印度有限公司(Oil India Limited,OIL)、印度石油公司(Indian Oil Corporation,IOC)、印度斯坦石油公司(Hindustan Petroleum Corporation Limited,HPCL)、印度天然气管理局(Gas Authority of India Limited,GAIL)和印度巴拉特石油有限公司(Bharat Petroleum Corporation Limited,BPCL)等14家。[2]

三、印度核能法制

(一)印度核能发展概况

由于庞大的人口压力和对能源需求的日益增长,印度将核能视为一种战略性的能量来源。同时,煤炭、石油和天然气所造成的大气污染和成本上升等问题又促使核能的价格和清洁度变得可以接受。此外,印度放射性钍

① 参见张宏民:《印度石油工业及其产业政策变迁》,载《国际石油经济》2005年第6期,第56页。
② 参见肇启伟、周金秦:《印度石油工业发展战略调整及其对我国的启示》,载《南亚研究季刊》2007年第4期,第78页。

的储量接近全球总储量的 25％,可以为核反应堆提供大量的燃料支持。由于上述原因,核能就成为印度大力发展的能源之一。未来几十年内,核能很可能成为印度的基础性能源。从 2005 年开始,印度明显加快了包括中子反应堆在内的核电网络的扩充,同时还加大了对增殖反应堆的研究,力图在第四代核反应堆研发中谋得一席之地。印度核电规模发展迅速,核电站装机容量从 2008 年的 3.7 百万吨油当量发展到 2009 年的 3.8 百万吨油当量。印度发展核电站的努力取得了积极成果,其核电技术在发展中国家居于领先地位。印度现在已经建有 14 座核电站和 8 个重水工厂,核电在整个电力供应中所占的比重为 3％。[①]

(二)印度核能基本法

印度最早的《原子能法》制定于 1948 年。1962 年 9 月 15 日,印度通过新的《原子能法》,又先后在 1986 年和 1987 年对该法进行了修改,共计 32 条。印度《原子能法》开宗明义地规定:“本法旨在为了印度人民的福祉以及为了其他和平目的和相关事项,规定原子能的开发、控制和利用。”在内容上,该法除了对原子能、易裂变材料、放射性材料、规定物质等关键性术语进行解释外,还规定了中央政府在原子能监管方面的的权力;相关核材料矿物的勘探、开采、收购制度;支付相关补偿的制度;与电力法的衔接;有关核能的违法犯罪等事项。

(三)印度核能管理机构

1. 印度中央政府

根据《原子能法》,中央政府有权直接或通过设立相关部门、法人或企业对核能进行研究,获得核材料、核装置或核工艺信息;勘探、开采和生产用于核能相关的物质;规范核物质的交易;强制收购放射性元素矿产、物质和装置的经营权;对放射性物质进行监控;对涉核公开信息进行限制等。

2. 专门性核能管理机构

在专门的核能管理机构的设立上,印度起步较早。早在 1948 年,印度就成立了原子能委员会(AEC),负责制定核政策及和平利用原子能计划,勘探、开采铀、钍等核材料矿。1954 年,印度设立原子能部(DAE),负责实施核计划,对核能进行技术、工业、商业等方面的基础性研究,管辖国有核能企业。1958 年 3 月 1 日,印度政府通过决议,原子能委员会由原子能部管辖。1983 年 11 月,印度成立原子能管理局(Atomic Energy Regulation Board,AERB),作为一个全新的监督机构,负责制定核安全标准和专业性核能法

---

① 参见龚伟:《印度能源外交与中印合作》,载《南亚研究季刊》2011 年第 1 期,第 30 页。

规,根据自己的安全评估计划和原子能部安全评审委员会提供的资料审批核电站的调试等相关事项。1984 年,印度原子能部改组了其下属的动力计划工程局,建立核能局(Nuclear Power Boards),负责国内核电站的设计、建造、运行和保养,招聘和培训必要人员,制定并执行相应的应急计划;原子能部则负责核研究,尤其是包括核燃料在内的核技术开发。[1] 印度现有巴哈巴哈原子研究中心(BARC)、甘地原子研究中心(IGCAR)、原子矿业勘探研究指导中心(AMD)和拉贾·拉曼纳先进研究中心(RRCAT)等核技术研发机构。

(四)印度核能具体制度

1. 放射性物质管理

印度《原子能法》规定,中央政府对铀、钍等放射性元素矿物一经发现即进行强制收购和集中管理。在本国境内发现放射性元素矿物时应当在 3 个月内向政府报告,政府直接发布通知宣布其为国家财产,政府对放射性矿物进行征收时应当给予一定的补偿。未经中央政府书面许可,任何组织和个人不得生产、占有、运输、使用、买卖、进出口相关放射性物质;中央政府制定规章对生产、占有、使用、运输、买卖、进出口放射性物质及其相关设备和装置进行分类,在不影响《原子能法》基本原则的基础上采取必要措施,以防止相关损害的发生。

2. 核电管理

印度核电由中央政府、原子能部、原子能委员会和印度核电有限公司(Nuclear Power Corporation of India Limited,NPCIL)管理。印度核电有限公司是原子能部管辖下负责设计、建设、调试、运行核电站的国有企业,下属核电站依据售电协议向国家电力部管理的印度电网有限公司(PGCIL)售电。发电量由原子能部咨询原子能委员会后确定,原子能管理局负责核电站安全的监督,能源与林业部负责电厂现场环境的监测。[2]

中央政府负责签发获得任何原子能法规定的核物质的任何矿业活动,以及核能利用项目的收购、生产、占有、利用、处理和进出口的许可证的发放。原子能管理局负责在《原子能法》、《工厂法》和《环境保护法》的框架下制定相关条例,对核电站的运营安全进行监管,对核电站的厂址选择、建设、调试、运营、并网以及设备终止等相关活动进行许可和审批,要求申请人提交调研报告、安全细则、质量保证书等相关材料。原子能管理局中的顾问委员会委员在核电站安全委员会的协助下对核电站提供的相关文件提出意见和建议,并按照法

---

① 参见《印度成立核电局》,载《国外核新闻》1985 年第 2 期,第 30 页.

② 参见徐原:《世界原子能法律解析与编译》,法律出版社 2011 年版,第 75 页。

律的规定出具安全报告,并根据安全结论向原子能管理局提出授予相关许可的建议。核电站运营阶段,由核电站安全委员会负责。该委员会权力有限,只能签发少许附条件的有期限的许可,这些许可可以适时延期。

3. 核废料监管

原子能管理局根据国际原子能机构的规定和本国《原子能法》的规定,制定相关的核废物处理办法,要求每个核电站都要设立核废物处理设施,并详细规制核废料在现场调运、事前处理和事后处置方面的要求。

4. 核能信息公开与限制

印度《原子能法》规定,中央政府可根据命令限制核相关信息的传播,除非该信息被用于核能的生产、开发或利用或与其相关事项的研究,否则任何人都不得获取限制的信息或公开在履行公务中获得的任何信息。[①]

6. 与核能相关的知识产权规定

印度《原子能法》规定,只要发明涉及以下三个方面,将不会授予专利权:原子能的生产、控制、利用或处理;放射性物质的勘探、开发、提炼、生产、处理、制造、浓缩、封装或使用;原子能运行的安全保证。此外,该法还规定,即便不属于上述三个领域,但印度政府一旦认定某项发明专利申请与核能有关,都可以命令专利机构拒绝授予其专利权;同时如果就核能相关的发明向国外申请专利权的,应当经印度中央政府批准。

7. 核能法律责任

印度《原子能法》对核能法律责任的规定十分严格,其中包括很多刑事责任。例如,非法进行核能生产和利用活动、违反核能安全特别规定、违反限制信息公开等行为,处 5 年以下监禁或罚金;非法进行放射性矿物开采、非法进行铀浓缩活动、妨碍政府获取核能材料、装置和设施、妨碍政府进行核能执法活动,处 1 年以下监禁或罚金。以上犯罪可以数罪并罚。单位犯罪时,单位的主管人员和负责具体业务的人员如果没有相关免责事由,也应承担刑事责任。[②]

(五)《印美民用核能合作协议》和《核损害民事责任法》

1.《印美民用核能合作协议》

2006 年 3 月 2 日,印度与美国签署了《印美民用核能合作协议》,协议规定"印度必须将国内正在运转和在建的 22 座核反应堆中的 14 座划为民用核设施,并置于国际原子能机构(IAEA)的监督之下,另有 8 座军事核反应堆

---

①　参见徐原:《世界原子能法律解析与编译》,法律出版社 2011 年版,第 113 页。

②　参见徐原:《世界原子能法律解析与编译》,法律出版社 2011 年版,第 110 页。

不对外开放。作为交换，美国同意向印度出口核燃料和核技术"[1]；如果印度进行核试验，美国总统则有权暂停向印度供应核燃料；协议期限为 40 年，每次可延期 10 年。之后，印度和美国国会都已经批准了该协议。该协议作为国际双边条约的形式，属于印度核能法律渊源。2010 年 3 月，印度与美国又达成了一项补充协议，规定印度可以在国际原子能机构的监督下自行处理由美国提供的核废料。

2.《核损害民事责任法》

根据印度《原子能法》的规定，"在核能发电投资方面，印政府至少要拥有 51% 的股份"[2]。立法之初，印度的核能工业企业全部归印度国有，由印度原子能部直接掌控。2010 年 8 月 25 日，在美国的外交压力下，印度议会通过了《核损害民事责任法》，作为对《印美民用核能合作协议》的回应。该法规定向私人投资者开放印度核能市场，允许外国公司在印度建设核电站，以支持印度庞大的核能市场。

该法的主要内容有：除重大自然灾害、战争和恐怖事件外，运营商对核事故负严格责任；赔偿范围包括人员伤害、财产损失、收入损失、环境恢复、预防性措施、其他经济损失；一般情况下单次核事故的最高赔偿限额为 3 亿特别提款权（约合 4.5 亿美元），大于 10 兆瓦的反应堆单次事故下运营商的最大责任是 150 亿卢比（约合 3.22 亿美元）；不同类型运营商责任不同；核事故主观诉讼时效为 3 年，对于财产的客观诉讼时效为 10 年，而对于生命丧失和人身伤害的客观诉讼时效为 20 年；如设备和服务存在缺陷导致事故，运营商可向相应的承包商和设备供应商追偿；运营商应在其核设施运营前购买保险或其他财务保障，以满足核损害赔偿责任的法律要求；出现核事故时，将由中央政府指派的索赔专员或索赔委员会负责案件的审理及赔偿。[3]

该法是对印度《原子能法》的重要补充，是对《印美民用核能合作协议》的国内法回应，明确印度中央政府在民用核设施所有和运营领域的控制和主导地位；明确了核损害赔偿中的责任、限额与各方义务；为其日后加入相关国际公约奠定国内法的基础。[4] 但为了迎合美国投资者，该法规定的印度核事故的最高赔偿以及诉讼时效远远低于国际上通行的标准。

---

① 时宏远：《试析印度的能源政策》，载《国际论坛》2011 年第 1 期，第 68 页。

② 《印度到 2050 年将有 50% 电力来自核能》，载《高科技与产业化》2009 年第 9 期，第 14 页。

③ 参见左惠强、姜萍：《印度核损害民事责任法案 2010 的影响及借鉴意义》，http://www.cs.com.cn/bxtd/03/201010/t20101013_2622108.html，2011-07-28。

④ 参见许峻宝：《印度核能市场的新规范》，http://energymonthly.tier.org.tw/outdatecontent.asp？ReportIssue＝9911&Page＝27，2011-07-28。

四、印度煤炭法制

(一)印度煤炭能源概况

印度和中国一样,最丰富的能源资源是煤炭。煤炭是印度可以大量获得并使用的一次能源,大约 3/4 的电力由煤炭发电供应。印度的煤炭资源主要分布在比哈尔(占 33%)、中央邦(占 20%)、北方邦(占 10%)、西孟加拉国(占 13%)、奥里萨(占 10%)、马哈拉斯特拉(占 5%)、安德拉(占 5%),其余分布在印度其他各地,分布并不均衡。[①] 2009 年,印度的已探明煤炭储量为 586 亿吨,占世界储量的 7.1%,位居世界第四位,储产比可达 200 年以上;2009 年,印度煤炭产量为 2.12 亿吨标准油当量,消费量为 2.46 亿吨油当量,总体来看供不应求,需要大量进口。[②] 此外,印度煤炭杂质多、热量低、质量差、污染严重,而且储量有限,按照 2009 年的生产水平,印度的煤炭最多可开采 105年。因此,印度也把降低煤炭消费比重作为优化能源结构的重要目标,计划到 2031—2032 年将煤炭消费比重由 2009 年的 52.4% 降到 50.58%。[③]

(二)印度煤炭能源政策

印度"十一五"计划要求:对不具备采矿条件的采矿矿区,政府应当责令其在 2016—2017 年前停止产煤;要求 2011 年起,所有具备采矿条件的矿区要选择合格的采矿企业通过合资经营或直接管理;为进口燃煤建立基础设施,并在沿海地区建立以进口燃煤为原料的发电厂;用煤的可发热量为基础的计价体系替代过去可用热量为基础的计价体系;要求供煤企业必须按照国际标准对煤进行处理,不允许进口没有洗过的煤;煤炭供应要改变过去的长期协议模式,实行短期合同,以确保质量;鼓励私人企业参与采矿和保留一定矿区用于未来开发;开展对煤矿的普查。

在煤炭交易领域,印度"十一五"计划要求:①出口高品质焦煤和非焦煤价格应该在最近距离港口进口煤价的基础上在减去 15%,这一做法已经在钢铁用高品质焦煤行业中普遍采用。②争取 20% 的煤实现电子交易,煤炭主管部门每年应要求对各煤矿制定出本年度的月电子交易的量。③留存煤的销售应该执行燃料供应和运输长期协议(FSTAs),符合使用留存煤的用户最多不能超过规定额度的 100%,其他用煤单位对留存煤的使用则应根据煤的储量给予部分销售,不足的留存煤应通过电子交易或进口方式立即补

---

①　参见张庆辉:《印度能源结构及其地理分布特征》,载《内蒙古石油化工》2004 年第 6 期,第 67 页。

②　See British Petroleum, Statistical Review of World Energy, June 2010, pp. 32-35.

③　参见时宏远:《试析印度的能源政策》,载《国际论坛》2011 年第 1 期,第 66 页。

足存储量。④坑口煤价应每年调整一次,主要参考依据有电子交易价格、进口煤的 FOB 价格(还要考虑质量因素)等。⑤煤价的变化应该以总热值(GCV)和品质来确定。①

2010 年 3 月 2 日,印度政府公布了有关征收煤炭使用税的规定,即从该规定实施之日起,印度针对国内生产的煤炭和印度从海外进口的煤炭,每吨征收 50 卢比的煤炭使用税;征收的税款作为印度国家清洁能源基金的主要部分,用以促进节能减排、优化能源结构。

(三)印度煤炭管理机构

印度煤炭主管机构是煤炭部,全权负责印度全国煤炭能源的勘探、开发、生产、供给、分配、定价等相关事项。煤炭部下设煤矿监督员机构办公室,主管煤矿开采的行政审批和煤矿能源的保护与利用的监管,负责针对煤炭货物的征税,定期公布煤炭统计数据等。

印度煤炭部还主管煤矿劳工准备基金组织。根据 1944 年的《煤矿劳工基金组织法》的规定,印度煤矿劳工基金组织的经费来自煤炭矿业税,完全用于促进煤炭工业职工的福利,以 2∶3 的比例向煤矿职工提供住房和医疗设施。同时,该基金组织还向工人及其家属提供娱乐设施和受教育的机会。另外,它还向因事故死亡和患有慢性病的职工家属提供救济,为矿工子女提供奖学金和学费,为残废工人成立康复中心。②

印度煤炭部还主管印度煤炭有限公司(印度最大的煤炭公司)、辛格雷尼煤矿公司(印度历史最悠久的煤炭公司)和奈维利褐煤公司(印度最大的褐煤矿业公司)等国有煤炭公司。印度于 1973 年通过《煤矿(国有化)法》,在全国推行煤炭企业国有化。印度 95% 的煤炭生产量由国有煤矿提供,私营煤矿产量仅占 5%。截止到 2006 年,印度国有煤炭公司属股份制企业,经营着 390 座煤矿,煤产量占全国总产量的 88%。③

(四)印度煤炭具体制度

1. 煤炭勘探

印度煤炭勘探分为促进性勘探和详细勘探两个部分。促进性勘探主要是指在可能有大量煤炭资源蕴藏的面积较大的区域内进行勘探活动,预测

---

① 参见吴峰:《印度"第十一个五年(2007—2012 年)计划"能源政策评析》,载《全球科技经济瞭望》2008 年第 7 期,第 14—15 页。

② 参见《印度财政制度:社会保障制度——社会福利》,http://www.chinesetax.com.cn/tax/guowainashuishiwu/yazhou/yindu/200502/37336.html,2011-07-29。

③ 参见《印度煤炭资源及管理特点》,http://nyj.ndrc.gov.cn/gjdt/t20060908_83602.htm,2011-07-19。

产煤区。印度政府设立了由地质调查局、中央矿山计划与设计公司、矿产勘查公司、辛格雷尼公司、奈维利公司、煤炭部和计划委员会等机构的代表所组成的能源矿产分委员会(该委员会又称"中央地质规划局第三小组")负责对区域勘查项目进行审批、协调和监督。促进性勘探由矿业部负责提供相关经费,由中央矿山计划与设计公司负责的资金具体发放事宜。

详细勘探是在经过促进性勘探之后,在相对确定的范围较小的区域内进行更加详细的勘探。一般在促进性勘探之后,政府会对可能富含煤炭资源的区块进行划分,大块矿区分配给印度煤炭有限公司,其余矿区是自用矿区,分配给其他公司。私营企业如果想获得自用矿区须向煤炭部提出申请,由筛选委员会磋商讨论后做出最终决定。该筛选委员会煤炭部长任主席,由钢铁部、电力部、工商部、铁道部、印度煤炭公司及相关的邦政府的代表组成。[①]

详细勘探之前,相关公司应当提交附有具体时间表的勘探计划。根据印度煤炭部 2007 年发布的有关规定,印度煤炭公司所属区块由其下属的中央矿山计划与设计有限公司实施详细勘查;辛格雷尼煤炭公司所属区块由其自己组织实施详细勘查;其他公司所属区块的详细勘查工作由中央矿山计划与设计公司实施或在其直接监督下实施。已经分配的自用区块可以未经促进性勘探而直接由所属公司自行按照煤炭部的指导方针进行详细勘查。中央矿山计划与设计有限公司(褐煤由奈维利公司负责)负责协调区块边界。[②]

2. 煤炭开采

印度《煤炭(国有化)法》自 1973 年通过以来,先后在 1976 年和 1993 年进行了两次修改。该法详细规定了印度煤炭开采制度:钢铁、发电、水泥、煤气化、煤液化等产业可以进行只供自己使用的煤矿开采;印度中央政府、政府所属企业可以不受这种限制;私营公司一般不得进行煤矿开采。

2007 年 10 月 18 日,印度宣布实行新的煤炭分配制度。该制度规定,国防部门和铁路部门的煤炭需求应当给予全部满足;电力部门和化肥部门的正常需求应当予以满足;其他部门可根据本部门的在国民经济和社会生活中的地位以及现行的管理措施,给予具体规定。一般而言,在这些部门的煤炭正常需求中,75% 由《燃料供应协议》中公布的固定价格供应,剩下的 25% 由竞拍或进口等方式取得。

3. 煤炭价格

2000 年,印度中央政府发布了《煤矿管制法令》,正式解除了对煤炭资源

---

① 参见李建:《印度煤炭管理制度研究》,载《中国矿业》2009 年第 8 期,第 52 页。
② 参见李建:《印度煤炭管理制度研究》,载《中国矿业》2009 年第 8 期,第 51 页。

长期实行的价格管制制度,开始了由企业自行定价的新时期。该法令还规定,印度价格委员会负责对煤价进行监管,并对相关企业提出合理化建议。对违反价格法律法规规定的情况,该委员会有权给予相应的处罚。

4. 煤炭安全

早在 2000 年,印度煤矿矿难死亡人数就降为 134 人,远远少于中国。这得益于印度健全的安全法律制度。印度煤炭安全法律制度十分完善,很值得我国借鉴。

印度煤炭安全监管原由 1901 年成立的印度矿山监察局负责,该局于 1967 年改名为印度矿山安全管理总局。该局分为矿山安全处、技术处和管理处,总部设在比哈尔邦的丹巴德。该局把印度全国划分为 6 个矿区,每个矿区都设若干安全监察办事处或安全监察办公室作为总局的派出机构。这些派出机构直接对总局负责。总局要求在煤矿中聘用工人监察员,定期将监察报告交予安全监察办事处或安全监察办公室。总局代表、工人和煤矿管理人员还应当组成煤矿三方安全委员会,定期检查和评估煤矿的安全状况,并制定相关的应急预案。定期检查和评估的安全报告和相应的应急预案也应及时上报。印度还设有全国煤矿安全委员会,负责制定煤矿安全政策,检查各煤炭公司的安全状况。

作为全国最大的煤炭企业,印度国有煤炭公司设立安全理事会。印度国有煤炭公司的董事长兼任安全理事会主席,印度国有煤炭公司分管安全和救护的副总裁任秘书长,成员由印度煤炭部代表、矿山安全监察总局代表、印度国有煤炭公司分管技术的副总裁、印度国有煤炭公司下属子公司总裁和工人代表组成。该理事会专门负责探讨印度国有煤炭公司及其下属子公司的经营安全状况,制定安全政策,指导改进全国所有煤炭公司的安全标准。

印度劳工部负责主持每 3—4 年召开一次的全国矿山安全大会,对全国矿山安全状况进行全面回顾,对安全标准提出改进建议。由大会采纳的建议可以编制到相关立法中去。

印度十分重视煤矿工人的安全技能培训。早在 1966 年,印度就实施了《矿山职业培训条例》,印度安全管理总局为落实该条例进行了一系列规定:各煤炭公司应设立矿山职业安全培训中心,新矿工下井前必须在此进行 24 天的培训,在职的技术工业和在职的非技术工人每隔 5 年进行一次培训,分别为 18 天和 12 天。[①]

---

① 参见董维武:《印度煤矿的安全监管》,载《现代职业安全》2004 年第 4 期,第 60—61 页。

第三节　印度可再生能源法制

一、印度可再生能源政策

长期存在的能源供求矛盾和常规能源的日渐枯竭,使印度越来越注重对新能源与可再生能源的发展,印度政府因此通过一系列政策法律措施试图为新能源和可再生能源发展创造更加有利的条件。2005年印度政府发布《全国电力政策》,规定新能源和可再生能源发电量在全国总发电量中的比重要逐步增加,并由供电公司通过竞标过程来购买电量。由于这些能源在技术上尚不成熟,需要一段时间才能在成本上形成竞争力,印度国家委员会可以通过制定适当的价格差来推广这些技术。2006年1月,印度政府发布了《能源收费政策》,规定印度拨款委员会(Appropriate Commission)可根据新能源与可再生能源在各地不同的可得性及这种可得性的程度对零售电价可能产生的影响,对这类能源的购买确定一个最低的百分比;供电公司采购新能源与可再生能源应该实行优惠价格,具体优惠程度由拨款委员会来决定。2006年印度发布的《国家关税政策》(National Tariff Policy)规定,国家电力监管委员会必须购买一定比例的新能源和可再生能源电厂的电力,具体比例每年由电监会进行分配。[①]

2010年1月,印度中央电力监管委员会通过了可再生能源证书制度,为可再生能源购买双方开辟一个国家级的交易市场。根据该政策,印度中央政府会为全国的公共事业行业尤其是电力生产企业设立一个可再生能源的使用目标,超额完成任务的企业可以向其他企业以证书的形式出售尚存的盈余额度。"每一个证书的价值将相当于使用可再生能源生产1 000千瓦的电力,相关电力生产商还将负责将这些生产出的电力并入电网。"[②]印度政府准备成立一个联邦级的监管机构,负责向电力生产企业签发可再生能源证书。可再生能源证书交易只能在由监管机构批准设立的电力交易所中进行,证书的价格实现充分市场化。这项制度已经在具备一定条件的地区开始试点,逐步推行。

同时,印度"十一五"计划中,将获得中央财政援助计划(CFA)下的50

---

① 参见陈泮勤、曲建升:《气候变化应对战略国别研究》,气象出版社2010年版,第105页。
② 舟彤:《印度出台可再生能源交易制度》,载《中外能源》2010年第2期,第106页。

亿卢比用于77个新能源与可再生能源项目的研发,涉及包括高效太阳能电池、氢和燃料电池的开发、太阳能光伏和太阳热能发电、高度生物甲烷化、中型和大型沼气厂产能发电等。[①]"十一五"计划还规定印度可再生能源发展公司应与印度国家农业与农村发展银行以及国家住宅银行合作,为可再生能源提供资金支持。[②]

此外,印度还积极谋求开发尚处于前沿领域的新能源。例如,印度制定了《国家天然气水合物(可燃冰)方案》(NGHP)。该方案包括地质勘探研究、实验室研究、钻井技术选择和作业安排,并考虑通过与有关专家协商选择适宜的生产技术,现在已经进入了现场开采试验阶段。[③]

二、印度太阳能法制

(一)印度国家太阳能计划

印度大部分地区地处热带,全年日照时数很长,太阳能资源非常丰富。印度长期以来一直致力于太阳能的广泛利用。2008年,印度宣布施行国家太阳能计划。该计划是印度气候变化国家行动计划中最重要的组成部分,要求实施强制性手段促使电网企业收购太阳能电厂的发电,并实行累进目标制度,争取在2012年底实现100万千瓦的太阳能发电能力。2009年11月28日,印度新能源和可再生能源部部长法鲁克·阿卜杜拉在向国会的陈述报告中详细介绍了该国施行的国家太阳能计划情况,到2020年,印度的太阳能发电能力要提升至200亿瓦;到2030年,要达到1 000亿瓦;到2050年,发电量要达到2 000亿瓦。印度将在未来30年内投资9 200亿卢比用于生产太阳能发电设施以及为家庭安装太阳能发电装置等方面。届时,印度太阳能电的价格将与其他传统能源所发的电价格相同。[④]

该计划将分三个阶段实施:①第一阶段将持续至2013年,重点是太阳能集热利用,推广离网系统,服务于人民,而不接受商业化能源,并适度增加并网发电系统;②第二阶段为2013—2017年,推动屋顶太阳能光伏发电应用的主要措施,规划了太阳能集热利用,目标是到2017年达1 500万平方米;

① 参见《印度大力支持本国可再生能源研发》,http://finance. stockstar. com/JL201003110001582. shtml,2011-07-25。

② 参见吴峰:《印度"第十一个五年(2007—2012年)计划"能源政策评析》,载《全球科技经济瞭望》2008年第7期,第15页。

③ 参见张轶斌、徐博:《印度石油安全战略的基本框架及其启示》,载《石油管理干部学院学报》2003年第Z1期,第24页。

④ 参见钱印太:《印度欲领跑全球绿色能源开发》,载《决策与信息》2010年第10期,第6页。

③第三阶段为 2017—2022 年,政府将积极创造条件,建成规模化和有竞争力的太阳能发电系统。到 2022 年,太阳能集热利用达到 2 000 万平方,计划发电能力达到 2 万兆瓦水平。[①] 该计划首次提出对并网发电进行奖励。电力公司可以根据其向国家电网提供的容量申请补贴。目前,对绿色电力的激励措施是资本融资或适应性补偿基金。新能源和可再生能源部将为向电网供电的太阳能光伏发电和太阳能热发电分别提供 12 卢比/千瓦时和 10 卢比/千瓦时的财政补贴。[②] 为实现该计划,印度新能源和可再生能源部还规定银行需提供 4% 利息的软贷款用来鼓励用太阳能热水器替换电热水器。[③] 同时,印度 2011—2012 年联邦预算中将太阳能组建和太阳能日光灯化为可再生能源项目,与制造光伏组件的钢化玻璃和银浆料一起免除关税,以刺激太阳能光伏市场的发展。印度新能源和可再生能源部会同农业部和电力部通过制定法规条例,大力推广太阳能技术与装备,规定从城市到农村,各种新建建筑物都要安装太阳能水加热系统,同时对安装太阳能水加热系统的建筑物所有者给予电力税收优惠。[④]

为配合国家太阳能计划的实施,印度新能源和可再生能源部于 2010 年 6 月 16 日和 7 月 25 日分别出台了《对非并网发电的先进太阳能项目的财政支持政策指南》和《对并网发电的先进太阳项目的政策指南》。《对非并网发电的先进太阳能项目的财政支持政策指南》规定,对光伏发电及太阳热能新上项目予以 30% 的资金支持或 5% 的低息贷款。政府资助以项目的形式进行,并规定项目可以贷款或其他方式融资,但项目承担者的出资比例不能低于 20%。按照规定,非并网发电的光伏项目峰值总功率在 100kwp 以内的以及分布式太阳热能项目有资格入围。对于小型电网及农村用电项目最大单机容量 250 千瓦以内的项目可以入围。2010—2011 年,带有备用电池的光伏发电项目的基准电价为 300 卢比/wp,而不使用蓄电池的(如利用水泵系统)的项目,基准电价为 210 卢比/wp。按照规定,东北和西北部各邦,特别是一些特别落后以及偏远的地区,可以获得较高的资金补助。印度国家银行以及一些小型商业银行都会配合执行此规定。指南对于屋顶太阳能项目以及其他一些并入局域 33 千伏以下小电网的小型太阳能项目也都做出了

①　参见《印度政府开始实施"国家太阳能计划"》,载《玻璃》2010 年第 3 期,第 54 页。
②　参见[印]C·V·J·瓦尔马:《印度非常规能源发展概况》,赵宁琼译,载《水利水电快报》2009 年第 3 期,第 28 页。
③　参见付学谦:《印度的能效与节能状况》,载《电力需求侧管理》2010 年第 5 期,第 80 页。
④　参见柯时:《太阳能热利用在印度》,载《中国改革报》2008 年 4 月 11 日。

相应规定。① 《对并网发电的先进太阳能项目的政策指南》也提出了类似的优惠措施,但优惠程度略小于前一个关于非并网发电项目的政策指南。此外,本指南第 2 章第五部分《太阳能光伏项目选择标准》中第 4 条规定,印度国家太阳能计划的目标,是为了促进国内相关产业的发展,项目开发商应尽量选择本国制造的设备。同时在首批选入 2010—2011 财政年度政府扶持计划的太阳能项目中,单体硅技术项目必须采用本国制造的太阳能组件;对2011—2012 财政年度的第二批扶持项目,将使用印度本国知道的太阳能电池和组件。② 为鼓励国际资本参与国家太阳能计划,印度规定在外商直接投资的太阳能光伏发电等合作项目中 74% 的程序允许自动批准。如果得到印度海外投资促进委员会(Foreign Investment Promotion Board)批准的项目,则可得到 100% 的外商直接投资。原材料与光伏组件免收消费税,并可以从优惠的进口关税中受益。③

(二)太阳能建筑物强制使用

2003 年,印度议会通过了《太阳能(建筑物)强制使用法》,主要内容有:印度每一幢新建建筑物的所有人、承包人、承建人和发展商都有义务按规定的方式在建筑物中安装太阳能辅助热水系统、太阳能光电系统和光热面板发电系统;中央政府设立国家太阳能促进委员会,由主席和 5 位委员领导,并设立秘书处,负责具体落实本法,定期召开会议,履行有关建筑物强制使用太阳能的行政权力;该委员会需要在各邦委派负责本法实施的官员;违反本法可以处以 2 年以下有期徒刑和 1 万卢比的罚金。

国家太阳能促进委员会的职权有:制定属于本法涵盖范围内的建筑物的种类与尺度;制定适用于上述建筑物的附属规章;制定建筑物中利用太阳能弥补电能所需达到的百分比;制定相关优惠政策和激励措施(例如,2006年印度为国内企业使用太阳能热水系统制定了一个优惠的退税计划);向公众普及太阳能光热产品和光电产品的相关技术与知识,宣传此类产品的益处。④

(三)印度地方太阳能政策

在地方法制上,印度各邦也纷纷出台太阳能新政策。例如,印度旁遮普邦政府曾制定鼓励政策,邦政府所属公共设施用电将以每千瓦时 19 美分的

---

① 参见《印度政府出台规定补贴太阳能项目》,http://www.ytstc.gov.cn/ArticleDetail.aspx?aid=8956,2011-07-28。

② 参见周馨怡:《印度政府拟禁止进口太阳能设备》,载《21 世纪经济报道》2010 年 9 月 1 日。

③ 参见陈泮勤、曲建升《气候变化应对战略国别研究》,气象出版社 2010 年版,第 106 页。

④ 参见何建坤:《国外可再生能源法律译编》,人民法院出版社 2004 年版,第 244—245 页。

价格购买太阳能电。① 2010 年,印度古吉拉特邦通过了一项太阳能政策,提出了一些优惠措施,同时该政策对土地和水资源、疏散网络的可用性以及本地化供应链等问题做出了详细的规定。作为该项政策的重点工程,2011 年古吉拉特邦投资大约 124.7 亿卢比开工建设了一个 500 兆瓦的太阳能园,目前,已经开始施工。该项目是亚洲该类型中规模最大的项目,将超过日本国内住宅用太阳能电池的年供给量。该项目由古吉拉特电力公司负责,亚洲开发银行(ADB)预定向包括太阳能园及供电网在内的供电线建设贷款 1 亿美元。该电力公司在 2 500 公顷的土地上,将建设电力、水、道路等基础设施,把占地面积划分给约 70 家运营商。运营商生产的电力将按照古吉拉特邦的固定价格收购制度(Feed-In Tariff,FIT),由各地区的电力公司以 13 卢比/千瓦时的价格收购 12 年。到 13 年后仍将以 9 卢/千瓦时的价格收购,在 25 年内确保较高的固定价格。②

2011 年 4 月 19 日,印度拉贾斯邦发布了《2011 年拉贾斯邦太阳能政策》。该政策要求 2011—2013 年使并网的光伏系统最少达到 550 兆瓦。拉贾斯邦可再生能源有限责任公司(RRECL)负责实施该邦的太阳能政策,该公司公布了价值 250 兆瓦项目的选择请求(RfS)文件的修订草案。该修订草案包含业内人士的一些关键性建议,并有可能作为正式文件供开发商在拉贾斯邦太阳能政策下投标项目时使用。拉贾斯邦可再生能源有限责任公司还公布了关于这些项目的购电协议(PPA)的草案。该草案规定,这 250 兆瓦项目的竞标将包括 50 个屋顶项目,每个项目规模 1 兆瓦,还有 100 兆瓦的太阳能光伏项目以及 100 兆瓦的太阳能热发电(CSP)项目。招标将在 2011 年 9 月下旬开始,而提交申请的时间为 8—9 月。对光伏项目的补贴标准为 15.32 卢比/千瓦时,而太阳能热发电项目的补贴标准为 12.58 卢比/千瓦时。开发商必须在此补贴标准上提供更优惠的价格以赢得竞标。投标不仅面向印度本土的公司,同时也面向国际公司。在这 250 兆瓦的项目中,每家公司可以申请价值 61 兆瓦的项目——包括一个 1 兆瓦的屋顶项目,最多到 10 兆瓦的光伏项目以及 50 兆瓦的太阳能热发电项目。拉贾斯坦的太阳能政策并没有贯彻印度《对并网发电的先进太阳能项目的政策指南》中的本土化要求,开发商可以任意选择印度或者国外的操作技术。草案还给出为电站及变电站建立疏散基础设施的明确参数,弥补了印度国家太阳能的相关

---

① 参见沈敏:《印度太阳能产业艰难起步》,载《经济参考报》2010 年 1 月 15 日。
② 《崛起的亚洲可再生能源之印度篇》,http://solar. ofweek. com/2011-07/ART-260009-8420-28473155. html,2011-07-31。

不足。但是该政策与国家太阳能计划相比还具有一定的劣势：拉贾斯邦电力监管委员会(RERC)对太阳能发电补贴提供的监管期只有 10 年，之后邦电力监管委员会将根据当时的市场条件重新计算补贴标准，而国家太阳能计划将为开发商提供为期 25 年的固定的补贴。[①]

2011 年 7 月 1 日，印度卡纳塔克邦公布了其最新的太阳能政策，准备在 2016 年前完成 350 兆瓦太阳能项目的目标。当地政府计划向邦内各分销公司(ESCOMS)分配 40 兆瓦的直接销售项目，总量将可达 200 兆瓦；另有总量为 50 兆瓦的捆绑式光热项目将被指派给国有公共事业部门进行开发；余下的 100 兆瓦项目将在可再生能源认证机制(REC)下进行。这些项目将不会享受优惠税或补贴，但当其将所产电能以相关分销规定的平均购电成本(APPC)向公共电网进行出售的时候，将获得相应的可再生能源证书。该计划还对可再生能源的购买义务(RPOs)做出了要求。邦内的各分销公司以及相关消费者现在必须确保其能源消费总量中的 0.25% 来自太阳能发电。如果他们不能完成此项义务，则可通过购买可再生能源证书来履行。此项制度将为在可再生能源认证机制下落实的这 100 兆瓦的项目提供强有力的保障。但此新政并未对光伏项目和聚光太阳能发电(CSP)项目进行具体区分。2016 年之前所开发的总量为 200 兆瓦的项目中，每一个项目的规模大都为 3—10 兆瓦，但聚光太阳能发电项目的最小规模要在 5 兆瓦以上，并没有规定规模的最高上限。卡纳塔克电力监管委员会(KERC)日前为邦内 2013 年 3 月 31 日前获批的项目承诺了 25 年不变的税率补贴。光伏项目可获得的最高补贴额为每度电 14.5 卢比，而聚光太阳能发电项目则为每度电 11.35 卢比。这些项目将会被批给在最高补贴价基础上报出最高折扣的开发商。卡纳塔克邦可再生能源发展有限公司(KREDL)是该政策的负责中心机构，向各分销公司售电的项目将通过竞标的形式分配。卡纳塔克邦可再生能源发展有限公司将负责为这些项目的选择请求文件起草草案。选择请求文件详细规定了项目拨款的条款、条件以及开发商提交标书中所需的文件。开发商所需的资金及技术要求在选择请求文件中也应有说明。此外，该新策还允许开发商在 11 千伏及以上的系统注入功率，而国家太阳能任务则要求系统必须在 33 千伏及以上。发展 11 千伏的变电站对于电站来说比 33 千伏的变电站要便宜，后者需要高成本的构件，这将帮助开发商降低项

---

① 参见吴晓颖：《印度拉贾斯邦宣布 250MW 光伏项目投标日期》，http://newenergy. in-en. com/html/newenergy-14441444131090685. html，2011-07-28。

目成本。[①] 卡纳塔克邦还将继续对国家太阳能计划等项目给予支持,并在国家太阳能计划和邦政府的太阳能政策规范下制定了 2013—2014 年进一步开发 126 兆瓦太阳能项目的目标。

　　总的来看,印度太阳能产业发展迅速,也取得了一定的成绩;印度太阳能法制较为完备。但是,印度为发展太阳能所制定的法律与政策(尤其是激励政策和优惠措施)在具体落实时却面临很大的困难。目前,印度太阳能发电成本较高,每千瓦时为 12—14 卢比,远高于煤电每千瓦时 5 卢比的成本。因此,印度政府若想大力引导太阳能产业的发展,就必须为此拨付大量资金,并规定提供相应的经济激励政策。但因国际金融危机和印度持续近两年的高通胀的影响,印度央行频繁加息,企业借贷成本已攀升至 2008 年以来的新高;加之印度股市也无法令投资者振奋,企业通过股市融资也难达到预期效果,太阳能产业因此陷入资金匮乏的窘困之中。建设环节的拖沓也影响到太阳能的有效利用。目前,在印度南部的一些省份,由于电网建设迟迟不能到位,农村地区的家庭正越来越多地使用小型太阳能发电设备照明,对太阳能的实际利用率很低。[②] 因此,如何谋求太阳能激励政策和经济发展水平的平衡,成为印度政府国家太阳能计划所面临的一大挑战。

三、印度水能法制

　　印度绝大部分地区属热带季风气候,雨水充足,河流众多,其中恒河和布拉马普特拉河均为举世闻名的大河,水能资源极为丰富。2008 年,印度水能总产量为 114 太瓦时,占世界总产量的 3.5%,居世界第七位;水电装机容量为 36 吉瓦,占世界水能发电总装机容量的 3.9%,居世界第七位;水能发电量占全国发电总量的 13.8%,接近世界平均水平(16.2%)。[③] 据估计,印度的水电潜能为 1 500 亿瓦,在 60% 的负荷条件下约为 840 亿瓦。就可开发的潜能而言,印度位居世界第五位,但现在仅开发了 17%。印度长期以来非常重视水电项目。1997 年,印度水利电力委员会提出了水电开发的政策建议。1998 年 8 月,印度正式公布了《水电开发政策》,强调发展小水电,增加私人投资;简化中央电力局对水电项目审批程序;对水电站设备利用率奖励标准从 90% 降至 85%;通过中央与邦财政预算及电力财务公司增加水电开

---

　　① 参见刘珊珊:《印度卡纳塔克邦出台太阳能新政策项目》,http://www.solarbe.com/news/content/2011/7/18447.html,2011-07-28。

　　② 参见王磊:《印度太阳能计划遭遇"差钱"窘境》,载《人民日报》2011 年 7 月 6 日。

　　③ See IEA:Key World Energy Statistic 2010, http://www.iea.org/textbase/nppdf/free/2010/key_stats_2010.pdf,2011-07-14。

发资金;征收电力消费税来设立电力发展基金,其基金 2/3 用于邦政府促进电力开发,1/3 用于推动水电开发;允许水电部门在用电高峰时采用不同的价格政策,以吸引对水电项目的投资;为降低因不同地域产生的风险提供制度保障机制;简化从邦政府向中央国营企业、邦政府与私人部门之间转移结算程序;将装机容量 25 兆瓦的小水电项目开发管理从电力部转移到非常规能源部(现为新能源和可再生能源部),并为小水电开发提供一系列优惠政策。① 印度力求在"十一五"期间能够全面覆盖全国,缩小城乡用电差距,进而实现全国的电气化。截止到 2007 年 6 月,印度全国水电总装机容量为37 000 兆瓦,政府准备在"十一五"计划末期把水电比例提高到 29%。②

鉴于水电的特殊性,印度 2003 年《电力法》对其进行了专门的规定。水电工程涉及公共安全,涉及不同邦之间的复杂关系,实施方面需要通过联邦进行行政许可;印度新能源和可再生能源部负责水电项目的规划与监管;以BOT 方式或其他合适的管理方式开发大批小型或微型水电工程;简化中央电力局的技术、经济和环境等许可证的转让程序;制定合理的水电工程电价,并允许在峰荷期间上调电价;允许开发者向政府提出一些可接受的追加成本的建议等。③ 2008 年,印度政府为促进水能资源丰富的东北地区水电项目的开发出台新政策,"为使当地居民获得稳定收入和福利,政府提供资金支持;另外,每一受影响的家庭 10 年中每年可免费享受 100 度电"④。

印度中央电力局下设专门的水电机构,负责水能资源开发的可行性规划研究与制定工作,并根据实际情况对水电的技术和环境行政许可的设立和转让程序进行了简化,制定了符合实际要求的水电价格。同时,印度新能源和可再生能源部下设可再生能源开发署,"专门为包括小水电在内的可再生能源技术的开发提供低息贷款,并帮助可再生能源项目进行融资"⑤。可再生能源开发局成立后积极开展与联合国开发署(UNDP)、国际能源署、全球环境基金(GEF)和世界银行等国际组织的交流与合作,还颁布了许多促进国际资本和私人资本参与水电建设的优惠政策和指南。此外,印度还设

---

① 参见赵建军:《印度电力改革及其成效分析》,载《华北电力大学学报(社会科学版)》2003 年第 3 期,第 32—33 页。

② 参见贾金生、徐泽平、冯明珲:《国外水电发展概况及对我国水电发展的启示(五)》,载《中国水能及电气化》2010 年第 7 期,第 6 页。

③ 参见戴江涛:《印度替代能源大行其道》,载《中国石油石化》2006 年第 4 期,第 38 页。

④ 李海英、冯顺新、廖文根:《全球气候变化背景下国际水电发展态势》,载《中国水能及电气化》2010 年第 10 期,第 35 页。

⑤ 赵建达:《借鉴印度经验创新小水电技术》,载《中国农村水利水电》2008 年第 1 期,第 117 页。

有国家水电公司(NHPC)等水电事业机构,为印度地方各邦加快水电工程建设提供相应的服务。

在地方立法上,印度"有 16 个邦制定和宣布了详细的激励政策和资助计划,选择了总计大于 2 600 兆瓦装机的可开发小水电站址向私人投资者开放;印度本土有 10 多家小水电设备制造厂(包括合资)可生产水力发电整机和配件"①。

四、印度风能法制

印度大部属热带季风气候,风能资源十分丰富,潜在风能储量近 450 亿千瓦。印度风能项目启动可以追溯到 20 世纪 80 年代。2004 年,印度在南部的卡纳塔克邦建立了一个风能研究中心,试图通过研究提高风能在印度能源结构中的比重。2009 年 3 月,印度风电装机容量已经达到 10 242.3 兆瓦。② 目前,印度已拥有发电设置能力 11 吉瓦,发展前景广阔。

为促进风能的发展,印度政府规定,安装风力发电的基本设备可在第一年 100％折旧,风电开发商可以将风电的投资计入其经营的其他产业成本,并用以抵扣所得税;风电销售收入免税 5 年;对风机制造所需的专用轴承、齿轮箱、零部件、传感器和叶片生产所需部件及原材料免征关税,对用于风机制造所需的液压刹车部件、万向联轴器、刹车钳、风机控制器和叶片减征关税,对发电机制造所需的部件免征消费税。③

此外,印度通过一揽子财政优惠政策,设立风电专项周转基金,设置相关渠道让风能企业可以通过国有机构(包括印度可再生能源发展机构有限公司、电力财务有限公司和农村电气化有限公司等)获得优惠贷款,通过软贷款形式资助风电项目。印度新能源和可再生能源部下设的可再生能源开发署(Indian Renewable Energy Development Agency，IREDA)也为风电项目提供长期低息贷款。

同时,印度政府还详细规定了电网企业收购风力发电的电量,并要求电网企业和风电开发企业双方签署长期的标准化收购合同,风电开发商一年之内可以在电网中贮存自己风机发出的电量长达 8 个月;风电开发商可以直接通过电网将电力卖给第三方,电网只收取 2％的手续费。④ 印度新能源和

---

① 赵建达:《借鉴印度经验创新小水电技术》,载《中国农村水利水电》2008 年第 1 期,第 117 页。
② 参见龚伟:《印度能源外交与中印合作》,载《南亚研究季刊》2011 年第 1 期,第 30 页。
③ 参见《印度风电亚洲领先源于政策激励》,载《节能与环保》2006 年第 9 期,第 6 页。
④ 参见《财税优惠劲吹印度风电》,载《中国税务报》2003 年 12 月 19 日。

可再生能源部也于 2010 年初发布了发电刺激计划(GBI),详细阐述了风力发电并网税收优惠政策。该计划使"从风力发电项目进入电网的电费为 0.50 卢比(约合 0.01 美元)/(kW·h),现已由印度可再生开发局(IREDA)予以实施。市场价加上 GBI,将限定风力发电最大价为 62 卢比/MW"[①]。印度政府为了扩大风电的消费量还规定,风电销售量应当每年提高 5%,由政府为其提供安全支付机制。[②]

印度为发展风电产业,给予地方各邦政府充分的权力。印度地方政府为鼓励企业风力发电,通过各种途径集资设立风力农场,允许企业购买风力发电机安装到风力农场内,将生产的电力交付给本邦的电力委员会,用以抵充自己的用电成本。[③] 由于风力发电成本远远低于电力市场价格,这一措施深受企业主的欢迎。

总的来看,印度风能法制主要局限于一些能源基本法律、政府政策尤其是优惠政策层面,还没有形成专门并具特色的法制。

五、印度生物质能法制

印度大部分地区处在热带或亚热带地区,光热资源丰富,生物物种繁多,生物质能发展前景广阔。印度有 6 390 万公顷的荒地可以栽种含油丰富的非食用油料植物麻风树,其他如贫瘠的荒地、沙漠、沟壑地、退化的草地、废弃的矿山地也可以种植作为生物能源原材料的植物。[④]

印度长期以来大力发展的是生物燃料。1977 年,印度就成立了 6 个委员会和 4 个研究机构研究探讨乙醇混合燃料问题。印度政府还通过立法决定在 2002 年年末之前使 8 个邦引入汽油与乙醇的混合燃料(5%乙醇汽油溶液),并决定进一步在全国推广。此外,印度内务部也决定使用乙醇与柴油混合燃料(10%乙醇与柴油混合)。[⑤] 2005 年 10 月,石油和天然气部制定了生物柴油采购政策,主要内容包括:推动立法机构将开发和使用生物能源纳入法制轨道;将生物柴油归类入可再生能源,为生物柴油企业提供 10%—15%的装备投资补贴,以免缴增值税、关税优惠、加速折旧和所得税抵免的

---

① 《印度风电政策的税收优惠》,载《中国设备工程》2010 年第 3 期,第 15 页。

② 参见李天华、李成效:《试析印度发展风电产业的经验对我国的启示》,载《生态经济》2006 年第 7 期,第 135 页。

③ 参见郎楷淳:《低成本低税收成就印度"风能大王"》,载《中国企业报》2006 年 8 月 4 日。

④ 参见杨翠柏:《印度:蓝孔雀之国的能源焦虑》,http://www.indaa.com.cn/zz/nypl/nypl0907/200907/t20090722_191118.html,2011-07-19。

⑤ 参见张轶斌、徐博:《印度石油安全战略的基本框架及其启示》,载《石油管理干部学院学报》2003 年第 Z1 期,第 24 页。

方式落实政府的税收优惠政策;①对于在荒地种植麻风树(jatropha,一种含有丰富的非食用油料作物)的农民给予优惠贷款;贷款偿还期可以延长4年;与农民签订回收麻风树果合同。② 印度还设立了国家油料种子和蔬菜油发展局,负责管理油料作物的种植、收获、研究和利用等事务。2009年底,印度政府批准了《国家生物燃料政策及其执行方案》,决定成立国家生物燃料协调委员会和生物燃料指导委员会;利用荒废、退化、边缘土地种植非食用油籽来生产生物柴油;建议到2017年实现混合使用生物燃料达到20%的指标,包含生物柴油和生物乙醇;定期调整公布对非食用油种子的最低扶持价格(MSP),为种植者提供合理的价格;定期调整公布生物乙醇和生物柴油的最低购买价格(MPP);重点支持生物燃料种植、加工和生产方面的研究、开发及示范,包括第二代生物燃料和财政激励措施,如补贴和奖金。在必要情况下,印度将会考虑成立国家生物燃料基金。③ 此外,印度重视利用清洁发展机制(CDM)开发生物质能项目,约占印度全部注册清洁发展机制项目的1/3左右。④ 印度新能源和可再生能源部还提出要在"十一五"计划期间投资1 040万卢比用于发展新的生物可再生能源。⑤

　　但是,由因于原材料价格过高、印度各邦政府不利的市场销售政策以及中央与地方双重征税等问题长期存在,中央政府制定的政策在地方上难以落实,致使印度生物质能尤其是生物燃料的发展一直受到限制。⑥ 因此,印度政府近期又大力推广针对地方各邦生物质能领域的优惠政策,以扶植地方各邦生物质能的健康发展。例如,政府出台了兴建生物质发电和甘蔗渣热电联产工程的激励措施,包括对地方政府和生物质能企业实行资本补贴以及加速折旧、免税、免责等政策;地方政府和生物质能企业从印度可再生能源开发局获得开发生物质能定期贷款等财政激励。⑦

---

①　参见满相忠、王珊珊:《国外开发生物质能优惠政策及其经验启示》,载《地方财政研究》2007年第8期,第60—61页。

②　参见杨翠柏:《印度能源政策分析》,载《南亚研究》2008年第2期,第58页。

③　参见《印度批准国家生物燃料政策》,http://kjj. jiangyin. gov. cn/jykjj/sitePages/subPages/1350760001183639. html,2011-07-19。

④　参见徐向阳:《能源供应安全视角下中印生物质能源利用的比较》,载《自然资源学报》2010年第10期,第1811页。

⑤　参见[印]C·V·J·瓦尔马:《印度非常规能源发展概况》,赵宁琼译,载《水利水电快报》2009年第3期,第27页。

⑥　参见《印度生物质能源法未使燃料走上正轨》,http://www.zgswz.com/news/9605741.html,2011-07-19。

⑦　参见[印]C·V·J·瓦尔马:《印度非常规能源发展概况》,赵宁琼译,载《水利水电快报》2009年第3期,第29页。

第四节 印度节能法制

印度是一个人均能源占有量很小的新兴发展中国家,能源供给相对短缺已经成为制约该国经济社会进一步发展的重要瓶颈,能源危机伴随的工农业发展滞后、通货膨胀和失业问题层出不穷,长此以往必将激化印度原有的政治、经济和种族矛盾,造成该国社会体系的崩溃。印度政府也清醒地认识到这一点。所以,对印度来说,填补能源缺口的最有效、最经济的方法,就是加大节约能源、保护能源的力度。基于此种重视,相应的节能法制也逐渐得以建立。

一、印度节能法律规范

(一)印度《能源节约法》(The Energy Conservation Act)

《能源节约法》有时还被译为《能源保护法》,是印度节能法中的基础性法律。印度《能源节约法》涵盖面很广,不仅提供了有关节约能源的法律框架、制度性安排和监管机制,促使节能运动在全国开展,而且为保护和合理利用能源制定了合理的制度规范和严格的管理标准,甚至在一定程度上能够起到印度能源基本法的作用。

该法分为10章,第1章为前言(Preliminary),第2章为能源效率局的注册和设立(Establishment and Incorporation of Bureau of Energy Efficiency),第3章为能源管理中心的资产转让、责任和工作人员(Transfer of Assets, Liabilities and Employees of Energy Management Centre),第4章为能效局的权力及职能(Powers and Functions of Bureau),第5章为中央政府提高能源利用效率和节约能源的权力(Power of Central Government to Enforce Efficient Use of Energy and Its Conservation),第6章为邦政府提高能源利用效率和能源节约的权力(Power of State Government to Enforce Certain Provisions for Efficient Use of Energy and Its Conservation),第7章为中央政府的赠款和贷款(Grants and Loans by Central Government),第8章为罚则(Penalty),第9章为上诉法院的设立(Establishment of Appellate Tribunal),第10章为中央政府对能源效率局的领导权力(Power of Central Government to Issue Directions to Bureau)。

该法的主要内容包括以下几个方面。

(1)在节能监管机构方面,该法规定,印度联邦中央政府设立印度能效局(Bureau of Energy Efficiency，BEE)，专门负责督促各部门的节能工作，制定节能法规。印度能效局由印度国家委员会领导，该委员会由与能源相关各部的部长和秘书组成，成员不少于 20 人，不多于 26 人。[①] 此外，该法还授权中央政府及邦政府在特定的情况下，在有效利用能源和节能方面履行相应的权力和职责。

(2)在工业生产领域，政府应当督促工业企业定期以通报的形式将能源密集型产业、商业建筑产业等用能大户定性为指定消费者，并为指定消费者执行相应的能源消费规范和标准，实行定期考核，敦促其遵守相关能耗标准。此外，政府还应直接命令指定消费者须设立已认证的能源管理人员具体负责节约能源和提高能效的活动。同时，通过经认证的能源审计员在一定的时间内以一定的方式对指定消费者进行能源审计，经认证的能源审计员未指定消费者建议的计划，政府与指定消费均须采纳。政府还应定期听取指定消费者定期提供的能源消费信息，以检查指定消费者是否符合能源消费规范和标准。

(3)在建筑物领域，中央政府应当为建筑物制定《节能建筑规范》，邦政府则应根据本地实际情况，在不违反《节能建筑规范》规定的基本原则的前提下，制定符合自身客观条件的地方《节能建筑规范》。同时，不只是建筑企业，建筑物的所有者和使用者也应符合《节能建筑规范》的具体规定。

(4)在涉能设备和电器等领域，政府应当向法律规定的设备和电器企业进行通告。法律规定，已通告的设备和电器企业应直接强制接受能源标签所符合的标准。同时，政府还应强力推行能源消耗标准。不符合上述标签和标准的已通告设备和电器不得进口，不得制造、销售、购买。[②]

该法还规定，所有政府部门、公共设施必须切实提高能源的使用效率，确保在未来几年内将能源消耗降低至少 30%；如果有政府部门、国有企业用电每年超过了 1 兆瓦，就会被列入电力消耗大户"黑名单"，自动执行能源强制审计制度。[③] 坚决制止一些陈旧过时的生产技术或无节电功能的生产设备和家用电器进入印度市场。[④] 政府还通过调整补贴的办法来引导部分企业主动实施节能改造，如化肥行业等。此外，政府还要通过改用液化天然

---

①　参见杨翠柏：《印度能源政策分析》，载《中国法学会能源法研究会 2009 年会论文集》，第 160 页。

②　参见夏怡：《印度的能效法律法规》，http://www.tbtmap.cn/portal/Contents/Channel_2125/2010/0115/94674/content_94674.jsf? ztid=2172,2011-07-22。

③　参见牟雪江：《看印度能源做法》，载《中国石油企业》2008 年第 Z1 期，第 35 页。

④　参见戴江涛：《印度的非石油能源战略》，载《国际技术经济研究》2006 年第 3 期，第 45 页。

气、技术升级换代等办法提高能效。[①]

该法的特色是建立了能源节约上诉法院制度。印度设立能源节约上诉法院,受理对审判官员、中央政府、邦政府以及其他国家机构依《能源节约法》所发的命令提出的上诉。上诉法院一般由主席和不超过 4 个成员的人数构成。负责具体案件的法官席一般由主席和认为合格的 2—3 名成员组成。该法还规定了上诉法院主席、成员的任职条件、资格、任期及待遇等。任何人如果认为自身权利在《能源节约法》实施过程中受到公权力的不法侵害,都可以在收到命令 45 天之内向能源节约上诉法院提起上诉。收到上诉请求之后,上诉法院可以给当事人一个听证的机会。从上诉之日起算,上诉法院应当在 180 日内完成处理。同时,该法还规定,能源节约上诉法院不受印度《民事诉讼法》相关规定的约束,但应遵循自然公正原则。[②]

(二)印度节能法规

印度与节能有关的政府法规,主要包括:2006 年 12 月 23 日,印度公布的《能源节约规则》(Energy Conservation Rules),规定了能源管理人员的最低资格。2007 年 3 月 2 日,印度再次公布《能源节约规则》,规定了指定消费者提交能源消费情况报告的样式及方法。2009 年 7 月 15 日,印度能效局发布了《能源管理人员认证程序法规草案》(Draft regulations for Certification Procedure for Energy Managers)。2007 年 5 月,印度政府制定《建筑节能规范》,要求在大型商业建筑中使用节能技术。[③] 此外,印度《能源节约法》规定,为确保该法顺利实施,印度应当在官方公报发布相关的次级法规。在涉能设备和电器领域,印度能效局先后通过了《管形荧光灯标签样式及标示方法》、《室内空调标签样式及标示方法》、《配电变压器标签样式及标示方法》、《无霜冰箱标签样式及标示方法》、《关于管形荧光灯/室内空调/配电变压器/无霜冰箱标签样式及标示方法的能源消耗标准》等。能效标准一般由印度标准局(BIS)制定,由能效局正式公布。

(三)其他涉能法律文件

印度其他能源单行法也对节能有具体的要求。例如印度《电力法》规定,印度中央政府应成立电力监管委员会(ERCS),主要负责电力需求侧管理(DSM)计划的制定与执行,并为其承担经费,以促进降低能耗,提高电能利用效率。

---

① 参见黄云松、黄敏:《浅析印度应对气候变化的政策》,载《南亚研究》2010 年第 1 期,第 73 页。
② 参见杨翠柏:《国际能源法与国别能源法(上)》,巴蜀书社 2009 年版,第 663—667 页。
③ 参见杨翠柏:《印度能源政策分析》,载《南亚研究》2008 年第 2 期,第 57 页。

(四)印度节能地方立法

印度幅员辽阔,国土面积居世界第七,各地具体情况不同。同时,印度是联邦制国家,地方权力较大。因此,地方节能立法在印度节能法制中也占重要地位。例如,2007 年 6 月 24 日,印度旁遮普邦政府发布命令,禁止所有政府机关使用空调设备,以促进节约能源,确保农业每天 8 小时用电不间断。[①]

二、印度节能机构

(一)印度中央节能监管机构

《能源节约法》授权中央政府在有效利用能源和节能方面的权力和职责。中央政府可以直接强制实行已通告设备及电器的标签、规定已通告设备及电器的能源消耗标准、禁止制造、销售、购买及进口不符合上述标准的已通告设备及电器。[②]

根据 2001 年的《能源节约法》,印度能源部下设能效局,其主要职责有:为中央和地方政府提供咨询;制定减少能源密集度的政策和战略;领导协调有关各方落实关于提高能源、节约能源的战略与计划;制定具体的《节能建筑规范》;为冰箱、空调、电动机、农用水泵和配电变压器制定标准与标识;监管指定消费者的活动;评选能源管理员和能源审计员,制定强制性能源审计的方式和周期,制定关于能源消耗的报告和针对能源审计员的建议所采取行动的报告格式;推广高效节能工艺、设备、装置和系统的使用;安排和组织关于能源有效利用及节能技术的人员和专家培训;采取措施鼓励对使用能效设备或器具的优惠待遇,推动创新能效项目的融资,对促进能源有效使用和节能的机构提供财政援助;贯彻落实《能源节约法》和其他能源法规、政策和计划;积极倡导公私合作的能效输送机制等。

印度政府想通过能效局的设立,促进在《能源节约法》的整体框架内发展印度能效政策和战略,加强对自我监管和市场原则的管理和规范,最终提高能源效率,降低能源消耗量,维护能源安全。[③]

印度石油天然气部领导下的石油节约研究协会(PCRA)也是印度重要的节能机构,可为运输部门的驾驶员训练项目、交通站设置研究、汽车修理

---

① 参见付学谦:《印度的能效与节能状况》,载《电力需求侧管理》2010 年第 5 期,第 80 页。

② 参见童生华:《印度的能效法规和标准》,http://www.tbtmap.cn/portal/Contents/Channel_2125/2010/1217/113299/content_113299.jsf? ztid=2149,2011-07-28。

③ 参见童生华:《印度的能效管理机构》,http://www.tbtmap.cn/portal/Contents/Channel_2125/2010/1217/113297/content_113297.jsf? ztid=2149,2011-07-28。

厂改造提供贷款。此外,石油节约研究协会还不断资助有助于节能的新技术、新工艺、新设备的研究与开发,并将成果转让给相关公司进行商业化运用。①

印度还规定,印度绿色商务中心(GBC)和印度工业联会(CII)等社会组织有责任为企业提供技术援助和培训,并赋予这些组织以一定的管理职能,以促进工农业生产中的节能。②

(二)地方节能监管机构

在节能监管机构方面,《能源节约法》授权邦政府具有负责本邦内部有效利用能源和节能方面的权力和职责。该法第 15 节还规定,各邦政府应与能源效率局磋商,通告某一机构作为其指定机构(SDAs),负责在邦的层面协调、管理、推广及实施《能源节约法》。印度能效局将积极与其合作并为其提供一切必要的支持。③

三、印度节能政策

印度"十一五"计划中提出了明确的能源目标,要求在 2012 年前减少 5%的能源消耗,相当于节省了 100 亿瓦的电力。为此,印度推出了"家用灯计划"(Bachat Lamp Yojana,BLY 计划)与"标准和标签计划"(S&L 计划)。家用灯计划是印度能效局在 2008 年 5 月 28 日正式提出,要求用高品质紧凑型荧光灯(CFLs)取代家用白炽灯。政府拟用清洁发展机制提供的资金弥补高品质紧凑型荧光灯同传统白炽灯的差价,以实现高品质紧凑型荧光灯能够与国内市场上的白炽灯的价格基本相同。印度政府认为该计划每年可以节省约 60 亿瓦的电力需求,相当于节省 2 000 万吨的二氧化碳排放量。④

标准和标签计划于 2006 年 5 月 18 日正式实施,目的是通过为高耗能设备及家电制定最低能源性能标准,向消费者提供节能信息,以实现既定的节能目标。印度能效局直接负责该计划。印度的标准和标签计划原本为自愿性计划,但印度发布的能效法规中所规定的强制装配能效标签的商品除外。

申请能源标签,首先要在印度能效局网站注册,详细阅读相关标准和法

① 参见张轶斌、徐博:《印度石油安全战略的基本框架及其启示》,载《石油管理干部学院学报》2003 年第 Z1 期,第 24 页。

② 参见付学谦:《印度的能效与节能状况》,载《电力需求侧管理》2010 年第 5 期,第 80 页。

③ 参见夏怡:《印度能效监管机构》,http://www.tbtmap.cn/portal/Contents/Channel_2125/2010/0115/94676/content_94676.jsf?ztid=2172,2011-07-22。

④ 参见童生华:《印度的国家能效计划及政策》,http://www.tbtmap.cn/portal/Contents/Channel_2125/2010/1217/113298/content_113298.jsf?ztid=2149,2011-07-31。

律文件,填写申请表、相关协议,缴纳相关费用。印度能效局负责审查,审查通过后再向申请者发送电子邮件或纸质信件,申请者就可以在商品上添加相关标签。印度能效局负责定期检查标签内容和标签展示方式,检查应由在能效局注册的经国家实验室认可委员会(NABL)认证的独立实验室完成。[1]

此外,印度在 2008 年 6 月 30 日发布的《气候变化国家行动计划》中,将提高能效计划列为八大计划之一。提高能效计划由印度能源部和能效局负责,主要内容包括:①执行、实现及贸易(PAT),即为指定消费者建立一个市场基础的能效促进机制。为每家能效密集型企业进行能源审计和成本效益分析,设置具体能源消耗目标,强制要求指定消费者在 3 年内(2009—2012年)达到该目标,超额完成目标的指定消费者可以将能源许可证卖给未能达到目标的消费者,未能达到目标的消费者必须购买许可证,否则将被罚款。②能效的市场转换(MTEE),即通过清洁发展机制措施刺激推广能效电器,使这些产品更便宜。③能效融资平台(EEFP),即通过市政、建筑和农业部门的需求侧管理计划,为公私合作提供资金,以减少能源消耗。④能效经济发展框架(FEEED),即发展财政手段以促进能效。[2] 该计划试图在 2012 年前节省相当于 10 000 兆瓦电力的能源当量。

《京都议定书》中规定的清洁发展机制作为广大发展中国所青睐的碳金融交易形式,已经被印度广泛利用,交易主体已经突破国有大中型企业的范畴,拓展到民间经济主体上,为碳金融的发展提供了一个广阔、宽松的投资环境。印度在法律许可的范围内推出了多种碳金融衍生产品,除前面提到的可再生能源证书交易之外,还包括"多种商品交易所(MCX)推出的欧盟减排许可(EUA)期货和 5 种核证减排额(CER)期货,以及印度国家商品及衍生品交易所于 2008 年 4 月推出的 CER 期货。印度所签发的 CER 与中国签发的相比,具有 2—3 欧元的溢价,流动性更高"[3]。

---

① 参见童生华:《印度的能源标签》,http://www.tbtmap.cn/portal/Contents/Channel_2125/2010/1217/113300/content_113300.jsf? ztid=2149,2011-07-28。

② 参见童生华:《印度的国家能效计划及政策》,http://www.tbtmap.cn/portal/Contents/Channel_2125/2010/1217/113298/content_113298.jsf? ztid=2149,2011-07-28。

③ 权微微:《基于印度低碳经济发展的中国低碳经济发展建议》,载《财经界(学术版)》2011年第 3 期,第 22 页。

第五节　印度对外能源合作

一、印度与中国的能源合作

作为两个重要的发展中大国,中印两国之间深入开展各项能源合作。2003 年 6 月 23 日,中国与印度在北京签署了《中华人民共和国水利部和印度共和国非常规能源部在可再生能源领域的合作谅解备忘录》。根据谅解备忘录,中印双方将在小水电、风能和其他可再生能源领域开展多种方式的合作。2005 年 12 月,印度石油天然气公司和中国石油天然气集团公司联合投标,获得加拿大石油公司在叙利亚油田的 37% 权益。由此,这两家由政府掌控、经常竞购能源资产的公司能够在此良性地分配资产。同时,印度天然气管理局(GAIL 公司)也与中国石油化工集团公司、中国海洋石油总公司和北京市燃气集团有限责任公司签署了合作协议,并入股中国燃气 3 120 万美元。① 2006 年 1 月,印度政府与中国政府签订了《中印石油与天然气合作备忘录》,声明中印两国政府要加强油气等能源领域的交流与合作,包括鼓励两国企业在世界石油贸易、运输领域进行合作;鼓励两国企业在第三国联合勘探、开发油气能源,包括联合投标、成立合资公司等;在双方有参与权以及一方可以根据其在第三国参与份额提供适当伙伴关系的情况下,按双方达成的条款共同参与一方在第三国现有的油气田;鼓励两国企业和机构在第三国油气工业设备领域开展双边合作。双方支持和鼓励两国石油企业以自主谈判形式开展合作,为实现该备忘录之目标,双方应建立联合工作机制。这份备忘录揭开了中印能源合作的序幕,也为中印能源合作创造了良好的政策环境。② 2006 年 7 月 6 日,中国石油管道局与印度瑞莱斯公司签订了《印度东气西输天然气管道工程建设合作协议》。管道全长 1 380 千米,共分 8 个标段,中石油管道局中标了 6 个标段 1 088 千米的管线安装和站场建设。③ 同年 11 月 21 日,印度与中国发表《联合宣言》,宣布建立战略伙伴关系,全面落实 2006 年 1 月《中印石油、天然气领域合作谅解备忘录》中的条

---

① 参见《印度公司期望加强与中国在管道和天然气领域的合作》,载《煤气与热力》2005 年第 5 期,第 26 页。

② 参见陈文锴:《中印相互保障能源运输安全的可行性分析》,载《决策 & 信息》2009 年第 2 期,第 163 页。

③ 参见《中石油管道局签约印度东气西输工程》,载《天然气工业》2006 年第 8 期,第 112 页。

款,鼓励两国企业间的合作,包括在第三国联合开采和开发油气能源,进一步加强包括能源在内的各领域的合作。2006 年 12 月 17 日,中国国家发展改革委员会与印度石油天然气部签订了《关于联合勘探、开发、获取第三国油气能源的谅解备忘录》,鼓励两国企业在世界石油贸易、运输领域进行合作;鼓励两国企业在第三国联合勘探、开发油气能源,包括联合投标、成立合资公司等;在双方有参与权以及一方可以根据其在第三国参与份额提供适当伙伴关系的情况下,按双方达成的条款共同参与一方在第三国现有的油气田;鼓励两国企业和机构在第三国油气工业设备领域开展双边合作。2007 年初,印度国有天然气公司与中国燃气控股有限公司宣布成立双方各持股 50%的合资公司,初步命名为中印能源公司,在百慕大注册,主要致力于压缩天然气的业务。[①] 2008 年 1 月 14 日,中国国务院总理温家宝与来访的印度总理辛格共同签署了《中印关于 21 世纪的共同展望》的重要文件。文件表示,中印将加强能源相关领域合作,包括在国际热核聚变实验反应堆项目上开展合作,促进民用核能领域的双边合作,为能源安全和应对气候变化有关风险做出贡献。双方致力于共同努力,促进全球能源结构多元化,提高清洁和可再生能源比例,满足双方的能源需求。双方坚信,建立公平、平等、安全、稳定、普惠的国际能源秩序,符合国际社会的共同利益。[②] 此外,在水力发电方面,布拉马普特拉河和雅鲁藏布江流域的水电资源需要中印双方进一步加强合作,共同开发。

二、印度与美国的能源合作

冷战(The Cold War)期间,美国基于地缘政治利益的考虑,以能源作为政治手段对印度采取既扶持又遏制的两面政策。冷战结束后,美国为平衡中国、俄罗斯的发展,遏制中东伊斯兰极端主义的抬头,开始扶植印度发展。1994 年,印度总理拉奥访美,争取到美国为使印度提高能源效率,推广使用清洁能源的援助。1995 年,印美两国签订了 70 多亿美元的涉及石油、化工领域的合同。2000 年,美印能源对话被确立为两国部长级经济对话的五个重要议题之一。阿富汗战争期间,美国为谋求印度的支持,积极改善同印度的关系。2002 年,两国正式宣布建立战略伙伴关系并把能源合作特别是核

---

① 参见傅双琪:《中国燃气敲开印度市场大门》,载《国际先驱导报》2007 年 2 月 14 日。
② 参见常璐、朱轶凡:《中印两国将加强能源领域合作》,http://news.xinhuanet.com/fortune/2008-01/14/content_7421963.htm,2011-07-14。

能合作作为战略合作的重要内容。① 2005 年 7 月 8 日,印度和美国发表《民用核能合作联合声明》,"印度同期采取措施展示其成为负责任核国家和支持核不扩散;作为交换,美国同意向印度出口核装置和核技术"②。2006 年 3 月 2 日,印美两国正式签署《民用核能合作协议》,印度须彻底分离民用核设施和军用核设施,其中 14 个民用核设施必须接受国际原子能机构的检查;美国可以向印度民用核设施提供核燃料。美国参众两院也分别于同年 7 月和 12 月通过了该协议。同年 12 月 18 日,美国总统乔治·沃克·布什根据该项协议签署《美国与印度和平利用原子能合作法案》(即亨利·海德法案)。该法案允许印度未在《不扩散核武器条约》上签字的前提下获得美国所提供的核燃料与核技术,但也对印度发展核能进行了一些限制。例如,该法案第 106 款规定禁止向印度出口与铀浓缩、核燃料再萃取和重水生产有关的设备、物质和技术;第 107 款规定美国对向印度出售或租借的核材料、装备和技术实行终端监控计划,以确定这些东西的最终流向和用途。③ 2007 年 7 月 25 日,印度内阁也批准了该协议。2007 年 8 月 3 日,印美两国又同时公布了该协议的《执行协议》,规定如果地区安全角势发生变化(特别是印度进行核试验),美国总统有权单方面停止对印度输出核燃料。同时,"美国规定同印度的核合作将排除浓缩技术和核废料再处理过程,因为民用核燃料再处理后可以得到制造武器级核材料的钚,所以要求印必须把合作期间使用的核废料和设备归还给美。"④至此,事实上促成了美国在印度依然没有在《不扩散核武器条约》上签字的前提下终止了 1974 年开始的长达三十几年的对印度的核制裁。2009 年 11 月 24 日,印美两国又签署了《能源安全、能源效率、清洁能源与气候变迁备忘录》,决定两国之间建立绿色伙伴(Green Partnership)关系,共同开发风能、太阳能等清洁能源以及洁净煤技术、碳捕捉与存储技术,以克服温室气体排放引发的气候变化问题。⑤ 2010 年 3 月,印美又签署了一份核燃料再加工的补充协议。根据协议,印度拥有对美国提供的核材料的再处理权。该协议在事实上修改了原协议中核废料和相关设备在使用完毕之后归还美国的条款,而美国此前只和欧盟成员国以及日本签署

---

① 参见刘卿:《对美国与印度能源合作的分析与思考》,载《国际石油经济》2007 年第 4 期,第 19—20 页。

② 钱新:《印度走上能源改革之路》,载《石油知识》2010 年第 1 期。第 56 页。

③ 参见傅小强:《美印核合作:双重标准》,载《世界知识》2007 年第 1 期,第 38 页。

④ 《美印"核协定"的深层含义》,http://news.sina.com.cn/o/2007-08-08/065812346280s.shtml,2011-07-17。

⑤ 参见《美国印度签能源备忘录将合作开发风力与太阳能发电》,载《高技术与产业化》2009 年第 12 期,第 16 页。

了核材料再处理协议。

在民间能源合作方面,印美两国也十分密切。2008 年,美国超导公司与印度 Ghodawat 工业有限有限公司签订了 1.65 兆瓦风机技术转让协议,并于 2009 年底进入商业化生产阶段。2009 年 6 月,美国超导公司又宣布其旗下的一个全资子公司与印度 Inox 集团旗下的 Inox 风能有限公司签署了 2 兆瓦风机技术转让协议。内容主要包括风机设计的转让、风机部件供应链的本地化、风机生产线的建立等。根据这项计划,印度的这家公司将于 2010 年开始批量生产 2 兆瓦风机。[①]

三、印度与法国的能源合作

法国核能工业发达,印度十分注重增强与法国的核能合作。2006 年 2 月 19 日,法印两国签署《关于发展民用核能合作的联合宣言》,同意共同和平开发核能源。2008 年 1 月 25 日,印度与法国发表联合声明,如果印度获得国际原子能机构批准进入国际核能市场,法国将向印度提供民用核设施与核燃料。[②] 2008 年 7 月,国际原子能机构取消了对印度实施 34 年的核禁运,印度由此可以从国际核市场得到其发展核能所需的技术与燃料。其后,法国核公司开始开拓印度市场。同年 12 月 18 日,法国核能企业阿海珐集团宣布,该企业于 17 日与印度原子能部签署协议,将向印度核能公司供应 300 吨铀,这将是印度重新进入国际核能市场之后接受的首批外来核能用铀。[③] 2010 年 12 月 6 日,印法两国签订了涉及金额 93 亿美元的五项民用核能合作协议,其中包括两国合作在印度西部马哈拉施特拉邦建立两座装机容量为 1 650 兆瓦的核电站。核电站由法国阿海珐集团和印度国有核能公司(NPCIL)共同建设,采用第三代欧洲压水反应堆技术(EPR)。

四、印度与俄罗斯的能源合作

印度与俄罗斯出于地缘政治上的考虑,不断加强能源合作,尤其是在石油天然气领域。2004 年 10 月 22—26 日,印度前石油和天然气部长艾亚尔在俄罗斯开展能源外交,表示印度将寻求与俄罗斯建立能源战略联盟关系。2005 年 12 月 4—6 日,印度总理辛格对俄罗斯进行访问,并强调能源安全是 21 世纪的重要挑战,印度和俄罗斯可以在这一领域一道工作。2006 年 11 月

---

①　参见石珊珊:《美国超导公司与印度 INOX 风能有限公司签署 2 兆瓦风机技术转让协议》,载《机电商报》2009 年 6 月 29 日。

②　参见胡若愚:《法印:要超越"买主与卖主的关系"》,载《新华每日电讯》2008 年 1 月 27 日。

③　参见芦龙军:《法核能企业将向印度供应首批核能用铀》,载《中国石化报》2009 年 1 月 1 日。

23日,印度与俄罗斯宣布对总投资约120亿美元的"萨哈林1"天然气项目的开发开展合作,印度独占20%的股份。同时,印度还计划投资15亿美元参与俄罗斯的"萨哈林3"项目,并再投资15亿美元与俄罗斯共同开发高达10亿吨的库尔曼加兹油田项目。① 2007年,印度石油天然气公司与俄罗斯天然气工业股份公司(Gazprom)合作参与俄罗斯8个油气能源开发项目,并与俄罗斯就印度本国的石油、液化天然气和电力等综合性项目进行深入合作,并宣布两公司现有的所有谅解备忘录再次延长2年。②

近年来,印俄两国又拓展了在核能领域的合作。2007年1月25日,印度总理辛格与俄罗斯总统普京签署了关于加强两国民用核能合作等领域的合作协议。两国还签署了核能合作意向备忘录,俄罗斯将帮助印度在南部的泰米尔纳德邦等地修建核电站。③ 2009年12月7日,印度与俄罗斯共同签署了一项和平利用核能的协定。根据协定,俄罗斯将帮助印度建造更多的核反应堆,同时向印度转让一整套核能技术以及确保不间断的核燃料供应。此外,印度还拥有进行铀浓缩与核废料再处理的权利,即使印俄两国双边合作失败,俄罗斯也不会停止对印度的核燃料供应。④ 由此可见,印俄双方的核能协议比印美之间的核能协议更加"优惠"。2010年3月,俄罗斯总理普京访印度时,两国达成了核能合作协议,俄罗斯将帮助印度建造12座核电厂并扩建在建的利用俄罗斯核技术的电厂,并将给印度提供核燃料和核废料处理技术。⑤

五、印度与日本的能源合作

2005年9月29日,印度和日本共同签署了在能源领域进行综合性合作的共同声明文件,规定除了在石油、天然气领域进行积极合作以外,日本还将向印度提供先进的节能技术。⑥ 2009年,印度与日本在新德里举行会议,讨论了可再生能源领域的两国合作的各个方面。会上,双方决定在印度共同开发太阳能城市。该项目计划在未来5年内,通过节能措施和可再生能源发电装置至少减少印度对传统化石能源10%的需求。通过这种合作,日本

---

① 参见《印度参与俄罗斯天然气项目开发》,http://nyj. ndrc. gov. cn/nydx/t20061215_100800. htm,2011-07-19。

② 参见《印度国家石油天然气公司应邀参与俄罗斯油气开发项目》,http://www. in-en. com/oil/html/oil-20072007021268637. html,2011-07-19。

③ 参见李保东:《印俄两国签署加强民用核能合作协议》,载《新华每日电讯》2007年1月26日。

④ 参见张光政、廖政军:《辛格访俄收获不小》,载《人民日报》2009年12月9日。

⑤ 参见廖政军、于青:《印度加快核能合作步伐》,载《人民日报》2010年8月23日。

⑥ 参见杨思灵、高会平:《印度能源形势与发展趋势分析》,载《南亚研究》2009年第3期,第115页。

计划推动印度以社区为基础,提高能源利用效率,实现区域内的能源自给自足,以发展太阳能、风能、微型水电和生物质能源为发展重点。2010 年,印度和日本在东京举行了日本—印度新能源和可再生能源研讨会,进一步在能源领域加强合作。[①] 此外,日本还积极参加印度古吉拉特邦的太阳能新政策,帮助该邦建设太阳能产业园。

六、印度与韩国的能源合作

印度与韩国之间近年来也逐步开展了充分的能源合作。2009 年 8 月 27 日,韩国国有电力公司(Korea Electric Power Corporation)与印度核能公司(Nuclear Power Corporation of India)签署了初步协议,决定进军印度能源市场,在可行性论证的基础上在印度营造韩国式的核电站。2010 年 1 月 26 日,韩国总统李明博访问印度期间,与印度总理辛格签署了 4 项协议,旨在增强印韩两国在科学、技术领域的合作,包括加强民用核能领域内合作的方式。

七、印度在多边领域的能源合作

印度还在多边领域谋求与其他国家的能源合作。2005 年 1 月 6 日,印度邀请中国、日本、韩国 3 个亚洲主要石油消费国与科威特、沙特阿拉伯、伊朗、卡塔尔等 8 个中东产油国代表以及国际能源署、欧佩克组织及国际能源论坛的代表,召开了首届亚洲石油经济合作部长级圆桌会议。在此次会议上,亚洲石油进口国同中东石油供应国重点讨论了"亚洲溢价"问题(即中东国家卖给亚洲的油价比卖给欧洲和美国的油价平均高出 1—2 美元/桶的问题)。会议同意印度和南亚其他国家要与东盟和中国、日本、国韩三国采取一致的立场,共同应对"亚洲溢价"和石油安全问题。[②]

2006 年,美国能源部宣布在其亚太清洁发展与气候合作计划下与印度、澳大利亚、中国、日本和韩国加强能源合作,自愿建立政府或民间的伙伴关系,加速清洁能源技术的发展和应用。该计划涉及 100 多个合作项目,有 44 个项目直接与节能和可再生能源相关,还包括 25 个可再生能源和分布式能源项目,又分别涉及太阳能、水电、生物质能、生物燃料发电机、生物柴油、地热能、氢能发电机、燃料电池和热电联产系统等。水电项目包括推广小水电

---

① 参见《印度和日本计划开发"太阳能之城"》,载《农业工程技术(新能源产业)》2010 年第 3 期,第 39 页。

② 参见王子康、张音:《中印石油业海外扩张的优势互补性与合作前景》,载《辽宁石油化工大学学报》2008 年第 3 期,第 96 页。

站,改进大水电站设施;太阳能项目包括聚光太阳能电池、染料敏化电池以及把天然气转化成合成燃料气体的太阳能技术。[①]

2006年12月16日,印度、中国、日本、韩国、美国五国能源部长在北京发表联合声明,承诺推动能源新技术开发应用、提高能效的政策,保障共同能源安全,准备在能源结构多元化、节能提效、加强战略石油储备方面合作,促进全球能源安全、实现更好地信息共享,提高市场数据透明度,加强石油市场稳定,鼓励五国间在能效、替代能源和运输等领域开展广泛、深入的商业合作。五国能源部长呼吁,建立公开、透明、高效和有竞争力的能源市场,包括透明、有效的法律和监管框架、鼓励对整个能源供应链,特别是油气勘探开发领域进行投资、促进能源供需及来源的多元化、采取节能提效措施,促进环境可持续能源技术的开发应用、通过战略石油储备,共同应对能源危机、保护重大能源基础设施和油气海运通道安全、为市场提供高质量和及时的能源数据。

2007年1月15日,印度、中国、澳大利亚、东盟十国、日本、韩国和新西兰等国家首脑在菲律宾举行了第二届东亚峰会,签署了《东亚能源安全宿务宣言》,提出了东亚地区能源合作的具体目标和措施。

2007年2月14日,中国、印度和俄罗斯三国外长发表《中华人民共和国、印度共和国和俄罗斯联邦外交部长会晤联合公报》,重申三国在能源方面应加强合作。

2010年2月18日,印度经济事务委员会批准印度石油公司和印度天然气有限公司分别向中缅天然气管道投资1.78亿美元和8 388万美元。中缅天然气管道全长近900千米,中国石油天然气集团公司占有50.9%的股权,缅甸石油天然气公司占7.37%,韩国大宇集团占25.04%,韩国燃气公司占4.17%,印度石油公司占8.35%,印度天然气有限公司占4.17%。[②]

2010年11月15日,印度外交部长与中俄两国外交部长发表联合声明,承诺深入挖掘能源等领域的合作,并在这些领域进行专家级磋商。该声明认为,维护全球能源安全对推动世界经济复苏和发展具有重要意义,实现全球能源安全必须加强能源出口国和消费国之间、能源消费大国之间的对话与合作;国际社会应共同努力保障能源稳定供应,确保国际能源运输通道安全,稳定能源价格,保障各国特别是发展中国家能源需求;推动建立公开、透

---

① 参见《美国亚太合作伙伴项目:可再生能源和节能项目》,http://news.byf.com/html/20061122/2021.shtml,2011-07-19。

② 参见《印度石油公司和印度天然气有限公司获准入股中缅天然气管道》,载《天然气技术》2010年第1期,第35页。

明的能源市场体系,构建先进能源技术研发和推广体系,促进对发展中国家的技术转让和资金支持,同时遵守国际防扩散义务和相关国家政策,加强在能源安全领域的合作。

2010 年 12 月 11 日,印度与土库曼斯坦、阿富汗、巴基斯坦石油部长在土库曼斯坦首都阿什哈巴德签署四国天然气管道项目框架协议,将土库曼斯坦生产的天然气经阿富汗出口至巴基斯坦和印度,项目协议总金额逾 40 亿美元。该项目全长 1 735 千米,北起土库曼斯坦的列塔巴德油气田,南至印度小城法基尔加。这是印度加大与中亚国家能源合作的重要成果。

此外,印度还是七十七国集团、南亚区域合作联盟、环印度洋地区合作联盟和"金砖四国"等区域国际组织的成员国,是上海合作组织等区域国际组织的观察员。长期以来印度一直积极参与在这些国际组织的框架内加强相互间的能源合作,以实现自己的国家能源利益。

第五章 澳大利亚能源法

　　澳大利亚位于南太平洋和印度洋之间,由澳大利亚大陆和塔斯马尼亚岛等岛屿和海外领土组成。澳大利亚四面环海,东南隔塔斯曼海与新西兰为邻,北部隔帝汶海和托雷斯海峡与东帝汶、印度尼西亚和巴布亚新几内亚相望。澳大利亚总面积为769.2万平方千米,占大洋洲的绝大部分的陆地。海岸线长达36 735千米,虽四面环水,沙漠和半沙漠却占澳大利亚面积的70%。澳大利亚可分为东部山地、中部平原和西部高原3个地区,全国最高峰科修斯科山海拔2 230米,最长河流墨尔本河长3 490里(注:1里＝500米)。中部的埃尔湖是澳大利亚的最低点,湖面低于海平面12米。在东部沿海有全世界最大的珊瑚礁——大堡礁。北部属热带,大部分属温带,年平均气温北部27℃,南部14℃,内陆地区干旱少雨,年降水量不足200毫米,东部山区500—1 200毫米。

　　澳大利亚全国分为6个州和2个地区,各州分别设有自己的议会、政府、州督和州总理。6个州是:新南威尔士、维多利亚、昆士兰、南澳大利亚、西澳大利亚、塔斯马尼亚;2个地区分别是北部地区和首都直辖区。各州有自己的议会、政府、州督和州总理。

　　澳大利亚是世界上主要的煤炭出口国,已探明的石油和天然气储量近年来几乎增加了1倍。政府正在加强基础设施建设以使更多的天然气走向市场。

　　澳大利亚是亚太经济合作组织、二十国集团、经济合作与发展组织(OECD)和WTO组织的成员,。2009年国内生产总值全球排名第十一,在经济合作与发展组织国家排名中位列第十一。澳大利亚农牧业发达,自然资源丰富,有"骑在羊背上的国家"和"坐在矿车上的国家"之称。近年来,澳大利亚经济逐年增长,国民拥有很高的生活水平,2007年国民经济生产总值达到8 897亿美元,人均国民经济生产总值是42 366美元,与欧洲四大经济体不相上下。由于地理位置处于南半球,使得对外贸易处在一个成本劣势,并且成为了唯一一个没有加入北约和八国集团首脑会议(G8)的西方大国。

第一节　澳大利亚能源概况

一、澳大利亚能源状况

澳大利亚是一个自然资源丰富的国家,尤其是煤、石油和天然气储量巨大。它在国际能源市场上担任着重要的能源净出口国和地区能源供应国的角色。根据该国 2009 年 3 月发布的《能源白皮书指导方针》(Strategic Directions for Energy White Paper,March 2009)中的数据,澳大利亚不仅是世界第二大动力煤出口国,约占世界份额的 20%,也是世界第二大铀和液化天然气出口国。根据澳大利亚能源部门 2007—2008 年统计数据显示,能源收入占澳大利亚 GDP 的 8% 以上,能源出口在 2008—2009 年更是预计达到 750 亿美元左右,比上一年增长了 72%。[①] 能源对于澳大利亚来说显得至关重要。2010 年,澳大利亚一次能源消费总量为 118.2 百万吨油当量,占世界同期能源消费总量的 0.98%。在 2010 年澳大利亚的能源消费结构中,石油占 36.04%,天然气占 23.1%,煤炭占 36.7%,可再生能源占 4.1%。[②]

煤炭方面,2010 年底澳大利亚煤炭探明储量为 76 400 百万吨,占世界煤炭总量的 8.9%,2010 年底产量为 235.4 百万油当量,占世界煤炭总产量的 6.3%,消费量为 43.4 百万油当量,完全满足国内需求,煤炭方面澳大利亚大部分用于出口。石油方面,截至 2010 年,澳大利亚已探明的石油储量为 41 亿吨,占全球已探明储量的 0.3%。2010 年石油生产为 2 380 万吨(约 562 千桶/日),而消费 4 260 万吨(约 941 千桶/日),自给率为 56%。天然气方面,2010 年澳大利亚已探明的天然气储量为 1 200 亿立方米,约占全球已探明储量的 0.1%。当年澳大利亚天然气生产量为 504 亿立方米,消费量则达到了 304 亿立方米,完全满足自给率。在水能方面,2010 年澳大利亚消耗了大约 3.4 百万吨油当量的水电,占世界水电消耗的 0.4%。除水能之外,澳大利亚在其他可再生能源方面消费量为 1.5 百万吨油当量,占世界总量的

---

① See Discussion paper-Realising Australia's Energy Resource Potential APRIL 2009,http://www. ret. gov. au/energy/Documents/facts% 20statisties% 20Publieations/Diseussion% 20Paper% 20—% 20Reatising% 20Anstralia% 275% 20Energy% 20Resource% 20Potential% 20ApRIL% 202009. pdf,2012-01-16.

② See BP:BP Statistical Review of World Energy 2011,http://www. bp. com/ statistical review,2012-01-16.

0.9%。生物燃料 2010 年产量为 246 千吨油当量,占世界总量的 0.4%。[①]

根据澳大利亚政府发布的《澳大利亚能源 2009》(Energy in Australia 2009)中的数据,2008—2009 年,澳大利亚的能源生产主要以煤为主,占能源生产总数的 54%,其次是铀占 27%的份额,天然气占 11%,原油和液化石油气占能源生产总量的 6%,可再生能源占 2%,用于出口的占 66%,用于国内的占 34%。澳大利亚煤炭的年产量大约 60%用于出口,占全球煤炭出口量的 29%。石油在澳大利亚能源消费中占有很大份额,随着石油消费的增长和石油产量的降低,澳大利亚面临着越来越依赖石油进口的趋势,这使其能源安全受到威胁。澳大利亚的近海盆地有可观的天然气储备,在过去的 10 年中,它的液化天然气出口量增长了 58%。2005 年,澳大利亚出口 1 380 万吨液化天然气,使其成为世界上第五大的天然气出口国。据截至 2012 年 10 月的信息显示,澳大利亚目前是世界第四大天然气出口国。澳大利亚非常依赖煤炭生产电力。2004 年电力装机容量为 486 亿瓦,发电 2 253 亿千瓦时,大约 75%的电力由煤生产。减去电厂用电和电力损耗,2004 年的电力消费量为 2 095 亿千瓦时。2004 年可再生能源的发电量为 25 亿千瓦时。澳大利亚强制性可再生能源目标规定,到 2010 年其可再生能源发电量应达到 9.5 亿千瓦时。此外,它还有丰富的铀矿资源。据统计,2006 年铀探明储量居世界首位,占全世界总储量的 41%。

澳大利亚目前没有核电,但是随着清洁煤和燃气价格上升,及加入《京都议定书》后履行减少温室气体排放的义务,核能很可能成为澳大利亚最具竞争力的新能源。[②]

(一)石　　油

澳大利亚石油资源主要分布在卡那封(Carnarvon)、吉普斯兰(Gippsland)、波拿马(Bonaparte)、库柏/—罗曼加(Cooper/Eromanga)、阿马迪厄斯(Amadeus)、鲍恩(Bowen)等含油气盆地。主要生产公司有:伍德赛德(Woodside Petroleum Limited)、桑特斯(Santos Limited)、必和必拓(BHP Billiton Limited)、壳牌能源持股澳大利亚有限公司(Shell Energy Holdings Australia Limited)、力拓(Rio Tinto)、BP 澳大利亚有限公司(BP Australia Limited)、埃克森美孚(Exxon Mobil Australia Pty Limited)、康菲(ConocoPhillips)、日本石油勘探公司(Japex)、道达尔(Total)、阿帕奇(Apaoche)

①　See BP:BP Statistical Review of World Energy 2011,http://www. bp. com/ statistical review,2012-01-16.

②　See Energy Information Administration. Australia Energy Data, Statistics and Analysis, http://www. eia. doe. gov/emeu/cabs/Australia /Background. html,2011-12-20.

等。其中,伍德赛德和桑特斯是两家最大的澳大利亚油气公司,而埃克森美孚则是最大的外国公司,这些石油公司构成了澳大利亚石油工业基础。

自 2000 年以来,澳大利亚原油净进口量在不断增加,已由 2000—2001 年的 24.5 亿升(约相当于 2.087 百万吨,按 1 吨＝1 174 升进行换算)增加到 2008—2009 年的 77.1 亿升(约相当于 6.567 百万吨)。2000—2001 年以来,澳大利亚成品油净进口量呈不断增加的态势,已由 2000—2001 年的 1.9 亿升快速上升至 2008—2009 年的 185.4 亿升。[①] 澳大利亚石油工业的国际竞争力总体较弱,不仅上游资源较为缺乏,而且下游炼制能力也较为薄弱。其石油炼制能力不仅不能与美国、中国、俄罗斯、日本、韩国等石油炼制大国相比,也无法与相邻地区的印度、印度尼西亚、新加坡、泰国和中国台湾地区等相比。石油已经逐渐成为澳大利亚能源行业的一个"短板"。未来,随着澳大利亚经济的进一步发展,对石油的净进口量无疑还会进一步扩大。

(二)天　然　气

天然气(包括传统天然气和煤层气 CSG)越来越成为澳大利亚非常重要的能源,它既是澳大利亚出口收入的重要来源又是国内能源收入的重要来源。天然气消费量是澳大利亚一次能源消费量中的第三大主要来源。根据澳大利亚政府能源数据显示,1998—1999 年,天然气消费以平均每年 3% 的速度不断增长,而煤的增长速度是 1.7%,石油的增长速度是 1.6%。在出口的天然气商品中,液化天然气占到大约 50% 的份额,在 2009—2010 年,澳大利亚的液化天然气的出口价值为 7.8 亿美元,与 2008—2009 年相比下降了 22%。

澳大利亚的传统天然气主要位于 3 个盆地,即卡纳文(澳大利亚西部)、库柏/Eromanga(澳大利亚中部)和 Gippsland(维多利亚)盆地,三者在生产中所占的比重为 96%。煤层气在过去 5 年中发展迅速,2003—2004 年所占澳大利亚天然气市场份额的 3% 增长到 2009—2010 年的 10%,其中 97% 以上的煤层气主要来源于昆兰士州,剩余的 3% 来源于新西兰的悉尼盆地,煤层气的开发越来越受到澳大利亚政府及企业家的关注,已经有大量的项目和公司计划投资开发煤层气资源进行出口。

(三)煤　　炭

煤炭是澳大利亚最大的出口商品,仅在 2009 年 10 月煤炭出口额达就到 360 亿元,这也使得澳大利亚成为世界第二大煤炭出口国。澳大利亚在世界

---

① See BP: Statistic Review of World Energy 2009, http://www.bp.com/statisticalreview/, 2012-01-28.

煤炭市场的成功主要依靠其能够提供可靠和有力的高品质冶金煤炭和热煤。煤炭是澳大利亚国内能源的一个重要组成部分,根据澳大利亚政府数据显示 2008—2009 年煤炭发电占到澳大利亚国内发电总量的 77％。

澳大利亚产出的煤炭主要包括褐煤和黑煤两种,其中褐煤主要分布在维多利亚州,黑煤主要分布在新兰威尔士州和昆士兰州。澳大利亚 3/4 的黑煤生产用于出口。澳大利亚的黑煤出口量占全球黑煤出口量的 1/3(64％的冶金用煤出口和 19％的热煤出口)。澳大利亚大多数的冶金用煤出口运往亚洲和欧洲,主要用于钢铁生产。澳大利亚冶金用煤最大出口对象是日本、印度、中国、韩国与欧盟。澳大利亚的热煤主要出口对象是日本、韩国、中国台北地区和中国。其中煤炭需求增长最快的出口国为中国的冶金用煤和热煤。

(四)电 力

澳大利亚的能源消费以煤炭为主,煤炭是澳大利亚主要的发电能源。在澳大利亚利亚的一次能源中,约有 44％用来发电。1998—2009 年,澳大利亚的用电量年均增长率为 2.5％。2008—2009 年,澳大利亚电力产量中 77％来自煤电,15％来自天然气发电,剩余 8％的电力来自可再生能源,煤电因其成本低廉所占比例最大。澳大利亚全国有五大区域电网:包括南澳大利亚、维多利亚州、斯诺威地区、新南威尔士州、昆士兰州。输电线路电压等级有 500 千伏、330 千伏、275 千伏、220 千伏、132 千伏、110 千伏。

澳大利亚的装机容量主要集中在东南沿海地区,维多利亚最多,其次为昆士兰州、新南威尔士州,北部地区装机容量最少。多数地区的装机容量以火电为主,南澳大利亚的装机全部是火电,雪山地区为纯水电,塔式马尼亚岛也以水电为主,只有少量气电。同装机容量相对应,澳大利亚各州的发电量及发电能源构成也不平衡,以维多利亚、昆士兰州、新南威尔士州最多,北部地区最少;煤电居多,其次是气电、水电和油电。近几年开始发展可再生能源电力,但是所占比例仍然较少。北部地区只有气电和油电,雪山地区只有水电,南澳大利亚只有火电。

澳大利亚电力工业在未进行改革之前,电力供应传统上属于州政府的管辖范围,各州电力供应完全由州政府自己负责。电力作为公用事业,由州电力委员会或能源委员会或水电委员会直接管理,政企合一,垄断经营。在发电、输电、配电管理体制上,既有垂直一体化的模式(如昆士兰州和南澳大利亚),也有发输一体、配电分开的(如新南威尔士州和维多利亚州)。1995 年,澳大利亚开始实行电力私有化,进行电力市场改革。以发展全国电网、形成全国统一市场为目标建立了国家电力市场。

（五）可再生能源

为了缓解应对澳大利亚对化石能源的依赖，澳大利亚政府十分重视可再生能源的开发和利用，近年来不断发展可再生能源的开发和利用，同时也制定了一系列的相关政策，希望通过大力发展可再生能源来减少温室气体的排放。截至 2010 年 10 月，澳大利亚全国发电总量为 251 太瓦时，其中可再生能源电力供应所占比例为 8.67％，水电占 63.4％，风电占 22.9％，生物能发电占 11.5％，太阳能光伏发电占 2.1％，波浪及潮汐能发电占 0.02％，太阳能水暖占 0.02％，地热能发电占 0.002％，水电增长成为可再生能源电力增长的最大贡献者，其次为风力发电。尽管太阳能发电所占份额仍然相对有限，但在 2010 年，太阳能发电技术的应用增长迅速。

澳大利亚目前水电站的总拥有量超过 100 座，总装机容量为 8 390 兆瓦，发电总量累计已达 13 800 吉瓦时，相当于澳大利亚全国发电总量的5.5％，受益家庭达到 194.2 万户。近几年澳大利亚水电产出保持 15％ 的增长，主要得益于关键水利区域降水量的增加。风力发电方面，澳大利亚在此方面拥有得天独厚的资源优势，使得澳大利亚风力发电成为可再生能源利用成本最低的方式，在过去 10 年，澳大利亚风电增长迅速，装机容量年均扩充 30％。截至 2010 年 10 月，风电装机总量为 1 880 兆瓦，目前拥有风力发电装置 1 052 台，分布于全国 52 个风力发电厂。规模最大的发电厂位于维多利亚巴拉瑞特西北部的 Qaubra 风力发电厂，拥有发电设施 128 太瓦，覆盖面积达到 173 平方千米。生物能发电方面，电力装机容量为 767 兆瓦，占可再生能源电力装机总量的 6.8％，其中主要来自制糖产业的甘蔗渣燃料发电以及堆填沼气发电。太阳能光伏发电方面，目前澳大利亚太阳能光伏系统安装总量已超过 18.7 万套，澳大利亚政府已将太阳能利用作为应对气候变化以及避免用电成本不断攀升而利益受损最为普遍的举措，同时政府也致力于降低太阳能电力及设施价格，预计到 2020 年太阳能电力价格将降低60％。在 2010 年澳大利亚政府已同美国签署相关研究协议，欲在 5 年内将太阳能电力价格降至同化石燃料电力价格相当的竞争水平。波浪及潮汐能发电目前在澳大利亚市场仅有少量从事海洋可再生能源开发的企业在投入研究开发，相应的技术尚处于原型设计或研发阶段。太阳能水暖发电及地热能发电方面，受政府补贴政策的刺激，都得到了很大程度的发展。

二、澳大利亚能源的发展

10 多年来，澳大利亚能源行业发生了结构和市场的多重变化，包括先后实施了电力与天然气市场改革、可再生能源的大力发展，通过制定可再生能源证书、能效标准、节约能源等多种措施,能源利用结构有了明显的改善。从总量上看,由于经济增长缓慢,近些年来澳大利亚能源产量变化不大:2009 年澳大利亚能源总产量为 310.7 百万吨标准油当量,其中一次能源供应量为 131.07 百万吨标准油当量,能源净出口量为 172.99 百万吨标准油当量;2010 年澳大利亚能源产量为 310.62 百万吨标准油当量,其中一次能源供应量为 124.73 百万吨标准油当量,能源净出口量为 185.63 百万吨标准油当量。从能源消费结构的变化看,澳大利亚可再生能源的发展缓慢,占该国能源消费总量的比重 2009 年为 3.1%,2010 年为 4%,2011 年为 3.7%;石油和煤炭消费的比重稳中有升,2009 年为 74.8%,2010 年为 75.87%,2011 年为 77.6%;天然气消费的比重稳中有降,2009 年为 22.1%,2010 年为 21.1%,2011 年为 18.7%。[①] 澳大利亚电力消费量也有所下降,2009 年为 243.96 太瓦时,2010 年为 226.96 太瓦时,下降了 0.44%。[②] 同时,澳大利亚电力价格截止到 2011 年底已经连续 3 年升价逾 40%,引起了社会各界的强烈不满。因此在 2011 年底,澳大利亚发布《能源白皮书草案》,未来 20 年将内在发电、输电和配电上投资近 2 400 亿美元。因为长期以来发电资产的国有化难以吸引新投资,因此该白皮书主张将电力部门私有化。此外,该白皮书还表示将在未来考虑发展核能。

第二节　澳大利亚能源立法框架

一、澳大利亚的基本法制

澳大利亚是沿袭英国的法律制度,建立了以普通法为基础的法律体系,主要由普通法和成文法组成。澳大利亚现行宪法是 1900 年制定出来的,并于 1901 年 1 月 1 日生效。

---

① 参见见 BP:《BP 世界能源统计年鉴(2011 年 6 月)》,http://www.bp.com/assets/bp_internet/globalbp/globalbp_uk_english/reports_and_publications/statistical_energy_review_2011/STAGING/local_assets/pdf/Chinese_statistical_review_of_world_energy_full_report_2011.pdf,2011-08-06;BP:《BP 世界能源统计年鉴(2012 年 6 月)》,http://www.bp.com/liveassets/bp_internet/china/bpchina_chinese/STAGING/local_assets/downloads_pdfs/Chinese_BP_StatsReview2012.pdf,2012-09-30。

② See IEA:Key World Energy Statistic 2011,http://www.iea.org/publications/free_new_Desc.asp? PUBS_ID=1199,2012-04-26;IEA:Key World Energy Statistics 2012,http://iea.org/publications/freepublications/publication/kwes-1.pdf,2012-10-05。

澳大利亚的联邦议会是国家最高立法机构,成立于1901年,由女王(由联邦总督代表)、众议院和参议院组成。众议院的主要职责为:立法或修改现有法律;监督政府施政并控制政府的财政支出;代表选民表达意愿。参议院拥有与众议院几乎相同的立法权,仅不能提出或修改有关税收和政府财政支出的法案。所有的法案都必须经过两院批准才能成为法律,因此参议院扮演着重要的制衡政府的角色。目前,众议院有议席147个,参议院有议员76个。澳大利亚每个州都设有议会,除昆士兰州、北部地区和首都直辖区实行一院制外,其他各州议会都实行两院制,其构成与联邦议会相似。

澳大利亚是联邦制国家,有三级政府:联邦政府、8个州级政府(6个州和2个地区分别为:新南威尔士、维多利亚、昆士兰、南澳大利亚、西澳大利亚和塔斯马尼亚;北部地区和首都直辖区)和近900个地方政府。澳大利亚的国家元首是英国女王,总督由总理提名,由女王任命,在联邦行政会议的咨询下执掌联邦政府的行政权,为法定的最高行政长官。内阁是政府的最高决策机关,议会是最高立法机构,联邦高等法院是最高司法机构。联邦政府及州一级政府都属主权政府,都有自己的宪法、法律和议会。

澳大利亚的联邦议会享有最高立法权限,法案由联邦议会和各州/地区议会根据《澳大利亚联邦宪法》进行立法;除了议会立法之外,澳大利亚还存在行政立法(也叫委任立法),委任立法的授权者是议会,依据接受者不同可以分为委员会中联邦总督(或州总督)或部长制定的法规;由政府部门、法案权威部门或公共官员制定的委任立法。法规和条例就是根据法案的授权由行政机构制定,并要受到议会的监督。判例法是从英国的普通法发展而来的,依据遵循先例的规则,法院的判决具有法律效力。州议会可以根据当地实际情况制定法律,然而该立法权是受到限制的,有效的联邦法律在《澳大利亚联邦宪法》授权范围内可以使州法律无效。《澳大利亚联邦宪法》规定,联邦的司法权属于定名为澳大利亚高等法院的联邦最高法院,议会设置的其他联邦法院以及授予联邦管辖权的其他法院。高等法院设院长1人,其他法官的名额由议会定之,但不得少于2人。[①] 议会建立了澳大利亚联邦法院和澳大利亚家庭法院,负责处理联邦法专门规定的一些领域中的案件。此外,州法院在某些领域被授予联邦司法权。所有州、首都直辖区和北部地区都有自己的法院系统。

① 参见《澳大利亚联邦宪法》第71条。

二、澳大利亚能源立法框架及特点

(一)澳大利亚能源法框架

澳大利亚能源法律由法律(Act)、法规(Regulation)、规章(Codes of Practice)、标准(Standard)和行业标准或指南(Industry Specific Standards)组成,形成了金字塔形的法律法规体系。法律和法规是必须遵守的,规章、标准和指南是自愿执行的。各州的立法体系也是这种框架结构。① 澳大利亚是一个联邦制国家,根据《澳大利亚联邦宪法》的规定,各州享有管理自然资源的权利,而联邦政府享有管理跨州公司、贸易、商业和环境保护方面的权利。能源属于自然资源,因此有关能源的立法主要是各州的立法,《澳大利亚联邦宪法》中并没有具体的有关能源的法律条文,但澳大利亚联邦政府通过扩展其在公司、贸易、商业和环境保护方面的立法权,在能源贸易、能源与环境、能源税费等方面制定了不少适用于整个联邦的法律规范。②

澳大利亚联邦和地方的能源法律、法规、规章和标准共同构成了澳大利亚的能源法律体系,澳大利亚能源法律体系的特色在于其主体是由各项能源单行法组成的。

在石油方面,2006 年通过了《近海石油法》(Offshore Petroleum Act 2006),该法是澳大利亚石油领域的基本大法。该法共有 6 章 450 节。第 1 章总则,涉及立法程序和背景、相关概念的释义、权利分享和适用范围等内容。第 2 章是对石油相关活动的规制,涉及勘探许可、留成租赁、生产许可、基础设施许可、管道许可、特别勘探权、接入许可等内容。第 3 章注册与交易,涉及权利注册与特别勘探权限、权利的让渡、公司名称的变更、已有和未来权益的交易、登记册的更正等内容。第 4 章管理,涉及对公司生产经营的管理、违法和制裁、安全地带、税费的征收、职业健康与安全等内容。第 5 章信息,涉及数据管理与信息收集、管理信息和技术信息的发布等内容。第 6 章其他规定,涉及决定的审议、作为与不作为的法律责任、法院管辖、公报出版和过渡安排等。③

天然气方面,澳大利亚目前没有天然气方面的基本法,由一些法律规范构成天然气管理体制,如《天然气管道接入(联邦)法》(1998)、《澳大利亚能源市场法修正案》(天然气立法)(2007)等。2006 年 11 月 3 日,澳大利亚公

---

① 参见叶荣泗、吴钟瑚:《中国能源法律体系研究》,中国电力出版社 2006 年版,第 111 页。
② See Rosemary Lyster,Adrian Brad brook,Energy Law and the Environment. Edited by Melbourne: Cambridge University Press,2006,p. 32,p. 81,p. 198.
③ See Australia Offshore Petroleum Act 2006.

布了《天然气法》(草案)。该草案共有 8 章:第 1 章总则,涉及立法目的、相关概念的解释、司法管辖、国家天然气目标与原则等内容;第 2 章天然气市场管理机构的功能与权力,规定了澳大利亚能源管理局、澳大利亚能源市场委员会的功能与权力;第 3 章天然气管道的保险与分类,规定了保险决定及撤销、管道接入、管道服务商的责任、结构分离与运行分离的要求等内容;第 4 章管道服务的获得,规定了管道服务申请的许可和撤销、澳大利亚能源市场委员会(AEMC)对相关信息的收集、接入安排、接入争议的解决等内容;第 5 章绿地管道激励措施,规定了绿地管道价格规制的豁免、经济补贴申请的延长、修订与终止等内容;第 6 章本法的诉讼程序,规定了诉讼的时效、违法行为、惩罚措施和司法审查等内容;第 7 章国家天然气法规的制定;第 8 章一般规定,包括秘密信息的处理、管道分类的变化等内容。[①]

煤炭方面,由于煤炭属于自然资源的范畴,各州享有自然资源的管理权,澳大利亚有关煤炭的法律规范多由各州自行立法,有关煤炭的联邦性法律很少。澳大利亚联邦的煤炭立法有 1977 年的《煤炭研究资助法》、1992 年的《煤炭矿业(长假基金)法》和《煤炭矿业(长假)工资征收法》等。

电力方面,澳大利亚以《国家电力法》为核心,以《国家电力法规》、《可再生能源(电力)法规》等法规、规章为辅构建其法律体系,电力立法几乎伴随了整个电力改革的过程。

核能方面,澳大利亚联邦立法主要有:1953 年的《原子能法》、1993 年的《核安全费法》、1998 年的《澳大利亚放射性保护与核安全法》。此外,还有一些履行国际核条约的法案。《原子能法》由五大部分组成:第一部分总则,涉及生效时间、释义、适用范围等内容;第二部分关于规定物质的信息与权利,规定了王室的权利、发现规定物质的通知以及获得信息的权力等内容;第三部分管理计划,规定了管理开采规定物质的权力、授权的变更和撤销、利益的分配、违法行为和赔偿等内容;第四部分其他规定。[②]

澳大利亚在可再生能源方面的立法主要集中在电力方面,主要有:2000年的《可再生能源电力法》、2000 年的《可再生能源(电力)(收费)法》和 2001年的《可再生能源(电力)法规》。《可再生能源电力法》共有 17 章:第 1 章总则,涉及立法的目的、适用范围和释义等内容;第 2 章可再生能源证书制度,规定了申请可再生能源证书的主体条件、申请程序和证书的颁发、注册、转让、吊销、退出等内容;第 3 章为电力的获取,即建立一种鼓励使用可再生能

---

① See National Gas Law Exposure Draft,2006-03-11.

② See Atomic Energy Act 1953.

源进行发电的管理机制。第4—10章规定了可再生能源短缺费制度,涉及缴费的主体,可再生能源电力的比例,可再生能源情况的报告与评估,对报告的否决、复审和上诉,可再生能源短缺费的征收、弥补和退回,惩罚性收费,费用管理和审计等内容;第11章信息的收集权;第12章信息的保密;第13章,合格电厂和可再生能源证书的注册管理;第14章可再生能源管理局及其办公室;第15章文档提交中的违法行为;第16章其他规定;第17章实施时间的特别规定①。

澳大利亚联邦制定的与能源相关的其他立法涉及能源安全、能源市场及能源利用中的环境保护方面。相关立法有《液体燃料突发事件法》(1984),《臭氧层保护与温室气体管理法》(1989)、《澳大利亚能源市场法》(2004)、《能源效率法》(2006),《国家温室气体与能源报告法》(2007)等。《液体燃料突发事件法》是澳大利亚政府处理重大液体燃料突发事件的基本依据。《能源效率法》(2006),规定了能源标识制度以及最低能效标准制度,对澳大利亚应对气候变化以及降低碳排放起到了关键作用。

(二)澳大利亚能源法特点

1. 全面的能源法律体系

澳大利亚联邦和地方的能源法律、法规、规章和标准共同构筑起澳大利亚完善的能源法律体系。无论是各类能源的开发和利用,还是能源的市场化改革和能源安全的保障,澳大利亚都有相应的能源立法予以规范。大到能源政策的确定和能源监管机构的设立,小到具体的能源指标和补贴标准,澳大利亚都有相应的法律规定。可以说,澳大利亚将与能源相关的各类活动都纳入到能源法律规范调整的范围。

2. 完善的能源管理体制

澳大利亚工业、旅游和资源部(DITR)负责国家的能源资源管理,能源部长委员会负责能源市场政策的制定,能源管理局负责能源市场政策执行的监管,能源市场委员会负责能源市场发展。澳大利亚建立起的能源管理体制有效地协调了能源管理部门、能源监管部门、能源市场之间的关系。

3. 法律推动下的能源市场改革

打破能源领域的市场垄断,确保公众获得稳定和价优的能源是澳大利亚推进能源市场改革的目标。为实现该目标,澳大利亚制定了专门的《澳大利亚能源市场法》、《可再生能源电力法》、《国家电力法》、《国家天然气法》和《澳大利亚能源市场法修正案》(天然气立法)等法律规范中都有不少关于通

---

① See Renewable Energy (Electricity) Act 2000.

过吸引能源市场投资、加大能源市场竞争和给予税收优惠等措施促进能源市场改革和发展的规定。

4. 重视能源安全

能源安全包括能源的供给安全和使用安全。澳大利亚有关能源供给安全的法律规定主要体现在《液体燃料突发事件法》中,相对于能源的供给安全,澳大利亚更加重视能源的使用安全,注重能源利用过程中的环境保护,相关法律规定有《臭氧层保护与温室气体管理法》、《能源效率法》和《国家温室气体与能源报告法》等。

第三节 澳大利亚主要能源法律制度

一、澳大利亚能源管理与监管制度

(一)澳大利亚能源管理制度

根据澳大利亚法律的规定,澳大利亚的政府体系包括三个层次,即联邦政府、州或领地政府、地方政府(市镇和郡)。能源管理体系作为政府体系的一部分,应该与政府体系保持一致,因此其也应该设置为三个层次。

澳大利亚政府委员会(COAG)在其能源市场评价委员会(The Energy Market Review Panel)充分论证的基础上召开会议,于 2001 年决定成立能源部长委员会(The Ministerial Council on Energy,MCE)实施和执行澳大利亚政府的全国能源政策和计划。能源部长委员会是联邦政府专设的能源政策机构,只设置于联邦政府一级,成员由联邦政府和各州的能源部长组成,在澳大利亚整个能源管理制度中位于金字塔尖位置。委员会的职责主要是在平衡经济和环境利益的基础上制定国家的能源政策,以确保国家可应对能源领域的机遇和挑战。因为能源政策是政府从国家的整体利益的宏观角度制定的,因此,法律只赋予联邦政府这一职权。可以说,能源部长委员会是一个专门的国家能源政策制定机关。法律确立了能源部长委员会行使职权的主要目标是制定确保能源可靠服务最大化的政策,培育一个开放的、竞争性的能源市场,在可持续发展的框架内保证消费者的回应性和企业社会责任的实现。[①]

---

① 参见黄庆业:《澳大利亚能源监管新体制及其借鉴意义》,载《华北电力大学学报》2007 年第 2 期,第 34 页。

工业、旅游和资源部是与能源部长委员会相关联的能源管理部门,是目前澳大利亚联邦政府中负责能源管理的主要部门。澳大利亚的能源主管部门先后经历了国家发展部、矿产和能源部、国家发展和能源部、联邦资源和能源部、初级产业能源部、工业、科学和资源部,最终于2001年确定为工业、旅游和资源部。从其历史发展来看,澳大利亚的联邦能源主管部门经历了从综合部门管理到单一能源部门管理的模式。目前的工业、旅游和资源部是一个综合性的部门,其管理的范围涉及制造业和贸易、科学技术创新、矿产和能源业、能源资源科学研究、企业改善、旅游业、建筑业等。其中涉及能源管理的部门主要是工业、旅游和资源部下属的资源局和能源环境局。澳大利亚联邦法律规定,澳大利亚的能源归政府所有,即政府享有能源所有权。联邦政府主要拥有离岸3海里以外的海上矿产和石油资源。因此,法律赋予了工业、旅游和资源部代政府行使其能源所有权,制定并收取海上石油特许开发使用费,同时法律也赋予其制定相应的能源法律法规并监督其实施的职责。工业、旅游和资源部只负责宏观上的政策制定,不负责具体的石油勘探和开发事宜。

根据澳大利亚法律的规定,州或领地政府也设置了自己的能源管理机构,各州的机构名称可能有所不同,如州矿山能源部或矿业能源部或能源矿业部等。它们主要负责在本州岛的范围内管理和开发油气资源。法律上,州或领地政府拥有陆上资源和离岸3海里以内的海上矿产资源所有权,因此州或领地政府能源管理机构行使的职权主要涉及其拥有的能源资源,如管理和分配矿产和石油资源的产权、使用年限;促进矿业资源的勘探、开发和生产;采矿运作管理,包括环境、职业健康和安全等;就生产的资源收取特许开发使用费。[①]

第三层次的地方政府不具有能源资源的所有权,因此其涉及的能源方面的职权主要是审批和采矿项目有关的建筑计划等,并且需要协助州或领地的能源管理机构的工作。澳大利亚法律将其能源资源明确分配与联邦政府、州或领地政府,能源管理部门在各自法定的范围内行使职权,但是二者之间也需要交流与协作,共同行使某些职权,如建立资源勘探、开发、项目审批等的管制框架等。

澳大利亚设置了三个层次的能源管理体系,各层次的管理范围、管理职权在法律上都有明确的规定,并且各层次相互分工、合作,实现了对能源的

---

① 参见黄庆业:《澳大利亚能源监管新体制及其借鉴意义》,载《华北电力大学学报》2007年第2期,第34页。

有效管理,保证了能源产业秩序的稳定和发展。另外,澳大利亚还有很多与能源资源开发和利用有关的政府间、民间机构和科研服务单位,如澳大利亚工业、旅游和资源部的地质科学局、澳大利亚农业和资源经济局等。

(二)澳大利亚能源监管制度

能源市场的有序发展,除了主要负责宏观政策制定的能源管理制度外,还需要专门针对具体的能源市场进行监管的微观方面的制度框架。澳大利亚能源监管机构的设置起步较晚,虽然如此,澳大利亚也建立了符合国情的高效运作的监管体系。

澳大利亚的能源管理体系是三层次的,相对应的能源监管体系也为三个层次。联邦一级的属于能源部长委员会实施监管,该委员会是监管澳大利亚能源市场的国家政策和治理主体,包括电力和气体资源。地方政府和领地政府也都设置了独立的能源监管机构,但其执行的也是能源部长委员会制定的能源政策。为保证监管权的合理行使,澳大利亚政府还设置了专门的能源市场委员会和能源监管委员会(AER)。

能源市场委员会是独立的法人实体,直接对能源部长委员会的政策指导负责,并受制于能源部长委员会的政策指导。其主要职能是:监管市场参与者;在能源部长委员会的授权下制定或修改包括市场准入程序在内的电力和天然气行业市场的法规;制定和修改与其职权范围有关的法律法规的实施细则;评估市场发展状况,并提出完善和发展市场的建议。能源市场委员会有3名委员,2名(包括主席)由各州任命;1名由联邦任命。

能源监管委员会是独立的法人实体,其主要职能是在能源部长委员会以及竞争和消费者委员会(ACCC)的政策指导下,负责包括输电网和输气网的准入监管在内的经济监管。能源监管委员会是竞争和消费者委员会的组成部分,但相对独立于竞争和消费者委员会行使职能。能源监管委员会有3名委员,其中2名由各州任命,1名来自竞争和消费者委员会。

能源市场委员会和能源监管委员会的主要区别在于,前者主要负责监管规则的制定,后者主要负责监管规则的具体实施。两者分设的这种机构设置是监管体制的一次变革,这将在所规定的法律框架范围内显示出更多的独立性和专业性。

二、可再生能源证书制度

为了鼓励可再生能源电力生产和实现可再生能源目标,作为可再生能源配额制的一项政策工具,澳大利亚联邦政府推行可再生能源证书这一法律制度和促进机制。所谓"可再生能源证书"(又称"可再生能源信用"或"绿色标签")是指承载着环境、社会和其他非动力性质的可再生能源生产的一种可交易的商品,一份可再生能源证书代表 1 兆瓦时可再生能源电力的生产。可再生能源证书制度既能跟踪和核实配额义务的履行情况,又能够帮助配额义务主体完成可再生能源配额义务。[①]

澳大利亚可再生能源目标将可再生能源发展总体规划分为小规模可再生能源计划和大型可再生能源目标,与之相适应的将可再生能源证书分为大规模生产证书和小规模技术证书两类。大规模生产证书是经过认证的合格发电站创制,一份大规模生产证书相当于在发电站电力基准之上生产 1 兆瓦时可再生能源电力;小规模技术证书是指合格的安装太阳能热水器、空气源热泵热水器和小型发电机组的所有者创制,一份小规模技术证书相当于在不使用太阳能信贷证书倍增效应下小型发电机组生产 1 兆瓦时可再生能源电力或者安装太阳能热水器所置换的 1 兆瓦时可再生能源电力。

可再生能源证书制度具体规定在《可再生能源电力法》第 2 章"可再生能源证书"部分,该部分具体规定了有关可再生能源证书的注册、合格发电站的认证、证书的创制、证书的形式与注册、证书的转让与失效等具体制度。此处将简要介绍相关法律规定以及可再生能源证书的运行机制。

(一)注 册

《可再生能源电力法》第 9 条规定:"任何个人或实体均可以申请注册。申请人向监管机构(即可再生能源监管办公室)提出注册申请时,必须符合规定的格式和方式,提交监管机构要求的所有信息和文件,并支付 20 澳元的注册费。对于符合条件的申请人,除非申请人此次申请前已进行了注册,否则监管机构应当准予其注册;做出准予注册决定后,监管机构应为申请人分配专属的注册号并通知申请人。"

《可再生能源电力法》也从消极法定事由方面对注册问题做出了规定。因法定事由的出现,监管机构可以吊销已获取的注册,吊销期限视具体事由而有所差异。具体事由包括:不当创制证书的犯罪行为、民事违法行为、不当获取注册行为。

(二)合格发电站的认证

根据《可再生能源电力法》的规定,获得注册的个人或实体可以向监管机构提出申请,要求认证发电系统的所有组件为单一合格发电站,不论是其单独或与他人经营或所有。对于符合法定条件的发电站,监管机构自收到申请之日起 6 个星期内依法做出认证决定,在此期限到来前监管机构可与申

---

① 参见张勇:《能源资源法律制度研究》,中国时代经济出版社 2008 年版,第 111 页。

请人协商延长期限。认证费用采用滑动收费模式,需根据发电站的规模和复杂程度在 20—3 000 澳元确定具体费用。认证申请经监管机构批准后,发电站即成为合格发电站,拥有监管机构编制的专属识别码,申请人即成为合格发电站的被指定人。

在发电站认证过程中,监管机构应该确定发电站 1997 年合格可再生能源电力基准、发电站使用的任何不合格的能源和 2008 年废弃矿井瓦斯限制。其中,合格可再生能源①电力基准,是以发电站 1994—1996 年 3 年可再生能源电力生产量的平均值为准,但是 1997 年 1 月 1 日后第一次生产电力的发电站的可再生能源电力基准为零。②

(三)证书的创制

证书的创制部分包括三种情况:①合格发电站的证书创制,合格发电站 1 年的发电量超过其 1997 年合格可再生能源电力基准,被指定人可以就超额每 1 兆瓦时(MW·h)可再生能源电力创制一份证书。超额部分不足 1 兆瓦时但超过或等于 0.51 兆瓦时,被指定人依然可以创制一份证书。②安装太阳能热水器和小型发电机组的证书创制,2001 年 4 月 1 日后安装太阳能热水器的所有者,以每一份证书代表 1 兆瓦时电力为标准,在安装太阳能热水器后 12 个月内可以随时创制证书。③不当创制证书,根据《可再生能源电力法》的规定,不当创制证书有 2 种情形,即犯罪行为和民事违法行为。

(四)证书的形式、登记、转让和失效

可再生能源证书采用的形式是监管机构书面确认的电子格式。在证书上应当载明专属识别码(或注册号)、创制人的电子签名、相关电力的发电日期(或安装日期)、合格能源的详细资料、年度、证书序列号及证书创制日期。其中,证书的专属识别码依次由创制人的注册号、发电站的识别码、年度和证书序列号组成。

证书应当注册,注册是证书的生效要件。证书制作人应当通知监管机构证书的创制情况,在缴纳注册费用后监管机构决定是否注册。监管机构同意注册即应当在可再生能源证书注册系统中注册该证书,并登记证书的创制人为证书的所有权人。

---

① 合格的可再生能源是指:水电、波浪能、潮汐能、海洋能、风能、太阳能、地热蓄水、热干岩、能源作物、木材废料、农业废料、农产品加工废料、食品废物、食品加工废物、甘蔗渣、黑液、生物质组成的都市固体废物、垃圾填埋气、沼气及生物质组成的污水和其他条例规定的能源;不合格可再生能源主要指化石燃料及其废弃物。

② 参见李化:《澳大利亚的可再生能源发展与可再生能源证书制度》,载《华中农业大学学报(社会科学版)》2011 年第 6 期,第 1—8 页。

经过注册的证书可以向任何人转让,但转让之前须以监管机构书面确认的电子传输方式通知监管机构,以便监管机构在可再生能源证书注册系统中变更证书的所有权人。

证书的失效在注册所有权人向监管机构提交证书后失效,也可以因能源获取年度报表和清退可再生能源亏空费而提交证书使其失效。证书提交后,监管机构变更注册系统中的注册内容,借以表明其不再有效。

(五)证书的运行机制

可再生能源证书的运行依赖于可再生能源证书注册系统①,监管机构(可再生能源监管办公室)负责合格发电站的认证、证书注册与确认以及确定可再生能源电力比②。根据《可再生能源电力法》第 39 条,监管机构应在预测证书创制数量、相关电力获取数量和部分免除责任的基础上,于每年 3 月 31 日前确定并公布可再生能源电力比以便于责任实体安排证书获取策略。由此,证书注册账户所有者即合格主体与责任实体③通过证书注册系统实现转让,证书转让交易行为将自动地通过证书注册系统汇总至监管机构。双方转让交易行为完全市场化,证书的交易价格由证书的供需状况决定,监管机构不负责调节交易价格。

小规模技术证书的转让方式稍有不同,主要包括两种:①可以通过代理机构实现转让,将技术证书过户给代理机构,以获取延迟的现金支付或提前支付享有折扣。证书所有者需跟代理机构商谈交易价格,一般每份证书的价格可能低于 40 澳元。②可以选择通过证书注册系统在线进行装让,每份证书的价格为 40 澳元。而大规模生产证书只能通过证书注册系统进行转让交易,经济利益为每份证书 40 澳元。

责任实体通过注册系统购买并提交证书实现其法律责任的履行,这一过程也是可再生能源目标得以实现的关键所在,即责任实体通过购买和提交证书支持发电站、太阳能热水器和小型发电机组额外生产的可再生能源电力。如果责任实体不能完成年度可再生能源电力目标,则将要求支付每份证书 65 澳元的大规模生产亏空费或小规模技术亏空费。

---

① 可再生能源证书注册系统:指按照《可再生能源电力法》的要求,以因特网为基础,负责证书创制、注册、转让与证书提交的登记系统。实质上该注册系统即是可再生能源证书市场。

② 可再生能源电力比:指法定的可再生能源电力年度责任比,责任实体(需方)可据此确定应提交证书的数量以免除责任。假设 2010 年可再生能源电力比是 4%,如果某一责任实体 2010 年购买了 10 万兆瓦时电力,则该责任实体必须提交 4 000 份可再生能源证书以免除责任。

③ 合格主体与责任实体:是证书市场的供方和需方。其中,合格主体指认证发电站与太阳能热水器、小型发电站的所有者,负责创制证书;责任实体则是相关电力的获取方,它们不生产电力但需要购买电力,如电力零售商。

三、能源市场化制度

能源市场化改革问题是于 20 世纪 70 年代被提出来的。能源市场化改革既是市场经济体制改革和国际竞争的需要,也是节能减排、保护环境的需要,同时还是能源储备和消费脱钩的现实需要,更是更新能源工业设备、转变政府职能和确保能源安全与社会可持续发展的需要。能源领域大多被归为自然垄断领域,但是随着科学技术的发展,现代经济理论将自然垄断划分为强垄断和弱垄断,并证明弱垄断具有进入市场机制的基础。澳大利亚在能源领域采取了诸多的市场化规则,旨在打破能源垄断,提高能源使用效率,引导市场统一、市场主体自由竞争、消费者自由选择,形成良性的循环系统。

澳大利亚联邦和地方的能源法律、法规、规章和标准共同构成了澳大利亚的能源法律体系,澳大利亚能源法律的特色在于其主体是由各项能源单行法组成的。在石油方面,澳大利亚于 2006 年颁布了石油领域的专门法——《近海石油法》。在天然气方面,澳大利亚没有专门的单行法,但有一些法律法规涉及天然气,例如 1998 年颁布的《天然气管道接入(联邦)法》。在电力方面,澳大利亚拥有《国家电力法》、《国家电力法规》、《可再生能源电力法》,其中《国家电力法》是核心。在煤炭方面,1946 年澳大利亚颁布了《煤炭工业法》,但后又被撤销。在核能方面,1953 年通过了《原子能法》、1993年颁布了《核安全费法》。在可再生能源方面,澳大利亚在 2000 年通过《可再生能源电力法》、《可再生能源(电力)(收费)法》,2001 年又颁布了《可再生能源(电力)法规》。[①]

澳大利亚能源部门的主要职责是为能源市场投入资金以及克服市场失灵。澳大利亚联邦政府管理油气资源的部门主要是澳大利亚工业、旅游和资源部。[②] 澳大利亚于 2001 年成立能源部长委员会,在能源部长委员会下,又建立了澳大利亚能源管理局,这是一个专门的能源监管机构。与此同时,澳大利亚还建立能源市场委员会,专门负责能源市场发展,旨在促进能源市场独立发展,防止权力滥用。[③] 国家的能源管理由澳大利亚工业、旅游和资

---

① 参见杜群、廖建凯:《澳大利亚的能源法律制度及其借鉴》,载《时代法学》2009 年第 3 期,第87—92 页。

② 参见黄庆华、马卫华:《澳大利亚能源监管新机制及其借鉴意义》,载《华北电力大学学报(社会科学版)》2007 年第 2 期,第 32—35 页。

③ 参见杜群、廖建凯:《澳大利亚的能源法律制度及其借鉴》,载《时代法学》2009 年第 3 期,第87—92 页。

源部负责,能源市场政策的制定由能源部长委员会负责,能源市场政策执行的监管由能源管理局负责,能源市场发展由能源市场委员会负责。[①] 澳大利亚建立起的能源管理体制有效地协调了能源管理部门、能源监管部门、能源市场之间的关系。

澳大利亚积极推动能源产业的市场化改革。(1)在油气方面,澳大利亚是亚太地区最为开放的国家之一。自 1996 年以来,澳大利亚政府就不断促进该国的石油业竞争。国内油气生产由私人公司承担,下游的炼油厂也由私人公司经营,他们甚至可以拥有自己的加油站。

(2)在电力方面,为了建立富有竞争力的全国电力市场,澳大利亚新南威尔士州首先在电力部门引进了竞争机制,打破了公营垄断,形成了多元化竞争的电力市场。为了促进各州电力工业的市场化经营,联邦政府制定了一系列电力法律,如《澳大利亚能源市场法》、《国家电力法》、《国家天然气法》、《可再生能源电力法》等,这些联邦法律取代了州制定的电力法。统一的电力法规为联邦统一监管电力市场提供了法律依据。1995 年,澳大利亚通过竞争政策改革决议并成立竞争和消费者委员会,通过委员会制定能源部门的竞争规则。该委员会的成立能够促进澳大利亚市场竞争,提高市场效率,促进公平交易,维护竞争价格。联邦政府又通过建立竞争机制补偿基金对已进行改革的州和区给予竞争补偿。同时澳大利亚政府进行结构性改革,把发电、输配电及零售电业务分开,把州政府拥有的电力公司逐步私有化。

(3)煤炭工业方面,1996 年联邦政府建议放弃对煤炭及其他矿产品的出口控制,降低煤炭工业的政府干预水平。

(4)天然气工业方面,自 1995 年以来,澳大利亚开始建立全国性管道使用系统,取消法律及行政上对市场竞争所设的重重限制,对天然气设施和燃气公司进行结构性改革,并且施行了天然气输送管线私有化的相关政策。最终结果是使澳大利亚天然气市场由一个主要由州政府支配的体制转向了一个公共与私有公司并存的体系。

四、财政与税收制度

澳大利亚政府采取了一系列的财政与税收激励措施,大规模的能源计划和国际资本需求使得能源市场对澳大利亚国际竞争较其他领域更加

[①] 参见黄庆华、马卫华:《澳大利亚能源监管新机制及其借鉴意义》,载《华北电力大学学报》2007 年第 2 期,第 32—35 页。

敏感。

澳大利亚财政计划的吸引力取决于两个方面:一个广泛的运用于所有能源计划的税收规制以及运用于联邦所有(地下)资源的税收体系。作为一项原则,能源领域的投资和一般税收体系的投资应一视同仁。澳大利亚政府的税收制度进行了一定程度的改革,包括 2001—2002 年将公司税收从36%减少到30%。间接税适用于地下矿产和能源资源,主要针对澳大利亚沿海和各州沿海地区。税收旨在补偿社区因允许私人开发澳大利亚可耗竭资源所导致的利益减损。间接税体系运用于澳大利亚的煤炭、铀矿燃气和液态石油。州和地区法律适用于该管辖区内的能源资源,一般是从价税①。澳大利亚政府管辖区(如在沿海水域之外和澳大利亚大陆架之间的区域)的石油资源租赁税适用于除特定的西北大陆架面积之外的所有区域。石油资源租赁税是自动适应价格和成本的利润基础的税收。

澳大利亚政府在能源管理上通过设立专项财政基金以及各种补贴等财政手段促进低碳环保,同时还实施更有利于节能技术和节能行为普遍推广的燃料消费税制度。

(一)以扶持能源创新为目的,设立政府专项财政基金

其中主要包括:5 亿澳元的低排放技术基金,用以支持以能源产业为主导的、验证低排放技术的项目。7 500 万澳元的专项财政基金,用以支持太阳能城市试验项目。试验包括能源价格确定以及其他的能够更好地反映利用太阳能和其他"需方"行为价值的市场安排措施的试验。此外,还包括用以激励生物质能源技术研究及产业化验证的财政基金。

(二)以扶持可再生能源发电与温室气体减排项目为目的的财政补贴措施

财政补贴主要包括:①财政拨款 2.3 亿澳元,用以支持偏远地区的可再生能源发电与温室气体减排项目。②财政拨款 3 400 万澳元,消除使用可再生能源的具体障碍,包括提供更好的风势预报、改进的电力存储选择权以及更好的联网规则等。③财政拨款 2 000 万澳元用于对先进能源存储技术进行资助。④财政拨款 1 亿澳元,用以支持较小规模可再生能源技术的战略研究、开发和商业化。此外,还包括用以扶持乙醇燃料基础设施建设、刺激乙醇燃料产能扩张及鼓励液化气等新型动力汽车消费的多项财政补贴措施。

---

① 从价税是按照进口商品的价格为标准计征的关税,其税率表现为货物价格的百分率。计算公式是:税额=商品总值×从价税率。

(三)燃料消费税

澳大利亚自 2006 年 7 月 1 日起实施的燃料消费税制度在促进环保节能方面进行了多方面的改革,使其更能发挥其应有的作用。①实施燃料消费税税基改革,所有燃料的消费税税率都将取决于能源的含热量,替代性燃料将享受基于能源含热量的消费税税率的 50%的优惠。②对大型能源用户实行附条件的消费税抵扣,根据能源利用绩效评价考核标准每年享受 300 万澳元燃料消费税抵免及以上的单位加入政府的温室气体排放挑战项目,同时承担温室气体排放量测量、开发减排的可行性方案以及向政府报告相关进展情况等的义务。③对重型柴油机动车辆实行附条件的燃料消费税抵免。④实施光伏发电退税措施,对在运用具有明显环境效益的先进太阳能发电技术而生产电力的过程中所必需的燃料,在实际上免征燃料消费税。

五、能源环境保护制度

澳大利亚的能源规范体系包括了一系列的能源法律、法规、政策等规定,这些规定在不同区域、不同时间分管不同领域,从上至下形成了一个较为统一的法律体制。澳大利亚法律体系沿袭普通法系,但是在环境保护领域普通法所起作用不大,大多数环境法为成文法。澳大利亚环境法主要分联邦和州两级(有时还有更低一级的地方环境法),联邦和各州都有自己的环境法规。联邦政府只负责有限范围内的环境保护活动,联邦环境法规因数量较少而处于配角地位;但近几年的发展趋势是联邦政府正逐步直接或间接地通过环境立法扩大其管理环境事务的职能和范围。近年来欧盟在能源与环境方面对各成员国提出了更高的要求,特别是在应对气候变化方面做了很多努力,先后通过了多项能源—环境的发展目标和指令,这也推动了澳大利亚能源与环境法的进一步融合。

澳大利亚政府在全球环境保护方面的立场是鲜明的,1992 年 6 月在联合国环境与发展大会上同意签署《联合国气候变化框架公约》,表明"到 2000 年温室气体排放稳定在 1988 年的水平上,到 2005 年减少温室气体排放25%"[1]。1998 年 10 月陆克文政府同意签署《京都议定书》,同意 2008—2012 年将二氧化碳等 6 种温室气体排放量从 1990 年的水平削减 5.2%。[2]降低碳排放、应对气候变化,已经成为澳大利亚能源环境保护法制体系的一

---

① Dennis Rumley:The Geopolitics of Australia's Regional Relations,published by Kluwer Academic Publishers,1999,pp. 232-265.

② See Roderic Alley:The Domestic Politics of International Relations,published by Ashgate Publishing Limited,2000,pp. 108-125.

项基本原则,这也是世界能源发展趋势在澳大利亚能源立法中的体现,因为在澳大利亚的能源立法中需要考虑欧盟社区的能源政策与立法中关于能源与环境的规定。能源开发利用中越来越需要考虑环境问题的趋势已为立法和监管设定了诸多标准,因而它们两者独立的特征越来越少。

澳大利亚环境立法起步较早,早在 1970 年,维多利亚州就颁布了《环境保护法》。但主要是一些单项立法,综合性环境立法较较少,属于大环境法的模式。近十几年的发展趋势表明,"综合环境管理一直受到澳大利亚政府的日益关注"①。联邦环境法方面,《澳大利亚联邦宪法》中并没有对环境保护做出明确规定,但却赋予联邦议会一定的立法权限,联邦议会能够就一些与环境保护相关的事务进行立法工作。例如,联邦政府通过履行国际环境条约,管理国际和州际贸易、外交、财政和贸易事务以及海滨和海外领地上发生的活动,可以获得管理上述领域内有关环境事务的权限。成文法方面,澳大利亚先后出台了较多较为细致的法律规范,如《环境保护(拟议影响)法》、《臭氧层保护法》(1989)、《资源评价委员会法》(1989)、《自然资源管理(财政援助)法》(1992)和《国家环境保护委员会法》(1994 年)等 50 多部环境法律法规,另外还有《清洁空气法规》等 20 多部行政法规;在州层次上则多达百余部,如维多利亚州的《环境保护法》、新南威尔士州的《环境犯罪和惩罚法》等。

地方环境法包括 6 个州、2 个区(地方)和首都的环境立法,目前各地均已制定大量环境能源法规。澳大利亚的绝大多数能源产业分布在新南威尔士州、维多利亚州和昆士兰州,其中新南威尔士和维多利亚两州拥有全国 70% 左右的工厂。从新南威尔士州的环境立法可以了解澳大利亚各州环境立法的概况,该州主要有如下环境资源法规:1988 年的《运输行政法》、1990 年的《悉尼电力法》、1990 年的《环境整治信托法》(Environmental Restoration and Rehabilitation Trust Act)、1991 年的《环境保护行政法》、1992 年的《墨累达令河流域法》、1992 年的《木材工业(暂时保护)法》、1994 年的《电力传送管理法》、1995 年的《废物最少化与管理法》、1995 年的《能源服务公司法》、1995 年的《受威胁物种保育法》、1995 年的《国家环境保护委员会(新南威尔士)法》、1995 年的《可持续能源发展法》、1996 年的《煤气供应法》、1997 年的《海洋公园法》等。在澳大利亚,能源环境管理活动主要由地方立法规

---

① 宋蕾:《世界主要国家流域水资源综合管理法律制度探析》,http://www.locallaw.gov.cn/dflfw/Desktop.aspx?PATH=dflfw/sy/xxll&Gid=7e0a17ad-f697-4b12-aad9-a286680e454b&Tid=Cms_Info,2012-10-06。

定,近十几年来地方立法(主要是州)出现了综合化的趋势。

澳大利亚政府还积极发展可再生能源产业,降低碳排放以达到保护环境的最终目标。澳大利亚政府提出清洁能源计划(Clean Energy Plan),主要强调可再生能源技术转化和利用、能效技术的推广、清洁能源技术创新和对煤资源的清洁利用,核心是清洁煤行动计划,陆克文政府创立可再生能源基金(5亿,用于开发、商业转化和利用可再生能源)、清洁企业基金(24亿,帮助工商业节能和节水,重点在于生产率和创新)、清洁煤基金(5亿,用于利用清洁煤技术)以促进清洁能源计划的顺利实施。依托可再生能源计划,发展可再生能源绿色证书制度,使可再生能源电力进入市场交易平台,促进可再生能源电力的使用与研发。可再生能源计划促进澳大利亚境内清洁能源的大力使用、研发,从而降低碳排放、节约能源、保护环境。

2006年澳大利亚政府颁布的《能源效率法》确立了能效标识制度以及最低能效标准,通过实施国家家用电器设备能源效率项目(NAEEEP),配合能效标识制度和最低能效标准有效提高能源效率和减排温室气体的目的,从而达到保护环境的最终目标。

第四节　澳大利亚常规能源法制

澳大利亚能源资源丰富,煤、石油和天然气储量巨大。在2010年澳大利亚的能源消费结构中,石油占36.04%,天然气占23.1%,煤炭占36.7%,可再生能源占4.1%。[①] 澳大利亚是世界上主要煤炭生产国净出口国,每年大约有60%的煤用于出口,占全球煤炭出口量的29%。澳大利亚的石油对外依存度日益增高,加上地理位置上相对孤立和对交通运输燃料依赖强,石油供应安全逐渐成为其必须面对的能源问题之一。近几年澳大利亚石油开采量不能满足自给率,给其能源安全带来挑战,澳大利亚已然成为石油净进口国。天然气方面澳大利亚是世界上第五大出口国,这与澳大利亚近海盆地有可观的天然气储备是分不开的。在过去的10年间,澳大利亚的液化天然气出口量增长了58%。

澳大利亚电力方面主要依赖煤炭电力,逐步发展可再生能源电力。根据可再生能源目标,在2020年将实现可再生能源电力占电力生产的20%。

---

① See BP:BP Statistical Review of World Energy 2011,http://www.bp.com/ statistical review,2012-01-16.

此外,它还有丰富的铀矿资源。据统计,2006 年铀探明储量居世界首位,占全世界总储量的 41%。澳大利亚目前没有核电,但是随着清洁煤和燃气价格的上升以及加入《京都议定书》后履行减少温室气体排放的义务,核能很可能成为澳大利亚最具竞争力的新能源[1]。

一、澳大利亚石油与天然气法制

澳大利亚海上石油、天然气储量非常丰富,绝大部分的能源供给都来自化石燃料,尤其是石油和天然气,近年来一直占据了大约 80% 的能源供给。澳大利亚的矿产资源归人民所有,政府代表人民进行管理,直到 2005 年之前,澳大利亚实行的都是联邦和州(或地区)两级管理体制,特别是石油天然气储量丰富的西澳大利亚、维多利亚及北部地区政府对油气资源开发拥有实际的管理权。就海洋石油、天然气来说,各州或地区有权在近海区域(3 海里范围内)制定监管法律,联邦政府则对近海区域之外的海域(3 海里范围之外)的所有海洋石油事务拥有监管权,这是载入澳大利亚《海洋宪法解决协议》的基本原则。但由于规模以上油气储量大部分在 3 海里之外,因此澳大利亚海上油气资源主要还是由联邦政府进行管理,同时联邦政府在一些具体的监管环节上还须与地方政府合作,各州或地区政府受联邦政府委托履行包括安全事务在内的所有日常监管权力。

(一)许可法制

由于联邦和州两级法律体系的并存,澳大利亚各州均有立法权颁布各自的石油天然气法律,澳大利亚各州石油、天然气法的分类也因州各异。在不同的州,获取特定矿业权的条件甚至矿业权的名称都差别很大。澳大利亚 1967 年出台了《水下石油勘探法》。根据该法律澳大利亚联邦政府并不直接参与油气资源的勘探开发,只负责提供一个适合开发的宏观经济环境,并对油气资源的开发采取许可证制度,对有意参与油气资源开发的企业发放许可证,对外国投资者进行税收、利率等方面的政策制定和立法。从联邦以及各州的法律来看,许可制度是澳大利亚政府对石油、天然气行业的有力监管措施。许可制度对澳大利亚的石油与天然气行业进行市场准入进行规制,通过制定具体的准入条件、限制规则、标准要求等规定对石油、天然气产业进行法律规制。

澳大利亚油气许可证制度包括勘探许可(exploration permits)、保留租

---

① See EIA:Energy Information Administration:Australia Energy Data,Statistics and Analysis,http://www.eia.doe.gov/emeu/cabs/Australia /Background.html,2011-12-20.

约许可(retention leases)、生产许可(production licences)、开采设施修建、安装许可(infrastructure licences)等,具体归属于石油、天然气的具体的制度规定。澳大利亚油气许可的具体制度规定散见于联邦立法以及州立法中,联邦政府有关石油方面的行政许可制度主要包含在 1967 年的《石油下沉陆地法》、2006 年的《近海石油法》和《海上石油(权利金)法》中,有关天然气方面的行政许可制度主要包含在《国家天然气法规》、《天然气管道准入协议》中。各个州还有具体的各项法规,如昆士兰州的油气许可制度较为健全,有 1923 年的《石油法》、1982 年的《石油沉没土地法》、1989 年的《矿产资源法》和《海上矿产法》、2004 年的《石油天然气(生产与安全)法》、2009 年的《温室气体储藏法》等。新南威尔士州则有 1982 年的《石油(下沉陆地)法》、1991 年的《陆上石油法》等。

根据 2006 年的《近海石油法》的规定,勘探许可是指申请人可以申请在 3 海里以内的海域内取得授权勘探区域的指定,在授权范围内进行石油勘探工作。[①] 勘探许可根据取得方式的不同分为 3 种形式:招投标方式、现金招标方式、特别勘探许可形式。[②] 根据获取方式的不同,相应的申请以及审批流程也不同。许可证持有者有权在授权区域范围内进行勘探石油(包括天然气、煤层气等);试验石油生产;评估石油生产的可行性;评估或试验石油储存;评估式试验天然气地下存储。但不能:通过化学或热处理方法,从煤炭或油页岩中进行气化或提纯产品的生产;勘探煤炭或油页岩以进行提取或生产;温室气体储藏等。勘探证书的期限分为两种,传统方式获得的勘探许可证的期限为 6 年,以恢复方式获得的勘探许可证的期限为 5 年。[③]

根据《近海石油法》的规定,保留租约许可证是授予承租人在授权区域内继续勘探、试验、生产石油,继续安装使用必要的基础设施等权利。[④] 保留租约许可证的授权年限为自许可证批准之日起 5 年,可续期,可转让。[⑤] 申请人须为勘探许可证的持证人。各州保留租约许可制度的立法中与联邦不尽相同,如昆士兰州具体规定了保留租约最大面积为 75 亚块[⑥](sub-

---

① See Offshore Petroleum Act 2006, NO. 76.
② See Offshore Petroleum Act 2006, NO. 76.
③ See Offshore Petroleum Act 2006, NO. 80.
④ See Offshore Petroleum Act 2006, NO. 113.
⑤ See Offshore Petroleum Act 2006, NO. 115.
⑥ 亚块:在昆士兰州,为矿业目的,地球表面被划分为若干块(block)。1 块是由两个经度 5′经度线间隔和两个平行 5′纬度线间隔所包含的土地。每一经度线是从本初子午线起 5′经度线的倍数,每一纬度线是从赤道起 5′纬度线的倍数。1 亚块则是由两个经度 1′经度线间隔和两个平行 1′纬度线间隔所包含的土地。1 块包含 25 个亚块。

blocks)，最大期限为 30 年。

在勘探许可证与保留租约许可证的基础之上，有必要介绍一下数据获得许可证，所谓"数据获得许可证"是指许可证持有者在勘探许可证或石油租约区域以外的授权地区，进行有限的地球物理调查活动，以获得勘探许可证或石油租约授权活动相关的数据。对已是勘探许可证或石油租约的区域，不能授予数据获得授权证。数据获得授权证没有面积限制，但只能是勘查授权证或石油租约相邻的区域。数据获得授权证最长期限为 1 年，但不仅如此，当勘查授权证或石油租约结束时，其权利终止。

生产许可证方面，根据《近海石油法》的规定是指申请人在授权范围内实施生产石油的各项活动，这里对申请人做出了限制，生产许可证的申请须在勘探许可证的持有或者是保留租约许可证的持有情况下方能申请，因此申请人只能是勘探许可证的持证人或者是保留租约许可证的承租人。生产许可证的获取方式有：适格申请人的申请；在已经取得的授权范围内的区域生产或者类似区域的生产获得；用私人开采区域替换另外一个许可证上同样大小的区域。[①] 生产许可证的期限为 21 年，对于生产许可证的终止条件规定为 5 年之内持证人未进行开发生产活动，同时勘探许可证和保留租约许可证的失效也能导致生产许可证的失效。

开采设施修建、安装许可证一般是与生产许可证同时申请的，法律授予持证人在授权范围内对开采活动需要的基础性设施进行修建、安装的基本权利。石油设施是指用于石油蒸馏、加工、提炼、储存和运输的设施。最后还涉及管线许可证。昆士兰州法律规定，在石油租约区域之外输送石油，需申请管线许可证。石油租约区域范围内输送石油、建设管线，不需要管线许可证。昆士兰州 2004 年的《石油天然气（生产与安全）法》规定了两种类型管线许可证，即区域管线许可证和点对点管线许可证。区域管线许可证允许持有者在许可区域内建设和运营管线。对输送管线和分销管线，则不能授予区域管线许可证。点对点管线许可证允许持有者建设和经营一陈述点到另一陈述点的管线。对分销管线，则不能授予点对点管线许可证。[②]

澳大利亚成立国家海上石油安全局（NOPSA）用来监管油气资源的开发生产活动，该机构是州、地区政府以及联邦政府监管机构的联合体，它作为唯一的全国性海上石油安全的监管机构取代了各州相互独立的监管机构。

---

①　See Offshore Petroleum Act 2006，NO. 135.

②　参见何金祥：《澳大利亚昆士兰州矿业投资环境》，http://www.mlr.gov.cn/zljc/201007/t20100713_724371.htm，2012-10-06。

依前所述,澳大利亚海上油气监管在2005年之前基本实行的是两级监管,即根据实施《海上石油法》的行政性安排,联邦和州(地区)政府共同负责的框架下,各州(地区)负责日常安全监管决策及其制度和程序安排。但在20世纪90年代发生的一次严重的海上石油安全事故后,澳大利亚政府开始对这一体制框架进行了重新评估,最终确立了全国统一的安全监管体制。

国家海上石油安全局向澳大利亚能源部长联席会议负责。在部长联席会议之下有3个常设机构,即能源管理委员会、能源市场委员会、竞争和消费者事务委员会,他们是独立于政府的能源事务方面的监管机构。前两个层次即联邦政府领导人联席会议和部长联席会议,他们都是政府的政策制定及政策执行的监督协调机构,是非常设的,但由负责能源事务的部门及其工作人员主持日常事务。而其之下的第三个层次的机构则是负责政策执行的监管机构,他们各自负责不同的能源监管事务。国家海上石油安全局同其他原有的3个机构一样是处于第三层次的、专门就海上石油安全进行监管的机构。

国家海上石油安全局对所有涉及海上油气勘探开发的安全事物进行监管,并根据监管实际问题对部长联席会议制定的政策提出意见。由于澳大利亚多数海上油气活动都集中在西海岸的西北大陆架或者集中于维多利亚海岸的巴斯海峡(Bass Strait),国家海上石油安全局总部设在沿海城市珀斯,并在墨尔本设有办公室,而在达尔文市也设有官员以负责对北部海岸地区的油气活动进行监管。

(二)石油法制

目前澳大利亚的生产油田主要分布在卡那封(Carnarvon)、吉普斯兰(Gippsland)、波拿巴(Bonaparte)、库拍/伊罗曼加(Cooper/Eromanga)、阿马迪厄斯(Amadeus)、鲍恩(Bowen)等含油气盆地。该国主要的生产公司有:伍德赛德(Woodside Petroleum Limited)、桑特斯(Santos Limited)、必和必拓(BHP Billiton Limited)、力拓(Rio Tinto)、英国石油公司澳大利亚有限公司(BP Australia Limited)、美国埃克森美孚公司(Exxon Mobil Australia Pty Limited)、美国康菲(ConocoPhillips)、日本石油勘探公司(Japex)、法国道达尔公司(Total)、美国阿帕奇公司(Apaoche)、荷兰皇家壳牌控股澳大利亚能源有限公司(Shell Energy Holdings Australia Limited)及中国石油天然气集团公司和荷兰壳牌联合控股的澳大利亚箭牌能源公司(ARROW)等。其中,伍德赛德和桑特斯是两家最大的澳大利亚油气公司,而埃克森美孚则是最大的外国公司,这些石油公司构成了澳大利亚石油工业基础。

澳大利亚的石油炼制部门主要由4家运作公司,即:英国石油公司、美国加德士公司(Caltex)、美国美孚公司、荷兰壳牌,共经营有 7 家炼制厂,分别分布在新南威尔士州(2 家)、维多利亚州(2 家)、昆士兰州(2 家)和西澳大利亚州(1 家)4 个州。①

在澳大利亚矿产工业或资源工业中,石油行业相对属国际竞争力低的产业,不仅上游资源储量有限,其下游炼制业也不占优势,其石油炼制能力不仅不能与美国、中国、俄罗斯、日本、韩国等石油炼制大国相比,也无法与相邻地区的印度、印度尼西亚、新加坡、泰国和中国台湾地区等相比。石油行业似乎已成为澳大利亚资源行业的一个"短板"。未来短时间内,这一状况难以改变。因为直至目前,无论是原油生产,还是成品油生产,澳大利亚都没有明显改善的势头。然而,这并不意味着澳大利亚化石能源产业的整体弱势。

根据对过去澳大利亚石油资源勘查的进展情况以及生产状况与消费状况的分析和研究,澳大利亚已不可避免地成为石油净进口国。未来,随着澳大利亚经济的进一步发展,对石油的净进口量无疑还会进一步扩大。预计,到 2020 年,其石油消费会达到 56 百万吨,石油净进口量则至少可能会达到 35 百万吨。2008 年,澳大利亚石油的对外依存度为 44%,到 2015 年,其石油的对外依存度则可能会提高到 58%。考虑到能源对外依存度比较低和战略能源储备的高额成本,澳大利亚政府认为没有必要建立石油战略储备,一般也不直接干预能源供应的短缺。政府注重通过提高能源效率、鼓励能源开发、发展和使用替代性交通能源和可再生能源来减少对石油的依赖。但随着澳大利亚对外石油依赖程度的提高,其能源安全受到威胁,国内要求建立国家石油战略储备的呼声越来越高。②

澳大利亚对石油行业准入以及生产的监管是联邦和州分别立法的。在澳大利亚,近海面 3 海里以内的海上石油资源归属于与海面相邻的各州/领地来立法;3 海里以外的联邦海面则由联邦和与海面相邻的州共同管理,陆上石油由各州立法。联邦的《近海石油法》是澳大利亚石油基本大法,其规定领海区域 3 海里以外范围受该法管辖,也包括延伸到大陆架外部界限的海域。目前现行法律法规主要有:1967 年的《石油下沉陆地法》、1970 年的新《石油法》(1970)、1973 年的《海洋和水下陆地法令》、1987 年的《石油资源租赁税法》、1987 年的《石油资源租赁税评估法令》、1987 年的《石油资源租赁

① 参见何金样:《澳大利亚石油工业的现状与前景》,http://www.mlr.gov.cn/zljc/201008/t20100819_742456.htm,2012-10-05。
② 参见中华人民共和国外交部驻墨尔本总领事馆经商室:《澳建立国家石油战略储备的呼声再起》,http://melbourne.mofcom.gov.cn/aarticle/ztdy/200708/20070805010235.html,2011-12-20。

税法》、1987 年的《联合作业标准协议》、1999 年的《石油（水底陆地）立法修正法案和说明》、2006 年的《近海石油法》、2006 年的《海上石油（权利金）法》等。澳大利亚独占一块大陆，四面环海，因而《近海石油法》最为重要。该法共 6 章 450 节，主要对海上开展的以下活动进行规范：石油勘探、石油回采、石油相关基础设施的建造和使用、石油管道的建造和使用。这部法律可以对获得许可的权利人赋予以下权利：勘探许可、保留租约权、生产许可、基础建设许可、管道许可、特殊勘查许可、准入许可。这部法律将海上区域的石油管理分为两部分：一部分由州联合权力机构人员（联合权力机构由负责的州长和联邦的总理组成）管理，另一部分由州指定权力机构（指定权力机构人员是负责的州长）管理。①

澳大利亚石油应急措施方面，主要依据 1984 年制定并于 2007 年修订的《液体燃料突发事件法》（Liquid Fuel Emergency Act）。该法规定，在液体燃料短缺非常严重的情况下，澳大利亚政府可以根据《液体燃料突发事件法》宣布国家液体燃料紧急状态。该法规定澳大利亚政府在与地方政府磋商后，有权在全国范围内调整燃料的生产与分配；有权指定燃料公司生产燃料的数量和分送的地区；有权命令将出口的原油转为内销；有权通过控制市场需求的水平，来确保关键用户的能源供给。为了完善《液体燃料突发事件法》，澳大利亚政府同时还制定了国家液体燃料突发事件应对计划。在长期广泛的燃料供应短缺中，该计划将达成：确保关键用户的燃料供给；在客观条件允许的情况下保证其他用户的燃料供给；确保燃料在澳大利亚各州和地区公平有效的分配；最小化燃料短缺对工业和商业的影响；确保澳大利亚履行其作为国际能源署成员国的义务；指明澳大利亚液体燃料供应管理的战略方面。该计划采取的主要措施包括：控制石油在澳大利亚境内的销售与流动，与此同时允许市场通过价格机制减少能源的需求；采取鼓励自愿减少需求的措施；直接的数量配额控制。

澳大利亚石油安全监管方面，成立国家石油供应突发事件委员会。该委员会由来自政府、主要石油供应公司和行业协会的代表组成。其主要职责是收集能源信息，作为政府与能源行业沟通的桥梁，监督澳大利亚作为国际能源署成员国的履约，组织应急演习和评估《液体燃料突发事件法》。此外，澳大利亚还通过国际能源署和亚太经合组织能源工作组等途径加强能源领域的国际合作，以确保本国的能源供给安全。

---

① See Australia Offshore Petroleum Act 2006.

(三)天然气法制

天然气是澳大利亚一次能源消费中的第三大源头,近10年间,澳大利亚天然气消费平均年增长率为4%,同比之下煤炭的增长率为1.7%,石油的增长率为1.6%。天然气工业包括传统天然气工业以及非常规天然气工业,截至2009年,已证实有经济价值的常规天然气资源储量(EDR)约3.86万亿立方米,按现有生产率计算,常规天然气储量能够使用63年;有待确认和已证实具有一定经济价值的次级资源量(SDR)分别为0.7万亿立方米和1.84万亿立方米。截至2008年底,已证实有经济价值的煤层气资源量0.524万亿立方米,占同级常规天然气资源储量的12%,按现有生产率计算可供开采100年;已证实具有一定经济价值的次级资源量和有待确认的煤层气资源分别为0.95万亿立方米和3.86万亿立方米。此外,致密气①资源量约为0.7万亿立方米;页岩气资源量大,但数量尚不清楚。澳大利亚的常规天然气和非常规天然气总储量为4.384万亿立方米,约占全球总储量的2.33%。② 澳大利亚的常规天然气生产主要来源于澳大利亚西北部的卡纳文、澳大利亚中部的库拍/伊罗曼加和澳大利亚维多利亚州的吉普斯兰,这3个盆地的产量占总产量的96%。澳大利亚还是重要的液化天然气出口国,大约50%的液化天然气用于出口,主要出口到日本、韩国、印度、中国等国家。

天然气生产方面,澳大利亚尚未开采致密气和页岩气,天然气生产仅指对常规天然气和煤层气的开采和加工。2009年澳大利亚天然气总产量约为540亿立方米,其中西澳大利亚天然气产量居澳大利亚第一,年产量为346亿立方米,占澳大利亚总产量的64%,99%产自西澳大利亚西北部的卡纳文盆地。昆士兰州和新南威尔士州重视煤层气开发,煤层气在天然气生产中的份额已从2002年的2%增至2009年的9%,目前,煤层气项目的投资和并购十分活跃。在澳大利亚开展运作的天然气公司主要有:桑特斯(Santos)、伍德赛德、雪佛龙(Chevron)、康菲、埃克森美孚和壳牌等,均是国际知名的大公司,它们也构成了澳大利亚天然气行业的主体。运输方面,澳大利亚共有10家天然气输配公司,几乎拥有了澳大利亚所有的天然气管线。各州的天然气输配都由不同的输配公司运营,输配公司对供气质量和稳定性负责。天然气管线运输市场化的运作并非从一开始就是如此,这主要得益于1995年之后澳大利亚联邦政府对天然气工业进行的改革。

---

① 致密气(tight gas)是指渗透率小于0.1 md 的砂岩地层天然气。

② 参见刘惠萍、郝文良等:《澳大利亚天然气产业发展特征与管理模式》,载《上海煤气》2011年第6期,第16—33页。

20世纪90年代中期以前,澳大利亚天然气市场分散在各州,大多由州政府经营的燃气所垄断。电力公司则依靠一两个私人天然气生产商以长期合同的方式取得天然气。为了清除天然气工业竞争中的主要障碍,营造一个公平的市场竞争环境,澳大利亚政府1995年开始采取以下措施对天然气行业进行以调整市场结构为主的结构改革:①通过签署政府间协议(如《1997年天然气管道准入协议》),制定并实施第三方管线接入条例,为天然气输配网络的合理利用和快速发展提供了法律依据。并以此建立全国性管道使用系统,取消法律及行政上对市场竞争所设的重重限制。②为消费者自主选择供应商及竞争性天然气销售市场的形成创造了良好的政策环境;实行输送管线私有化政策,以打破天然气零售和批发领域的国有垄断,吸引更多的私人和外国资本参与管网设施建设。③在天然气勘探开发领域采取宽松的政策,吸引外国投资和先进技术;提供160亿美元的财政补助,以鼓励州、地区政府在法律和监管上清除制约其辖区内天然气竞争性市场形成的障碍,从而对天然气设施和燃气公司进行结构性的改革。改革的结果之一是所有公共天然气公司实行私有化,改革的目的是在天然气行业建立公正与自由的交易体制并减少过去州政府在天然气州际流通方面施加的种种限制。21世纪初以来的改革主要是通过新建管道的方式加强各区域性天然气市场的统一,进一步消除天然气州际流通方面的政策性障碍以及增加天然气消费市场的竞争性。最终使澳大利亚天然气市场由一个主要由州政府支配体制转向了一个公共与私有公司并存的体系。这将最大限度地发挥市场运作机制功能,限制政府权力,保障天然气产业持续健康发展。

澳大利亚天然气行业的监管还是由各州(地区)政府自行负责管理;而涉及防止企业滥用垄断权力和维护消费者利益等方面的监管职权,则由联邦竞争与消费者委员会依据1974年的《交易行为法》、1997年的《天然气管道准入协议》等法律法规行使。但在2001年成立了能源部长委员会,它由联邦能源部长和各州(地区)能源部长组成,在联邦政府委员会领导下行使国家能源政策的制定。能源部长委员会的成立使得澳大利亚天然气行业监管逐步向全国统一的监管体制过渡。需要说明的是,由于资源的监管和市场的监管分别遵循不同的原则,所以澳大利亚天然气上下游领域的监管是分开的,上游领域的监管职能是在能源部长委员会的统一协调下由矿产和石油资源部长理事会(MCMPR)行使的。①

---

① 参见宦国渝:《澳大利亚天然气行业的改革及其对中国的启示》,载《城市燃气》2005年第11期,第17—23页。

以 2001 年 6 月成立能源部长委员会为标志,澳大利亚天然气行业在以往 6 年(1995—2000 年)改革的基础上迈出了更大的改革步伐,主要采取的具体措施包括以下几点。

1. 制定国家能源政策框架①

政策框架所确定的目标和原则是:①推动各地区之间的有效合作,并进一步发展和完善全国统一的竞争性能源市场;②制定国家级能源政策,建立全国统一的监管框架,确保能源政策和监管环境的稳定、透明、公正,以吸引长期投资,保障能源供应的安全和可靠性;③鼓励研究并采用提高能源利用效率的新技术、鼓励开发并利用低碳能源(包括可再生能源),减少能源生产和利用对环境的影响;④鼓励开拓能源出口市场,努力提高澳大利亚在各类能源市场中的国际竞争力。

2. 建立全国统一的能源监管框架

澳大利亚的能源监管机构主要有能源部长委员会、能源市场委员会、能源监管委员会。能源部长委员会除上文提到的传统职能外,还有一个很重要的方面是评估天然气和电力市场监管体制的现状与潜力,并提出改革措施;评估能源市场改革进程,并提出调整改革政策的建议。能源部长委员会成立以后,在对澳大利亚能源行业的改革情况做出了一系列评估的基础上,提出了进一步改革的原则和方向,具体包括:改善和提高能源市场监管的高效性、及时性和全国性;进一步消除竞争壁,并将竞争引入零售领域;扩大天然气利用等。为了实现这些改革目标,能源部长委员会还制定了一揽子改革政策和实施计划。

能源市场委员会:作为独立的法人实体,对能源部长委员会的政策指导负责,并受制于能源部长委员会的政策指导。其主要职能是:监管市场参与者;在能源部长委员会的授权下,制定或修改包括市场准入程序在内的电力和天然气行业市场的法规;制定和修改与其职权范围有关的法律法规的实施细则;评估市场发展状况,并提出完善和发展市场的建议。

能源监管委员会作为独立的法人实体,其主要职能是在能源部长委员会以及竞争和消费者委员会的政策指导下,负责包括输电网和输气网的准入监管在内的经济监管(除西澳大利亚州的输气网络)。能源监管委员会是竞争和消费者委员会的组成部分,但相对独立于竞争和消费者委员会履行职能。

---

① 参见宦国渝:《澳大利亚天然气行业的改革及其对中国的启示》,载《城市燃气》2005 年第 11 期,第 17—23 页。

3. 向新框架过渡的三年计划

为了实施 2004 年《能源市场协议》，平稳地向新的监管框架过渡，能源部长委员会制定了一个三年计划（2004—2006 年），具体规定了需要修改和制定的相关法律及其进度表；相关机构的设立，原有机构向新机构移交职能和权力的程序和进度表；天然气市场进一步开放的方案和进度表。按照 3 年过渡计划，原负责电力行业政策职能的国家电力市场部长会议已并入能源部长委员会；能源市场委员会和能源监管委员会也已根据 2004 年通过的有关设立这两个机构的立法成立，并开始运行。原有的各州及地区的监管机构以及国家电力法规管理局（MECA）向这两个新机构移交其所承担的监管职能和权力。到 2006 年底，全国性的监管机制正式运行，天然气和电力的配送和零售业务也要按 2004 年签订的《能源市场协议》运行。

4. 天然气上游市场的进一步开放

实施灵活的探矿权制度，对已发放许可证却并未投入工作量的区域能够及时地转移到新的投资者手中，并在上游基础设施领域实施第三方准入制度，以鼓励对天然气勘探开发领域进行更多的有效投资。

5. 制定《国家天然气法规》

该法规的内容包括：规定各州在建立天然气共同市场方面的责任和义务；天然气行业（特别是管网系统）准入机制的目标和制度安排；开放零售竞争的原则和制度安排等。法规将由能源部长委员会责成能源市场委员会根据其对中介机构生产力委员会（Productivity Commission）所提交的当前全国天然气准入制度评估报告的意见制定。除了法规的制定，为了使新体制能够正常运行，能源部长委员会还对相关的法律程序进行了修改和制定。所有的行业参与者，包括能源公司（生产商、供应商、运输商）、各类用户以及行业监管者（能源市场委员会、能源监管委员会和竞争和消费者委员会）都将纳入该程序的规定。

（四）澳大利亚天然气法制的总结与展望

澳大利亚历时 10 余年的天然气产业结构改革取得了明显的成效，天然气上游领域有多家生产开发商参与市场竞争，从而使其探明储量明显增加；全国州以及地区的电力批发市场得到了高度整合；在发电和天然气生产领域以及东部、南部各州之间的输电网和天然气管输领域吸引了大量的投资；在大中型商业领域实现了有效的批发和零售竞争，并在部分州实现了小用户的零售竞争；提高了网络的可靠性，实现了高水平的供应安全保障。与此同时，天然气管网的发展也很迅速，其输配能力增加了 80% 以上。

澳大利亚的天然气行业将着重发展液化天然气的生产，现有的已经投产的液化天然气项目,即西北大陆架(North West Shelf)液化天然气项目和达尔文(Darwin)液化天然气项目,总产能约为 1 500 万吨/年。澳大利亚主建的液化天然气项目主要有戈耳工(Gorgon)、布鲁托(Pluto)、皮尔布拉(Pilbara)、布劳斯(Browse)和耶稣鱼(Ichthys)等。而目前 LNG 项目在澳大利亚的发展面临一些现实问题,澳大利亚联邦政府在今后的政策制定、法律构建等方面需要进一步改善。

澳大利亚液化天然气项目存在的问题主要有以下几个方面:①液化天然气项目的气源主要位于澳大利亚西北海域,水深大多超过 200 米,对勘探和开发技术的要求较高,且开采费用较为高昂。此外,澳大利亚炎热的气候也会增加天然气的液化成本。戈耳工和斯卡布罗(Scarborough)气田都是在20 世纪 70 年代发现的,由于当时缺乏相应的技术、资金和市场,这些气田保留至今才通过液化天然气项目得以商业化开发。②由于澳大利亚政府为了保证国内天然气的供应、满足长期能源需求,制定了相应的保留政策,这项政策在减少液化天然气项目可用气量的同时,也将在一定程度上降低液化天然气项目的生产规模和经济性。澳大利亚联邦政府、澳大利亚石油生产和勘探联合有限公司(The Australian Petroleum Production & Exploration Association Ltd,APPEA)和液化天然气项目公司都对这项政策提出了异议,认为这将降低澳大利亚液化天然气项目的竞争优势。③澳大利亚对油气开发项目的环境影响评估非常严格,政府批准手续较多,以布鲁托项目为例,作业者需要从政府获得 450 多项许可,而且审批时间冗长,这在无形中会阻碍大型液化天然气项目的如期开工。

在未来的政策制定以及法律构建上,澳大利亚政府需要针对以上的具体问题进行具体解决,澳大利亚政府在未来需要投入资金进行相应的技术研发,培养有效的技术团队,可以通过税收激励的措施或创立技术研发基金的形式激励技术发展,从而降低天然气产业开发成本;在保证监管执行的情况下,适当地减少环境影响审批流程,降低冗余成本,加快天然气项目的顺利开工。

二、澳大利亚电力法制

电力工业是澳大利亚最大的工业之一,2008—2009 年澳大利亚工业增值电力工业占 1.4%。电力工业包含发电机、输电与配电网络和零售商。1998—2009 年这过去的 10 年中,澳大利亚的用电量年均增长率为 2.5%。2008—2009 年,澳大利亚电力产量中 77%来自煤电,15%来自天然气发电,剩余 8%的电力来自可再生能源。煤电因其成本低廉所占比例最大。澳大利亚全国有五大区域电网:包括南澳大利亚、维多利亚州、斯诺威地区、新南威尔士州、昆士兰州。输电线路电压等级有 500 千伏、330 千伏、275 千伏、220 千伏、132 千伏、110 千伏。

澳大利亚电力公司改革前效率较低,州际电网连接薄弱。澳大利亚通过立法,在联邦和州政府的共同推动下,实施了以引入市场竞争、提高效率、降低电价,发展全国统一电网,形成全国一体的电力市场为主要目标的电力改革。

1991 年,澳大利亚政府开始着手进行电力工业改革,澳大利亚国家电网管理委员会制定了国家电网规约,这是一份在州际电力公司和用户之间试行的初步市场设计文件,最终成为国家电力法规中的市场规章和入网条款。1996 年 5 月,澳大利亚各州政府共同签署了《国家电力市场(NEM)立法协议(NEA)》,接受《国家电力法》并使之生效。该立法协议规定:只有国家电力市场管理公司(NEMMCO)可以经营电力批发市场,发电商、电网服务供应商必须在国家电力市场管理公司注册,零售商及用户只能从电力批发市场购买电力。该立法协的生效为澳大利亚的建立奠定了法律基础。[①]

1997 年,澳大利亚竞争和消费者委员会决定,批准《国家电力法规》。该法规的实施在澳大利亚成功地建立起电力库制度,在发电和供电环节引入竞争,将监管电力市场的权力赋予国家电力市场管理公司的同时也通过法律救济程序对其进行制约。《国家电力法规》对发电、输电、配电、供电各环节的市场准入条件和管理程序都做了较详细的规定。

(一)澳大利亚国家电力市场

1998 年 12 月,国家电力市场正式营运,过渡性的州立市场终止。澳大利亚国家电力市场覆盖 6 个区域,分别为南澳大利亚、维多利亚、雪山、新南威尔士、昆士兰、坦斯马尼亚,这 6 个区域相互连接,形成一链式网络。2001 年,昆士兰、新南威尔士电网实现联网。政府设立了两个永久性的国家电力市场管理机构:国家电力法规管理公司(NECA)和国家电力市场管理有限公司,目的是依法建立并运营国家电力市场。上述两个机构在澳大利亚电力改革中发挥了核心作用。

国家电力市场的参与者包括国家电力市场管理公司、电网服务供应商以及各类发电商、用户和特殊参与者。

1. 国家电力市场管理公司

由联邦和有关州政府共同批准建立的州级间组织,依法管理国家电力

---

① 王伟国:《中国电力体制改革的新进展及其深化》,载《社会科学》2005 年第 6 期,第 18—22 页。

批发市场。主要职责是,国家电力市场管理公司经营一南一北的两个同样重要的国家调度与安全中心(NDSC),两个中心都有能力通过操作计算机系统,管理中心交易市场(poll)并经营电力系统。

2. 电网服务供应商(输电和配电网)

拥有或租用并经营各种不同电力网的公司称为电网服务供应商。电网服务供应商必须向国家电力市场管理公司登记注册并服从《国家电力法规》,以确保电网安全运行和公平开放。经过机构重组,每个州都成立了一家独立的输电公司,如:新南威尔士、昆士兰、南澳大利亚、和维多利亚。配电公司的数量大幅度减少,新南威尔士6家(原为25家),维多利亚5家,昆士兰7家(其中6家将合并为1家),南澳1家,首都地区3家。

3. 发电商(发电生产商和销售商)

目前,澳大利亚私有发电商和政府拥有的发电商并存,使用种类繁多的燃料和技术发电。法规规定,凡是单机或全厂容量3万千瓦及以上的公用发电厂,均为计划内市场型发电商,必须向国家电力市场管理公司登记注册。

4. 市场用户(零售商及最终用户)

国家电力市场是一个供应和购买电力的批发市场。实行输配电网开放进入制度,实现用户自由选择和灵活运转,是国家电力市场追求的根本目标。对最终用户而言,最关键的选择在与决定究竟是从批发市场直接购电,还是从零售市场间接购电。选择直接购电,则成为市场用户,选择间接购电,可以从几家竞争性的零售商中挑选电力供应商,市场用户指零售商和选择直接购电的最终用户,市场用户必须向国家电力市场管理公司注册登记。由于竞争激烈,零售公司也在进行合并重组。

5. 特殊的参与者

系统调度员(SO)和配电系统操作员(DSO)是必须向国家电力市场管理公司注册登记的两类特殊的市场参与者。系统调度员代表国家电力市场管理公司管理电力系统运行,人员由国家电力市场管理公司委派。配电系统操作员负责配电网的运行及紧急状态下的直接操作,管理从配电网至最终用户的电力传输。

(二)电力改革的法律体系

澳大利亚的电力改革始于1991年,但直到1996年澳大利亚才制定并实施了《国家电力法》。《国家电力法》主要包括以下几个方面的内容:①发电商和电网服务商必须在国家电力市场管理公司进行登记,或者取得登记的豁免;②制定国家电力条例;③有关国家电力条例的修改程序;④有关国家电力条例的实施程序;⑤主要机构的设置及职责。为使电力改革立法进一步规范化,1996 年 5 月各州政府共同签署了《国家电力市场立法协议》,对建立国家电力市场的立法基础做出了规定。

澳大利亚在以《国家电力法》为核心,以《国家电力法规》、《可再生能源电力法》等法律规范为辅构建其法律体系。2004 年 12 月 1 日公布的澳大利亚《国家电力法(草案)》的主要内容有:第 1 章总则,涉及定义、管辖、电力市场的目标等内容;第 2 章国家电力市场的参与,规定了特定电力市场活动的注册,个人参与电力市场的注册或豁免,传输系统或分配系统所有者、控制者和运营者的豁免等内容。第 3 章澳大利亚能源管理局的功能与权力;第 4 章澳大利亚能源市场委员会的功能与权力;第 5 章国家电力市场管理有限公司的地位;第 6 章诉讼程序;第 7 章国家电力市场法规的制定;第 8 章国家电力系统的安全。①

(三)新的能源监管机构

2005 年 7 月 1 日,澳大利亚正式实施《能源市场议定书》,标志着新一轮改革的启动。该议定书的改革目标主要是:①保障消费者对电力和天然气的价格、质量、可靠性及服务方面的长期利益,改善投资环境;②建立能够确保改革得以进一步深化的体系框架。框架的内容包括:①加强对能源市场管理的质量、时机、一致性的掌控,完善投资环境;②推进和提高对能源市场经济监管的质量,降低监管成本,简化管理手续,提高监管的透明度和确定性,降低竞争门槛;③完善数段网络的规划和扩展,为新电源和电网的建设创造一个有效的、稳定的投资体制;④提高用户在能源市场中的参与比例,包括采取诸如加强需求侧管理、进一步推进零售竞争、对家庭和企业用户提供增值服务等措施;⑤进一步扩大天然气的适用范围,尤其在澳大利亚境内,降低能源成本、完善能源服务、降低温室气体排放;⑥考虑到气候环境变化的压力和建立保障能源长期稳定供应的投资体制的需要,重点解决能源行业的温室气体排放问题,大力促进可再生能源的发展。

议定书中成立了全新的能源监管机构,成立了能源部长委员会、澳大利亚能源市场委员会和澳大利亚能源监管委员会。能源部长委员会是澳大利亚专设的能源政策机构,成员由联邦政府和各州的能源部长组成;能源市场委员会作为独立的法定委员会,直接向能源部长委员会汇报工作;能源监管委员会是全国专门的能源监管执行机构,均于 2005 年 7 月 1 日起开始运营。新的监管机构在所规定的法律框架范围内能够显示出更多的独立性和专业性。

---

① See National Electricity Law Exposure Draft,2004-01-12.

澳大利亚能源监管体系,主要是针对一次能源的天然气和二次能源的电力中的垄断环节实施监管。监管机构对输电业务实施收益上限的监管,为此构建一个积木模型(Building Block),该模型将输电公司的允许收益分为资产回报、设备折旧、运行和维护费三块,并对每一块内容做进一步细化。根据这个模型,输电企业去核定自己的成本和合理收益,然后向能源监管委员会申请,由能源监管委员会确定其最大允许收益并予以批复,监管机构定期对这个最大允许收益进行调整,调整周期一般为5年。这种调整机制的最大好处是能够在经济利益上直接刺激企业提高生产效率。新的监管方式意味着监管机构并不对输电业务具体定价,而是通过核定其最大允许收益来实现激励性监管。采用这种方式,可以将电力公司的赢利和其售电量脱钩,大大调动电力企业降低成本、节约能源的积极性。

新的监管体系非常重视程序化建设,通过建立有效的沟通、交流、反馈渠道,以尽可能弥补决策层与社会公众的距离。同时,监管机构对电力企业还采取了绩效评估的手段,通过设定相应的经济绩效指标来对企业形成一定的激励和约束。如果企业实现了目标,则给予奖励,否则予以处罚。

(四)澳大利亚电力法制的总结与展望

澳大利亚电力方面,为了建立富有竞争力的全国电力市场,澳大利亚在电力部门引进了竞争机制,打破公营垄断,形成多元化竞争的电力市场。为了促进各州电力工业的市场化经营,联邦政府制定电力法律,取代州制定的电力法。统一的电力法规为联邦统一监管电力市场提供了法律依据。同时,澳大利亚政府进行结构性改革,把发电、输配电及零售电业务分开,把州政府拥有的电力公司逐步私有化,形成了全面统一的全国电力市场运行机制。

过去10多年,澳大利亚的能源市场改革虽然取得了很大的进步,但是国家电力市场仍然只是一系列地区市场的有限连接,天然气市场也还不成熟,市场改革所带来的经济惠益还有待提高。而一个真正竞争的国家能源市场是吸引更多的投资、确保能源长期安全、提高能源效率、减少温室气体排放、商业化可再生能源和低排放技术的关键。因此,如何进一步推进能源市场改革以实现能源发展战略是澳大利亚政府正面临的问题。

未来澳大利亚在电力工业方面,将大力发展可再生能源电力工业。随着全球温室效应不断严重,全球对于环境保护的渴求也越来越受到重视。澳大利亚作为全球温室气体排放大国,理应在电力工业方面大力发展可再生能源发电项目。目前,澳大利亚政府已经采取了可再生能源强制配额制度、可再生能源目标计划、可再生能源证书制度、可再生能源电力并网计划等措施推进澳大利亚可再生能源电力的发展。在澳大利亚,有关可再生能源的立法主要是电力方面的立法,主要有:2000 年的《可再生能源电力法》、2000 年的《可再生能源(电力)(收费)法》和 2001 年的《可再生能源(电力)法规》。未来在可再生能源电力法制方面应当予以完善。

三、澳大利亚煤炭与核能法制

(一)煤炭法制

煤炭工业是澳大利亚矿业中最大的行业,在澳大利亚矿业中占有重要地位。2009 年,其工业总产值达到 335.86 亿澳元,雇佣人数达到 26 911 名,出口值为 545.26 亿澳元,是澳大利亚矿业中最大的创汇产业。据澳大利亚地球科学局 2009 年的资料,截至 2009 年底,澳大利亚探明经济证明的煤炭资源储量为 392 亿吨,占世界煤炭总储量的 6%。按目前的生产规模,澳大利亚的煤炭储量能够生产 117 年。澳大利亚煤炭主要分布在昆士兰州和新南威尔士州,两州各占澳大利亚煤炭总储量的 53%和 42%。

自 20 世纪 90 年代以来,澳大利亚一直就是世界最重要的煤炭生产国之一。澳大利亚煤炭产量从 1990—1991 年的 166.6 百万吨稳步上升至 1999—2000 年的 239.4 百万吨,年均增长率达到 4.1%。进入 21 世纪,澳大利亚煤炭产量增长势头有所放缓,煤炭产量从 2000—2001 年的 258.2 百万吨缓步上升至 2008—2009 年的 333.6 百万吨,年均增长率为 3.3%。在进入 21 世纪以来的 9 年中,澳大利亚平均生产煤炭 298.6 百万吨/年。

目前,在澳大利亚开展煤炭开采运作的矿业公司主要有必和必拓三菱联盟公司(BHP Billiton Mitsubishi Alliance)、格洛斯特煤炭有限公司(Gloucester Coal Limited)、盎格鲁煤炭持股澳大利亚有限公司(Anglo Coal Holdings Australia Limited)、斯特拉塔煤炭投资澳大利亚有限公司(Xstrata Coal Investments Australia Pty Limited)等。2009 年,澳大利亚正在生产的煤矿约有 100 座。其中,产能逾 1 000 万吨/年的煤矿有 5 座以上,包括布尔格科尔、皮克唐斯、古涅拉/里弗赛德、布莱尔阿索尔和布莱克沃特等。

20 世纪 90 年代,澳大利亚煤炭出口量保持在每年 110 百万吨—170 百万吨。澳大利亚煤炭的出口市场主要有:日本、韩国、中国、印度、马来西亚、泰国、荷兰、法国、英国、德国、西班牙、意大利等。其中,日本、韩国、印度、中国台湾地区是澳大利亚煤炭的四大最主要出口市场,2008—2009 年,出口到上述四国或地区的煤炭数量分别占澳大利亚煤炭总出口数量的 40.1%、13.6%、9.3%和 8.8%。

澳大利亚陆上固体矿产开发利用有关的法律,包括《采矿法》、《原住民土地权法》《环境保护法》等。《采矿法》规定了3种权限:所有权、勘探(包括初步勘探和详细勘探)权和开采权。每个州/领地也有相应的法律,如西澳大利亚的《采矿法》(Mining Act 1978)规定,矿产资源归皇家(联邦政府)所有,1899年前转让的自有土地上的非贵金属除外。澳大利亚从事煤炭勘探和开发,要申请并取得许可证,主要包括以下几种。

(1)初步勘探许可证。进行申请勘探许可时,必须提交工作计划并详细说明勘探工作方案和资金预算;工作计划必须经过主管审查许可的部长同意,同意后需要进行公告。除新南威尔士和昆士兰外,其他5个州/领地在批准发放勘探许可证前还要听取公众意见。

(2)勘探许可证。获取程序与初步勘探许可证类似。所有申请勘探许可的地区都要进行环境影响评价;在勘探许可证签发后批准土地使用期限时,还将进一步增加对环境保护和土地恢复的规划实施要求。勘探许可证的有限期一般为2—6年。

(3)保留权许可证。澳大利亚允许发现矿产资源的许可证持有人推迟矿产资源的开发,直到经济上可行。申请保留权许可需要提交潜在经济矿藏的存在证据以及工作计划。保留权许可期限通常为5年,可以续签。

澳大利亚煤矿安全立法经历了从无到有和逐步完善的过程,1984年澳大利亚颁布了《职业安全健康法》,1994年参照该法制定了《矿山安全健康法》,并规定每5年修订一次。澳大利亚各州也都制定了相关法规,如新南威尔士州于2002年议会通过了《煤矿安全健康法》。澳大利亚还颁布了《煤矿监督员管理条例》《煤矿监督监察员、地区监督监察员和电气监督监察员选举管理条例》以及《煤矿规程法》等法律法规,将煤矿安全生产每个环节都纳入到法律范畴中。

(二)核能法制

澳大利亚对世界核动力发展的主要贡献是其铀矿开采和铀的出口,其铀矿工业还有希望得到进一步发展。到目前为止,澳大利亚没有核电站,也没有核电发展计划。20世纪50年代和60年代,澳大利亚对核动力很感兴趣,并在1953年,根据议会法成立了澳大利亚原子能委员会(AAEC),主管全国范围的铀矿勘查与开采,并着手进行科研与开发工作,首先是国内的原始动力反应堆①(power reactor),其次是国外水冷堆(cold water reactor),但由于种种原因,这些工作现在都已停止了。由政府资助的核科研领域的科技力量,大部分被调到非核动力领域。然而,在科技人员的努力下,铀矿开

---

① 动力反应堆是指用于生产动力的核反应堆。

采业仍在不断发展,铀燃料循环方面有选择的研究项目也一直在发展中。

澳大利亚有关核能的联邦立法主要有:1953年的《原子能法》、1993年的《核安全费法》、1998年的《澳大利亚放射性保护与核安全法》。此外,还有一些履行国际核条约的法案。澳大利亚目前没有核电,但是随着清洁煤和燃气价格上升以及加入《京都议定书》后履行减少温室气体排放的义务,核能很可能成为澳大利亚最具竞争力的新能源。

澳大利亚拥有丰富的铀矿资源。据统计,2006年铀探明储量居世界首位,占全世界总储量的41%。主要集中在北领地(Northern Territory)、南澳大利亚州、西澳大利亚州和昆士兰州。目前,已知的可开采的低成本铀矿资源为1 074 000吨,位居世界第一。自19世纪90年代澳大利亚发现铀矿以来,已有6家铀矿开采完毕,3家正在开采,18家尚未开采。据世界核协会(World Nuclear Association)2008年7月发表的世界铀采矿(World Uranium Mining)资料以及国土资源部信息中心编著的世界矿产资源年评资料,澳大利亚每年的铀矿产量约占世界总产量的20%左右。但到目前为止,澳大利亚没有核电站,因而没有核能消费。澳大利亚生产的铀以长期合同形式完全进行出口,主要向美国、日本、韩国、欧盟、加拿大出口,用于发电。根据澳大利亚—中国矿业投资研讨会2010年公布的数据,澳大利亚1998—2008年10年中,平均每年出口8 723.1吨(U208),年均出口增长速度达到4.5%。澳大利亚所有的铀矿出口需经联邦政府许可。澳大利亚铀矿生产主要在南澳大利亚州、西澳大利亚州、北领地和昆士兰州。目前正在运作的铀矿公司有:南澳大利亚州的必和必拓公司和希斯盖特资源公司(Heathgate Resources)、北领地的澳大利亚能源资源公司(Energy Resources of Australia)。

铀矿开采方面,澳大利亚政府采取了一系列的政策规制,主要包括以下几个方面。

(1)对核原料的控制。澳大利亚政府全面管理控制矿(包括铀、钍)的生产、运输、出口、运作和储存。澳大利亚铀矿仅向与澳大利亚达成双边安全保障协议的防止核扩散条约国(NPT)销售。

(2)联邦政府环境保护和生物多样性保护法(EPBC)。根据1999年联邦政府环境保护和生物多样性保护法,铀矿开采需得到批准,批准条件联邦政府和州政府的一致。采矿提案必须证明使用采矿运作最佳方案——如地浸法开采,即指完全遵守《地浸法最佳实践指南》。

(3)合作双方必须签订一项关于铀的使用安全保障协议,承诺从澳大利亚获取的铀只用于核能发电,不用于军事目的,也不能扩散到朝鲜和伊朗。

(4)澳大利亚两大政党（联盟党和工党）在铀矿开采方面的政策是不同的。联盟党鼓励铀矿开采,而工党则是限制开采。过去工党执政时在全国只允许开3个铀矿。

(5)澳大利亚是联邦制国家。联邦政府只管国防和外交,其他事物由各州管。州的权力很大,因此,到哪个州开采铀矿必须得到该州政府的批准。

(6)铀矿丰富的地方多数为土著人活动的地方,他们拥有土著地权。要在那些地方开矿,必须征得他们同意并签订协议,按销售收入的一定比例支付他们费用,还要支持当地土族人的公益事业。

(7)澳大利亚环境保护要求很高。开矿前必须写出环保报告,铀矿开采不得污染周围环境,矿山开完后,必须回填和恢复植被。

澳大利亚是世界著名的核原料（铀）出口国,每年其核原料出口不仅为澳大利亚赚得了大量的外汇,同时也带动了国内的就业和相关产业的发展。但澳大利亚铀矿出口主要目的地仅是少数几个国家和地区:美国（每年约4100吨铀氧化物精矿）、日本（每年约2700吨铀氧化物精矿）、欧盟（西班牙、法国、瑞典、英国、德国、比利时和芬兰等,每年2500吨铀氧化物精矿）、韩国（每年约1000吨铀氧化物精矿）和中国台湾地区（每年约100吨铀氧化物精矿）等。这种状况也给澳大利亚出口带来了潜在风险。因为,一旦这些国家和地区产生一些变故或事故,就会对澳大利亚铀矿出口带来重大影响。此外,这些国家和地区经济增长缓慢,对核能需求不会产生实质性扩大,从而对澳大利亚铀原料需求难以产生新的增加或显著性增加,这也要求澳大利亚需要不断寻求新的合作伙伴,扩展新的、可靠的、安全的铀出口市场。中国无疑是新的、最有潜力的、最为可靠的和最为安全的出口市场之一。

全球气候变化已是一个不争的事实,解决气候变化问题需要世界各国共同努力。澳大利亚是《联合国气候变化框架公约》、《京都议定书》签署国,支持国际社会为减缓全球气候变化所做出的努力;同时,自身也承担着相关的国际义务,包括不断减缓二氧化碳排放增长速度,并最终减少二氧化碳排放量等。澳大利亚发展核电,无疑正是履行这一义务的具体举措之一。从另一角度上看,澳大利亚进一步发展核能,也是对世界各国减缓气候变化努力的支持。

第五节 澳大利亚可再生能源法制

目前,可再生能源产业已经成为全球增长速度最快的产业之一,由于其低碳、环保、长远经济效益高等特点,各国都积极发展可再生能源产业。澳大利亚的辽阔国土所赋予的自然资源为其发展可再生能源提供了重要的物质基础,主要包括水能、太阳能、风能、生物质能、海洋能、地热能等清洁能源。

澳大利亚的电力生产大部分依靠煤炭和天然气等化石燃料,全国电力装机中,煤电、气电和油电等化石燃料发电装机容量占 86％ 左右,水电和其他可再生能源发电占 14％ 左右。现阶段,澳大利亚可再生能源发展主要是利用可再生能源发电逐步替代煤电、油电、天然气发电等化石燃料发电模式,实现低碳、环保、高效的目的。澳大利亚可再生能源发展的目标定位是到 2020 年实现全国电力供应来自可再生能源(如太阳能和风能)的比例达到 20％,这将直接带来超过 200 亿美元的投资并创造超过 55 000 个新的就业岗位,同时增加的现有工种岗位也将超过 8 000 个,澳大利亚将借此实现显著的区域性经济增长。仅 2009—2010 年,澳大利亚可再生能源产业所带来的投资就达到 18 亿美元,澳大利亚国家可再生能源目标的实现将意味着减少 3.8 亿吨温室效应气体排放,这将成为澳大利亚历史上最为重要的气候变化减缓行动。

澳大利亚拥有的可再生能源主要用于供热、发电和交通运输。根据澳大利亚发布的《澳大利亚的能源 2011》(Energy in Australia 2011)中的数据,可再生能源总消费占澳大利亚一次能源消费的 5％。截至 2010 年 10 月,澳大利亚全国发电总量为 251 太瓦时,其中可再生能源电力供应所占比例为 8.67％。较之以前增长显著,水电增长成为可再生能源电力增长的最大贡献者;其次为风力发电,尽管太阳能发电所占份额仍然相对有限,但在 2010 年太阳能发电技术的应用增长迅速。

自 20 世纪 70 年代石油危机特别是 20 世纪 90 年代中期以来,为实现繁荣、安全和可持续的能源目标,澳大利亚联邦政府通过一系列的法律制度和政策支持可再生能源的发展,从而走上了以可再生能源产业为主要途径的低碳经济发展之路。2007 年 12 月,澳大利亚联邦政府签署《京都议定书》,2001 年 4 月出台《强制可再生能源目标》,2009 年 8 月又出台了新的《可再生能源目标》。为了实现新的《可再生能源目标》,澳大利亚配套修订了《可再生能源电力法》。该法以可再生能源证书制度为核心内容,形成了较为完备的法律制度和促进机制。如今,可再生能源已经成为澳大利亚低排放能源结构的一个重要组成部分,发挥着保障能源安全和减少温室气体排放的独特作用。

一、可再生能源立法框架

20 世纪 90 年代前后,澳大利亚联邦政府签署了《联合国气候变化框架公约》,并制定了国家温室气体战略一揽子应对配套措施,从而确立了气候变化环境外交领域的国际引领者地位,但霍华德政府在气候变化政策上对美国的追随导致其在执政 11 年期间并没有批准《京都议定书》。2007 年澳大利亚大选,工党领袖陆克文当选总理,2007 年 12 月 3 日,陆克文政府正式批准《京都议定书》,标志着澳大利亚在气候变化以及发展可再生能源方面应对领域外交新时代的开始。

21 世纪初,面对国内能源产业发展的困境,澳大利亚率先提出可再生能源发展的总体规划——可再生能源目标。2001 年 4 月,出台《强制性可再生能源目标》,旨在到 2010 年可再生能源电力达到 9 500 千兆瓦时。为实施《强制性可再生能源目标》,修订《可再生能源电力法》和《可再生能源(电力)(收费)法》。在《强制性可再生能源目标》和配套法律的推动下,可再生能源特别是风电和太阳能热水器得到了有史以来的最快发展。结合发展实践,2009 年 8 月,出台《可再生能源目标》,确定到 2020 年可再生能源电力占电力总供应的 20%,年发电量要达到 450 亿千瓦时,水电 150 亿千瓦时,总清洁能源电力每年发电总量预计 600 亿千瓦时。2010 年生物燃料产量达到 3.5 亿升,并计划将汽油中添加生物乙醇的比例从 2% 提高到 10%。这一目标是《强制性可再生能源目标》中既定目标的 4 倍。自 2011 年 1 月起,《可再生能源目标》将可再生能源发展的总体规划分为大型可再生能源目标(Large-scale Renewable Energy Target,LRET)和小型可再生能源目标(Small-scale Renewable Energy Scheme,SRES)。

《可再生能源目标》及其配套法律《可再生能源电力法》(2000)、《可再生能源(电力)(收费)法》(2000)和《可再生能源(电力)法规》(2001)以可再生能源证书制度为核心内容形成了可再生能源法律制度体系。

《可再生能源电力法》,共有 17 章,具体内容在前面章节已经有所介绍。其中第 2 章有关可再生能源证书的相关规定为能源证书制度提供了理论基础和依据。《可再生能源电力法》开宗明义地规定了三大目标,即鼓励额外的可再生能源电力生产、减少电力部门温室气体排放以及确保可再生能源的生态可持续性发展。三大目标通过签发可再生能源证书和要求电力的特定购买者提交法定数量的证书以获取年度电力来实现。

《可再生能源（电力）（收费）法》是为了配合《可再生能源电力法》的实施而制定的，实施期间与《可再生能源电力法》相同，其目的就是规制可再生能源电力的收费。2010年6月24日，该法的修正案被立法机关正式通过，并于2011年1月开始正式实施。新的《可再生能源电力法》将可再生能源目标分为大型可再生能源目标（Large-scale Renewable Energy Target，LRET）和小型可再生能源目标（Small-scale Renewable Energy Scheme，SRES），进行区别收费。[①]

可再生能源证书依托《可再生能源电力法》为其创制的可再生能源证书注册系统的交易环境，实现合格主体与责任实体通过系统实现证书转让，按照澳大利亚联邦法律的规定，电力零售商和大用户每年必须购买一定比例的可再生能源电力，并获得相应数量的清洁能源证书，[②]达不到这一比例或者不能获得足够清洁能源证书的电力零售商和大用户必须交纳高额的罚金（或税金），否则不能继续经营。清洁能源发电企业在生产电力的同时也产生了相应数量的清洁能源证书，1兆瓦时相当于1份证书，这些证书可以出售给电力零售商和大用户，每份证书的价格在40澳元左右，在这份政策下，清洁能源发电企业的收入来自于两部分：①出售电力的收入；②出售清洁能源证书的收入。截至2009年12月31日，通过可再生能源证书注册系统创制了总计53 328 081份证书，总计发生了12 676次证书转让交易行为，其中4 157次证书转让交易发生在2009年。[③]

除了澳大利亚联邦政府颁布的法律制度外，澳大利亚政府还采取了诸多政府行动计划积极推进可再生能源开发利用，主要包括以下方面。

1. 可再生能源电力并网计划

为促进现有可再生能源电力的有效利用，澳大利亚政府将启动可再生能源电力并网计划，该计划承诺将在未来10年投入10亿美元将可再生能源电力资源同国家电网有效融合，这将成为澳大利亚最终实现20％的可再生能源利用目标的重要支撑。按照计划，前4年投资总额为1亿美元，将来自

---

① 参见蔡月勋：《当代国际新能源政策与法制发展》，台湾华艺出版社2012年版，第401页。

② 此部分中的清洁能源即指可再生能源。

③ See Office of Renewable Energy Regulator，Increasing Australia's renewable electricity generation annual report 2009，Canberra：Office of Renewable Energy Regulator，November 2009，pp. 14-16.

总额为 6.5 亿美元的可再生能源未来基金。[①]

2. 可再生能源新技术项目

为推进可再生能源新技术的研发专门设立了可再生能源新技术项目，投资规模为 4 000 万美元，该专项经费已经通过可再生能源未来基金纳入联邦政府预算预计该新政府资助项目，这一技术项目将有力地推动波浪潮汐能以及地热能等可再生能源利用技术的进步。

3. 可再生能源目标计划

2000 年，澳大利亚通过立法，准备在 2001 年 4 月 1 日起正式实施澳大利亚强制可再生能源目标计划（MRET）。该计划的目标是生产足以供 400 万居民住宅使用的可再生能源电力。该计划的决策单位为澳大利亚能源效率与气候变化部（Department of Climate Change and Energy Efficiency, DCC），再由该部授权可再生能源管制办公室（The Office of the Renewable Energy Regulator，ORER）执行。[②] 2009 年 8 月，澳大利亚颁布了可再生能源目标计划（RET）。该计划是澳大利亚强制可再生能源目标计划的扩展。根据可再生能源目标计划，澳大利亚政府承诺至 2020 年前，澳大利亚电力供应的 20% 将来自可再生能源。除此之外，可再生能源计划将会提供激励机制以鼓励使用诸如太阳能、风能、生物能和地热能等可再生能源。可再生能源计划以有关可再生能源证书的市场为基础。该证书同样可以延伸到非生产领域，例如太阳能热水器，[③]可再生能源目标计划还将强制可再生能源目标计划规定的 2020 年目标从 9 500 吉瓦时提高到 45 000 吉瓦时；在政策执行期间，将未达标的行政处罚从原来的 40 澳元/兆瓦时（AUD/MW·h）提高到 65 澳元/兆瓦时，并将其时限延长到 2030 年。2011 年 1 月 1 日起，可再生能源目标计划被分为两个部分，即大型可再生能源目标和小型可再生能源目标。[④]澳大利亚鼓励大型发电站通过大型可再生能源目标发展、使用可再生能源，支持住宅、商铺和社会团体扮演好自己的角色，通过小型可再生能源目标设置可再生能源系统，如屋顶太阳能面板或太阳热水器等。[⑤]

---

① 参见《澳大利亚可再生能源的目标计划》，http://news.gasshow.com/News_2622.html，2012-10-08。
② 参见蔡月勋：《当代国际新能源政策与法制发展》，台湾华艺出版社 2012 年版，第 386 页。
③ 参见杰弗瑞：《论澳大利亚对非可再生能源降低依赖性的政策选择》，载张仁善：《南京大学法律评论（2012 年春季卷）》，法律出版社 2012 年版，第 275 页。
④ 参见蔡月勋：《当代国际新能源政策与法制发展》，台湾华艺出版社 2012 年版，第 383 页。
⑤ 参见蔡月勋：《当代国际新能源政策与法制发展》，台湾华艺出版社 2012 年版，第 391 页。

4. 清洁能源基金

2011年7月10日,澳大利亚政府设立100亿澳元的清洁与可再生能源基金,该基金将由独立的清洁能源财务公司(CEFC)管理,从2013—2014年开始,5年内投入100亿澳元,用于企业开展清洁及可再生能源的开发与创新,也可用于帮助企业向高效、低碳经济转型和过渡,如开发风能、太阳能、地热能及潮汐能等,但不包括核能、生物质能以及碳排放的捕捉与储存(CCS)。[①]

5. 生物燃料计划

生物燃料是从可再生生物资源中衍生出来的液态、固态或气态燃料,它来源于可再生的动植物资源,或者是从动植物衍生而来的产品。生物燃料能够通过直接燃烧释放热能,或转化为其他高质量能源,包括乙醇、生物柴油、甲醇、氢气或甲烷。在澳大利亚,有关第二代生物燃料的研究已经显著扩大。与受一年生作物和耕地上生产等农业特性限制的第一代生物燃料不同,第二代生物燃料可以来自木质纤维素。木质纤维素是植物和木质材料的木质素、纤维素和半纤维素等成分的集合,重点是其转换过程。[②]

6. 生物碳技术发展计划

生物碳技术在当下发展十分迅猛。生物碳是木炭的一种,它来自加热的有机物质,如庄稼残渣、小木条以及城市垃圾等。在禁止充分燃烧的地方,生物碳可以取代上述传统废料用于燃烧。这一技术具有化学上的稳定性,且有助于二氧化碳的储存来实现长达数百至数千年的长期气候变化的减缓。2006年,国际生物碳计划(IBI)正式开始实施。该计划促进了生物碳技术的研究、发展、展示、部署和商业化。该计划认为,生物碳技术具有大量优点。它每年能从大气中移除12亿公斤碳,这可以抵消大气中净增加碳的29%。此外,生物碳还可以通过和氮磷钾(NPK)等化学肥料的相互作用实现农作物增产50%。在后京都时代,生物碳技术可能成为比其他碳封存行动方案更受欢迎的解决方案。澳大利亚计划会通过购买核证减排量(CERs)来抵消其温室气体排放量。澳大利亚认为,生物碳可以被视为一种清洁发展机制。尽管澳大利亚政府试图通过推行的生物碳技术发展计划获益,但是澳大利亚地球之友组织认为,生物碳技术的发展可能会侵犯当地土著居

---

① 参见王缇娜:《澳大利亚政府将设立清洁能源基金》,载《能源研究与利用》2011年第4期,第15页。

② 参见杰弗瑞:《论澳大利亚对非再生能源降低依赖性的政策选择》,载张仁善:《南京大学法律评论(2012年春季卷)》,法律出版社2012年版,第268—269页。

民的土地权利。①

澳大利亚还积极制定政策推进健全本国可再生能源市场。2007 年 4 月 13 日,澳大利亚政府资助成立国家能源市场(电力及天然气)运营商,以强化政府对本国能源市场的支配能力。该运营商已经于 2009 年 7 月 1 日正式进入商业运转。之后,澳大利亚又成立了澳大利亚可再生能源中心(Australian Centre for Renewable Energy,ACRE),以通过商业投资促进可再生能源技术的发展及商业化运行。②

二、澳大利亚可再生能源法制的总结和展望

澳大利亚的各种可再生能源从能源结构及经济效益上呈现不同的发展态势,根据《澳大利亚清洁能源 2010》的报告,澳大利亚可再生能源发展主要集中在可再生能源发电方面,其中水电和风电占据主要市场份额,水电增长最快,其次是风电,仅在 2010 年三项投入运营最大工程均为风电项目,风力发电有望成为澳大利亚在实现 20% 的可再生能源利用目标初期的主导力量。除了水电与风电的迅猛发展,太阳能光伏发电方面也在不断增长,2009—2010 年,澳大利亚民用太阳能光伏家电用户增长了近 10 倍,太阳能利用已成为澳大利亚居民共同应对气候变化以及避免用电成本不断攀升而利益受损的最为普遍的举措。其他可再生能源的发展都处于起步阶段,其中生物质能发电主要集中在甘蔗渣发电和堆填沼气发电方面,波浪潮汐能发电方面还主要致力于降低成本的研究方面,未来几年仍将处于研究阶段。

联邦法律规定的《可再生能源目标》、强制性市场配额,配套可再生能源专项立法:《可再生能源电力法》、《可再生能源(电力)(收费)法》、《悉尼电力法》和《可再生能源(电力)规章》③以可再生能源证书制度为核心内容形成一个完善的以市场激励为主导,政府参与指导、监督和执行的法律制度框架。联邦法律确定的可再生能源发展目标是强制性的,为完成这一目标,政府必将完善相关配套政策,引导社会和投资者加大对可再生能源的关注和投入。强制性市场配额和证书制度是完成可再生能源发展目标的有效手段,联邦法律中规定了电力零售商必须购买的清洁能源电力比例,从而保证了清洁能源稳定的市场需求;同时通过对可再生能源证书的出售,可再生能源电力

---

①　参见杰弗瑞:《论澳大利亚对非再生能源降低依赖性的政策选择》,载张仁善:《南京大学法律评论(2012 年春季卷)》,法律出版社 2012 年版,第 272—273 页。

②　参见蔡月勋:《当代国际新能源政策与法制发展》,台湾华艺出版社 2012 年版,第 384 页。

③　上述内容主要源自澳大利亚政府网站:http://www.gov.au;澳大利亚总检察署网站:http://www.ag.gov.au;澳大利亚能源部长委员会网站:http://www.mce.gov.au。

企业所获得收益就包括了两部分,一部分是可再生能源发电的收入,一部分为销售证书的收入,证书的收入就以政府补贴的形式成为电力零售商的获益,又激发了电力零售商的研究和发展积极性,从而建立了一种可再生能源发电进行补贴的市场机制,实践证明这一政策基本取得了预期的效果。

澳大利亚联邦政府不仅通过联邦立法的形式支持可再生能源的发展,还通过财政和税收的政策支持可再生能源的开发利用和技术研发。以太阳能利用为例,澳大利亚联邦政府制定了太阳能利用补贴政策,对安装太阳能发电系统的居民和商户给予每瓦 8 澳元的补助,最高可获得 8 000 澳元的补助。同时澳大利亚联邦通过退税和财政补贴的方式对安装使用太阳能热水器、节能灯等可再生能源利用设施或节能产品的用户给予补助。澳大利亚联邦政府还通过设立各种专项基金的形式扶持能源创新,如澳大利亚联邦政府设立的一项 5 亿澳元的低排放技术验证基金,用于支持实验具有低温室气体排放性能的新能源技术的商业可行性的产业化项目。除了政府补贴及专项基金外,澳大利亚政府还通过不同形式的财政拨款鼓励可再生能源的发展,如分散性可再生能源发电及温室气体减排项目的 2.3 亿元的财政拨款,风力预报、先进能源储存技术和小规模可再生能源技术资助项目的 3 400 万的财政拨款等。[①]

澳大利亚政府不仅从直接的角度以可再生能源发展为基点,以补贴、基金、财政拨款等财政政策扶持可再生能源的研究与发展,还从间接的角度给予具体的财政支持。从 2008—2009 财政年度开始的 5 年时间内,澳大利亚联邦政府陆续对公路和铁路运输拨款 118 亿澳元。澳大利亚政府意在从公共产品源头发展可再生能源的开发和利用。除此之外澳大利亚政府以配套的财政补贴措施激励替代性交通运输消费性燃料和可再生能源的生产、经营与消费,主要包括:对乙醇燃料基础设施的财政补贴、对液化石油气的财政补贴、对生物燃料的税收优惠、刺激燃料乙醇产能扩张的财政补贴等。[②]

未来澳大利亚政府对可再生能源的关注程度不容小觑。2010 年 11 月,澳大利亚参议院通过了《可再生能源法案》,通过法案的出台大力推动可再生能源的发展。该法案将会建立两个独立的部门:①澳大利亚可再生能源代理机构(Australian Renewable Energy Agency, ARENA),将会投入 3.2 亿澳元来维护可再生能源项目;②清洁能源财政合作会,在未来 5 年将会投

---

① 参见胡德胜:《财政手段在澳大利亚能源政策和法律中的运用》,载《河南财政税务高等科学校学报》2008 年第 1 期,第 1—5 页。

② 参见胡德胜:《财政手段在澳大利亚能源政策和法律中的运用》,载《河南财政税务高等科学校学报》2008 年第 1 期,第 1—5 页。

入10亿澳元支持可再生能源的技术与商品调度。可见澳大利亚联邦政府对可再生能源的开发利用和发展是非常重视的。具体能源方面,澳大利亚可再生能源发展将主要停留在太阳能方面以及可再生能源成本降低方面的研究与发展。这主要取决于澳大利亚自身地理条件,澳大利亚是个新兴的太阳能市场,其境内地域宽广、光照条件良好,为发展太阳能提供了得天独厚的条件,市场潜力巨大。澳大利亚光照资源排名世界第一,80%以上的地面光照强度超过了2 000千瓦/平方米/小时,光伏发电特别理想。因为良好的光照条件有利于提升光电转换效率,降低光伏发电的成本。澳大利亚政府将大力支持太阳能光伏产业的发展,完善相应配套法律制度及政策。澳大利亚政府积极推行清洁能源倡议计划,对大型发电项目以及太阳能技术研究等提供宽裕的财力支持。在澳大利亚初次引进大型项目FITs补助政策后,维多利亚便开始着眼于电厂级太阳能项目建设。据报道,澳大利亚政府对光伏上网电价补贴法案提出了修改计划,该计划除了规定总计划发电装机容量要达到240兆瓦以外,还包括大规模(超过200千瓦)、中等规模(30—200千瓦)以及小规模(30千瓦以下)发电项目。在未来几年,澳大利亚光伏产业必将迎来新一轮的增长,澳大利亚政府对于太阳能光伏产业方面的政策研究也将更加深入、透彻。

澳大利亚政府在2010年有接近40亿美元的投资在可再生能源领域,国家发展前景的乐观预想来自于国家的预定目标以及迅速降低可再生能源的成本。援引彭博新闻社新能源金融部新闻,澳大利亚政府可再生促进部门将集资至少360亿美元在新投资项目上,到2014年,小规模太阳能设施会得到政府补贴和退税。预计到2015年,1.5千瓦的系统在澳大利亚仅需花费4 500美元,相当于现在没有退税支持的花费的一半。到2017年会达到顶峰,投资包括新型大规模风能系统和太阳能发电厂以及小些的商业太阳能发电系统和住宅屋顶系统。

第六节 澳大利亚能源效率及应对气候变化法制

一、澳大利亚能源效率法制

澳大利亚在能源效率方面主要通过制定和实施能效标识制度与最低能效标准来达到提高能效和减排温室气体的目的。为此,澳大利亚政府重点实施了国家家用电器设备能源效率项目(NAEEEP),由澳大利亚温室气体办公室(Australian Greenhouse Office,AGO)[①]负责执行。据估计,2000—2015年,由于强制性能源效率标识与最低能源标准的实施,大约可减少8 100万吨二氧化碳排放物。可申请能效标识和最低能效标准的州有新南威尔士州、昆兰士州、南澳大利亚州、维多利亚州以及新西兰州。同时,澳大利亚还曾推行过隔热计划,但该计划由于各种原因实施得不够理想,最终被政府废弃。

(一)能效标识制度

能效标识(Energy Rating Label)采用了类似欧盟CE标识的自我声明的方式,企业应向澳大利亚温室气体办公室注册其产品的能效信息,符合相应法规规定获准能效标识的制度。能效标识作为附在产品上的信息标签,用来表示产品的能源性能,以便消费者购买产品时,向消费者提供必要的信息。澳大利亚主要家电的能源效率标识最初由新南威尔士州和维多利亚州政府在20世纪70年代末设立,直至1986年才开始实施强制性标识制度。1992年有5个州和1个领地同意实施强制标识制度;2000年全国范围内开始实施强制标识制度。最初的标识以6星水平为基础,更多的星意味着更高的能源效率以及消费者眼中更好的质量。澳大利亚的能效标识经过了一个相对长时间的发展和改进过程,从最初的家电能源效率标识扩展到了现今的家电和电器设备能源效率等级标识、燃气具能效等级标识、建筑物能源等级标识、节水等级标识、灯具能源效率等级标识、能源之星标识以及顶尖节能奖标识等。从产品范围、标识样式、监督体系等各方面进行了完善。现在,能源标识制度从生产商、出口商、消费者三方都带来了巨大的经济价值。统计结果显示,消费者对能效标识的认同率高达80%,星级高的家电销售量呈明显上升趋势。澳大利亚全境内,适用强制性能效标识的电器也呈上升趋势,主要有电冰箱、冷冻机、洗衣机、干衣机、洗碗机、空调;适用资源性能效标识的有燃气热水器以及使用煤气、天然气的产品。

(二)最低能效标准制度

最低能效标准,是澳大利亚提高能效的另一个强制性措施。最低能效标准的研究和出台要晚于能效标识制度,它是从能源效率标识做起,逐渐步入能源效率标准管理。最低能效标准旨在禁止低效产品的贩售。澳大利亚有关能耗产品的能效标准通常包括两部分:①一部分涵盖了测试程序以及

---

① AGO:为实现《京都议定书》中澳大利亚温室气体减排目标,1998年澳大利亚成立了跨部门、相对独立的温室气体办公室,负责协调温室气体排放工作和管理政府每年1.8亿澳元的气候变化项目经费。

测试方法、性能测量和测试材料等环境条件；②另一部分包含了能效标签和最低能效标准的详细技术要求，如怎样计算星级和比较能耗值、测试所需样品数、最低性能要求、申请表、检查测试程序、能效标签的样式以及加贴能效标签的方法等，同时也包含了特定电气设备的最低能源性能标准的任何要求。大部分能效标准由澳大利亚和新西兰以联合标准 AS/NZS 的形式发布，目前，已有 17 种电气设备必须符合强制性最低能效标准的要求，8 种产品加贴标签，包括 2 种产品的自愿性标签。

基于《澳大利亚联邦宪法》的明文规定，澳大利亚各州的能源管理由各州自行负责，在实行能源效率管理方面，主要由各州自行立法，其中，维多利亚州及新南威尔士州自 1986 年起即已立法实行强制性能源效率标识制度，澳大利亚政府于 1992 年开始实施国家温室效应应对策略（NGRS），1995 年3 月通过国家温室对策 21 项法律说明，对该政策进行完善，通过财政补贴、能源计划、机动车燃料效率标准和民用消费品强制性最高能源消耗标准等措施，提高工业、建筑、运输和民用消费品领域的能源利用效率，可以说国家温室效应应对策略是澳大利亚能源效率政策的核心。

澳大利亚政府在 2004 年的白皮书中宣布了能源效率评估项目。该项目的目标是找出大型企业中提高能效的机会。2005 年 9 月 14 日，澳大利亚议会颁布了《2005 能源效率评估法案》。2006 年颁布《澳大利亚能源效率法》（Energy Efficiency Opportunities Act），该法的颁布确立了澳大利亚能源效率评估制度，旨在通过该制度的实施来鼓励大型能源使用企业实现更高效的能源利用，从而提高能源效率，降低碳排放。为此，该法要求大型能源使用企业进行其能源利用最低效率评价，以加强能源利用效率的确认和评估，并公布评估结果，向公众表明这些企业管理能源的有效性。进行能源效率评估要求注册法人采用特定类型的评估，注册公司必须保证该项目的实施与规定相一致。评估内容包括：能源使用的目标联系；能源使用的措施和分析以及相关的商业行为；提高能源效率的确定和评价；其他合理、必需的措施等。为配合该制度的实施，《澳大利亚能源效率法》还规定了法人能源效率注册和审查机制等具体规范，从 2006 年 7 月起，年用能量超过 0.5PJ（这一数目大约相当于 10 000 个家庭 1 年的能耗，1.38 亿度电）的企业，将被要求每 5 年进行一次严格的能源效率评估，并向政府和公众公布其评估和改进结果。

澳大利亚政府还在已实施自愿性燃气具能效标识项目的基础上，研究提出了 2005—2015 年燃气器具设备能效提高战略，明确要实施燃气效率转换计划，使之成为国家能效框架的重要组成部分。在燃气效率转换计划中，重新规划了燃气器具和设备能效项目,包括组建燃气器具和设备能效委员会,建立全国统一的行政立法机构,准备第一个三年工作计划中对能源节约和温室气体减排的评估,制定和实施全国统一的燃气具最低能效标准和标识等。已实施的自愿性燃气具能效标识覆盖的产品有燃气热水器、燃气取暖器等。

(三)隔热制度

2008 年,澳大利亚推出了隔热计划,作为陆克文政府应对全球金融危机的一揽子金融刺激计划的重要组成部分。政府斥资 25 亿澳元,计划向全国业主的 270 万栋房屋提供受国家重点补助的家用隔热装置。截止到 2010 年,澳大利亚有 100 万多户家庭安装了相应的隔热装置。但是,由于安全设施不健全、缺少合适的安装者和不适当的调控保障措施等情况,致使该计划执行过程中,失火、触电等事故时有发生。据估算,澳大利亚尚有数千多家庭处在这些危险当中。2010 年,澳大利亚政府不得不取缔了这一计划。①

此外,澳大利亚还通过一系列具体政策措施来提高能源效率。例如,2007 年 12 月,澳大利亚能源部部长委员会提出了全面安装智慧电表计划,以提高能源效率,改善可再生能源的并网问题。该计划已经于 2011 年基本完成。②

二、澳大利亚应对气候变化法制

澳大利亚政府在 20 世纪 80 年代后期曾是应对气候变化事务方面的引领者之一,20 世纪 90 年代中后期不断落后,21 世纪初拒绝签署《京都议定书》的行为招致国际社会和国内民众广泛的批评。2007 年陆克文总理对《京都议定书》的签署通过,使澳大利亚重回气候变化国际引领者的行列,并为此做出诸多努力,推动国内实施各项温室气体减排措施,形成了独具特色的气候变化政策框架体系。澳大利亚还在后京都气候变化机制设计上表现积极,如发起了《亚太清洁发展与气候伙伴计划》(Asia-Pacific Partnership on Clean Development and Climate)等。

澳大利亚一直积极推动各项全国性温室气体减排的法律、政策与措施,包括:1997 年的《保护未来配套措施》(Safeguarding the Future Package)、

---

① 参见杰弗瑞:《论澳大利亚对非再生能源降低依赖性的政策选择》,载张仁善:《南京大学法律评论(2012 年春季卷)》,法律出版社 2012 年版,第 264 页。
② 参见蔡月勋:《当代国际新能源政策与法制发展》,台湾华艺出版社 2012 年版,第 384 页。

1998 年的《国家温室气体战略》(National Greenhouse Strategy)[①]、2000 年的《更佳环境配套措施》(Measure for a Better Environment Package)、2004 年的《气候变化战略》(Climate Change Strategy)、2005 年制定的能源白皮书——《澳大利亚未来能源安全》(Securing Australia's Energy Future)、2006 年澳大利亚、中国、美国、印度、韩国和日本六国(AP6)发布的《亚太清洁发展与气候伙伴计划》、2007 年发布的《澳大利亚的气候变化政策——我们的经济、环境和未来》(Australian's Climate Change Policy-our economy, our environment, our future)、2007 年提出的《国家温室气体和能源报告法案》(National Green-house and Energy Reporting Bill 2007)等。[②] 2007 年 6 月,澳大利亚政府正式提出了排放交易计划(ETS)。2007 年 7 月 23 日,澳大利亚气候交易所(Australian Climate Exchange,ACE)开始正式运营。2007 年 12 月,澳大利亚政府在原有的排放权交易计划的基础上提出了碳污染降低计划(CPRS)。[③] 该计划要求在 2010 年之前正式制定相应的国家碳交易制度,并设立了 2050 年前碳减排 60% 的目标。2008 年 4 月,陆克文政府宣布参与国际碳行动伙伴计划(International Carbon Action Partnership,ICAP),为建立全球排放交易市场铺路。2008 年 8 月 1 日,澳大利亚《国家温室气体及能源申报法》正式生效,澳大利亚各企业必须在 2009 年 8 月 31 日前完成相应的注册程序,并在 2009 年 10 月 31 日前,依法提交其第一份温室气体及能源申报资料。[④] 2008 年 9 月,澳大利亚政府委托加诺特教授制定的《加诺特气候变化评估报告》正式公布。该报告主要研究了气候变化对澳大利亚经济的影响,并就此问题提出了中长期政策框架。该报告提议澳大利亚的气候变化政策的重点应为降低碳污染,该计划对减排目标有两个选择,这两个选择是基于有关达成一个具有法律约束力的共同协议的全球谈判的可能结果。如果达成一个国际性约束性共同协议,根据该协议其他主要的排放国承诺做出显著减排,那么澳大利亚就应当在 2020 年之前采取

---

① 1998 年的《国家温室气体战略》,包括:①提出了明确的使命、原则、目的,设定了框架(framework for effective implementation)及相关机构和咨询机制(institutional and advisory mechanisms),设计了重要制度,包括计划执行制度(implementation planning)、监测和报告制度(monitoring and reporting)、国家温室气体战略的审查及长远发展制度(review and further development of the National Greenhouse Strategy)等;②8 个关键议题中,为战略实施打基础的有 1 个,减排的有 5 个,知识准备和传播推广的有 2 个。

② 参见李伟、何建坤:《澳大利亚气候变化政策的解读与评价》,载《当代亚太》2008 年第 1 期,第 108—123 页。

③ 参见杰弗瑞:《论澳大利亚对非再生能源降低依赖性的政策选择》,载张仁善:《南京大学法律评论(2012 年春季卷)》,法律出版社 2012 年版,第 248 页。

④ 参见蔡月勋:《当代国际新能源政策与法制发展》,台湾华艺出版社 2012 年版,第 384—385 页。

10%的减排目标以及在 2050 年之前采取 80%的减排目标。另外,如果全球共同体没有具有法律约束力的共同协议达成一致意见,那么澳大利亚应当在 2020 年之前设定 5%的减排目标以及在 2050 年之前设定 60%的减排目标。除建议降低碳污染降低外,该报告还主张采取涉及各种适应政策选择的补充措施,其中包括灵活的市场、信息和直接援助。此外,该报告还在减排模式上提出了人均排放权模式。2008 年 12 月 15 日,澳大利亚正式颁布了《碳污染降低计划》(Carbon Pollution Reduction Scheme,CPRS),该计划斥资 39 亿澳元用于调整电力部门,并斥资 21.5 亿澳元设立气候变化活动基金(Climate Change Action Fund,CCAF)。该计划共有三大方向,包括减少澳大利亚碳污染、国家气候变化调控、解决全球气候变化问题。该计划通过碳交易密集行业(Emissions Intensive Trade Exposed,EITE)辅助其计划实施。该计划的目标,是在 2020 年前实现比 2000 年减排 5%—15%,2050 年前实现比 2000 年减排 60%。[1] 澳大利亚为此制定了一个每年可能释放的碳污染综合的上限,政府将逐渐降低这一上限以便在 2020 年之前实现其减排目标。[2] 该计划纳入计量监管的行业范围很广,横跨能源、工业、运输、废弃物处理等领域。2009 年,澳大利亚议会通过《应对气候变化法案》,设定可再生能源标准可再生能源证书制度、各项可再生能源补贴政策、移民政策等。这一系列政策构成澳大利亚应对温室气体减排的政策基础,成为各部门各地区拟定各项温室气体减排政策措施的法定依据。2009 年 10 月 8 日,澳大利亚能源市场委员会发布了名为《关于气候变化政策期末报告的回顾》的文件,该文件认为,应当重新编制澳大利亚能源市场的框架,以便使澳大利亚转向为低排放性经济。这份文件要求制定新的能源市场规则,保证本国的能源安全,提供可信赖而又符合经济效益的能源供给;而新的能源市场规则,必须符合低排放量的要求。该文件还提出了吸引资金投资、确保市场经济有效运作、提供可预测性环境以及提高能源行业节能减排竞争力等问题,试图通过市场机制实现解决气候问题的目的。[3] 2010 年 4 月,陆克文政府决定从国会撤回对碳污染降低计划的立法案,并将碳污染降低计划的实施延缓至 2013 年。2011 年 10 月,澳大利亚杰拉德政府颁布了关于碳税的法律,

---

① 参见蔡月勋:《当代国际新能源政策与法制发展》,台湾华艺出版社 2012 年版,第 382—383 页。

② 参见杰弗瑞:《论澳大利亚对非再生能源降低依赖性的政策选择》,载张仁善:《南京大学法律评论(2012 年春季卷)》,法律出版社 2012 年版,第 257—259 页。

③ 参见蔡月勋:《当代国际新能源政策与法制发展》,台湾华艺出版社 2012 年版,第 395—396 页。

该法律将在 2012 年 7 月 1 日正式实施。该法律规定,2015—2016 年开始,碳税将在澳大利亚正式实施。[①]

澳大利亚还有碳捕捉与储存计划、(自然)碳封存计划等减排计划。根据全球碳捕捉与储存研究所(Global CCS Institute)公布的《全球碳捕捉与储存报告(2010)》,全世界在各阶段总共有 275 个碳捕捉与储存项目,其中有 62 个项目被认为可能是有效的、具有商业规模的,并能综合展示二氧化碳捕捉、运输和储存这一完整程序链的。这 62 个项目中,有 7 个位于澳大利亚,其中维多利亚州、南澳大利亚各有 1 个,昆士兰州有 2 个,西澳大利亚有 3 个。这些项目表明了澳大利亚在碳捕捉与储存方面的重大成就。但是,这 7 个项目并没有一个正处于执行或运行阶段。[②] 碳封存是用于描述二氧化碳捕捉和储存的一般术语。捕获可以在排放时(例如能源植物)或者通过自然进程(例如光合作用)进行,它可以将二氧化碳从大气中清除并将树木和其他植物形态转化为碳汇(carbon sinks)。通过光合作用,自然陆地系统中的低洼地已经封存了 1/3 的来自化石燃料燃烧的二氧化碳排放。虽然二氧化碳的摄取会随植物生长到其最大容量且被其他资源所限制的时间而降低,封存仍为相对短期的气候变化缓解提供了可行的方法。澳大利亚的能源巨头公司,例如伍德赛德能源公司、必和必拓能源公司和力拓矿业集团(Rio Tinto)等,都在进行碳封存技术的研究。它们通过旨在建立碳汇的温室气体排放抵消计划进行投资来促进碳封存技术的提升。[③]

澳大利亚气候变化政策官方机构为澳大利亚温室气体办公室,其政策组成领域有三个方面,即减少造成温室危险的能源使用、广泛利用可再生资源、改善能源终端使用效率。该机构根据《京都议定书》的目标,规划了澳大利亚 2010 年温室气体排放量为 585 百万吨 CO_2 当量,[④]比基准线(Business as Usual,BAU)设定值减少 91 百万吨吨 CO_2 当量,降幅约为 15%,相当于 1990 年排放水准 506 百万吨 CO_2 当量的 108%。同时,澳大利亚温室气体办公室设定了后京都目标(《京都议定书》承诺期到 2012 年),规划 2020 年澳大利亚温室气体总排放量为 676 百万吨 CO_2 当量,比基准线设定值减少 102

① 参见杰弗瑞:《论澳大利亚对非再生能源降低依赖性的政策选择》,载张仁善:《南京大学法律评论(2012 年春季卷)》,法律出版社 2012 年版,第 249—250 页。

② 参见杰弗瑞:《论澳大利亚对非再生能源降低依赖性的政策选择》,载张仁善:《南京大学法律评论(2012 年春季卷)》,法律出版社 2012 年版,第 267 页。

③ 参见杰弗瑞:《论澳大利亚对非再生能源降低依赖性的政策选择》,载张仁善:《南京大学法律评论(2012 年春季卷)》,法律出版社 2012 年版,第 271 页。

④ 参见李伟、何建坤:《澳大利亚气候变化政策的解读与评价》,载《当代亚太》2008 年第 1 期,第 108—123 页。

百万吨 CO_2 当量,降幅约 13%,相当于 1990 年排放水平的 122%。20 世纪末 21 世纪初,澳大利亚政府提供了 3 700 万美元的补贴用于资助本国企业进行温室气体减排。此外,政府还鼓励澳大利亚的碳排放大户加入自愿减排协议。澳大利亚实施了一系列节能减排措施,旨在希望到 2020 年减排52.6 百万吨二氧化碳。[1] 澳大利亚政府以能源部门为主要管理温室气体减排的部门,推动了一系列温室气体减排措施。[2] 除政府成立的相关机构之外,澳大利亚还存在涉及气候变化方面的非官方机构。例如,澳大利亚最大的 6 家企业成立了澳大利亚商业圆桌气候变化团体(Australian Business Roundtable on Climate Change Group),以便了解与气候变化相关的商业风险,参与发展有关低碳未来的政策框架和市场条件。澳大利亚制定的一份名为《早期行动商业案例》(Business Case for Early Action)的报告就曾采纳该团体的建议,要求澳大利亚应采取与国际行动相关的气候变化政策以确保不降低其本国产品的竞争性。[3]

澳大利亚具备比较完整的气候变化政策的执行框架体系。虽然澳大利亚温室气体办公室负责国家气候变化具体事务,但是重要事项须向联邦政务会议汇报,并且受到国会、内阁总理以及国家审计署等部门和地方政府的制约,在科学依据等问题上还要与专门委员会、环境部、农业与资源经济研究局(ABARE)、研究中心(CSIRO)等机构合作和共享信息。按照 1998 年、2004 年《国家温室气体排放战略》的要求,各级政府都要承担相应责任,设计政策,推动实施,进行监测和报告。通过广泛动员各种社会力量,实施政府主导的、政府和私营部门联合推动的以及个人自发的项目来实现气候政策的目标。

气候变化已经成为澳大利亚的政策焦点,澳大利亚政府已将应对气候变化列为优先施政的目标。自签署《京都议定书》以来,澳大利亚政府就将气候变化政策的目标设定为:为实现全球减排目标做贡献,避免气候变化达到危险的程度;通过为商业和居民提供具有市场竞争力的、清洁的、低排放的和经济可承受的能源,保持国际市场上主要的能源和资源输出国地位,同时为不可避免的气候变化做准备,保持澳大利亚的经济实力。澳大利亚气候变化政策明确提出了四项原则:以最小经济成本削减国内排放;发展关键

①　参见蔡月勋:《当代国际新能源政策与法制发展》,台湾华艺出版社 2012 年版,第 381—382 页。

②　参见李伟、何建坤:《澳大利亚气候变化政策的解读与评价》,载《当代亚太》2008 年第 1 期,第 108—123 页。

③　参见杰弗瑞:《论澳大利亚对非再生能源降低依赖性的政策选择》,载张仁善:《南京大学法律评论(2012 年春季卷)》,法律出版社 2012 年版,第 256 页。

低排放技术,改进能效,支持家庭和社区减排;支持世界范围的气候科学研究,适应不可避免的气候变化的影响;寻求有效的、包括主要排放国在内的、反映国内政策的气候变化国际应对机制,其中,发展关键的低碳排放技术被作为重中之重。[1] 发展可再生能源的具有战略意义的技术,包括天然气、地热能、碳捕获和埋存技术以及清洁煤技术和核能技术,还包括农业和土地部门的新的减排技术。澳大利亚政府在可再生能源领域的直接资助和投资超过 35 亿澳元;政府还设立了 5 亿澳元的低排放技术示范基金用以吸引投资。通过《亚太气候变化与清洁发展伙伴计划》,澳大利亚正在动员全国的公共和私人部门的专家投入到本地区的清洁发展中来。

应对气候变化,是对澳大利亚整个能源体系一个严峻的挑战。尽管澳大利亚已经在国际社会以及欧盟社区内做出了承诺,但澳大利亚自身的现实情况,如快速的人口增长、大比重的能源和温室气体排放密集产业以及对化石燃料能源的严重依赖,使其离所设定的目标还有一定距离。随着温室气体排放计划的不断推进,澳大利亚总理杰拉德也再次重视碳排放交易计划,目前澳大利亚缺少相关碳排放交易的综合性及执行性的法律,未来澳大利亚政府将支持可再生能源,制定碳价格,制定碳排放交易法律,这将给澳大利亚带来重大的结构性转变。澳大利亚试图采取混合性的政策要求减缓气候变化形势。各种政策联合起来,就可能对温室气体减排起到重要的作用。例如,澳大利亚准备将碳捕捉与储存计划与可再生能源政策结合起来,将短期性政策选择转变为长期性政策选择,以提高政策运行效率。[2]

第七节　澳大利亚能源法的发展

澳大利亚在过去的 10 余年里制定并实施了多项关于能源改革的政策和法令以保证其能源供应安全、市场化能源市场的形成、环境保护政策(减少环境污染与温室气体排放)和可再生能源政策的制定和技术的研究与发展,特别是在可再生能源证书制度、强制可再生能源目标、电力市场重构、电力、天然气市场化改革、清洁煤计划、对碳捕捉与封存的研究、开发和部署计划、简化新建设施的行政程序等方面都起到了很好的作用;《京都议定书》的规

---

① 参见李伟、何建坤:《澳大利亚气候变化政策的解读与评价》,参见《当代亚太》2008 年第 1 期,第 108—123 页。

② 参见杰弗瑞:《论澳大利亚对非再生能源降低依赖性的政策选择》,载张仁善:《南京大学法律评论(2012 年春季卷)》,法律出版社 2012 年版,第 276 页。

定以及欧盟排放贸易计划(EU-ETS)得到了执行,澳大利亚碳排放降低计划得以实施。虽然如此,澳大利亚的整体能源状况仍然不够乐观,在能源安全方面、能源环境保护、应对气候变化方面显得尤为突出。澳大利亚针对具体问题颁布了多项改革法案,对澳大利亚主要的能源问题做了一些新的规定,澳大利亚能源法制逐渐走上了应对全球气候变化、降低碳排放的法制道路。

未来澳大利亚政府将在低碳政策框架基础上,通过对当前国际形势和澳大利亚自身能源结构进行分析与评估,对能源法立法以及政策等进行相应调整。澳大利亚能源法的发展具有如下几个方面的特点。

一、能源法的调整以促进能源市场化和能源使用多样化为目标

澳大利亚政府通过对其能源结构进行科学详细的评估,让自身和世界都看见了其能源的潜力。澳大利亚拥有丰富的能源资源,虽然石油、煤、天然气等传统能源在一定时期内仍占主导,但近几年非传统能源进一步发展,促成了能源使用的多样化,为澳大利亚在维持竞争力以及在低碳时代确保能源安全方面提供了更多选择。[①] 同时,澳大利亚政府认为,发展多样化能源资源有助于新兴技术和服务的成熟,应创造机会将其投入市场,一方面可推动整体经济发展,另一方面也有助于其他相关部门的发展。其能源法将逐步拓宽调节范围,以多样化的能源为主导趋势,并引入市场化规则,培育良好的能源市场,从而形成强大的供应链,从根本上解决澳大利亚的能源安全隐患。

二、能源法在内容上将强化能源技术革新和推动可再生能源使用

国际能源署在《世界能源展望 2008》中指出:世界能源系统随着当前能源供应和消费趋势已经走到了十字路口,这无论是在环境、经济还是社会方面,都是难以承受的。我们急需进行一次能源革命,以解决当前面临的两大主要的能源挑战:确保可靠的和可承受的能源供应;快速实现向低碳、高效和对环境负责的供应体系的转变。随着澳大利亚人口数量的增加和对能源的需求不断加强,温室气体的排放将大大增加。能源技术上的革新是澳大利亚能源产业未来的必然选择,以负责任的态度和更有效的姿态去应对将要面临的能源压力。为实现 2050 年的温室气体排放量比 2000 年减少 60%

---

① See Strategic Directions for Energy White Paper March 2009,http://www.reLgov.au/energy/Documents/Energy％ 20Seeurity/Strategie％ 20Direetions％ 20for％ 20energy％ 20White％ 20Paper％20March％202009.pdf,2012-02-02.

以及在 2020 年底减少 5％—15％温室气体排放的中期目标,澳大利亚政府承诺 2010 年引进碳污染减量方案,并增加补充措施,包括加快碳捕获、注射和储存以及可再生能源技术和能源有效投资等方面的发展。对于重要的排放密集型贸易行业,澳大利亚政府承诺将提供大量援助,以帮助这些企业向低碳经济转变。此外,澳大利亚政府也采取了一系列政策支持可再生能源产业发展,执行《可再生能源目标》方案,鼓励可再生能源的研究、示范和商业化,建立多种可再生能源基金、研究太阳能和洁净能源、打造太阳能城市等,[①]并要求可再生能源电力份额达到 20％。

澳大利亚政府将在未来更加注重可再生能源的技术研发,联邦以及各州通过立法完善可再生能源法制体系,并通过财政、税收等政策完善促进可再生能源技术研发及发展。

三、能源法与环境法的联系度将更加密切

澳大利亚对化石燃料的高依赖性决定其能源的消费必然带来环境外部性,而目前的能源法缺乏对如何能够更好地对能源开发过程承担经济或生态责任做出明确规定。例如,对能源开发利用过程中产生的经济外部性,包括酸雨在内的空气污染、水电大坝发展导致的环境损失以及设置高密度电线的环境安全挑战,大多数情况只是被动地采取措施进行补偿;对于矿物燃料引起的二氧化碳浓度,更是很少关注。这导致能源成为环境恶化尤其是气候变化的最大根源。而能源开发利用造成环境污染又与法律制度安排不合理有关:规范能源开发利用的制度不规范环境保护,规范环境保护的制度不规范能源开发利用。环境保护并未成为能源开发利用的有机组成部分,其结果是能源开发利用继续造成环境污染,而环境保护也只能是防治污染结果,而不是防治污染原因,即不能从根本上解决能源开发利用造成的环境污染和破坏。在监管机构上,澳大利益环境部与能源部还存在一定的冲突。"环境部认为气候变化属于环境问题,因此受其管制。能源部则辩称,鉴于煤、天然气和铀在澳大利亚出口经济中处于核心地位,有关温室气体减排的问题最好还是放置在该部门项下,能源部将重点采取能源体制方面的战略。"[②]因此,要设法控制环境恶化与气候变化,就应将能源法的生态化变革

---

① See Strategic Directions for Energy White Paper March 2009, http://www. reLgov. au/energy/Documents/Energy％ 20Seeurity/Strategie％ 20Direetions％ 20for％ 20energy％ 20White％ 20Paper％ 20March％ 202009. pdf,2012-02-02.

② 杰弗瑞:《论澳大利亚对非再生能源降低依赖性的政策选择》,载张仁善:《南京大学法律评论(2012 年春季卷)》,法律出版社 2012 年版,第 256 页。

作为关键的策略,这就需要加强能源法与环境法的整合。

　　首先,环境法的基本原则适用于能源法,如能源的再利用、避免浪费、有效的环境影响评估和公众参与等。环境法的核心理念可持续发展原则对于引导以有利于气候保护的方式开发利用能源十分重要。其次,环境法作为国际国内层面增长最快的法律领域在控制污染和提高环境质量方面取得了较大成功,能源法在应对气候变化挑战上可从中吸取经验。最后,通过环境法与能源法的整合,制定相应的措施,可以体现在以下几个方面:①以有利于环境的方式开发利用能源,重点是减少化石能源的温室气体的排放量。②调整能源结构,逐步减少化石能源的比例,优先发展新能源与可再生能源。③节约能源,抑制浪费,提高能源效率,降低能源强度。①

---

　　① 参见马俊驹、龚向前:《论能源法的变革》,http://www.ah.xinhuanet.com/swcl2006/2007-07/30/content_10711703.htm,2012-03-01。

第六章　俄罗斯能源法

俄罗斯联邦（Российская Федерация），简称俄罗斯或俄罗斯联邦，是世界上面积最大的国家（1 707.54万平方千米），地域跨越欧亚两个大洲，与多个国家接壤。俄罗斯人口1.431亿，城市人口占全国的73%；人口密度8.3人/平方千米，地广人稀。俄罗斯共有民族160多个，其中俄罗斯族占80%。俄语（Русский язык）是俄罗斯联邦的官方语言。卢布是俄罗斯的本位货币单位，辅币是戈比，1卢布＝100戈比。

俄罗斯是联合国安全理事会常任理事国，也是八国集团（G8）、独立国家联合体（CIS）、上海合作组织（SCO）的重要成员国。

俄罗斯地形以平原和高原为主。西部几乎全属东欧平原，向东为乌拉尔山脉、西西伯利亚平原、中西伯利亚高原、北西伯利亚平原和东西伯利亚山地、太平洋沿岸山地等。西南耸立着大高加索山脉，最高峰厄尔布鲁士山海拔5 642米。俄罗斯大部分地区处于北温带，气候多样，以温带大陆性气候为主，但北极圈以北属于寒带气候，温差普遍较大，植被以落叶阔叶林和针叶林为主。俄罗斯临北冰洋和太平洋，濒临海域顺时针依次为黑海、芬兰湾、巴伦支海、喀拉海、拉普捷夫海、东西伯利亚海、白令海、鄂霍次克海、日本海。大河有伏尔加河、鄂毕河、叶尼塞河和勒拿河等，水能、海洋能资源丰富。俄罗斯的煤（库兹巴斯）、石油（秋明油田、第二巴库油田）、天然气、铁（库尔斯克）、锰、铜、铅、锌、铝、铀等矿产资源极为丰富。

俄罗斯族是东斯拉夫人的一支，先后经过了基辅罗斯、莫斯科大公国、沙皇俄国、苏联和俄罗斯联邦等历史阶段。俄罗斯实行总统制的联邦国家体制，全国共有83个联邦主体，其中包括21个共和国、9个边疆区、46个州、2个直辖市、1个自治州和4个自治区。2000年，俄罗斯将83个联邦主体分为8个联邦区，以强化中央权力。俄罗斯实行三权分立的政治体制：总统是国家元首，由人民直选产生，有权任命包括总理在内的高级官员（须经议会批准）、领导武装部队和国家安全会议，可以不经议会通过直接颁布法令。俄罗斯实行两院制，下议院称国家杜马（State Duma，代表联邦各主体），上议院称联邦委员会(Federal Council,代表联邦)。俄罗斯联邦的司法体系由联邦法院和联邦主体法院两部分组成。仲裁法院、普通法院和军事法院在全联邦境内都实行统一的等级体系;宪法法院系统则分别由联邦宪法法院和联邦主体宪法法院组成,二者互为独立。[①]

俄罗斯能源资源丰富,目前已成为全球最大的天然气出口国及石油输出国组织(OPEC)以外最大的原油输出国。

第一节 俄罗斯能源状况和能源法体系

一、俄罗斯能源状况

根据国际能源署 2011 年公布的数据,截止到 2009 年,俄罗斯能源产量为 1 181.59 百万吨标准油当量,能源净出口量为 528.63 百万吨标准油当量;其中一次能源供应量为 646.91 百万吨标准油当量,燃料燃烧所产生的二氧化碳排放量(CO_2 emissions from fuel combustion only)为 1 532.6 百万吨(Mt),高于日本(1 092.86Mt)、澳大利亚(394.88Mt)和南非(369.37Mt)、略低于印度(1 585.82Mt),占世界总量的 5.29%。2009 年,俄罗斯人均一次能源生产量为 4.56 吨标准油(toe/capita),高于南非(2.92toe/capita)、印度(0.58toe/capita)和日本(3.71toe/capita),低于澳大利亚(5.93toe/capita),高于世界平均水平(1.8toe/capita);俄罗斯人均二氧化碳排放量为 10.8 吨($t\ CO_2$/capita),高于南非(7.49 $t\ CO_2$/capita)、日本(8.58 $t\ CO_2$/capita)和印度(1.37 $t\ CO_2$/capita),低于澳大利亚(17.87 $t\ CO_2$/capita),高于世界平均水平(4.29 $t\ CO_2$/capita);俄罗斯每生产一吨标准油当量的一次能源须排放二氧化碳 2.37($t\ CO_2$/toe),高于印度(2.35 $t\ CO_2$/toe)和日本(2.32 $t\ CO_2$/toe),低于南非(2.56 $t\ CO_2$/toe)和澳大利亚(3.01 $t\ CO_2$/toe),略低于世界平均水平(2.39 $t\ CO_2$/toe)[②]

虽然俄罗斯产能供过于求,但其能源消费量也很庞大,根据英国石油公司 2011 年公布的数据,截止到 2010 年,俄罗斯一次能源消费量为 690.9 百

[①] 吴玲:《俄罗斯司法体制概述》,载《中国司法》2004 年第 4 期,第 89—91 页。

[②] See IEA:Key World Energy Statistic 2011,http://www.iea.org/publications/free_new_Desc.asp? PUBS_ID=1199,2012-04-26.

万吨标准油比 2009 年增长了 5.5％,占世界消费总量的 5.8％。[1]

(一)石　油

根据英国石油公司公布的数据,截止到 2010 年底,俄罗斯石油探明储量为 774 亿桶,合 106 亿吨,较 2009 年增长了 0.91％,占当年全球石油探明储量的 5.6％,储产比为 20.6。在石油生产方面,2010 年俄罗斯石油产量为 10 270 千桶/日,共计 505.1 百万吨,较 2009 年增长了 2.2％,占当年全球总产量的 12.9％。在石油消费方面,2010 年俄罗斯石油消费量为 3 199 千桶/日,共计 147.6 百万吨,较 2009 年增长了 9.2％,占全球总消费量的 3.7％,比当年日均产量少 7 071 千桶/日,合 357.5 百万吨。在炼厂产能方面,俄罗斯 2010 年的数据为 5 555 千桶/日,较 2009 年上涨了 0.5％,占世界总量的 6.1％。[2] 总体上看,俄罗斯石油供过于求,可以提供出口。从原油(Crude Oil)产量来看,根据国际能源署公布的数据,截止到 2009 年底,俄罗斯是世界第一大原油生产国和世界第二大原油净出口国,原油净出口量为 247 百万吨,占当年世界净出口总量的 13.03％。从成品油(Oil Products)上看,截止到 2009 年,俄罗斯是世界第三大成品油生产国和世界第一大成品油出口国,成品油净出口量为 102 百万吨,占世界净出口总量的 22.13％。俄罗斯石油质量较好,截止到 2010 年,俄罗斯原油净热值(net calorific values)为 1.005 吨标准油当量/公吨(toe/tonne),高于中国(1 toe/tonne),略低于美国(1.033 toe/tunne)、沙特阿拉伯(1.016 toe/tunne)、委内瑞拉(1.069 toe/tunne)和墨西哥(1.081 toe/tunne)。[3]

(二)天 然 气

根据英国石油公司公布的数据,截止到 2010 年底,俄罗斯天然气探明储量为 1 580.8 万亿立方英尺,合 44.8 万亿立方米,占世界总量的 23.9％,储产比为 76。在天然气产量方面,俄罗斯 2010 年的产量为 5 889 亿立方米,合 530.1 百万吨油当量,比 2009 年增长了 11.6％,占世界总产量的 18.4％。在天然气消费方面,俄罗斯 2010 年的消费量为 4 141 亿立方米,合 372.7 百

---

① 参见 BP:《BP 世界能源统计年鉴(2011 年 6 月)》,http://www.bp.com/assets/bp_internet/globalbp/globalbp_uk_english/reports_and_publications/statistical_energy_review_2011/STAGING/local_assets/pdf/Chinese_statistical_review_of_world_energy_full_report_2011.pdf,2011-08-06.

② 参见 BP:《BP 世界能源统计年鉴(2011 年 6 月)》,http://www.bp.com/assets/bp_internet/globalbp/globalbp_uk_english/reports_and_publications/statistical_energy_review_2011/STAGING/local_assets/pdf/Chinese_statistical_review_of_world_energy_full_report_2011.pdf,2011-08-06.

③ See IEA:Key World Energy Statistic 2011, http://www.iea.org/publications/free_new_Desc.asp? PUBS_ID=1199,2012-04-26.

万吨油当量,比 2009 年增长了 6.3%,占世界消费总量的 13%。[①] 总体上看,俄罗斯天然气供过于求,可以提供出口。根据国际能源署公布的数据,截止到 2009 年底,俄罗斯是世界第一大天然气生产国和世界第一大天然气净出口国,天然气净出口量为 169 十亿立方米(billion cubic metres,bcm),占当年世界天然气净出口总量的 20.92%。俄罗斯天然气质量较好,截止到 2010 年,按总热值(Gross calorific value,GCV)计算,俄罗斯每立方米天然气净总热值为 38 230 千焦(KJ/m³),高于美国(38 192 KJ/m³)和沙特阿拉伯(38 000 KJ/m³),低于加拿大(38 430 KJ/m³)、挪威(39 650 KJ/m³)和中国(38 931 KJ/m³)。[②]

俄罗斯还有丰富的石油伴生气资源。石油伴生气(associated gas),是指油层中伴随石油一起逸出的气体以及部分溶于石油的天然气,除含有较多甲烷、乙烷外,还含有少量易挥发的液态烃及微量的二氧化碳、氮、硫化氢等杂质,主要用于制取甲醇、乙二醇、醋酸、乙烯、丙烯等化工原料或用做燃料。石油伴生气的回收和利用可以减少直接燃烧时造成的能源浪费,同时还能创造新的经济价值,但伴生气的回收和利用比较复杂,是一项庞大的系统工程。各个油田产生的伴生气数量不一样,同时伴生气的开发还受油田距离管网远近、油田附近基础设施等因素的影响。据美国国家海洋和大气管理局统计,2006 年全世界共燃烧了 1 680 亿立方米伴生气,其中俄罗斯占第一位,燃烧了大约 500.7 亿立方米伴生气。1 000 立方米伴生气相当于 1.07 吨石油当量。换句话说,俄罗斯 2006 年燃烧了相当于 5 000 多万吨石油的伴生气(如果以油价 70 美元/桶计算,价值 250 多亿美元)。据俄罗斯自然资源部的统计,俄罗斯每年燃烧的伴生气大约是 150 亿—170 亿立方米,大约占每年开采的 600 亿立方米伴生气的 25%—28%。但是,俄罗斯天然气领域的专家认为,自然资源部的数据比较保守,现实中伴生气的燃烧比例更高,大约是 30%—40%。俄罗斯自然资源部资源利用调控和国家政策司的数据显示,2007 年近 47% 的伴生气用于作业现场或者列入到了技术损失,27% 用于区块火炬燃烧,剩下的 26% 才用于再加工。[③] 因此,俄罗斯石油伴生气的

---

① 参见 BP:《BP 世界能源统计年鉴(2011 年 6 月)》,http://www.bp.com/assets/bp_internet/globalbp/globalbp_uk_english/reports_and_publications/statistical_energy_review_2011/STAGING/local_assets/pdf/Chinese_statistical_review_of_world_energy_full_report_2011.pdf,2011-08-06。

② See IEA:Key World Energy Statistic 2011,http://www.iea.org/publications/free_new_Desc.asp? PUBS_ID=1199,2012-04-26。

③ 参见夏启明:《俄罗斯石油伴生气利用现状及其法律规制》,载《国际石油经济》2010 年第 6 期,第 43—44 页。

利用还是很有前景的。

（三）煤　　炭

根据英国石油公司公布的数据，截止到 2010 年底，俄罗斯煤炭探明储量为 157 010 百万吨，占世界总量的 18.2%，储产比为 495。其中无烟煤和烟煤为 49 088 百万吨，亚烟煤和褐煤为 107 922 百万吨。在煤炭生产方面，俄罗斯 2010 年煤炭产量为 148.8 百万吨油当量，比 2009 年增加了 4.7%，占世界总产量的 4%。在煤炭消费方面，截止到 2010 年底，俄罗斯煤炭消费量为 93.8 百万吨油当量，比 2009 年增长了 2.1%，占世界消费总量的 2.6%。[①] 总体上看，俄罗斯煤炭供过于求，可以提供出口。根据国际能源署公布的数据，截止到 2010 年，俄罗斯硬（hard coal）产量为 248 百万吨，占世界硬煤总产量的 4%，居世界第六位；褐煤（brown coal）产量为 76 百万吨，占世界褐煤总产量的 7.29%。俄罗斯是世界第三大硬煤净出口国。截止到 2010 年，俄罗斯硬煤净出口量为 89 百万吨，占当年世界硬煤净出口总量的 10.4%。俄罗斯煤炭质量较好，截止到 2010 年，俄罗斯动力煤（Steam coal，以发电、机车推进、锅炉燃烧等为目的，产生动力而使用的煤炭）的净热值（net calorific values）为 0.599 吨标准油当量/公吨（toe/tonne），高于中国（0.53 toe/tonne）、美国（0.543 toe/tonne）、印度（0.441 toe/tunne）、南非（0.563 toe/tunne）和波兰（0.549 toe/tunne），低于澳大利亚（0.688 toe/tunne）。[②]

（四）核　　能

根据国际能源署公布的数据，截止到 2009 年，俄罗斯是世界第四大核电生产国，当年生产核电 164 太瓦时，占世界的 6.1%；装机容量为 22 吉瓦，居世界第四位，占世界的 5.93%。2009 年，俄罗斯核能发电占该国国内总发电量（total domestic electricity generation）的 16.5%，高于世界平均水平（13.5%），居世界第八位。[③] 根据英国石油公司公布的数据，截止到 2010 年底，俄罗斯核能消费量为 38.5 百万吨标准油当量，比 2009 年增长了 4.1%，

---

① 参见 BP：《BP 世界能源统计年鉴（2011 年 6 月）》，http://www.bp.com/assets/bp_internet/globalbp/globalbp_uk_english/reports_and_publications/statistical_energy_review_2011/STAGING/local_assets/pdf/Chinese_statistical_review_of_world_energy_full_report_2011.pdf，2011-08-06。

② See IEA：Key World Energy Statistic 2011，http://www.iea.org/publications/free_new_Desc.asp? PUBS_ID=1199，2012-04-26。

③ See IEA：Key World Energy Statistic 2011，http://www.iea.org/publications/free_new_Desc.asp? PUBS_ID=1199，2012-04-26。

占世界总量的 6.2%。[①]

(五)可再生能源

根据国际能源署公布的数据,截止到 2009 年,俄罗斯水力发电量为 176 太瓦时,居世界第五位,占世界的 5.3%;装机容量为 47 吉瓦,居世界第六位,占世界的 4.94%。2009 年,俄罗斯水力发电占该国国内总发电量(total domestic electricity generation)的 17.8%,高于世界平均水平(16.5%),居世界第六位。[②] 根据英国石油公司公布的数据,截止到 2010 年底,俄罗斯水电消费量为 38.1 百万吨标准油当量,比 2009 年下降了 4.4%,占世界总量的 4.9%。俄罗斯 2010 年除水电外其他可再生能源消费量为 0.1 百万吨标准油当量,比 2009 年增长了 0.1%,占世界消费总量的 0.1%。[③]

(六)电　　能

根据国际能源署公布的数据,截止到 2009 年,俄罗斯电能产量为 990 太瓦时,占当年世界电能总产量的 4.9%,居世界第四位;电力净出口量为 15 太瓦时,居世界第四位,占当年世界电力净出口总量的 6.52%;其中煤炭发电量为 164 太瓦时,占当年世界煤炭发电总量的 2%,居世界第九位;天然气发电量为 469 太瓦时,占当年世界天然气发电总量的 10.9%,居世界第二位。[④]

二、俄罗斯能源体制改革历程

1991 年底,伴随着经济体制改革,俄罗斯能源领域相关体制开始了私有化进程。1991 年 12 月 29 日,俄罗斯前总统叶利钦签署《关于加快国有和市政资产私有化的总统令》,俄罗斯政府同时公布了《俄罗斯国有和地方企业私有化纲要基本原则》。1992 年上半年开始,俄罗斯开始实行激进经济改

---

① 参见 BP:《BP 世界能源统计年鉴(2011 年 6 月)》,http://www.bp.com/assets/bp_internet/globalbp/globalbp_uk_english/reports_and_publications/statistical_energy_review_2011/STAGING/local_assets/pdf/Chinese_statistical_review_of_world_energy_full_report_2011.pdf,2011-08-06。

② See IEA:Key World Energy Statistic 2011,http://www.iea.org/publications/free_new_Desc.asp? PUBS_ID=1199,2012-04-26.

③ 参见 BP:《BP 世界能源统计年鉴(2011 年 6 月)》,http://www.bp.com/assets/bp_internet/globalbp/globalbp_uk_english/reports_and_publications/statistical_energy_review_2011/STAGING/local_assets/pdf/Chinese_statistical_review_of_world_energy_full_report_2011.pdf,2011-08-06。

④ See IEA:Key World Energy Statistic 2011,http://www.iea.org/publications/free_new_Desc.asp? PUBS_ID=1199,2012-04-26.

革,世称"休克疗法",俄罗斯私有化正式开始实施。[①] 1992 年 10 月 10 日,俄罗斯政府通过了由联邦政府部门间委员会制定的《新经济条件下俄罗斯能源政策的基本构想》,这是俄罗斯自苏联解体后第一个比较系统的阐述能源体制改革与能源政策措施的文件。[②] 1992 年 11 月,时任俄罗斯总统的叶利钦签发了《关于石油工业、炼油工业、油品销售业的国有企业、生产联合体及生产科研联合体推行私有化和改造为股份公司的命令》,俄罗斯能源私有化开始揭开了序幕。[③] 1993 年 3 月,俄罗斯燃料动力部和俄罗斯国有资产管理委员会共同制定了《能源企业私有化实施方案》,标志着俄罗斯能源行业私有化进程正式开始。俄罗斯能源行业私有化改革采取了立法与行政命令相结合的模式。1992 年 2 月,俄罗斯出台了《矿产资源法》,明确俄罗斯境内包括石油和天然气在内的矿产资源的所属问题以及使用者和国家主管部门的权利和义务,并且规定外资所占份额超过 30% 的能源企业不需要许可证即可出口其产品。这一政策受到了外国投资者的欢迎,但是由于当时国际油价低迷,加上俄罗斯转轨初期政局不稳,外国投资者大多采取了观望的态度,真正落实的投资项目并不多。在这种情况下,俄罗斯又制定了《产品分成协议法》(PSA),为外国投资者的合法权益提供法律保障。《产品分成协议法》基本上实现了依据协议条款以分配产品的形式取代了普通税制的税金。取得租让权的外国投资者可以自主制定开发计划,使用自己的资金、技术和设备开采所承租的自然资源,多采多得。国家所得部分与投资者部分根据谈判项目适度灵活地进行分配。采用产品分成协议,政府可以随着勘探开发的进度,分阶段地以成品油的利润分成,逐步地实现支付国家赋税。投资者也能达到投资回收的目的,从而有效地回避部分风险。这样,不仅使投资者的利益得到保障,同时也保证了对该类油田的充分开发。另外,对于那些储量不足的小型矿床,为了确保成本回收,可以将多个矿床组合成一个项目,在一个统一的产品分成协议方案下开采(不违反联邦政府对产品分成协议下矿床储量的限制)。这样,使得被开采方案的单位储量即开采效率得到显著提高,投资者的积极性也大为增加。[④] 总之,《产品分成协议法》为俄罗

---

① 参见关健斌:《俄罗斯要搞新一轮私有化》,http://zqb.cyol.com/content/2009-10/18/content_2891711.htm,2012-05-06。

② 参见张红侠:《俄罗斯能源状况与能源战略探微》,载《俄罗斯中亚东欧研究》2007 年第 5 期,第 39 页。

③ 参见韩彤宇:《俄罗斯石油改革与中俄石油合作》,载《长春工业大学学报(社会科学版)》2006 年第 2 期,第 55 页。

④ 参见冯连勇、王曼丽:《俄罗斯〈产品分成协议法〉评述》,载《俄罗斯中亚东欧研究》2005 年第 5 期,第 47—48 页。

斯能源领域对外开放、吸引外资提供了法律保障。但是,该法也存在很多不利于投资者的地方,导致俄罗斯政府批准适用产品分成协议的矿区不少,但真正落实的寥寥无几。在石油出口方面,时任俄罗斯总统的叶利钦于1992年1月颁布了《关于石油出口的总统令》,规定所有石油公司(不论是俄罗斯石油公司,还是西方在俄罗斯的石油公司)在出口石油时都必须按固定税率征收附加关税,同时要把出口石油所得50%的硬通货卖给政府。1992年7月,俄罗斯宣布恢复不久前被废止的出口战略资源专营制度,规定只有那些经过挑选并在对外经济关系部登记注册的企业和组织才能经营石油出口。1995年1月,俄罗斯石油出口的经营权由对外经济关系部移交燃料动力部,由7家大型石油公司负责具体经营。1995年3月,俄罗斯签署《第245号法令》,废除了能源出口指定出口商的制度。[①] 1997年俄罗斯政府批准了《关于自然垄断领域的结构性改革、私有化和加强监控的措施纲要》,在能源改革与私有化的基础上强调了政府的监管与宏观调控。[②]

俄罗斯能源私有化改革主要包括以下几个阶段:①1993年3月—1994年6月是俄罗斯能源私有化的第一阶段,期间主要任务是将能源企业改造成国家控股公司。②1994年7月1日—1996年是俄罗斯能源私有化的第二阶段,重点是把国家控股公司改造为国家参股公司,把私有化过程同投资活动相结合,允许投资者取得企业股票的控制权。③1996—2002年是俄罗斯能源私有化的第三阶段,由于大量优质国有资产流失,俄罗斯政府决定放弃全面私有化政策,转向有选择地使某些企业非国有化。[③]

起初,俄罗斯政府想通过先放开价格和迅速将国有财产私有化,造成新生政权从政治到经济上与前苏联彻底决裂的事实,再通过短期内“疾风暴雨”和“洗心革面”的全面改革,赢取民众支持,巩固新政权基础。[④] 同时,俄罗斯试图以丰富的能源资源为基础,以能源行业私有化为媒介,加速民营资本原始积累,维护经济稳定与能源行业的良性发展。截止到2001年,俄罗斯工业产业非公有制经济已经达到了89%。但是,国家依然控制着国民经济的关键部门,其中就包括能源领域。[⑤] 2001年12月21日,俄罗斯政府颁布

---

① 参见柳天恩、王朝凤:《俄罗斯能源政策研究》,载《黑龙江对外经贸》2011年第2期,第55页。
② 参见张红侠:《俄罗斯能源状况与能源战略探微》,载《俄罗斯中亚东欧研究》2007年第5期,第39页。
③ 参见柳天恩、王朝凤:《俄罗斯能源政策研究》,载《黑龙江对外经贸》2011年第2期,第55页。
④ 参见关健斌:《俄罗斯要搞新一轮私有化》,http://zqb.cyol.com/content/2009-10/18/content_2891711.htm,2012-05-06。
⑤ 参见成健:《俄罗斯意志:能源帝国攻略——战略性资源再国有化》,http://www.p5w.net/news/gjcj/200701/t720258.htm,2012-05-03。

了新的《俄罗斯联邦国有和市有企业私有化法》,对国有资产的出售程序进行了重新规范,明显加强了对包括石油和天然气在内的战略产业的控制。根据新《俄罗斯联邦国有和市有企业私有化法》规定,战略产业在实行私有化时必须得到总统批准,对俄罗斯天然气工业公司、俄罗斯统一电力公司等涉及俄罗斯国家安全的重要企业在实行私有化时还必须经过专门的立法。[①] 2002 年,俄罗斯出台了《国有财产私有化法》、《农用土地流通法》等法律法规,俄罗斯斯拉夫石油公司、鲁克石油公司国有股份先后被私有化,英国石油公司也参与了对俄罗斯西伯利亚石油公司的收购。

随着世界能源市场的变化,能源日益成为俄罗斯经济发展的支柱产业之一,俄罗斯加大力度开始调整原有的能源私有化政策。2004 年,俄罗斯放缓了能源领域私有化的进程,开始对现有能源产业进行资产重组。2004 年 8 月,时任俄罗斯总统的普京签署总统令,限制对石油、天然气、电力等部门的 1 000 多家战略性企业实现私有化,外界称之为"再国有化政策"。[②] 2004 年 9 月,俄罗斯政府同意让俄罗斯天然气工业股份公司收购国家完全控股的俄罗斯石油公司(Rosneft)的绝大部分股权,组建国家控股的能源领域的"航空母舰"。俄罗斯政府多名高官担任能源大企业的要职,直接参与战略行业管理。[③] 俄罗斯此举,一可保障国家所需的石油和天然气供应,二可提高直接影响国内市场能源价格的能力,三可为俄罗斯带来更丰厚的外汇收入和税收,四可提高俄罗斯天然气公司的市值,为其股票对市场开放做好了准备,五可实现俄罗斯石油公司实现了"软"私有化,避免直接私有化对能源市场的冲击。[④]

2004 年 12 月,俄罗斯政府通过法律手段把该国当时最大的私有石油企业(尤科斯石油公司)部分国有化。2005 年 9 月,俄罗斯政府斥资 75 亿美元将俄罗斯天然气工业股份公司的国有股比重从 38% 提高到 51%。同时,俄罗斯天然气股份公司斥资 130.91 亿美元收购了俄罗斯西伯利亚石油公司 73% 的股权,还购买了俄罗斯斯拉夫石油公司 50% 的股权。[⑤] 2006 年 6 月,

① 参见柳天恩、王朝凤:《俄罗斯能源政策研究》,载《黑龙江对外经贸》2011 年第 2 期,第 55 页。

② 参见成键:《俄罗斯意志:能源帝国攻略——战略性资源再国有化》,http://www.p5w.net/news/gjcj/200701/t720258.htm,2012-05-03。

③ 参见张红侠:《俄罗斯能源状况与能源战略探微》,载《俄罗斯中亚东欧研究》2007 年第 5 期,第 39 页。

④ 参见冀淑倩:《俄罗斯两大能源公司俄天然气与俄石油合并》,http://finance.hebei.com.cn/system/2004/09/21/006415583.shtml,2012-05-05。

⑤ 参见张晶、孙永祥:《俄罗斯能源领域的资产重组和中俄能源合作》,载《国际贸易》2006 年第 6 期,第 26—27 页。

俄罗斯工业和能源部将有 70 多个矿产地被定为战略矿产地。根据俄罗斯相关法律规定,某一油气田一旦被认定为战略性资源,外国石油公司将不得在该油气田持有 50% 以上的股份。此举旨在进一步限制外国石油公司在俄罗斯境内进行油气开采。① 2006 年 8 月,赫赫有名的俄罗斯尤科斯石油公司被政府宣告破产,其资产于 2007 年被出售,政府成为最大的收购者。② 在法律层面,俄罗斯于 2005 年出台的新《矿产资源法》当中,以前的共同决议原则被联邦决议原则所取代,管理国家地下资源基金的联邦机关的权力被大大扩大了。除此之外,《矿产资源法》还新增加了对固体矿产、石油天然气及地下水资源开采的要求和技术标准,专门用了 3 章来规范这些矿产资源开采行为,使俄罗斯自然资源部的管理权限扩展至整个矿业领域,这些措施都极大地加强了国家对资源的垂直控制。同时,俄罗斯新《矿产资源法》又对外国公民、无国籍人、外国法人和国际组织使用俄罗斯资源又设置了法律障碍。③ 2007 年 1 月,俄罗斯通过法律,禁止外国公司进入 5 亿桶以上储量的油田和 500 亿立方米以上储量的天然气田。2008 年 5 月 5 日,俄罗斯签署《有关外资进入对国防和国家安全具有战略意义行业程序》的联邦法,明确列出限制外资进入的包括能源勘探和开发在内的 42 个战略性行业名录。外资若要在俄罗斯战略性企业或地下资源区块项目中取得 10% 以上的控股权,必须向俄罗斯安全机构提出申请,并要经过由俄罗斯联邦安全会议牵头组成的跨部门专门委员会审核通过。④

2008 年 5 月中旬,为彰显能源工作的重要性,俄罗斯成立了独立的联邦能源部。俄罗斯联邦能源部是从俄罗斯联邦工业和能源部中分离出来的,是在燃料能源部门范围内完成国家政策和法律规范的制定与实施并发挥协调作用的联邦执行权力机构。能源部要解决的问题是:电力、石油开采、石油加工、天然气、煤炭、可燃页岩及泥炭工业,石油和天然气及其加工制品干线输送,核能、可再生能源以及在产品分成协议基础上开发油气田,石油和天然气化学工业等。国家为该部门提供的服务以及国家在燃料能源资源生产及使用范围内的资产管理也列入能源部的职权范围。同时,能源部要以联邦宪法、联邦立法、联邦主体法律、联邦总统和政府的命令、国际条约以及

---

① 参见张红侠:《俄罗斯能源状况与能源战略探微》,载《俄罗斯中亚东欧研究》2007 年第 5 期,第 41—42 页。
② 参见陈卫东:《普京与能源国有化》,载《中国石油石化》2009 年第 19 期,第 66 页。
③ 参见成键:《俄罗斯意志:能源帝国攻略——战略性资源再国有化》,http://www.p5w.net/news/gjcj/200701/t720258.htm,2012-05-03。
④ 参见柳天恩、王朝凤:《俄罗斯能源政策研究》,载《黑龙江对外经贸》2011 年第 2 期,第 56 页。

现时章程领导自身的活动。能源部将形成、利用并管理燃料能源部门的国家信息资源。能源部还要经过自身的地方组织及在与其他联邦执行权力机构、俄罗斯联邦主体权力执行机构、地方单独管理机构、社会团体以及其他组织互动中直接完成本身的活动。①

　　2007—2008 年,由于国际金融危机的影响,俄罗斯能源行业出现减产趋势。根据俄罗斯联邦统计局的资料,2008 年俄罗斯石油产量比 2007 年下降了 0.7%,而俄罗斯联邦经济发展部则表明 2009 年俄罗斯石油产量又缩减了 1.1%,达 4.82 亿吨。② 为了缓解金融危机的冲击,俄罗斯又开始调整经济政策,私有化又被提上议事日程。2009 年 10 月,俄罗斯能源部、经济发展部、地区发展部等相关部门召开关于发展中小企业的协调会,讨论如何支持俄罗斯中小能源企业的发展,建设和完善中小企业发展的法律保障机制,为石油原料市场和石油产品市场制定清晰的运作规则。俄罗斯还在会后成立了支持中小能源企业发展工作组。③ 此次会议奠定了俄罗斯能源再私有化的基础。2009 年 11 月 24 日,俄罗斯政府批准了《联邦财产私有化计划》,俄罗斯政府在 2010 年将对 28 家进入战略企业名单的公司进行私有化,政府将出售 449 家股份制企业以及包括俄罗斯国家保险公司在内的 5 家大型企业的股份,这些企业涉及港口、机场、船运和石油等相关能源的战略领域。通过出售国有股份,俄罗斯将获得总额约合 720 亿卢布的财政收入。④ 2010 年,俄罗斯政府又批准了《联邦财产私有化计划补充文件》,将所谓非战略性国有企业与一系列开放式股份有限公司列为私有化对象。2010 年 7 月 28 日,俄罗斯政府决定于 2011—2013 年对该国 11 家国有企业进行股份制私有化改造,其中就包括俄罗斯石油运输公司和俄罗斯石油公司。此举将使俄罗斯政府 2011—2013 年平均每年筹集约 3 000 亿卢布,约合 98.8 亿美元;其间总计筹集 8 835 亿卢布,约合 290 亿美元。⑤ 2011 年 8 月,俄罗斯又批准了对一些大型企业实行进一步私有化的方案,即《有关扩大私有化计划的报告》。预计到 2017 年,俄罗斯国有资本将推出电力系统公司、水电公司、

---

　　① 参见孙永祥:《能源部:普京的第一把火》,载《中国石油石化》2008 年第 13 期,第 50—51 页。

　　② 参见成键:《俄罗斯:新一轮私有化运动风云再起?》,http://wenku.baidu.com/view/838c5209844769eae009ed60.html,2012-05-10。

　　③ 参见夏启明、唐春梅、杜玉明、陈毅华:《俄罗斯新一轮私有化及其对中俄油气合作的影响》,载《国际石油经济》2011 年第 5 期,第 72—73 页。

　　④ 参见王晓明:《俄罗斯启动新一轮世纪大拍卖　将私有化 28 家战略国企》,http://finance.ifeng.com/opinion/cjpl/20091204/1540242.shtml,2012-05-27。

　　⑤ 参见史春阳:《俄罗斯再掀私有化浪潮》,载《当代世界》2010 年第 11 期,第 40—42 页。

石油公司等大型公司,只保留这些公司的"金股"①。② 2012 年初,俄罗斯经济发展部表示,俄罗斯石油、电力、水电等大型国有能源企业私有化将于 2012 年启动,其中部分公司的私有化将在 2012 年内完成。③ 而 2012 年最主要的工作,应是做好资产评估、寻找潜在投资者。国有资产的具体出售日期将取决于金融市场行情。④ 在 2012 年 4 月 10 日的俄罗斯开放政府会议上,时任俄罗斯总统的梅德韦杰夫明确要求俄罗斯政府应在 2012 年 7 月 1 日以前公布俄罗斯国有企业的全部清单,并逐一解释每家企业必须由国家持有份额的原因。俄罗斯政府应对保留国家在上述企业中股份的理由进行充分论证。俄罗斯将以此为依据,在 2012 年 10 月 1 日前重新出台一份清单,即有必要保留的国企名录。对于那些不是必须保留国有控股的企业,政府将出台具体私有化计划。⑤ 2012 年 5 月 22 日,俄罗斯总统普京签署总统令,责成总理梅德韦杰夫制定《2013—2015 年俄罗斯石油天然气公司出售大型能源企业国有股份计划》,2011—2013 年,俄罗斯将出售的能源企业国有股份包括:俄罗斯石油公司 25％股份,俄罗斯石油管道运输公司 3.1％股份,俄罗斯国有水力发电公司(RusHydro)7.97％股份和联邦电网公司(Federal Grid Company,FGC)4.11％股份。按照目前市值,后三者分别价值 83 亿、170 亿和 145 亿卢布。按照当时的预算法案,俄罗斯石油天然气公司应该向政府缴纳大约 890 亿卢布的红利收入,而这些收入用于购买上述公司私有化股份并不存在问题,能够完成私有化交易。⑥ 2012 年 5 月 23 日,俄罗斯总统普京签署总统令,确定了 2013—2015 年能源企业私有化的计划。在 2015 年之前,国有的俄罗斯石油天然气公司将成为能源行业的投资者,对这些公司的私有化进行投资。通过俄罗斯石油天然气公司可以解决两个问题:①作为开放式股份公司,该公司的投资使用的是自有资本,而不是预算资金,能够减

---

① "金股"是一种股权创新,最早出现在 20 世纪 80 年代。英国政府于 1984 年实施英国电信的私有化方案,在 10 年的 3 次减持过程中,英国政府完全放弃其拥有的股权与收益,只保留了 1 股金股。"金股"的权力主要体现在否决权,而不是受益权或其他表决权。"金股"通常只有 1 股,几乎没有实际经济价值。

② 参见张光政:《俄罗斯计划对大型企业进一步私有化》,http://news.timedg.com/2011-08/04/content_5606930.htm,2012-05-20。

③ 参见刘勇:《俄罗斯 2012 年将启动大型能源企业私有化》,http://www.escn.com.cn/2012/0401/259890.html,2012-05-20。

④ 参见关健斌:《俄新一轮私有化为啥"雷声大、雨点小"》,http://guanjianbin.blog.sohu.com/211327718.html,2012-05-08。

⑤ 参见《俄罗斯新一轮私有化雷声大雨点小》,http://news.ifeng.com/world/detail_2012_04/14/13880180_0.shtml,2012-08-08。

⑥ 参见刘干:《普京的俄罗斯能源企业私有化新模式》,http://rusnews.cn/xinwentoushi/20120525/43450198.html,2012-05-25。

少预算开支对能源企业的扶持;②这种方式可以提高公司市值,以避免低价出售。① 2012 年 5 月 24 日,俄罗斯总统普京发表声明,表示燃料能源企业对俄罗斯具有特殊意义,在俄罗斯国有能源企业私有化过程中,公司股权不应被以低于市场价格的形式贱卖;到 2016 年,俄罗斯将减少国有资本在资源类企业中的比重,并可能从一部分非资源类企业中完全退出;俄罗斯出售能源企业股份应在获得可观收益以保证预算收入的前提下,完成经济结构调整的任务。② 普京试图推行一项能源行业私有化新模式,即通过国有的俄罗斯石油天然气公司进行交易。俄罗斯石油天然气公司主要是管理持有的俄罗斯能源企业股份;最重要的资产包括俄罗斯石油公司 75.16% 和天然气工业公司 10.74% 的股份。俄罗斯石油天然气公司的收益主要是这些公司支付的红利。而普京发布的总统令允许该公司用这些收入进行投资,这样,俄罗斯石油天然气公司就获得了整合国有能源资产的能力。③

　　俄罗斯能源行业大多属于自然垄断行业,因而能源市场主要由俄罗斯《自然垄断法》规制。俄罗斯《自然垄断法》的适用范围包括:①原油和成品油干线管道运输;②天然气管道运输;③铁路运输;④运输枢纽、港口和机场服务;⑤邮电服务;⑥送变电服务;⑦电力调度服务;⑧内河运输基础设施服务。自然垄断行业的监管机关包括俄罗斯联邦反垄断局和联邦价格署以及其他相关授权联邦政府机构。自然垄断行业监管机关具体负责包括大多数能源行业在内的自然垄断行业企业的登记管理、对自然垄断行业企业资产交易及投资事项的监督、对自然垄断产品和服务的价格调节、禁止电力业务纵向垄断经营等。自然垄断行业监管机关的主要权限包括:向自然垄断企业发出具有约束力的调节其经营行为的指令;制定自然垄断企业产品与服务的价格实施细则;在权限范围内对自然垄断企业违反《自然垄断法》的行为做出处罚决定;向自然垄断企业发出具有约束力的关于停止违反《自然垄断法》的指令,其中包括消除违法经营造成的后果、必须与消费者签署服务合同、修改已经签署的合同以及把违法所得纳入联邦预算等;做出把某些企业纳入自然垄断企业名册或从名册剔除的决定;向联邦或联邦主体政府发出修改或撤销违反《自然垄断法》的法规,或停止违反《自然垄断法》的行为

---

　　① 参见李辉:《普京提出能源企业私有化新模式》,http://world.people.com.cn/GB/157278/18005699.html,2012-08-01。

　　② 参见刘恺:《普京称俄能源企业私有化股权不应被贱卖》,http://news.sina.com.cn/w/2012-05-25/102324478029.shtml,2012-05-25。

　　③ 参见刘干:《普京的俄罗斯能源企业私有化新模式》,http://cnews.cnyes.com/Content/20120526/KFKF1BED7JW56.shtml?c=FOCUS,2012-05-26。

或指令;可就违反《自然垄断法》的事项向法院提起诉讼,并参与法庭调查。[①]

2010 年以来,俄罗斯更加重视能源法在能源体制改革中的作用,不断通过能源立法、能源法律修改和清理等方式推动能源改革的进程。同时,除国家之外,其他的第三部门[②]、第四部门[③]也起到了重要作用。例如,2010 年,俄罗斯工商会能源战略委员会、俄罗斯工业企业家联盟、俄罗斯石油天然气工业家联盟理事会以及部分大型能源企业联合制定了《矿产资源法》的修改建议,并交给相关部委和政府。该建议认为,目前的矿产资源开采制度已经过时,影响了投资环境。为了不使石油开采量大幅下降,必须尽快采取措施。该法应当保证最初发现者对所发现油田的开采权,使其有权分配矿产资源,以提高地质勘探活动对投资者的吸引力。同时,该法还应取消对其获得油田开采许可证的储量限制,以吸引外国投资者。此外,该法还应扩大地质勘探同样需要建立经济激励体制。不仅应该对地质勘探工作免税,对总收入征税的方式应该变为对利润征税。最后,该法还应规定有关油田边界变更的制度,向部分符合条件的公司开放大陆架开发权。[④] 俄罗斯政府已经表示要认真评估这些建议,有的已经在政策上给予了回应。如在 2010 年,俄罗斯能源部许可民营石油企业开发海上大陆架油田,有 5 年事业经验的国有企业参与海上大陆架油田开发;若能保证完成油田开发的民营企业也可参与海上大陆架油田开发;外国企业参与海上大陆架油田开发出资最高可达 50%。[⑤]

三、俄罗斯能源法体系

(一)俄罗斯能源法律体系

俄罗斯法律体系包括联邦法律体系和各联邦主体法律体系两个部分,因而俄罗斯能源法律体系具体可以分为俄罗斯联邦能源法律体系和俄罗斯各联邦主体能源法律体系两大部分。

---

① 参见李福川:《俄罗斯反垄断政策》,社会科学文献出版社 2010 年版,第 189—212 页。

② 所谓"第三部门",即通过志愿提供公益的 NGO 或 NPO,主要为民政部门注册的社会团体、基金会、民办非企业单位及未注册的非官方组织。参见李晋:《第三部门》,http://business.sohu.com/20110228/n279557283.shtml,2012-08-07。

③ 所谓"第四部门",是指同时具有社会收益最大化目的和收入作为自身收益的组织总称,与公益性显著的第三部门略有不同。"第四部门"的概念起源于美国,常常与行政民营化、府际合作化和公私合营化等新趋势相联系。参见杨解君:《行政法与行政诉讼法(上)》,清华大学出版社 2009 年版,第 146—150 页。

④ 参见《俄石油工业要求修改矿产资源法》,载《石油商报》2010 年 4 月 23 日(第 A12 版)。

⑤ 参见罗承先:《俄罗斯石油政策新走向》,载《中国石化》2011 年第 2 期,第 62 页。

1. 俄罗斯联邦能源法律体系

(1)《俄罗斯联邦宪法》。《俄罗斯联邦宪法》是俄罗斯的根本大法,该法第 25 条规定:"《俄罗斯联邦宪法》在俄罗斯全境具有最高法律效力、直接作用并适用;俄罗斯联邦所通过的法律和其他法律文件不得同《俄罗斯联邦宪法》相抵触;国家权力机关、地方自治机关、公职人员、公民及其团体必须遵守《俄罗斯联邦宪法》和法律。"因此,《俄罗斯联邦宪法》与能源相关的规定是俄罗斯能源法律体系中的重要组成部分。例如,该法第 9 条规定:"在俄罗斯联邦,土地和其他自然资源作为在相应区域内居住的人民生活与活动的基础得到利用和保护。土地和其他资源可以属于私有财产、国有财产、地方所有财产和其他所有制的形式。"这就从宪法角度规制了包括能源资源在内的所有自然资源的所有制形式。

(2)俄罗斯有关能源的联邦法律。俄罗斯有关能源的联邦法律是俄罗斯能源法律体系中的主体,如俄罗斯联邦《节能法》等。此外,俄罗斯其他联邦法律中与能源相关的部分也属于俄罗斯能源法律体系中的一部分,例如俄罗斯联邦《矿产法》中就有关于能源资源所有权以及勘探、开采等方面的规定。

(3)俄罗斯国家杜马和联邦委员会有关能源的决议。作为俄罗斯的最高立法机关,俄罗斯国家杜马和联邦委员会有关能源的决议在俄罗斯境内具有法律效力,属于俄罗斯能源法律体系的重要部分。

(4)俄罗斯联邦总统令。作为总统共和制的典型国家,俄罗斯联邦总统具有很大的权力。俄罗斯总统颁发与能源相关的总统令也就具有了相当高的法律效力。例如《俄罗斯联邦关于提高经济能源及生态效益的某些措施的总统令》、《俄罗斯联邦关于石油出口的总统令》等。

(5)俄罗斯联邦国家部委、联邦局和其他俄罗斯联邦执行权力机关有关能源的规范性文件,例如俄罗斯联邦能源部、联邦财政部、联邦反垄断局等部门制定的有关能源的规范性文件。

(6)国际条约。俄罗斯参加的国际条约也属于俄罗斯能源法律体系中的重要组成部分,既包括国际公约(如《联合国气候变化框架公约》),也包括国际多边或双边条约(如《俄罗斯—欧盟能源安全条约》、《俄罗斯—美国民用核能合作协议》等)。

2. 俄罗斯各联邦主体能源法律体系

(1)俄罗斯各联邦主体和其他代表机关、执行机关与能源相关的规范性文件。主要包括俄罗斯各加盟共和国宪法以及各边疆区、州、联邦直辖市、自治州、自治区的宪章中与能源相关的规定,即俄罗斯各联邦主体制定的调整有关能源关系以及能源问题的地方性立法。

（2）俄罗斯地方自治机关及其行政机关在其权限内制定的与能源相关的法律文件。此部分属于俄罗斯各联邦主体有关能源的地方行政立法。[①]

（二）俄罗斯能源战略与能源规划

1.《俄罗斯 2020 年前能源战略》

2003 年 5 月 22 日，俄罗斯正式批准《俄罗斯 2020 年前能源战略》。该战略共 10 章，包括：能源战略的目标与重点、燃料动力综合体发展问题与主要因素、未来俄罗斯经济发展的主要趋势与预测、国家能源政策、俄罗斯能源需求的前景、燃料动力综合体的发展前景、能源产业发展的地区特点、燃料动力综合体的科技与革新政策、燃料动力综合体与相关产业协作、国家能源战略的预期成果与实施体系。[②] 该战略主要任务是：规划能源综合体高效发展、增强国际竞争力的途径，确定能源综合体发展的优先方向，建立落实国家能源政策的措施和机制。该战略的优先方向是：有效保障国民与国家经济对能源的需求；降低国家能源保障风险；降低能耗；提高能源行业的财政稳定性；减少能源行业对环境的损害。完成上述任务的主要手段是建立规范的能源市场，国家要在这一过程中发挥重要的调控作用：建立合理的市场环境；提高国有资产管理效率；推行科学的技术规范与国家标准；支持鼓励经济主体在投资、革新及节能等方面的努力。

俄罗斯国家能源政策的基本原则是：保证国家能源政策的连续性；促进建立强大的、持续发展并与国家进行建设性对话的能源公司；保证国家调节私营企业在实现国家能源政策包括投资领域活动的政策的合理性与可预见性。国家能源政策的目标是：保护公民和经济主体的合法利益，保障国防和国家安全，有效管理国有资产，促进能源产业实现质的提升。国家长期能源政策的重点是：能源安全、能源的有效性、预算的效率及能源生态安全。为此，必须制定和落实不同领域的国家能源政策：矿产资源利用政策；国内能源市场政策；燃料能源平衡政策；地区能源政策；对外能源合作政策；能源领域的社会、科技和革新政策。它们之间既要各有侧重，又要相互协调。

对外能源政策是俄罗斯能源政策的重点。俄罗斯将加强其在世界能源市场上的地位，最大限度和有效地实现俄罗斯能源部门的出口能力，提高其产品和服务在世界市场上的竞争力；俄罗斯准备在能源部门建立非歧视性

---

① 参见刘春萍：《转型期的俄罗斯联邦行政法》，法律出版社 2005 年版，第 39—40 页。

② 参见刁秀华：《俄罗斯与东北亚地区的能源合作》，北京师范大学出版社 2011 年版，第 59—60 页。

的对外经济活动制度,允许俄罗斯能源公司有同等权力进入国外能源市场、金融市场和技术市场;俄罗斯鼓励在相互有力的条件下引进规模适度的外资进入能源市场。为此,俄罗斯的对外能源政策将注重下列方向:使国家在对外经济活动中以及各能源公司在参与世界能源市场和资本市场上,获取最大效益;刺激能源商品出口结构多元化,提高具有高附加值的产品出口额度;促进能源销售市场的多极化,扩大俄罗斯能源公司参与国际市场的区域;支持能大量吸引外资的项目;开拓能源领域新的国际合作形式;在能源领域对外贸易调节方面建立国家政策协调机制。俄罗斯在能源领域的国际事务主要有:出口燃料—能源资源事务;到国外开采和开发能源资源的相关事务;积极参与和开发其他国家的能源市场,共同拥有这些国家的能源销售网络和能源基础设施;在俄罗斯能源领域大力吸引外资;运能源资源事务;国际科技和法律合作事务;相邻国家电能部门开展合作事务。

　　能源外交是俄罗斯能源政策的重要内容。俄罗斯能源外交的基本任务包括:实施能源战略的对外政策方面的保障;从外交方面对俄罗斯燃料—能源公司提供在国外的利益支持;在能源领域,与独联体国家、欧亚经济共同体、东北亚、欧盟以及美国等国家或国际组织展开积极对话;为了确保能源的公平价格,俄罗斯将与能源生产和消费国进行积极的对话。[①]《俄罗斯2020 年前能源战略》强调:"在亚太地区,俄罗斯的主要能源合作伙伴是中国、韩国、日本、印度",并提出"以合作开发远东及西伯利亚作为俄罗斯加强同这些国家关系的条件"。[②]

　　为了在国外能源市场上实施俄罗斯的对外能源政策,俄罗斯将不断完善其相关的法律法规。该战略要求俄罗斯必须制定相应的法律和修订现行的有关法律来规范下列事务:支持俄罗斯国内能源公司开拓国外能源市场,发展合资企业和吸收外资来开采(生产)俄罗斯国内的能源(包括电力生产)制定能源出口的长期规划。[③]

　　2003—2010 年是俄罗斯能源政策实施的第一阶段。该阶段的主要任务是:奠定能源市场基础(建立市场机制、能源开发贸易体制及其运输基础设施)。具体措施包括制定、通过一系列基础性法律,包括对《矿产资源法》、《燃料供给法》、《联邦能源安全法》、《联邦能源系统法》、《石油和天然气法》等进行修订;为能源综合体中的自然垄断企业制定统一的价格(费率)调节

　　① 参见梁光明:《俄罗斯能源战略及开发前景》,载《国土资源》2004 年第 4 期,第 54—55 页。
　　② 参见倪建平:《俄罗斯能源战略与东北亚能源安全合作:地区公共产品的视角》,载《黑龙江社会科学》2011 年第 1 期,第 30 页。
　　③ 参见梁光明:《俄罗斯能源战略及开发前景》,载《国土资源》2004 年第 4 期,第 54—55 页。

程序和方法;深化能源市场的反垄断措施;建立能源资源交易市场;稳定油气独立生产者的经营条件;制定许可能源独立生产者使用交通基础设施和加工设备的调节机制;制定消除地区间能源流量限制的方案。

2010—2020 年是俄罗斯能源政策实施的第二阶段,能源公司和国家要善于在可激发能源市场参与者商业主动性的、稳定而有利的条件下工作。该阶段所形成的全新性质的能源综合体应具有以下特征:能源市场的开放性和竞争性进一步提高;加速开发核能、水力能源及煤炭,发展油气化工,利用能源投资规模的增长(与前期相比不低于 1.5 倍),实施大型远景项目(其中包括开发东西伯利亚、远东、亚马尔和海洋大陆架等地区油气资源);快速提高科技创新潜力对提高国家能源部门效率的贡献;为下一阶段实现可再生能源份额的实际提高奠定基础。[①]

《俄罗斯 2020 年前能源战略》高度重视能源安全问题。俄罗斯经济发展不平衡,发达的东部地区能源消耗量大;落后的远东和西伯利亚地区经济落后,但产能丰富;能源供求结构与经济发展程度的矛盾十分尖锐;可再生能源发展薄弱,能源效率低下,能源安全角势不容乐观。俄罗斯能源安全政策的目标是:能源综合体能以可靠的质量和用户可接受的价格满足国内外市场对能源的需求;能源消费者节约利用能源,防止对能源的不合理消费,防止燃料能源结构失衡;能源行业拥有应对内外经济、技术与自然威胁的能力以及将其引发的损失降至最小化的能力。保障能源安全的主要原则是:在日常条件下,应为国民经济和居民生活提供充足的能源供应,在面临威胁或各种紧急状态下,应提供必需的能源供应;充分利用不可再生资源;实现能源使用品种多样化;保障能源生态安全;防止能源浪费;为实现国内外市场利益均等及能源出口结构合理化创造经济条件;最大限度地利用技术进步。为保障能源安全,必须对能源综合体老化的技术工艺基础实行现代化,并保障其已开发的资源基地的再生产;改变能源消费结构和生产布局,提高对核能、水电、煤炭以及可再生能源的利用。

为及时有效地对产生的能源安全威胁做出反应、对能源安全状况进行分析,应考虑制定和落实一系列长期行之有效的消除内外威胁的措施,确立能源安全指数,建立监督系统和稳定局势的机制。燃料能源综合体的发展可能对自然环境造成污染,最大的隐患就是石油及其制成品的污染。而燃料能源综合体企业活动的负面影响主要集中在能源开采和加工地区。因

---

① 参见冯玉军、丁晓星、李东:《2020 年前俄罗斯能源战略(上)》,载《国际石油经济》2003 年第 9 期,第 38—40 页。

而,需要克服能源生产生态技术水平低、机器设备磨损严重、自然环境保护机制发展滞后等问题。这就需要彻底减轻能源综合体对环境的压力,向相应的欧洲生态标准靠拢。为保障能源生态安全,需要完成下列主要任务:发展生态清洁能源及资源保护的工艺技术,保障合理生产和利用能源,降低污染物及废气排放;执行自然资源保护专项措施,修建和改建废气处理、污水净化等环保设施;发展燃煤的生态清洁工艺;扩大符合欧洲标准的高品质燃料生产,并完善相应的石油产品质量标准和污染物的排放指标;制定将水电站活动的生态损失降低到最小限度的方案;组织自然资源保护工艺和技术手段的鉴定工作;组织培养和训练自然资源保护活动方面的专业人才;必须建立相互配套的法律规范体系,完善统一的生态监测信息系统。

各地也要根据自身实际情况制定相应的地方能源战略,将俄罗斯联邦各主体宪法权限实施原则与维护俄罗斯统一经济空间的原则相结合。通过发展地区间能源市场和交通基础设施,实现能源生产和需求的地区结构最优化,促进各地区一体化,建立能源领域的统一经济空间。对能耗高而保障水平低的远东、后贝加尔、北高加索、加里宁格勒等地区,要在能源发展方面给予优先权。北极地区和与其条件相同地区的能源供应体系必须坚持多样化原则。对其中每一个地区都应制定出提高其能源保障水平的单独方案。为实现国家权力机关、能源企业和能源消费者之间的利益均衡,应对联邦中央、联邦主体和地方自治权力机关在能源领域的权限和义务通过法律予以划分,地方法规必须与联邦法律相适应。

在对外能源政策方面,俄罗斯希望从单纯的原料供应者转变为可在国际能源市场执行独立政策的重要参与者。这种转变既是能源领域加深国际经济一体化的客观趋势,也将使其从中获取潜在实惠。俄罗斯对外能源政策的具体目标是:巩固俄罗斯在国际能源市场上的地位,最有效地实现俄罗斯能源综合体的出口潜力,提高其国际竞争力;实现能源对外经济活动的非歧视制度,包括许可俄罗斯能源公司进入国外能源市场和金融市场,获取先进的能源工艺技术;在互利条件下,吸收合理规模的外资进入俄罗斯能源领域。俄罗斯实施对外能源政策的手段是:从对外经济活动中获取最大的国家利益,同时要评估进出口和运输领域相关政策的影响以及俄罗斯公司在世界能源和资本市场的存在;推动能源出口商品结构多样化,扩大高附加值产品的出口规模;实现能源销售市场的多样化,在保障经济合理性的前提下扩大俄罗斯公司在国际市场的存在;扶植可以吸引外资的项目;在能源领域发展新型国际合作模式;在能源领域建立国家外贸政策的协调机制。① 该战略还确定了俄罗斯在世界能源市场的地位,规划了俄罗斯石油综合体以及天然气产业的发展前景,结合国情分析了该国不同地区能源行业的发展特点,最终明确了俄罗斯能源战略的预期成果,构建了俄罗斯能源战略的实施体系。②

此外,该战略还针对石油、天然气行业的发展提出了具体要求:2020 年俄罗斯石油产量要从 2005 年的 4.7 亿多吨增加到 5.9 亿吨,出口量则从 2005 年的 2.5 亿多吨提高到 3 亿吨;天然气产量和出口要从 2005 年的 6 000 多亿立方米和 2 000 多亿立方米提高到 2020 年的 9 000 亿立方米和 3 000 亿立方米。③

2.《俄罗斯 2030 年前能源战略》

2009 年,俄罗斯正式批准了《俄罗斯 2030 年前能源战略》。该战略共分七个部分,包括:引言、《俄罗斯 2020 年前能源战略》的实施效果和新战略的宗旨、俄罗斯社会经济发展的主要趋势与预测、经济与能源的相互关系、对俄罗斯能源需求的前景、国家能源政策、俄罗斯燃料能源综合体的发展前景、能源战略的预期成果与实施体系等。该战略的主要目标是建立创新和高效的国家能源行业,最有效地利用自身的能源资源潜力,强化俄罗斯在世界能源市场中的地位,并力争取得最大的经济利益,确保俄罗斯由资源出口国转变为创新发展型国家。俄罗斯国家长期能源政策应遵循的原则是:促进建立强大的、可持续发展的能源公司,它们在海外市场能够代表俄罗斯的利益,并有助于国内竞争性市场的有效运转,同时确保国家调控的合理性与可预见性。具体而言,俄罗斯国家长期能源政策主要包括能源安全、能源效率、预算效率和能源生态安全等方面的内容。④ 此外,俄罗斯还在该战略中提出了"突破北美、稳定西欧、争夺里海、开拓东方、挑战欧佩克"的能源外交总体路线。⑤ 俄罗斯一方面要通过加强与中亚国家的合作来建立中亚—里海的能源供应链,并以此来实现其扩大在世界能源市场中影响力的能源战

---

① 参见冯玉军、丁晓星、李东:《2020 年前俄罗斯能源战略(上)》,载《国际石油经济》2003 年第 9 期,第 38—40 页。

② 参见冯玉军、丁晓星、李东:《2020 年前俄罗斯能源战略(下)》,载《国际石油经济》2003 年第 10 期,第 24—28 页。

③ 参见孙泽伟、李娜:《俄罗斯的能源战略》,载《法制与社会》2009 年第 18 期,第 229 页。

④ 参见陈小沁:《解析〈2030 年前俄罗斯能源战略〉》,载《国际石油经济》2010 年第 10 期,第 41—42 页。

⑤ 参见潘强:《俄罗斯的区域能源外交战略》,载《四川理工学院学报(社会科学版)》2010 年第 3 期,第 35 页。

略;另一方面,俄罗斯试图提高对亚太地区尤其是东北亚国家的能源出口量。①

根据该战略的预测,2030 年俄罗斯燃料能源生产量将比 2008 年增长 26％—36％,国内能源需求将增长 39％—58％。届时,俄罗斯燃料能源出口量与国内需求的比例将从 2008 年的 0.88 下降到 0.62—0.72。该战略还要求俄罗斯在 2030 年前实现可再生能源年发电量达到 800 亿—1 000 亿千瓦时以上,2030 年的单位 GDP 能耗降到 2005 年的 50％以下,人均能源需求与 2005 年相比至少要增加 40％,电力需求增加 85％,发动机燃料增加 70％以上,家庭经济的能源支出不得超过家庭收入的 8％—10％。该战略要求俄罗斯向燃料能源综合体组织投资 60 万亿卢布,用于提高常规能源勘探、开采水平,提高产量和出口量,提高能源利用效率,提高新能源在能源结构中的比重等。同时,该战略还重点强调,能源安全是保障经济领域国家安全一个长期的重要方面,保障国家能源安全和全球能源安全的必要条件是,为建立符合世界贸易组织提出的能源市场原则而进行多边协作。②

该战略的主要内容包括:(1)规划了俄罗斯 2030 年前能源部门发展的三个阶段:①第一阶段是 2010—2015 年,该阶段的主要任务是继续恢复被金融危机冲击过的能源市场,增加能源产量,拓展能源出口额;②第二阶段是 2015—2022 年,俄罗斯准备在发展燃料能源综合体的基础上整体提高能源效率;③第三阶段是 2022—2030 年,俄罗斯要将重点转向新能源。截止到 2030 年,俄罗斯新能源发展的电力所占比例将从 2008 年的 32％增加到 38％。

(2)制定了“能源东进”战略。俄罗斯将重点开发西伯利亚和远东地区以及北极极地周边的油气资源,在确保供应欧洲能源的同时进一步开拓亚太能源市场。

(3)60 亿卢布投资计划。2030 年前,俄罗斯实施能源战略平均每年要增加投资 50％,总计大约为 60 亿卢布。该战略要求采用灵活的经济手段促进能源投资,其中包括灵活的矿产开采税、能源出口税和能源利润税等。③

(4)能源部门设备国产化。该战略要求在为燃料能源部门构筑基础设施时,将主要使用俄罗斯自己生产的产品和装备,燃料能源部门所需的设备

①　参见罗威:《俄罗斯的能源政策及其对东北亚能源安全的影响》,载《经济导刊》2011 年第 12 期,第 21 页。

②　参见冯玉军:《俄罗斯能源战略:谋求浴火重生》,载《能源评论》2010 年第 3 期,第 34 页。

③　参见刘恬:《内外结合从长计议——俄罗斯能源战略转向对我国的启示》,载《中国石油和化工》2009 年第 11 期,第 36—37 页。

至少要有一半由俄罗斯国内提供,以提高俄罗斯能源技术水平,维护国家能源安全。[①] 该战略对俄罗斯能源发展提出了四大任务:①确保国家未来的能源需求,提高俄罗斯在全球能源市场的地位;②保障能源资源储备快速增长,增加石油、天然气、煤和铀的探明储量,保障每年探明的资源储量超过开采量;③大力发展新能源与可再生能源能源;④降低国民经济中能源消耗的比重。[②]

该战略主要关注了以下问题:(1)石油问题。该战略预计俄罗斯 2030 年石油产量将达到 5.3 亿—5.35 亿吨,较 2008 年增长 8.7%—9.7%。东西伯利亚地区和俄罗斯远东地区由于新油田的开发,将成为新的石油基地;西西伯利亚地区作为传统的石油产地,将继续发挥作用。若俄罗斯投资政策和外交政策发生变化,俄罗斯石油产量可以进行临时性下调。2008 年,俄罗斯原油出口 80% 输往欧洲,5% 输往亚洲,15% 输往其他独联体国家。俄罗斯计划扩大对亚洲尤其是中国的原油出口量。2008 年,俄罗斯平均每年通过铁路向中国出口 1 000 万吨原油,通过萨哈林岛(库页岛)向中国出口 1 500 万吨原油;2030 年前,俄罗斯要将这两个数字分别扩到 1/4 和 5 倍。俄罗斯重视石油管道的建设。2006 年 4 月 28 日,俄罗斯开始修建从泰舍特(Taishet)至斯科沃罗迪诺(Skovorodino)全长 2 694 千米的东西伯利亚—太平洋石油管道。该工程第一阶段已经于 2009 年 10 月完成,当年 12 月 28 日起,俄罗斯开始从科兹米诺港(Kozmino)开始出口原油,年出口石油 1 500 万吨。第二阶段管道建设已经开始,将于 2014 年正式开通,解释管道原油出口量将达到每年 5 000 万吨,合每天 100 万吨。

(2)天然气问题。俄罗斯天然气产量在 2008 年为 6 640 亿立方米,2030 年预计达到 8 800 亿—9 400 亿立方米,增幅高达 33%—42%。届时,俄罗斯西西伯利亚北部的纳德姆·普尔·塔兹(Nadym-Pur-Taz)地区天然气产量比重将降至 40%,亚马尔半岛地区(Yamal Peninsula)和巴伦支海(Barents Sea)的什托克曼(Shtokman)气田的比重将分别升至 30% 和 5%。在液化天然气方面,该战略液化天然气的出口量在 2030 年将占天然气出口总量的 14%—15%。俄罗斯正在施行摩尔曼斯克液化天然气项目,试图通过 600 千米长的海底天然气管道将巴伦支海的天然气液化后出口到北美、欧洲、东亚等地区。在天然气管道建设方面,俄罗斯于 2010 年 4 月开始修建的经波罗的海直接通往德国的北溪(Nord Stream)天然气管道将在 2012 年底之前建

---

① 参见孙永祥:《俄罗斯〈2030 年前能源战略〉初探与启示》,载《当代石油石化》2009 年第 9 期,第 10—11 页。

② 参见列春:《俄罗斯酝酿"能源革命"》,载《工程机械》2010 年第 1 期,第 77 页。

成其第一管线,其年输送量将达到 275 亿立方米;2013 年第二管线建成之后,其年供应量将达到 550 亿立方米。通往南欧的纳布科(Nabucco)天然气管道和通往东北亚的哈巴罗夫斯克(伯力)—符拉迪沃斯托克(海参崴)天然气管道等新管线工程也将修建完成。

(3)伴生气问题。伴生气,通常指与石油共生的天然气。按有机成烃的生油理论,有机质演化可生成液态烃与气态烃。气态烃或溶解于液态烃中,或呈气顶状态存在于油气藏的上部。这两种气态烃均称为油田伴生气或伴生气。从采油工作角度考虑,指开采油田或油藏时采出的天然气。《俄罗斯 2030 年前能源战略》鼓励提高伴生气的利用效率,指出了东西伯利亚地区油田的伴生气含量较高这一特征,阐明了伴生气有效利用的必要性。俄罗斯要求从 2012 年起伴生气的有效利用率要达到 95%。[1]

(4)能源节约问题。该战略本着能源安全、经济效益、能源效率等原则,继续降低单位 GDP 能耗,成倍增加能源服务设施数量,逐年降低能源企业能耗,降低锅炉单耗,使 2030 年后每年节省的能源资源数量维持在 3 亿吨标准油当量/年。[2] 此外,该战略还规定了有关能源发展的其他问题。例如,俄罗斯准备采取综合性措施在东西伯利亚和远东地区发展油气资源化学工业,国家支持发展清洁煤和煤炭深加工技术;俄罗斯要准备不断扩充和吸引专业人员,保障他们在复杂自然环境下的从业条件,依靠并动员社会基层组织系统,包括采用轮岗制度;预计在 2020 年前,俄罗斯将开发其北方领土以及北极海域的碳氢化合物能源等。[3]

俄罗斯为实现《俄罗斯 2030 年前能源战略》,对其国内能源政策、地区能源政策与对外能源政策进行了适当的调整。

(1)在国内能源政策方面,为了实现国内能源市场发展的战略目标,俄罗斯能源部门面临的主要任务包括:完善国家对能源部门自然垄断的调控机制;建立并发展本国各种类型能源的市场化交易体系;健全开放性的能源基础设施体系;在国内能源市场形成高效和稳定的税率与价格构成体系,它应有助于提高能源市场的竞争力、能效及节能水平。根据《俄罗斯 2030 年前能源战略》的规定,将借助以下国家能源政策措施和机制促进上述目标的实

---

① 参见[日]本村真澄:《俄罗斯 2030 年前能源战略——实现的可能性和不确定性》,载《俄罗斯研究》2010 年第 3 期,第 55—68 页。

② 参见孙永祥:《俄罗斯〈2030 年前能源战略〉初探与启示》,载《当代石油石化》2009 年第 9 期,第 9 页。

③ 参见陈小沁:《俄罗斯东部地区能源产业的发展现状与前景》,载《俄罗斯中亚东欧市场》2011 年第 8 期,第 22—24 页。

现:①在能源基础设施的使用办法方面,限制霸王条款和技术垄断,为所有市场参与者提供透明和公正的立法保障,从严制定反垄断立法,建立完整的能源市场监管系统;②鼓励私营公司参与能源交易,并将交易结果作为俄罗斯整个能源定价体系的指标;③在放宽国家对自然垄断产品价格调控政策的同时,取消所有层次的交叉补贴;④逐步开放主要类型的国内能源市场(天然气、电力、热能),鼓励签订长期的能源供应合同。

(2)在地区能源政策方面,为了实现地区能源政策的战略目标,俄罗斯联邦政府需解决的主要问题包括:在依法划分权限的基础上完善联邦中央执行机关、联邦主体执行机关和地方自治机关之间的相互关系;国家支持发展地区间和地区内的能源基础设施建设;对国家和地区的大型能源项目(如东西伯利亚和远东、亚马尔半岛、北极海域的能源资源开发)实施商业性开发;鼓励各地区能源的综合协调发展。针对上述问题,该战略拟采取以下国家能源政策措施与机制:①依法划分各级机关的权限和责任范围,完善能源生产行业的收入分配体系,提高透明度;②取消电力领域的交叉补贴;③发展地区间和地区内的能源运输管线,修建各种类型的能源基础设施,促进高能耗(资源型)和高能效(创新型)生产企业的发展;④制定和实施地区能源规划与地区节能规划,使地方动力资源利用的经济效能最大化,发展经济、高效的分散化和个性化的供热体系。

(3)在对外能源政策方面,鉴于能源问题的全球性及其日益明显的政治化倾向以及客观上俄罗斯燃料能源综合体在世界能源体系中的重要地位,作为在世界能源贸易体系当中占有主导地位的国家之一,俄罗斯将积极参与能源生产和供应的国际合作,保证进一步提高所有主要类型的能源及其加工产品的生产效率,扩大包括能源技术在内的出口规模。为了实现对外能源政策的战略目标,新战略针对上述问题提出以下对策性建议:俄罗斯能源部门应力争在世界能源市场的现行体系中反映俄罗斯的国家利益,并保障系统运行的可预见性和稳定发展;实现能源出口市场和产品出口结构的多元化;保证能源市场的稳定,包括俄罗斯主要能源出口产品的有效需求和合理价格;巩固俄罗斯主要能源公司在海外市场的地位;保证对在俄罗斯实施的高风险的复杂草案提供有效的国际协作。[①]

作为能源战略的配套措施,近年俄罗斯政府还陆续出台了一系列规划性文件,为东部地区的能源发展制定了具体细则。这些文件包括:《2025 年

---

① 参见陈小沁:《解析〈2030 年前俄罗斯能源战略〉》,载《国际石油经济》2010 年第 10 期,第42—44 页。

前远东和贝加尔地区的社会经济发展战略》《2030 年前东西伯利亚和远东能源综合体发展战略》《东西伯利亚和远东地区的石油加工设施发展规划》《在东西伯利亚和远东地区建设天然气开采、运输、供应统一系统及向中国和亚太地区其他国家出口天然气的规划》等。[①]

3. 俄罗斯《能源综合体现代化改造计划》

2011 年 10 月 24 日，俄罗斯能源部长宣布在未来 5—10 年中，必须大力推动俄罗斯能源综合体现代化改造升级。在电力方面，未来 10 年俄罗斯将投入 1 000 亿—1 200 亿美元进行全面改造升级。在石油加工领域，未来 5 年预计投入 200 亿—250 亿美元提高石油加工水平。通过加大石油深加工力度，俄罗斯今后将避免出现燃油短缺情况。在天然气领域，通过俄罗斯天然气巨头、俄罗斯天然气工业股份公司投资规划，俄罗斯将在西伯利亚和远东地区建立现代天然气运输系统，推动实施天然气出口多元化战略。俄罗斯欢迎外国投资者进入能源领域，愿与外方就该领域合作事宜开展对话。以上内容被称为俄罗斯《能源综合体现代化改造计划》。能源行业被称为俄罗斯经济命脉，截止到 2011 年，俄罗斯预算收入的近一半来自能源出口。但是，俄罗斯能源行业基础设施老化严重，深加工水平落后，能源利用效率低，俄罗斯此项计划旨在推动该行业现代化改造。[②]

4. 俄罗斯《能源出口路线图》

俄罗斯重视能源出口对本国经济发展的促进作用。按照原有的能源出口通道布局，俄罗斯通过全长 6 000 千米的"友谊"管道经过白俄罗斯向欧洲输送石油，利用全长 5 800 千米的"亚马尔—欧洲"天然气管道以及多条经过乌克兰的天然气管道将俄罗斯生产的天然气输往欧洲。这些管道一方面因经过长期使用、年久失修存在安全隐患，另一方面由于供气量有限难以满足未来欧洲市场的需求。在东北亚地区，俄罗斯将主要依靠正在修建中的"东西伯利亚—太平洋"管线向太平洋沿岸国家出口石油。受全球能源需求的不断增加等诸多因素影响，俄罗斯计划并开始实施新的能源出口路线图，完善自身能源出口通道布局。2011 年，俄罗斯宣布实施新的《能源出口路线图》。

俄罗斯将通过新建的北溪和南溪天然气管道提升对欧洲国家的供气能力。俄罗斯将凭借北溪天然气管道直接进入欧洲市场。北溪天然气管道一期工程完工后，年供气能力可达 275 亿立方米。2012 年管道全线建成后，年

---

①　参见陈小沁：《俄罗斯东部能源发展战略》，载《国际资料信息》2011 年第 6 期，第 2 页。

②　参见刘恺：《俄罗斯能源部长呼吁推动能源综合体现代化改造》，http://news. xinhuanet. com/world/2011-10/25/c_111122428. htm,2012-05-06。

供气能力将提升至 550 亿立方米,俄罗斯有望通过德国向英国、法国、波兰和捷克等国输送天然气。南溪天然气管道项目由俄罗斯天然气工业股份公司和意大利埃尼公司共同发起,旨在把西伯利亚的天然气输送到西欧,预计耗资 100 亿欧元,将贯穿斯洛文尼亚,经过黑海,并计划横穿保加利亚、塞尔维亚、匈牙利、希腊、奥地利以及意大利。在东北亚地区,俄罗斯天然气工业股份公司与日本财团远东天然气公司在 2011 年上半年签署协议,就修建天然气液化工厂和天然气化工综合体项目共同开展经济技术可行性研究。如该项目在 2017 年建成,可每年分别向日本和韩国供应 700 万吨和 300 万吨液化天然气,与之配套的天然气管道将于 2012 年底之前建成。该管线于 2006年 4 月决定建立,除用于保障俄罗斯远东州区天然气供应外,同时考虑出口亚太国家的可能性。2011 年 8 月下旬,俄罗斯和朝鲜就修建天然气管道达成了一致。俄罗斯计划修建一条过境朝鲜向韩国输送天然气的管道,该管道全长约 1 100 千米,其中大约 700 千米在朝鲜境内,建成后每年可向朝鲜、韩国出口 100 亿立方米天然气。长远来看,国际能源需求仍将不断上升,能源贸易规模将持续扩大。尽量避免包括政治因素在内的各种因素影响,实现稳定可靠的能源出口对俄罗斯有着重要的意义。专家指出,随着俄罗斯对欧洲、亚太地区能源出口管线建设的不断推进以及北极区域能源开发的展开,俄罗斯对外能源出口布局正在逐步完善,在国际能源市场上的地位将因此而更加巩固。[①]

5. 俄罗斯开发东部地区能源的相关政策

俄罗斯东部地区经济条件相对落后,但能源资源非常丰富。俄罗斯东部地区石油储量和天然气储量居世界前列,森林资源和矿产资源极为丰富,但由于设备老化、技术装备落后、开采程度低、加工能力薄弱、经济效益差,落后于世界先进水平。[②] 21 世纪以来,俄罗斯积极调整区域经济政策,政策上逐步向东部地区的开发上倾斜,而能源开发则是俄罗斯开发东部地区的重点。俄罗斯与能源相关的东部区域发展政策主要包括以下几个方面。

(1)《西伯利亚经济社会发展纲要》。该纲要有 2002 年和 2005 年两个版本。2002 年《西伯利亚经济社会发展纲要》中与能源相关的经济政策主要有:在能源储量丰富的地区加强能源矿物原料基地的建设和改造,充分发挥其在地区经济结构中的主导作用;发展以高新技术为主体的运输成本较低

---

① 参见廖伟径:《俄罗斯实施新能源出口路线图》,http://www.china5e.com/show.php? contentid=193918,2012-05-06。

② 参见葛新蓉:《俄罗斯区域经济政策与东部地区经济发展的实证研究》,黑龙江大学出版社 2010 年版,第 119 页。

的能源工业产业,发展能源运输设施;允许西伯利亚地方政府的权力机关在宪法允许的范围内通过加强立法的方式来改善能源投资环境。2005年《西伯利亚经济社会发展纲要》对2002年《西伯利亚经济社会发展纲要》进行了重新修订和完善,主要指出了俄罗斯2008—2015年西伯利亚经济发展的主要方向。其中与能源相关的政策主要有:提高能源资源的利用效率;积极利用现有的、有着较高发展水平的能源科技创新资源;提高东部工业较为发达地区的能源生产能力;完善西伯利亚交通设施,提高能源产品的运输能力;发展边境地区的国际能源合作和地区间协作。该纲要还包括《2020年前西伯利亚发展战略项目》,这些项目主要包括:科技创新产业项目;经济特区项目;石油开采业、天然气开采业和管道运输业相关项目;煤炭开采和煤炭化工业相关项目;水电、核电和热电项目;石油加工业、油气化工业和氦工业相关项目;北方海路、铁路和公路建设项目;航空业和多模型交通运输枢纽项目等。[①] 而其所有项目均与俄罗斯西伯利亚地区的能源开发与利用相关。

(2)《西伯利亚行动纲领》。俄罗斯还制定了《西伯利亚行动纲领》,该纲领预计未来俄罗斯东部地区经济发展将有三个增长点:石油天然气开采综合体、电力能源综合体和能源运输综合体。为了鼓励俄罗斯东部地区石油天然气开采综合体的发展。

俄罗斯东西伯利亚和远东地区石油储量超过150亿吨,占俄罗斯石油资源的18%以上,已探明储量超过12亿吨。该地区天然气储量超过54万亿立方米,约占俄罗斯天然气总储量的21%,已探明天然气储量4.9万亿立方米,约占全国总量的10%。在开采前景方面,俄罗斯东西伯利亚和远东地区天然气资源的勘探量分别占8.6%和11.3%,开采前景广阔。该地区凝析油初始资源总量约为33亿吨,已探明的储量为2.2亿吨,勘探量分别为6.3%和7.9%。俄罗斯计划在东西伯利亚和远东地区形成新的石油天然气开采和加工中心。预计到2015年,东西伯利亚和远东地区石油开采量将增长到7 500万吨,2020年将达到9 500万吨,2030年将达到1.12亿吨;预计到2015年,东西伯利亚和远东地区的天然气开采总量将达到550亿立方米,2020年将达到1 580亿立方米,2030年将超过2 300亿立方米;预计到2015年,东西伯利亚和远东地区与天然气气田相关的凝析油开采量将达到350万吨,2020年达到1 050万吨,2030年将达到1 180万吨。[②]

---

① 参见葛新蓉:《俄罗斯区域经济政策与东部地区经济发展的实证研究》,黑龙江大学出版社2010年版,第136—138页。

② 参见葛新蓉:《俄罗斯区域经济政策与东部地区经济发展的实证研究》,黑龙江大学出版社2010年版,第149—155页。

第二节　俄罗斯常规能源法制

一、俄罗斯油气资源法制

（一）俄罗斯油气资源规划

1. 俄罗斯 2020 年前石油行业发展总体规划

该规划由俄罗斯能源部起草，主要内容包括油田及凝析油田的地质勘探、开发、地面设施建设、油田伴生气处理、原油加工、原油及成品油销售、原油及成品油管道运输等。该规划最核心的问题主要有：如何确定合适的原油开采量以平衡行业发展效益与政府预算收入；如何确定合适的原油加工量以确保国家经济收益的最大化；如何发展基础运输设施以保障原油和成品油的国内及出口运输。预计在 2020 年以前，俄罗斯将投资 8.643 万亿卢布，钻探运行井 51 333 座，建设原油输送管道 4 574 千米，建设成品油输送管道 2 918 千米建设输油站 67 座，投产加氢液化装置 10 座。俄罗斯预计到 2020 年，原油开采税收收入达 11 500 亿卢布，原油加工税收收入 3 800 亿卢布。

该规划设计了 3 个原油开采方案：（1）现状方案：税收体制不变，原油开采量逐年下降，到 2020 年将下降到 3.95 亿吨。2010—2020 年俄罗斯将开采原油共计 49.62 亿吨，预算收入 14 700 亿美元，折现预算收入（折现率 12.3%）9 800 亿美元，每桶原油收入中政府收入将占 70%。

（2）最大开采量方案：在最优惠的税收体制下（仅保留企业利润税），原油年开采量最高可达 5.7 亿吨，到 2020 年将下降至 5.47 亿吨。2010—2020 年俄罗斯将开采原油共计 59.4 亿吨，预算收入 5 900 亿美元，折现预算收入（折现率 12.3%）4 110 亿美元，每桶原油收入中政府收入将占 21%。

（3）目标方案：税收体制进行调整，政府和投资者之间进行合理的收入分配，在 2010 年的投资和勘探水平下，到 2020 年实现原油稳产在 5.01 亿—5.05 亿吨/年。2010—2020 年俄罗斯将开采原油共计 55.49 亿吨，预算收入 15 300 亿美元，折现预算收入（折现率 12.3%）10 310 亿美元，每桶原油收入中政府收入将占 65%。

该规划还设计了 3 个原油加工方案：（1）现状方案：依据 2010 年各大炼厂的发展计划，未来将新购加氢裂化、催化裂化等生产装置。炼油商将在 2010—2020 年投资 11.63 亿卢布，以便使俄罗斯石油行业实现以下目标：一次原油加工量由 2009 年的 2.36 亿吨增加到 2020 年的 2.72 亿吨；加氢裂化能力从 2009 年的 800 万吨/年提高到 2020 年的 5 300 万吨/年；重整能力从 2009 年的 2 500 万吨/年提高到 2020 年的 2 800 万吨/年；催化裂化能力由 2009 年的 1 900 万吨/年增加到 2020 年的 3 200 万吨/年；减黏裂化能力从 2009 年的 1 200 万吨/年增加到 2020 年的 1 600 万吨/年；汽油产量从 2009 年的 3 600 万吨增长到 2020 年的 5 200 万吨；汽油出口量从 2009 年的 500 万吨增加到 2020 年的 1 100 万吨；煤油产量由 2009 年的 900 万吨增加到 2020 年的 2 400 万吨；煤油出口量由 2009 年的 200 万吨增长到 2020 年的 1 300万吨；柴油产量从 2009 年的 6 800 万吨增长到 2020 年的 9 900 万吨；柴油出口量由 2009 年的 3 900 万吨增长到 2020 年的 5 400 万吨；燃料油产量由 2009 年的 6 900 万吨下降到 2020 年的 2 900 万吨；燃料油出口量由 2009 年的 5 400 万吨下降到 2020 年的 1 600 万吨。

(2)最小目标方案。该方案不考虑各大炼厂的发展规划及其已经投资的具体费用,仅以满足国内汽油需求和实现最低出口量为依据。该方案预计到 2020 年,俄罗斯原油加工量为 2.05 亿吨,其中汽油只有极少部分用于出口;柴油出口量下降至 1 900 万吨,达到 2009 年的 48.7%;燃料油出口量下降到 2 000 万吨,达到 2009 年的 37%。为实现这一方案,炼油商将在 2010—2020 年投资 4.2 亿卢布。

(3)目标方案。该法案考虑到已规划建设的炼厂以及炼厂的开工情况等具体因素,预计 2020 年原油加工量将达到 2.3 亿—2.4 亿吨,为此炼油商将在 2010—2020 年投资 7.8 亿卢布。

该规划在事实上已经修改了俄罗斯于 2008 年 2 月制定的《关于车用汽油、航空汽油、柴油、船用燃料、喷气燃料和燃料油要求的技术规定》。该规定要求俄罗斯的相关油料要在 2008 年 12 月 31 日前达到欧Ⅱ标准,在 2009 年 12 月 31 日前达到欧Ⅲ标准,在 2012 年 12 月 31 日前达到欧Ⅳ标准。《俄罗斯 2020 年前石油行业发展总体规划》将强制生产欧Ⅱ、欧Ⅲ、欧Ⅳ标准期限在原计划的基础上推迟了 2 年。[①]

2. 俄罗斯东部天然气规划

俄罗斯《在东西伯利亚和远东地区建设天然气开采、运输、供应统一系统及向中国和亚太地区其他国家出口天然气的规划》,简称《东部天然气规划》。该规划实施的主旨是在该地区建成效益良好的天然气工业并在此基

---

① 参见岳小文:《〈俄罗斯 2020 年前石油行业发展总体纲要〉草案概述》,载《国际石油经济》2010 年第 11 期,第 6—11 页。

础上为该地区高速度的经济社会发展和从质量上提高居民生活水准创造条件。① 该规划发端于 2001 年,当时的俄罗斯天然气工业股份公司(Gazprom)制定了一份有关俄罗斯东部开发的文件引起了俄罗斯政府的注意。2002 年 7 月,俄罗斯政府责令能源部与俄罗斯天然气工业股份公司一道制定关于东西伯利亚和远东地区天然气开发的规划草案。2003 年 3 月 12 日,规划草案被提交到政府。2004 年 8 月,俄罗斯专门成立了政府工作组,对该草案进行了彻底修改。2005 年 2 月,新的规划草案拟定了 3 个备选方案。2006 年初,该规划草案提交有关部门审议,遭到了一些中央部门和地方政府的批评,联邦政府要求对这一规划进行进一步修改。2007 年初,新的《东部天然气规划》被再次提交给联邦政府。该规划一共拟定了 15 个开发方案。② 2007 年 9 月,俄罗斯政府正式批准了《东部天然气规划》。该规划的首要任务之一是建立远东天然气运输系统,而萨哈林和雅库特两个天然气开采中心将成为该系统的供应基地。萨哈林天然气开采中心是以大陆架上的碳氢化合物原料为生产基地的,开发具体包括"萨哈林 1 号"、"萨哈林 2 号"和"萨哈林 3 号"等开发计划。俄罗斯境内的第一个液化天然气加工厂就是"萨哈林 2 号"计划的重要成果,而中国石油化工集团公司则参与了"萨哈林 3 号"的勘探项目,拥有该项目中韦宁区块开发项目 25.1% 的股份。至于雅库特的天然气开发草案,它以恰扬金斯克凝析油气田的开发为主线。③ 根据 2007 年 11 月 28 日通过的俄罗斯联邦政府令,俄罗斯恰扬金斯克凝析油气田被列入对俄罗斯联邦天然气供应具有战略意义的产区,即联邦战略储备产区。按照俄罗斯联邦政府 2008 年 4 月 16 日的决议,恰扬金斯克产区的开采许可证已于 2008 年 9 月 2 日发放给俄罗斯天然气工业股份有限公司。

该规划的主要内容有:建设萨哈林、萨哈(雅库特)自治共和国、伊尔库茨克和克拉斯诺亚尔斯克共计 4 个天然气开采中心,同步建设天然气加工厂。萨哈林天然气开采中心将保证哈巴罗夫斯克(伯力)和滨海边区以及犹太自治州和萨哈林岛(库页岛)天然气的供应。此外还可以液化气或管道气的形式向中国出口。雅库特天然气开采中心生产的天然气预计主要用于气化萨哈(雅库特)自治共和国南部地区和阿穆尔州以及通过管道出口至亚太国家。伊尔库茨克天然气开采中心主要油气田的天然气,计划将供应伊尔库茨克州及赤塔州、布里亚特共和国和犹太自治州部分地区的需求者。克

① 参见宋魁:《俄罗斯能源战略的亚太取向》,载《中国市场》2010 年第 50 期,第 76 页。
② 参见岳小文:《俄罗斯的〈东部天然气规划〉》,载《国际石油经济》2007 年第 8 期,第 55—57 页。
③ 参见陈小沁:《俄罗斯远东天然气工业的发展前景》,载《俄罗斯中亚东欧市场》2009 年第 12 期,第 13—15 页。

拉斯诺亚尔斯克天然气开采中心的天然气拟用于气化克拉斯诺亚尔斯克边区以及供应俄罗斯统一供气系统。俄罗斯天然气工业股份公司是实施《东部天然气规划》的协调者，即该公司要负责建立输气主干线系统及同步加入开采天然气工程。现在该公司正在进行气化伊尔库茨克州的工作，萨哈林州和哈巴罗夫斯克边疆区的气化工作也将很快展开。此外，该公司还计划为把天然气从萨哈林岛（库页岛）引向滨海边区而铺设哈巴罗夫斯克（伯力）—符拉迪沃斯托克（海参崴）输气管道。这条输气主干线还计划连接到中国。《东部天然气规划》预计，东西伯利亚和远东将采用最现代化的技术开发油气田，并在每个新的天然气开采中心建立大型天然气加工和天然气化工综合体。政府将在地下资源使用者竞争的基础上加以分配，得到资源开发使用权的公司将有保障地在那里从事天然气加工和天然气化工生产以及大规模气化邻近地区。预计俄罗斯实施《东部天然气规划》需花费 2.4 万亿卢布（约 1 000 亿美元），因此，政府需给地下资源使用者税收优惠并采取措施促进能源保护，而建立天然气加工厂需要同外国资本进行合作。[①]

（二）俄罗斯油气资源开采制度

俄罗斯历来重视包括油气资源在内的矿产资源立法工作，主要联邦法律包括《矿产法》、《大陆架法》、《产品分割协议法》、《矿物原料基地再生产的提成率法》等。俄罗斯还颁行了大量相关的总统命令和政府决议，如制定于 1992 年并于 2005 年最终修改的俄罗斯联邦《有关地下矿藏的法令》。俄罗斯联邦内部的联邦主体也大多进行了自己的油气资源专门立法，从而形成了从中央到地方的法制有机整体。

起初，俄罗斯油气资源开采许可证由联邦自然资源部以及相关的联邦国家权力机关负责颁发。2006 年的新《矿产法》则从根本上限制了地方权力机关相关的许可职能。该法更为明确地划分了联邦、联邦主体和地方三级行政主体在矿产资源管理领域的各自权限和职责，以便避免越权行为、重复审批，减少纠纷。加强了对探矿权、采矿权的管理，规定了外国公民、无国籍人、外国法人和国际组织不能成为俄罗斯矿产资源的使用者。对大陆架上的油气资源进行开发，则须按照《大陆架法》的规定，联邦权力执行机构具体负责，俄罗斯或外国投资人凡符合相关条件，都可以通过投标和拍卖的方式实施相关的活动。[②]

---

① 参见孙永祥：《俄罗斯开始关注天然气加工与化工生产——俄罗斯〈东部天然气规划〉解读》，载《天然气技术》2008 年第 1 期，第 12—14 页。

② 参见顾海兵、姚佳、张越：《俄罗斯国家经济安全法律体系的分析》，载《湖南社会科学》2009 年第 3 期，第 54 页。

俄罗斯联邦《产品分割协议法》则是一部调节国内外投资者在俄罗斯联邦境内为寻找、勘探和开采矿物资源而进行的投资活动及其相关活动的联邦法,该法极大地简化了投资者与俄罗斯联邦国家之间的相互关系,特别在税收方面,征税基本上被按协议条款分割产品所取代。取得租让权的外国投资者可以自主编制开发计划,使用自己的资金、技术和设备开采所承租的自然资源,而且多采多得。在协议有效期内,投资者可免缴,除利润税、资源使用税、俄罗斯籍雇员的社会医疗保险费和俄罗斯居民国家就业基金费之外的其他各种税费,从而减少与租让地地方政府发生关系,在很大程度上避免了俄罗斯政策多变而带来的风险,真正获得较为自由宽松的投资环境和享受各种税收优惠。[①]

俄罗斯联邦《有关地下矿藏的法令》则详细规定了包括油气资源在内的矿藏的合理利用和保护、对矿藏利用的国家调解、矿藏利用的支付条款、违法责任、国际合作等问题。该法令制定于 1992 年 2 月 21 日,其后又经过 10余次修改。[②] 该法令规定,在俄罗斯,采矿既可在地质研究过程中,也可在完成后进行。矿藏使用人根据许可证,有权在采矿用地范围内进行矿藏的利用。矿区使用许可证,在国家登记或在产品分成协议生效之日起,矿藏使用人的权利和义务即可生效。该许可证规定了许可证的意义、内容、矿区使用权的竞标和拍卖、国家许可证制度及组织保证、矿藏使用的反垄断规定、矿藏使用权的终止依据及程序、矿藏使用人的权利和义务等。矿区使用期,分为定期和无限期,取决于矿区使用的目的。定期矿区使用期包括:地质研究期限可达 5 年;采矿期限根据对矿藏合理利用和保护、开采完矿床的技术经济论证来确定;地下水开采期限可达 25 年;根据法令有关条款规定短期矿区使用权,采矿期仅为 1 年。无限期矿区使用期是指建设和使用与采矿无关的地下设施以及埋藏废料的地下设施,建设和使用油、气储库以及建立受特殊保护的地质体以及其他目的。根据矿藏使用人的要求,矿区使用期可以延长。在采用产品分成协议时,矿区使用期的延长按该协议的确定,从其矿藏使用许可证在国家登记之日起生效。俄罗斯联邦政府为对联邦内海、领海和大陆架矿区进行勘探和开发,根据竞标和拍卖做出决定;矿藏使用人用自有资金(包括引资)在联邦内海、领海和大陆架矿区进行地质研究实际发现了矿床的情况下,并且补偿了俄罗斯联邦政府矿区普查和评估的投入费用,俄罗斯联邦政府决定勘探和开发的矿床。俄罗斯联邦国家矿藏储备管理机

---

① 参见尹楠:《俄罗斯能源战略分析》,吉林大学 2007 年硕士学位论文,第 21 页。
② 参见薛慧、胡征钦:《俄罗斯石油法》,载《世界石油工业》2006 年第 3 期,第 36 页。

关决定对联邦内海、领海和大陆架矿区进行地质研究。俄罗斯联邦国家矿藏储备管理机关及联邦主体执行权力机关代表参加,负责审查矿区使用权审查委员会决定的对陆上矿区地质研究;此外,该委员会还可在陆上由矿藏使用人用自有资金(包括引资)发现了矿床时,并补偿了国家对矿区矿物普查和评估的投入费用情况下,决定的对矿床进行勘探和开采。矿区使用权的竞标或拍卖委员会决定对陆上矿区勘探和开采或地质研究、勘探和开采。俄罗斯联邦主体执行权力机关协同联邦的国家矿藏储备管理机关或其地区机关决定矿区采集矿物、古生物和其他地质资料。依据调节矿藏使用关系的俄罗斯联邦法律规定,进行矿区使用权的转移。矿区使用权的竞标和拍卖,由国家矿藏储备管理机关或其他地方机关,决定俄罗斯联邦主体内矿区使用权的竞标或拍卖、决定竞标和拍卖委员会的组成和工作程序、确定竞标和拍卖的条件和程序。而俄罗斯联邦内海、领海和大陆架矿区的竞标和拍卖应由俄罗斯联邦政府决定,竞标和拍卖结果在矿区使用权竞标和拍卖后30天内做出决定。

矿区使用权竞标的基本标准是:矿区地质研究和利用方案的科学技术水平、矿物的采收率,本地区社会经济发展的贡献,有关方案的实施期限,矿藏和环境保护的措施效果以及俄罗斯联邦的国家安全利益等。矿区使用权拍卖的主要标准是:获得矿区使用权一次性交纳的使用费数额。矿区使用权公开竞标只有一家参加而未能举行时,只要符合公开竞标条件,可以向竞标者颁发矿区使用权许可证。矿区使用权进行公开拍卖,至少提前45天,进行竞标至少提前90天,在国家矿藏储备管理机关或其地方机关指定的大众媒体上进行公告。国家许可证制度的组织保证,由国家矿藏储备管理机关或其地方机关负责。它的权力是:准备和确定矿藏使用项目和授予条件,保证国家许可证制度的运作。确定矿区的使用条件:负责矿区使用许可证办理手续、国家注册和发放,与俄罗斯联邦权力执行机关协同确定矿藏使用权申请的审查程序,规定使用矿区范围、数量和矿物最高储量。

矿藏使用的反垄断规定,国家权力机关和任何经营主体(矿藏使用人)如违反竞标或拍卖条件,限制法人和公民参加竞标或拍卖应被禁止或属于非法行为;违反规定不向中标者颁发许可证或违反采用产品分成协议不颁发许可证,属于违法行为;除法令和俄罗斯联邦法律规定的情况外,以直接谈判代替竞标和拍卖属非法行为;歧视那些与矿藏利用中占优势的经营主体相竞争的矿藏使用人,属于非法行为;运输和基础设施,禁止歧视矿藏使用人。该法令规定的矿藏使用费包括以下五项:①矿藏使用费。在许可证规定的某些事件出现时,支付一次性矿藏使用费,按开采单位年均设计能力计算,不少于矿物开采税额的 10％。而实际交纳税额按竞标或拍卖结果确定,并在矿藏使用许可证中加以确定;采用产品分成协议,纳税额按协议的规定。②矿藏地质信息费。使用俄罗斯联邦政府已有的地质信息,需支付由俄罗斯联邦政府规定的地质信息费。③矿藏利用的定期支付费。与矿藏使用有关的工作需定期支付费用。如区域地质研究、矿藏利用建立的特殊保护地质体、在投入工业开发的矿床上勘探、采矿区拨地范围内的勘探等。④竞标(拍卖)费。竞标费是申请竞标的条件之一,包括竞标的准备费、实施费、总结费和专家鉴定劳务费。⑤许可证发放费。包括许可证的准备费、手续费和注册费等。[①]

俄罗斯有专门的《天然气供应法》。该法为了满足国家队战略性资源的需求,对天然气供应领域中各种法律、经济和机构的关系进行了规范;对单一市场、价格政策的原则进行了规定。其主要内容包括天然气藏的使用、天然气供应系统的功能和开发、天然气供应中的经济关系、天然气供应反垄断规定、天然气供应系统安全等。[②]

(三)俄罗斯油气资源管道制度

虽然俄罗斯政府和议会已经采取了必要的措施,并通过了有关油气管道运输的法律,但其适用进展非常缓慢。俄罗斯政府早在 20 世纪 90 年代就开始起草有关油气管道方面的法律,并在最初的草案基础上修改了数百次。1999 年,俄罗斯国家杜马一读通过了该部法律,且杜马已经宣布该法律应当在 2004 年年底二读通过。但是考虑到俄罗斯过去的历史以及目前存在的政治和商业分歧,导致该法律的出台被进一步拖延。目前,俄罗斯正准备通过一个范围和内容都更加有限的法律文本。[③]

俄罗斯有着严格有序的油气管网规划。以天然气管网规划为例,俄罗斯天然气管网规划分为东部与西部两个部分,以东部为重点。俄罗斯东部天然气管网建设可以分为以下几个阶段。

1. 第一阶段(2005—2010 年)

俄罗斯开始建设东西伯利亚和远东的区域性天然气管网,包括伊尔库茨克、萨哈共和国西部及哈巴罗夫斯克边疆区的管网建设,促成并实施俄罗

---

① 参见国家发改委:《俄罗斯联邦有关地下矿藏的法令》,http://finance. sina. com. cn/roll/20060915/1347928354. shtml,2012-07-07。

② 参见吴辉然:《俄罗斯石油投资法律环境研究》,对外经济贸易大学 2009 年硕士学位论文,第 9 页。

③ 参见袁新华:《俄罗斯能源战略与外交实施的制约因素》,http://www. cssn. cn/news/150164. htm,2012-05-05。

斯到中国、日本、韩国的天然气管道项目;加快伊尔库茨克州天然气加工业和化工业的现代化程度,扩大生产能力,并在此地区开始发展氦工业;在萨哈林州南部建设液化天然气加工厂一期工程。此阶段俄罗斯还将建设以下几个资源基地,即科维克金凝析气田(伊尔库茨克州)、恰扬金凝析气田(雅库特)和萨哈林大陆架天然气田。在出口供应方面,如果要在 2010 年开始大规模从东西伯利亚和萨哈共和国出口天然气,还存在一定问题,因为到那时中国东北省份还无法进口如此规模的天然气(很可能因价格机制和销售条件因素延误实施该项目)。该阶段理论上通过管道供应的天然气出口量将达 300 亿立方米;萨哈林岛(库页岛)以液化天然气形式出口的天然气将达 50 亿—70 亿立方米。

2. 第二阶段(2010—2015 年)

俄罗斯继续形成东西伯利亚和俄罗斯远东的区域性天然气管网,与克拉斯诺亚尔斯克边疆区气田相连形成统一系统。建设伊尔库茨克州和雅库特、克拉斯诺亚尔斯克边疆区、雅库特中部及南部地区、贝加尔南部地区、阿穆尔州、滨海边疆区的管网系统。建设东西伯利亚—太平洋、东西伯利亚—中国东北、萨哈林—日本、萨哈林—朝鲜半岛天然气出口管道干线,在远东地区建设纳霍德卡第二液化天然气加工厂,建设萨哈林南部液化天然气加工厂二期工程。在开始从东西伯利亚、萨哈共和国大规模供气之前,应先完成现有设施的现代化改造,并增加新的天然气加工、天然气化工设施,建设氦气分离、利用、运输和储存设施。此阶段俄罗斯将建设以下资源基地:东西伯利亚天然气田、雅库特西部天然气田和萨哈林大陆架气田。在出口量方面,从东西伯利亚和萨哈共和国(雅库特)将每年出口天然气 500 亿—600 亿立方米,其中 400 亿—450 亿立方米通过管道出口,100 亿—150 亿立方米从纳霍德卡港以液化天然气形式出口,100 亿—150 亿立方米从萨哈林岛(库页岛)以液化天然气形式出口。

3. 第三阶段(2015—2020 年)

俄罗斯进一步发展东西伯利亚及远东地区区域性天然气管网。连接俄罗斯东、西部管道系统,完成东北亚全封闭区域性干线管网的建设。为了将东西伯利亚、西西伯利亚连接起来,应在 2016—2017 年修建普拉斯科科瓦—阿钦斯克—克拉斯诺亚尔斯克—伊尔库茨克天然气管道,其管径为 1 420 毫米,年输量为 300 亿立方米。此阶段重点建设的资源基地是:克拉斯诺亚尔斯克边疆区气田、雅库特中部及西部气田、萨哈林大陆架气田、西西伯利亚气田。在出口量方面,东西伯利亚、萨哈共和国(雅库特)和萨哈林将出口天然气 700 亿—900 亿立方米/年,其中 500 亿—600 亿立方米通过管道出口,

200 亿—300 亿立方米以液化天然气形式出口(纳霍德卡港和萨哈林各 100 亿—150 亿立方米)。从西西伯利亚向亚太地区的天然气年出口量为 200 亿—250 亿立方米。[①]

在流通管理方面,俄罗斯天然气工业股份公司下属的生产企业将产品输入干线管道,同意销售给各地区的分销公司,双方按照国家制定的批发价格结算;其他生产企业直接与各地区分销公司签订销售合同,也按照国家规定的批发价格结算,其产品输入俄罗斯天然气工业股份公司的干线管道,按国家规定的管输价格向天然气工业股份公司交纳管输费用。各联邦主体的天然气分销公司管理地区范围内的管线运输和天然气最终销售。它们在批发价格的基础上,按国家规定标准加价,然后出售给工业用户,按国家规定的零售价格销售给居民。[②]

在价格体制方面,根据俄罗斯联邦《自然垄断法》的规定,干线输油管道输油和干线输气管道输气属于自然垄断领域,应接受国家的调节。俄罗斯主要输油管道由俄罗斯石油运输股份有限公司(TRANSNEFT)负责垄断经营,俄罗斯能源委员会负责重新审查和批准该国有公司所属干线管道的石油运输价格。在确定干线管道原油运价时,采用计划费率收入作为主要的计算值和检查值。这里的计划费率收入是指受调节的石油管道运输单位为在调节期间进行正常的经营活动所必需的、在经济上经过论证的财政资金数额。当(实际输油量)为计划输油量时,费率收入等于计划费率收入。计划费率收入等于输油单位在计划输量下的总计花费用、输油单位的计划纯利润和法定税费之和。其中,各输油单位的计划纯利润等于输油盈利率基数乘以盈利率所得的积。盈利率由调节机构按批准收费标准(费率)期之前的季度末的固定生产资料的价值做出规定的。[③]

在管理机关方面,俄罗斯联邦工业和能源部下属的跨部门石油和天然气管道运输委员会负责油气资源管道运输系统受限时外运管道系统的准入。[④] 由于油气管网建设与环境息息相关,可能会对大气、水体和土壤造成污染和破坏。俄罗斯油气运输管道大多采用的是大直径钢管、科学深埋的

---

① 参见武冠军、张延萍:《俄罗斯东部天然气资源及天然气管网规划》,载《国际石油经济》2005 年第 4 期,第 53—54 页。

② 参见樊明武、李志学:《俄罗斯天然气价格形成机制及其对我国的启示》,载《生产力研究》2007 年第 22 期,第 98—99 页。

③ 参见张琦、高爱茹、徐强:《国外石油管道运输价格体系研究》,载《国际石油经济》2006 年第 7 期,第 25—26 页。

④ 参见顾海兵、姚佳、张越:《俄罗斯国家经济安全法律体系的分析》,载《湖南社会科学》2009 年第 3 期,第 54 页。

方式。如果在河床处、沙漠地带、永冻地带、海底、铁路沿线铺设油气管道，则还须执行更加严格的标准，以保护上述特殊地区的生态平衡。俄罗斯在油气管网建设过程中还要设立相应的地下储气（油）库，以保证削峰平谷、平稳供气。地下储气（油）库一般建设在枯竭的气（油）井或地下含水层处以及不可燃气体的气藏内。俄罗斯油气管网还建有加压站，以保证油气资源的顺利运输。俄罗斯对加压站排放口尾气标准、燃烧效率标准、烟囱高度均有具体的规定，尽可能减少加气站对环境所造成的副作用。为了防止噪声污染，俄罗斯一般将加压站设在低洼地带，在周边进行植树防噪，并设立隔音值班室加以控制。

（四）俄罗斯油气资源税制

俄罗斯的《税法典》、《联邦地下资源法》、《联邦大陆架法》以及《联邦专属经济区法》对石油的地矿资源勘探、开采、使用及环境保护工作、监测地质生态环境等相关税收问题做出详细规定。此外，俄罗斯还从 2002 年 1 月 1 日起开征新的矿产开采税，税收标准同世界市场价格联动；同时，俄罗斯对石油和石油产品及天然气征收出口关税，税率也同出口价格联动，经由税收杠杆提高财政收入。[1] 同年，俄罗斯自然资源部建立了专门工作组，着手制定与国际标准接轨的油气资源分级方案，为今后实施级差开采税奠定基础。[2] 之后，俄罗斯开始采取差的方式征收石油权益金，高于一定价格的收益，国家按 90％征收权益金。为应对金融危机对俄罗斯石油行业的冲击，保证原油产量，2009 年起俄罗斯将石油矿产开采税的起征点从 9 美元/桶提至 15 美元/桶。据俄罗斯财政部的测算，石油的矿产开采税的起征点提高后，石油公司每年可减少 1 000 亿卢布的税负。为鼓励对地质条件恶劣、效益低下的油田实施开发，俄罗斯还采取矿产开采税的免税期制度，以增加石油产量与公司利润率。[3]

在油气资源开采方面，俄罗斯现行的石油开采税公式为：石油开采税税率＝基础税率（政府确定）×国际原油价格系数（Cp）×各区块资源开采程度系数（Cw）。该公式中，国际原油价格系数（Cp）＝（乌拉尔原油平均价格－15）×俄罗斯央行确定的纳税期内美元对卢布的平均汇率/261。区块资源开采程度系数则分情况确立：当俄罗斯上年度国家矿产资源平衡表所确定的累计开采量（N）与该区块油气资源可采储量的最初值（V）的比值（此比值

---

[1]　参见刘晓风：《"金砖四国"石油税制比较研究》，载《财会研究》2011 年第 12 期，第 31—32 页。

[2]　参见赵秋艳：《俄罗斯石油新政》，载《中国石油企业》2006 年第 9 期，第 62 页。

[3]　参见刘晓风：《"金砖四国"石油税制比较研究》，载《财会研究》2011 年第 12 期，第 31—32 页。

被称为折耗率)介于 0.8 与 1 之间时,该区块资源开采程度系数＝3.8－3.5×折耗率。当折耗率大于 1 时,该区块资源开采程度系数为 0.3。当折耗率小于 0.8 时,该区块资源开采程度系数为 1。对于最初储量在 500 万吨以下且折耗率小于 0.05 的小油田,其区块资源开采程度系数＝0.125×该区块油气资源可采储量的最初值(V)＋0.375。关于基础税率的确定,根据俄罗斯 2010 年 12 月 7 日公布的《关于对俄罗斯联邦税法典第二部分 342 和 361 章节修改法》,俄罗斯 2011 年石油基础税率为 419 卢布/吨,天然气基础税率为 237 卢布/千立方米;2012 年石油基础税率为 446 卢布/吨,天然气税率为 251 卢布/千立方米;2013 年石油基础税率为 479 卢布/吨,天然气基础税率为 265 卢布/千立方米。对于特殊地区,俄罗斯采取税收优惠政策。例如,俄罗斯亚马尔半岛天然气资源丰富,但地质条件恶劣、地形复杂、资源开采难度大、开采设施运营成本高、投资开采风险大。为鼓励该地区天然气资源的开发与利用,俄罗斯政府实施了以下政策:①当用于生产液化气的天然气满足以下条件时,可适用零税率政策:一是天然气的累计开采量不超过 2 500 亿立方米,二是开发时间不超过 12 年。②当用于生产液化气的凝析气的累计开采量不超过 2 000 万吨时,可采用零税率。[①] 俄罗斯还针对油气公司征收公司所得税,征收对象是企业每一纳税年度的总收入总额减去准予扣除的项目后的余额。[②] 自 2009 年 1 月 1 日起,俄罗斯的公司所得税税率由原来的 24％下调为 20％。2012 年,俄罗斯石油企业的纳税基础由销售额变更为利润,以增加纳税透明度,提高企业经济效益。[③]

在油气资源关税方面,俄罗斯从 2008 年年底起将关税调整机制从过去的每两个月调整一次改为每月调整一次,以在市场变动中加强关税的灵活性。此举旨在减少石油生产商因油价下滑而遭受的原油出口损失。具体而言,俄罗斯原油出口税率根据乌拉尔原油每月 15 日至次月 14 日的平均价格确定:若当月乌拉尔原油价格小于 109.5 美元/吨,则原油出口税为 0;若乌拉尔原油价格介于 109.5 美元/吨到 146 美元/吨之间,则原油出口税为 35％×(实际价格－109.5);若乌拉尔原油价格介于 146 美元/吨到 182.5 美元/吨之间,则原油出口税为 12.78＋[45％×(实际价格－146)];若乌拉尔

---

① 参见江河:《2010 年俄罗斯石油税制改革回顾》,载《俄罗斯中亚东欧市场》2011 年第 5 期,第 21 页。

② 参见干卫星:《俄罗斯与原油相关的税收及其对石油公司利润的影响》,载《国际石油经济》2011 年第 1 期,第 111 页。

③ 参见江河:《2010 年俄罗斯石油税制改革回顾》,载《俄罗斯中亚东欧市场》2011 年第 5 期,第 21 页。

原油价格高于 182.5 美元/吨,则原油出口税为 29.2+[65％×(实际价格－182.5)]。俄罗斯还针对国内不同地区的实际情况制定不同的原油出口关税政策。2009 年 12 月,俄罗斯政府取消了 2013 年前东西伯利亚地区的原油出口税。但在 2010 年 7 月 1 日,俄罗斯政府恢复了上述地区的原油出口税:对油价每桶超过 50 美元的部分征收 45％的出口关税,并根据油价波动情况每月调整一次。当项目的内部收益率达到 15％时,企业将支付全额的石油出口税。此外,俄罗斯还于 2010 年 12 月 8 日起降低里海北部地区油田的原油出口税,计算公式与东西伯利亚地区原油出口税相同。[①] 2011 年,俄罗斯政府决定从 2011 年 10 月 1 日起开始,将原油出口关税确定为 60％。[②]

《俄罗斯 2030 年前能源战略》认为,尽管欧洲仍为俄罗斯油气出口的主要市场,但俄罗斯整个油气出口的增长将主要由东部市场的超前发展决定,因此打算通过相关税收激励举措,加快能源出口向东转移,增大向亚太地区出口油气的规模与速度。[③] 在成品油方面,俄罗斯于 2011 年 1 月 12 日颁布法案,决定从 2011 年 2 月 1 日起逐步提高重质油品出口税,降低轻质油品出口税。重质油品出口税将于 2011 年 2 月上调至原油出口税的 46.7％,2012 年起升至 52.9％;轻质油品(包括汽油等)出口税将于 2011 年 2 月下调至原油出口税的 67％,2012 年降至 64％。自 2013 年起,轻质和重质油品出口税将统一按照原油出口税的 60％征收。[④] 2011 年夏季,俄罗斯政府加快了税制改革进程,决定从 2011 年 10 月 1 日起开始,将成品油出口关税确定为 66％(该税率为成品油中轻质油和重质油出口关税税率的平均值)。俄罗斯政府还决定从 2011 年 5 月 1 日开始,汽油出口关税定为原油出口关税税率的 90％,柴油和煤油出口关税税率为原油出口关税税率的 66％,燃料油的出口关税税率为 66％。从 2015 年 1 月 1 日起,汽油、柴油、煤油的出口关税税率与 2011 年 10 月 1 日—2014 年 12 月 31 日的税率相同,保持不变,但燃料油的出口关税税率从 2015 年 1 月 1 日起将与原油出口关税税率相同。[⑤]

天然气出口是俄罗斯的重要经济工具与外交工具。2009 年 2 月,为了促进俄罗斯天然气的出口,缓解金融危机对实体经济的冲击,俄罗斯政府通

---

① 参见江河:《2010 年俄罗斯石油税制改革回顾》,载《俄罗斯中亚东欧市场》2011 年第 5 期,第 19—23 页。

② 参见夏启明、刘贵洲:《浅析俄罗斯新税制》,载《俄罗斯研究》2012 年第 1 期,第 92—93 页。

③ 参见刘晓凤:《"金砖四国"石油税制比较研究》,载《财会研究》2011 年第 12 期,第 32—33 页。

④ 参见江河:《2010 年俄罗斯石油税制改革回顾》,载《俄罗斯中亚东欧市场》2011 年第 5 期,第 19—20 页。

⑤ 参见夏启明、刘贵洲:《浅析俄罗斯新税制》,载《俄罗斯研究》2012 年第 1 期,第 93—95 页。

过了对东西伯利亚石油出口实行零关税的决议,并从当年 12 月 1 日起开始实施。该项措施一直执行到 2011 年。[1]

在石油税收收益分配方面,俄罗斯对开采石油的课税额规定了较为特殊的分配方法:80％上交中央政府,仅 20％给地方。在较为复杂的俄罗斯联邦主体中,石油税收依照如下比例分配:74.5％归联邦财政部门,20％归地方的州,而 5.5％归地方的州所在的共和国。同时,俄罗斯运用每月的石油和石油产品的出口关税、石油的矿产开采税及部分或全部上一年度的财政盈余建立国家稳定基金,以减少外部市场行情对俄罗斯经济的影响,保障经济平稳发展,促进石油产业结构的优化升级。[2]

俄罗斯还经常根据实际情况适时调整税收政策。例如在 2006 年,俄罗斯出台了一部法案,对新开发的油田,确保在开采许可证发布之后,至少 10 年内实行零税率的矿业开采税,在地质发展许可证发布之后,至少在 15 年内实行零税率的矿业开采税。这项措施将在陆地油田生产了 3 500 万吨石油,东西伯利亚油田生产了 2 500 万吨石油,亚马尔盆地的油田生产了 1 000 万吨石油之后停止执行。在油田的储量耗尽了 80％之后,将实行 0.3％的矿产开采税。[3] 综上所述,作为世界上重要的油气资源生产国和出口国,俄罗斯政府新一轮税制改革强化了油气资源部门税负与国际市场上油气资源价格之间的关联性,出口税、矿产开采税的增加或减少都与油气价格的高低相关。俄罗斯的油气资源税收政策也顺应了新税收体制改革的趋势,税收收益在各级政府间合理分配,降低相关油气资源税收税率,实行税收优惠政策,减轻油气公司税负,以保证俄罗斯石油的供求平衡。[4]

(五)俄罗斯油气资源市场规制

在油气资源投资方面,要想在俄罗斯进行油气资源投资首先要符合俄罗斯《联邦外国投资法》、《联邦大陆架法》及其相关油气资源法律的规定。俄罗斯联邦政府对油气资源投资进行的调控手段主要体现在以下三个方面:①在关系到国家和联邦主体能源安全的一些石油公司中控股,或是强制性地规定国家在其重大决策过程中拥有一票否决权;②国家适时制定并实施相关法律法规及油气政策,提高国家控股石油公司的整体实力和经济效

---

① 参见赵欣然:《关于俄罗斯对东西伯利亚石油出口实行零关税的几点思考》,载《西伯利亚研究》2010 年第 3 期,第 5—8 页。

② 参见刘晓凤:《"金砖四国"石油税制比较研究》,载《财会研究》2011 年第 12 期,第 31—32 页。

③ 参见《俄罗斯对勘探新石油天然气田引入税收减免法》,http://www.jsrq.com.cn/show-xinxi.asp? id=6175&typenew=％C8％BC％C6％F8％D0％C5％CF％A2,2012-05-04。

④ 参见刘晓凤:《"金砖四国"石油税制比较研究》,载《财会研究》2011 年第 12 期,第 33 页。

益,以实现对战略性油气资源完全由国家掌控(国有化)的目标;③通过许可证授予税收、价格、油气运输出口配额等经济和法律手段,对外商投资油气勘探开发活动进行间接控制。外国投资者因在俄罗斯境内开展投资和经营活动而引起的纠纷,依据俄罗斯签订的国际条约和联邦法律法规,通过俄罗斯法庭或俄罗斯仲裁机构或国际仲裁来解决。①

在油气资源市场秩序方面,俄罗斯联邦反垄断局负责执行能源领域的反垄断政策,并对相关行业进行调控(例如联邦反垄断局具有调控运输天然气产品的铁路部门活动的权力)。俄罗斯燃料动力部和俄罗斯经贸部共同决定石油、天然气的出口,与俄罗斯天然气工业股份公司等大型国有能源公司一起发布有关油气资源的经营规范。联邦能源委员会则主要负责调整石油、天然气的工业和民用批发价格、油气干线管道和地方管网的运费;调控和监督自然垄断主体的天然气管道运输活动;协调和平衡消费者和生产者的经济利益;鼓励新技术在生产中的应用;促进天然气开采和供应方面的竞争;发展俄罗斯内部石油、天然气市场。② 2004 年,俄罗斯总统颁布第 314 号总统令,由俄罗斯联邦价格局取代能源委员会,并将原来分散在联邦反垄断局和能源委员会手中的自然垄断价格规制职责统一起来。而地方能源委员会并没有被取消。③ 俄罗斯政府还采取了其他措施加强对能源行业的控制。其中包括对外国公司购买俄罗斯石油资产实行限制,禁止私人和国外资本参与俄罗斯干线石油管道建设,让俄罗斯天然气工业股份公司涉足俄罗斯电力行业,支持俄罗斯统一电力系统公司和俄罗斯天然气工业股份公司购买原苏联范围内的能源资产等。

在油气资源出口方面,俄罗斯《天然气出口法》规定,俄罗斯天然气出口业务将全部由国有公司或者国有控股公司承担,从而强化国家对石油天然气等战略性资源的控制力,同时赋予俄罗斯国有能源企业——俄罗斯天然气工业股份公司排他性出口天然气的权利,赋予天然气统一供应体系的所属单位或者其独资子公司出口天然气的专有权。该法还同时规定:除了俄罗斯最小型的油气田之外,外国公司不可获得俄罗斯油气田的控股权。④

---

①　参见解晓燕:《俄罗斯油气投资法律环境研究》,载《俄罗斯中亚东欧市场》2010 年第 11 期,第 42—43 页。

②　参见樊明武、李志学:《俄罗斯天然气价格形成机制及其对我国的启示》,载《生产力研究》2007 年第 22 期,第 98 页。

③　参见于彬、曲文轶:《中俄电力产业规制机构设置及影响因素比较研究》,载《俄罗斯研究》2011 年第 4 期,第 84 页。

④　参见顾海兵、姚佳、张越:《俄罗斯国家经济安全法律体系的分析》,载《湖南社会科学》2009 年第 3 期,第 54 页。

在价格方面,俄罗斯石油价格执行乌拉尔石油价格和列布特石油价格,以区别于西方的布伦特石油价格和纽约石油价格。长期以来,俄罗斯石油价格较低。随着俄罗斯能源在国际政治中的战略地位日趋显著,自 21 世纪以来,俄罗斯一直试图提高本国石油价格,以便与世界石油市场接轨。2011年 9 月,俄罗斯乌拉尔石油价格首次超过布伦特石油价格。[①] 而列布特石油价格早在 2008 年就已经突破了 100 美元。[②] 长期以来,俄罗斯一直试图改革现行的石油定价体系,而建立石油交易所则成为重要的手段之一。2007年,俄罗斯正式圈定在圣彼得堡建立俄罗斯石油交易所,并用卢布进行计算。该交易所从 2008 年开始交易活动。俄罗斯认为,由国外期货交易所决定俄罗斯的原油价格是一种不合理的做法,必须通过开通石油交易市场等措施,缩小俄罗斯原油与国际原油价格的剪刀差。[③] 俄罗斯国内天然气价格实行双轨制:独立石油公司采用市场价,随行就市,独立定价,俄罗斯天然气工业股份公司则执行政府调节价。为了稳定民心,支持经济发展,长期以来俄罗斯政府采取国内天然气低价政策,2008 年气价仅是欧洲市场价格的21.3%。为改变价格瓶颈,俄罗斯天然气工业股份公司积极推进国内价格与国际并轨,即按照欧洲价格的净回值制定国内天然气价格。

俄罗斯政府也意识到应当逐步提高国内天然气价格,并先后颁布了一系列相关决议:(1)2006 年 9 月,俄罗斯政府颁布决议,允许俄罗斯天然气工业股份公司和独立天然气生产商采用电子交易平台的形式自由销售少量天然气(非受控气价)。2007 年和 2008 年,俄罗斯天然气工业股份公司和其他独立生产商通过电子交易平台销售的天然气量分别为 70 亿立方米和 61 亿立方米,价格分别比受控气价平均高出 37% 和 38%。

(2)2007 年 5 月,俄罗斯政府颁布决议,对于 2007 年 7 月 1 日后首次与俄罗斯天然气工业股份公司签订购气协议的用户以及超过 2007 年合同规定气量的用户,允许购销双方在最高和最低气价范围内协商确定供气价格。最低价格由俄罗斯联邦费率局确定,最高价格则在受控气价的基础上逐年按比例提高,提高幅度:2007 年为 60%,2008 年为 50%,2009 年 1 月 1 日起为 40%,2009 年 7 月 1 日起为 30%,2010 年 1 月 1 日起为 20%,2010 年 7月 1 日起为 10%。2007 年和 2008 年,俄罗斯天然气工业股份公司在上述规

---

① 参见《俄产乌拉尔石油价格 15 年来首次超过北海布伦特油价》,http://finance.ifeng.com/roll/20110915/4598400.shtml,2012-05-05。

② 参见《俄罗斯列布科牌石油价格超过每桶 100 美元》,http://www.zejl.com/new_xx.asp?id=9880,2012-05-05。

③ 参见崔莱:《俄罗斯要建石油交易所》,载《中国石油报》2007 年 12 月 4 日(第 7 版)。

定范围内销售的天然气量分别为 62 亿立方米和 159 亿立方米,价格分别比受控气价平均高出 35％和 40％。

(3)2007 年 7 月,俄罗斯联邦价格局批准了《天然气批发价格公式规定》,要求从 2011 年开始,工业用户的天然气批发价格依据国内和国外销售同等收益的原则,按价格公式进行计算。这将大幅提高俄罗斯国内工业用户的天然气价格,但政府保留对居民用气的价格控制。① 从执行情况来看,俄罗斯国内天然气价格实际上涨幅度始终低于政府计划的水平。2010 年俄罗斯天然气工业股份公司建议,从 2011 年开始按照欧洲市场价格给予国内用户 40％的折扣,2012 年给予 30％的折扣,2013 年给予 10％的折扣,到 2015 年实现与欧洲价格的完全接轨。这已然高于了俄罗斯原来设定的每年提高 15％的计划。②

(六)俄罗斯油气资源储备制度

2008 年 9 月,俄罗斯能源部准备制定能够容许俄罗斯提高对世界油价影响力的政策和措施,其中包括调整石油产量预测指标,为此计划储备新油田,暂不开发,但必须保证具有在相当明确的期限内迅速投产的能力。2008 年 10 月 23 日,俄罗斯能源部政府正在研究国际经验和建立国家石油储备的可行性问题,计划建设国家石油储备库网络,在油价暴跌时将刚开采的石油储备起来,避免直接投向市场从而蒙受更大的损失。③ 2009 年 2 月 16 日,俄罗斯政府宣布俄罗斯计划储备或者向本国企业购买自产原油 1 600 万吨,在符合相应条件下将此部分石油转化为俄罗斯国家战略石油储备。④ 2011 年 4 月,俄罗斯多个地区汽油供应紧张,汽油价格不断攀升,消费者排队加油现象十分严重。为了打击投机和囤积居奇行为,俄罗斯大幅度上调汽油出口税,但情况并没有明显好转。2011 年 8 月,时任俄罗斯总理的普京提出了《关于建立国家石油储备的建议》。按照该建议,俄罗斯石油天然气公司将具体落实建立国家石油储备。该公司之后又与俄罗斯石油公司、卢克石油公司等 5 家俄罗斯最大的石油公司签署相关协议。⑤ 2011 年 12 月,俄罗斯

---

① 参见岳小文、吴浩筠:《俄罗斯国内天然气价格改革及其影响》,载《国际石油经济》2009 年第 12 期,第 48 页。

② 参见冯丹、刘克雨、白戈:《俄罗斯东部天然气规划的实施进展及中俄合作前景》,载《国际石油经济》2011 年第 3 期,第 40 页。

③ 参见《俄罗斯政府可能考虑建设国家石油储备库网络》,http://news.163.com/08/1024/12/4P177EBP000120GU.html,2012-05-05。

④ 参见姚钰珂:《俄罗斯拟建国家石油储备》,载《北京商报》2009 年 2 月 18 日(第 8 版)。

⑤ 参见邢册:《俄罗斯着手建立国家燃料储备》,http://www.tianshannet.cn/energy/content/2011-08/01/content_6034086.htm,2012-05-04。

能源部向俄罗斯联邦政府提交了一份关于稳定国内石油市场的议案,其中就包括建立国家石油储备基地的计划。该计划已经被政府专门负责燃料动力综合体相关事宜的委员会审核通过。在销售淡季,俄罗斯将通过储备基地储存大量的石油产品;销售旺季来临的时候,如果部分地区出现燃料不足现象,俄罗斯便将这些石油产品出售。[①] 2012 年初,俄罗斯政府再次开始认真研究国家战略石油储备,俄罗斯能源部计划兴建地下储油库,总储量为 1 500 万吨。俄罗斯试图通过建立石油储备库以便调控国内市场,控制俄罗斯石油出口规模,维护国家经济利益与能源安全。预计俄罗斯维持如此规模的石油储备,每年需要支出近 3 000 万美元。[②] 预计如果国际油价下跌,俄罗斯依靠石油储备最多能维持 1—2 年。[③] 在石油储备职能方面,俄罗斯政府开始是将储备石油的职能由政府转交给俄罗斯石油天然气公司,2011 年开始,俄罗斯又开始尝试将这项智能交还给俄罗斯国家储备局。[④]

(七)俄罗斯石油伴生气制度

鉴于对石油伴生气资源的重视,俄罗斯近些年来加大了对石油伴生气的开发与利用的具体规制。2009 年 2 月 12 日,俄罗斯政府召开了有关石油企业的会议,会议在提高伴生气利用效率的专题议程中提出,应优先发展方便进入天然气运输网络的干燥天然气项目、伴生气再加工项目以及可进入国家电网的伴生气发电项目。《俄罗斯 2030 年前能源战略》的优先部分——"能源的生态安全"明确提出,为伴生气高效利用制定了一系列措施,并指出了现实问题是石油伴生气的合理利用存在诸多障碍和问题。但对于如何排除这些障碍和解决这些问题,《俄罗斯 2030 年前能源战略》没有提出明确建议,仅对伴生气的利用提出了一个战略性的方向。2009 年 11 月 10 日,俄罗斯政府召开了有关石油伴生气的会议,会议通过了一项决议,指出必须采取严格的监督和处罚措施,以保证在 2012 年前俄罗斯石油开采中伴生气的有效利用率达到 95% 以上。2009 年 12 月,俄罗斯国家杜马审查了利用石油伴生气的法律草案,该草案鼓励将石油伴生气或石油伴生气再加工产品作为热电站的基本燃料。2010 年 2 月 15 日,俄罗斯能源部召开了回收利用石油

---

① 参见周乐:《俄罗斯能源部计划建立石油产品储备基地》,http://news.hexun.com/2011-12-19/136451821.html,2012-05-06。

② 参见《俄考虑建战略石油储备》,http://www.people.com.cn/h/2012/0114/c25408-1101270115.html,2012-05-06。

③ 参见《库德林:石油价格下跌俄国依靠储备最多可维持 2 年》,http://rusnews.cn/eguoxin-wen/eluosi_caijing/20120409/43401247.html,2012-05-04。

④ 参见盛悦:《俄罗斯:TNK-BP 公司开始储备石油产品》,http://info.yup.cn/ent/13700.jhtml,2012-04-05。

伴生气工作组会议,审查了高效利用石油伴生气的决议以及对伴生气的科学开采、利用方式以及采用专门设备的决议。2010 年 2 月 17 日,国家杜马二读通过了对《联邦电力法》第 32 条的修改。2010 年 2 月 26 日三读(即终读)通过法案,以石油伴生气或石油伴生气再加工产品为燃料的保障热电站生产的电力优先进入电力市场。为了高效回收和利用伴生气,俄罗斯政府规定对燃烧伴生气达到一定数量的公司进行罚款。21 世纪初,俄罗斯联邦环境保护、技术和原子能监督局向政府建议,将燃烧伴生气的罚款从每吨 50 卢布提高到 3 495 卢布。2008 年,俄罗斯自然资源部按俄罗斯联邦总统要求,制定了与伴生气排放、燃烧相关的规定,并第五次提高伴生气燃烧费用。俄罗斯政府规定,从 2009 年 1 月 1 日起,对已有区块产出的伴生气设定 15% 的排空燃烧上限,对新颁发许可证的区块则一般设定 5% 燃烧上限;从 2011 年起,对所有区块产出的伴生气统一设定 5% 的排空燃烧上限(后经石油公司争取,推迟到 2012 年执行)。超过限额的石油公司将受到处罚,处罚标准是每燃烧 1 000 立方米伴生气,最低罚款为 6 卢布,最高不超过 140 卢布。2009 年 1 月 8 日,俄罗斯通过了联邦政府第 7 号政府决议——《减少石油伴生气燃烧对大气污染的激励措施》,决定从 2012 年起燃烧的石油伴生气不能超过伴生气开采量的 5%,并对伴生气燃烧过程中释放的有害物质征收排放费用。[①]

二、俄罗斯煤炭资源法制

(一)俄罗斯煤炭制度改革

自苏联解体之后,俄罗斯试图在煤炭领域打破行政垄断。但由于当时该国经济结构调整,工业生产持续萎缩,煤炭产量持续下降。1996 年,随着国内政治经济形势的稳定,俄罗斯开始与世界银行进行合作,对煤炭工业进行改革。俄罗斯煤炭工业改革分为两个阶段:①第一阶段(1994—1997 年),俄罗斯开始出售国有股份,关闭落后煤矿,以便实现煤矿私有化。由于为失业人员提供社会保障的措施落后于煤矿关闭的进度,因而爆发了大规模的罢工和社会骚乱。②第二阶段从 1998 年开始,社会保障和关矿工作协调进行成为决策者考虑的重点。俄罗斯政府在能源部内部成立了一个专门机构,负责协调煤矿所有制改革所造成的副作用。为了保障原国有煤矿矿工的利益,俄罗斯建立了一个私人养老保险计划。该计划为处于退休年龄并

---

① 参见夏启明:《俄罗斯石油伴生气利用现状及其法律规制》,载《国际石油经济》2010 年第 6 期,第 44—45 页。

自愿离职的矿工提供终身补充养老金。这些补充养老金由企业向保险公司缴纳费用,保险公司再投资于证券市场而形成。每位矿工补充养老金的数额由各个采矿企业组建的特别委员会规定,并取决于工龄、个人生产能力、所获奖励等因素。特别委员会通常包括工会代表、企业管理人员和法律服务机构,并由工会和其他非政府组织进行管理。俄罗斯在因煤炭工业重组而估计失业率较高的地区,制订了地区发展和就业计划。这些计划的目的是帮助失业矿工转移到其他经济部门,它们包括职业培训课程、小型商业支持计划、临时社会工作以及为在煤炭行业以外创造工作机会提供资金。同时,俄罗斯建立了对伤残矿工进行保险支付的可靠机制。最初,这些资金由国家能源部资助的社会保险基金提供。最终,这项机制长期以来是通过煤矿企业提供经费实现的。

煤炭工业改革是基于联邦政府、地区管理机构和煤炭工业管理机构间社会合作的原则进行的,以便缓解这些机构因重组的严重影响而造成的社会和经济环境的不利影响。

世界银行积极参与了俄罗斯煤炭工业改革。在世界银行下属的国际重组与开发银行专家的合作和帮助下,俄罗斯的采矿工程师和科学家修改了改革战略。该战略被载入《俄罗斯煤炭工业改革重组要点指南》这一文件中。通过借鉴国际改革重组的经验,俄罗斯改革战略的核心是将经营状况良好的煤矿私有化,建立新的盈利企业,关闭亏损的及不安全的煤矿。同时还批准通过了一个关于煤炭工业有效重组和运行的法律框架。

截止到 2002 年,俄罗斯国营煤炭公司(Rosugol)彻底解散,煤矿实现了私有化。截止到 2006 年,俄罗斯有 77% 的国内煤炭产量来自独立的生产商。随着俄罗斯经济正常运行,这些煤炭企业可满足国内对廉价燃料的需求,而且颇有赢利。[①] 但是,市场化的一些负面效应也不时显现。例如,2012 年初,俄罗斯煤炭价格持续上涨。在不到一年的时间内,俄罗斯煤炭价格上涨了 15%—20%,甚至达到 40%,在一些地区出现了煤炭价格不合理抬高的情况,这就迫使俄罗斯发电公司动用储备燃料(包括重油),这势必会提高电力成本,并对市场局势产生负面影响。俄罗斯能源部不得不提高了煤炭出口关税,以缓解国内的煤炭危机问题。[②] 可见,俄罗斯煤炭市场虽然已经基本形成,但完善该国煤炭市场的任务依旧任重道远。

[①] 参见周舟:《俄罗斯煤炭工业改革》,载《中国煤炭》2006 年第 3 期,第 75—77 页。

[②] 参见《俄罗斯煤炭价格上涨或提煤炭出口税》,http://news.hexun.com/2012-01-31/137611644.html,2012-05-02。

(二)俄罗斯煤炭资源规划

煤炭工业改革之后,俄罗斯煤炭工业发展迅速。根据《俄罗斯 2020 年前能源战略》,到 2020 年,俄罗斯应生产 441 百万—496 百万吨煤炭。由于《京都议定书》的批准,俄罗斯将不断降低煤炭在能源结构中的比重。预计将从 2000 年的 20% 下降到 2020 年的 15%。而同期,天然气的比重将从 42% 提高到 57%,以取代煤炭的作用。①

2009 年,俄罗斯公布了《2030 年前东部地区煤炭开采计划》,作为《俄罗斯 2030 年前能源战略》下的一个计划。该计划预计将在库兹涅茨克和坎斯克—阿钦斯克等主要矿区进行。同时,位于东西伯利亚和远东其他一些新矿区的煤炭开采也将获得巨大发展。由于俄罗斯几乎 90% 的煤炭出口需要经过海上运输,因此为了保证与亚太国家的贸易往来,俄罗斯将在东部地区陆续建成一系列专门的中转站,铺设通往瓦尼诺港(库兹涅佐夫隧道)及东部港口的铁路干线。根据规划,到 2015 年远东地区全部港口的总吞吐能力将至少提高 1.5 倍,达到每年 4 400 万吨。② 为了提高采矿的安全性,俄罗斯在库兹巴斯开始使用煤层脱气和沼气利用综合系统。此外,俄罗斯还逐步扩建包括东部码头和瓦尼诺港在内的俄罗斯港口的煤炭终端站设施。③

(三)俄罗斯煤炭资源开采制度

俄罗斯煤矿开采适用俄罗斯联邦《矿产法》。该法于 1995 年 3 月 3 日公布实施,并经过几次修改。现行《矿产法》是于 1999 年补充修改、2000 年 1 月 2 日正式公布的。该《矿产法》是矿产资源利用的法律,主要规定:国家权力机构对国家矿产资源管理的权限,矿产许可证内容及其持有者的基本权利和义务,矿产资源合理利用和保护的基本要求,矿产使用费以及资料等要求。该法规定,矿物勘探许可证有效期为 5 年,采矿许可证为 20 年。如果这两种许可证合二为一,有效期可延长到 25 年。许可证到期后,持有许可证者可申请更新许可证。采矿许可证采取拍卖和招标两种途径发放,拍卖通常用于小型矿产资源。在拍卖中,买主是为获得矿物资源开采权而提出最高报价的投标人。在招标中,投标者必须满足经营和支付条件以及其他条件,并提出最佳的技术与环境方案。标书由俄罗斯矿物资源委员会和地方政府共同指定的专家委员会负责审定。④

俄罗斯联邦国家权力机关和俄罗斯联邦各主体国家权力机关之间在对

---

① 参见周舟:《俄罗斯煤炭工业改革》,载《中国煤炭》2006 年第 3 期,第 75 页。
② 参见陈小沁:《俄罗斯东部能源发展战略》,载《国际资料信息》2011 年第 6 期,第 2—3 页。
③ 参见陈小沁:《俄罗斯东部能源发展战略评析》,载《亚飞纵横》2011 年第 3 期,第 32—33 页。
④ 参见董维武:《国外煤炭资源的管理》,载《中国煤炭》2001 年第 9 期,第 57—58 页。

矿产使用关系进行国家调节方面的管理对象和权限时,应根据《俄罗斯联邦宪法》以及根据宪法签订的关于划分管理对象和权限的联邦条约和其他条约来进行划分。在俄罗斯联邦领土范围内,地下资源包括地下空间、蕴藏在地下的有用矿物、能源和其他资源,均属国家所有。有关矿产资源的开采、使用和支配方面的问题,由俄罗斯联邦和联邦主体共同处理。不能把矿产区块作为买卖、馈赠、继承、捐献和抵押的对象,或以其他形式放弃矿产使用权,却可以在俄罗斯联邦法律允许的范围内放弃矿产使用权或将其由一方转让给另一方。

根据许可证条款规定,从地下开采出的有用矿物和其他资源的所有权可以属于国家,也可能归联邦主体所有,还可能是属于市政所有、私人所有等。任何所有制形式企业都可以成为矿业活动的主体,其中包括其他国家的法人和公民,只要俄罗斯联邦法律和俄罗斯联邦各主体法律赋予其从事相应形式矿产使用的权利,就可以成为矿产使用者。矿产使用者自拿到矿产使用许可证时起,便拥有相应的权利和义务。只有国有企业,才能成为开采放射性原料以及埋藏放射性废料和有毒物质的矿产使用者。矿产使用者,可以在一定期限内利用矿产资源,也可以无限期使用矿产资源。矿产使用期限从给予使用权之日起计算。在矿产使用者遵守许可证条款的情况下,按矿产使用者的提议,可以将矿产使用期延长。国家以颁发许可证这一特殊审批形式提供矿产使用权。许可证上印有俄罗斯联邦国徽和一定格式的表格,文字、图表和其他附件。附件是许可证不可分割的组成部分,上面规定了使用矿产资源的基本条件。许可证是其持有者在遵守事先约定的条件下,有权在规定的期限内、按指定目的和限定的范围使用矿产区块的证明。被授权办证的国家权力机关可以与许可证持有者签订合同,以确定与使用矿产资源有关的具体条件。

矿产使用者享有以下权利:①利用提供给他的矿产区块从事符合许可证中标明的目的的任何形式的企业经营活动或其他活动;②独立选择与现行法规不相抵触的经营活动方式;③根据许可证有关规定和现行法规利用自己的经营成果,其中包括采掘出的矿物原料;④如果许可证中未做其他规定,可以利用自己采矿及矿产加工所产生的废料;⑤可以在划归给自己的矿产区块范围内修造建筑物;⑥可以在根据许可证提供给自己的矿区范围内,利用自有资金进行矿产的地质研究,无须再办理审批手续;⑦当出现与颁发许可证时截然不同的情况时,可向颁发许可证机关提出修改许可证条款的请求。

矿产利用者必须保证做到:①遵守法律规定以及按一定程序确定的与

矿产使用有关的工程技术标准(指标、条例),在矿物原料初加工时也应遵守上述标准;②遵守矿山工程技术设计、计划和发展纲要的要求,不得超标准损耗、掠夺性采掘和有选择地开采;③在使用矿产资源过程中,地质、测量等资料要汇编成册,并妥善保存;④向联邦和有关地区地质信息库呈报地质资料;⑤向联邦和有关地区地质信息库及国家统计机构呈报有关矿藏的探明储量、已采量和剩余量、矿藏成分及将矿区用于与开采无关的目的的真实资料;⑥安全进行与矿产使用有关的各项工作;⑦遵守按法定程序制定的标准(指示、条例),这些标准详细规定了为使矿产资源、大气、土壤、森林、水源以及房屋和设施不致受到与矿产利用有关的工作有害影响的保护条件;⑧如在使用矿产时,矿区和其他自然资源受到破坏,要使其恢复到能适合继续使用的状态;⑨那些在采矿和(或)进行其他经营活动时仍可使用的勘探坑道和钻井,要保证其完好无损;那些无用的勘探坑道和矿井,要按规定的程序报废;⑩遵守许可证中规定的条款,按时照章缴纳矿产使用费。

矿产使用者或者被其招来参加矿产使用的其他法人和自然人,要有国家颁发的证明其具备从事相关活动的专业技能和经验的证件(证明、证书);这些相关活动包括地质测绘、普查、勘探、各种方式的采矿、建设和经营地下设施以及其他形式的使用矿产活动。

此外,该法还有矿产矿床的地质经济评价、矿产使用权的终止、矿产工作安全制度、矿产上面的建筑条件、矿产矿体上面土地利用条件等方面的规定。[①]

(四)俄罗斯煤炭安全制度

俄罗斯煤矿大部分煤层赋存条件复杂,煤层倾角变化大,瓦斯含量高,煤有自燃倾向和煤及瓦斯突出危险等,开采条件较好的储量不超过 20%。因此,相比其他发达工业化国家,俄罗斯煤炭安全角势要差得多。[②]

俄罗斯联邦工业和矿山监察局是专门负责包括煤矿在内的所有矿山安全生产进行监督的机构,负责监督有关工业安全立法的执行情况,提出相应的完善措施。该局通过对煤矿开采等高危行业颁发许可证来对安全生产进行监督管理,制定防范生产事故的措施,参与安全生产科研项目的研究。该机构现在已经并入了俄罗斯生态、工艺与原子能管理局。俄罗斯政府设有煤炭经济和信息研究所,负责搜集、整理和分析有关煤炭工业方面的信息,通过信息加工处理,将信息及时通报工业和能源部。定期出版论文集,进行

---

① 参见张晓云:《俄罗斯矿物法的修改》,载《矿业快报》2000 年第 2 期,第 3—4 页。

② 参见梅汐:《俄罗斯煤矿安全状况仍不乐观》,载《现代职业安全》2004 年第 7 期,第 57—58 页。

煤炭工业统计和分析工作,经费由相关部门支持。[①]

俄罗斯还不断完善煤矿安全生产法律法规,其中最重要的是《危险生产项目安全生产法》,该法规定了企业从设计到投产各个阶段的安全要求以及中央和地方负责安全的官员和安全监察员的权力和职责。同时,政府有关部门还制定了几十个相关规定和条例,使生产安全管理规范化和制度化。俄罗斯对煤矿等高危行业实行安全许可证制度,加强对企业的监督。俄罗斯对危险性强的生产企业实行单独注册,只有获得安全许可证才能进行生产,同时还对企业安全生产情况进行定期或不定期检查,通过颁发、中止和收回许可证来进行管理和督促。俄罗斯还加大了对煤矿安全生产违规者的处罚力度。俄罗斯 2002 年新《行政违法法典》对生产安全违规者罚款为 450美元,对企业(法人代表)罚款为 4 500 美元。俄罗斯新《刑法典》也对严重违反工业安全生产法律法规的行为进行刑事制裁。必要时,俄罗斯联邦工业和矿山监察局有权将违法者移交司法部门。[②]

俄罗斯还不断加大对煤炭安全的投入,从 1998 年开始,俄罗斯开始提供大量资金用于改善煤炭工业安全条件。1998—2002 年,俄罗斯政府共计花费 61 亿卢布的资金,其中 32 亿卢布来自国家预算资金。此外,俄罗斯还从煤炭工业改革中央储备基金中拿出 11 亿卢布用于处理事故善后工作,并从扶持基金中拨款 7 800 万卢布用于煤矿安全科研工作。[③] 自 2003 年开始,俄罗斯煤矿大部分均已配备了隔离式自救器、救护队员专用呼吸器、头灯、瓦斯信号装置、内装式瓦斯检测仪、便携式瓦斯含量检测仪。在特别危险的矿井中,俄罗斯还装备了高级井下气体检测系统。俄罗斯还加强了对煤矿工人的安全培训。仅 1998—2002 年,俄罗斯通过国家扶持基金 0.31 亿卢布用于煤炭工人的安全培训,共计 3 500 多名工程技术人员和矿山救护队后备指挥人员进行了工业安全和劳动保护方面的培训。此外,为了淘汰落后产能,俄罗斯大量关闭开采条件极差的煤矿,加大露天煤矿的开发力度。[④]

(五)俄罗斯煤炭税制

俄罗斯煤炭开采需要征收以下几个税种:(1)矿物原料基地再生产税。其纳税人是开采国家矿物的矿藏使用者。矿物原料基地再生产税的课税基础,是实际开采矿藏所取得并销售的经过初步加工的初级商品的价值,包括

① 参见黄盛初、郭馨、彭成:《欧洲职业安全与健康状况综述》,载《中国煤炭》2005 年第 3 期,第57 页。
② 参见康丽华:《俄罗斯煤炭安全生产状况》,载《中国煤炭》2004 年第 8 期,第 60—61 页。
③ 参见康丽华:《俄罗斯职业安全健康管理(二)》,载《现代职业安全》2004 年第 7 期,第 56—57 页。
④ 参见康丽华:《俄罗斯煤炭安全生产状况》,载《中国煤炭》2004 年第 8 期,第 61 页。

煤炭。根据《矿物原料基地再生产提成税率法》的规定,该税的税率是按对实际开采矿产所取得并销售的初级商品的价值的百分比确定,煤炭为 5%。此税款纳入联邦预算并有一部分纳入联邦主体预算,用于国家地质矿产研究工作和矿物原料基地再生产拨款。

(2)地下资源使用税。该税属于联邦税,按俄罗斯《地下资源法》规定,地下资源使用税是针对矿床探查和鉴定、矿床勘探、矿床开采、采矿和加工生产的废料使用、与采矿无关的地下设施的建设与开发而征收的。该税在各级预算之间进行分配,按法律规定的比例缴入联邦预算、联邦主体预算和有关的地方预算。矿床使用者应交纳的地下资源使用税包括:矿产开采权税、所有的矿物原料或开采的原料税、发放矿藏使用许可证费、矿藏使用税、土地和水域及海底地段使用税、地质资料使用税等。

(3)自然环境污染税。根据《自然环境保护法》的规定,俄罗斯决定征收自然环境污染税。征收的税款缴入国家生态基金,用于自然保护措施。凡按规定标准和超标准向周围环境排放和抛弃污染物质、置放废弃物和从事其他污染环境活动的企业,均是自然环境污染税的纳税人。纳税标准基本上是按排放或抛弃每吨污染物为单位计算。[1]

三、俄罗斯电力法制

(一)俄罗斯电力改革

伴随着政治经济体制转轨,俄罗斯电力改革于 1992 年开始启动。当时,电改的目标是实现电力的自然垄断转变为行业垄断。俄罗斯电力改革,大致分为以下几个阶段。

1. 第一阶段(1992—1994 年)

此阶段俄罗斯通过实行股份制对电力系统实行私有化。1992 年,俄罗斯成立了国家控股的俄罗斯统一电力公司(RAO)。该公司国家是大股东,股份占 52.6%;私人占 5.5%,国外投资者占 30.7%,国内投资者占 11.2%。该公司拥有 100 万千瓦以上的火电厂、30 万千瓦以上的水电厂以及地区联合电网之间输电线 100%的股份,拥有地区电力公司 51%的股份,同时还享有俄罗斯能源公司的 49%的股份。通过改革,俄罗斯形成了两个电力市场:批发市场(趸售市场)和零售市场。批发市场的卖方主体是火电厂、水电厂和电力富裕的地区电力公司;买方主体是有电力需求的地区电力公司和工业大用户。买卖双方通过批发市场订立趸售合同,由联邦调控委员会负责

---

① 参见董维武:《国外煤炭资源的管理》,载《中国煤炭》2001 年第 9 期,第 57—58 页。

审核和调控。零售电价由地区调控委员会负责调控。①

2. 第二阶段(1995—1997年)

在此期间,俄罗斯颁布总统令,提出了将有竞争力的部门从变电网中分离的诸多任务、电力领域私有化、保障所有电力生产者平等加入变电网、逐步取消对电力的补贴、提高国家代表在董事会中的地位等改革主张。但由于亚洲金融危机的影响和该国国内政局的不稳定因素,加之由于方案本身论证不够充分,遭到社会各界的强烈反对,所以没有得到充分的实施。

3. 第三阶段(1997—2000年)

在此期间,俄罗斯统一电力公司出台了一个改革方案。该方案要求放弃国家控股的统一电力公司的国家垄断地位,将下属发电厂出售,改造为独立的发电公司(核电除外),国家只保留电网、调度控制权,停止干预电价,由市场自由定价,发电公司之间实行竞价上网。该方案的出台引起全国上下热烈的讨论,并遭到许多专家的反对,执行不久即便夭折。

4. 第四阶段(2000—2008年)

2000年12月15日,俄罗斯政府召开了电力工业改革专门会议。2001年1月7日,俄罗斯总统普京决定成立电力工业改革工作组,其任务是在现有的俄罗斯电力改革方案的基础上,吸取国外改革的经验,最终形成一个改革方案。此外,还成立了一个由6人组成的总统顾问委员会。普京总统委托包括科学院、州政府、电力工业部、原子能工业部等在内的11个代表不同利益的单位,提出11个改革方案,考虑照顾到各方面的利益。在这11个方案的基础上,将讨论形成最后的方案。2001年4月15日,由托穆斯基州州长(西伯利亚地区)克莱斯领导下的改革领导小组,向普京总统提交了报告。报告以13个电力改革方案为基础,具体内容包括:电力现状、对改革的多种提议、国际经验、改革目标和原则等。但是在改革大方向下仍有一些不同意见。因此,除了向总统提交总报告之外,不同意见作为单独文件提交总统。在该报告的基础上,2001年5月19日俄罗斯公布了《电力改革基本方针草案》。2001年7月11日,该草案正式获得通过,俄罗斯确定了一个在国家控制下平稳地向建立有竞争的电力市场过渡的总方针。②

根据2001年7月11日俄罗斯政府通过的《关于重组俄罗斯联邦电力产业的决议》,俄罗斯于2001年11月23日成立了系统交易机构(NP ATS)和

---

① 参见孙耀唯:《俄罗斯电力改革的启示》,载《中国电力企业管理》2008年第18期,第9页。
② 参见《阿根廷与俄罗斯的电力行业改革情况分析综述》,http://202.112.118.40/dzyd/zs-dlgg-agt.pdf,2012-05-06。

系统操作机构（SO）。建立系统交易机构的目的是组织批发市场中自由交易部门的电力和容量交易，并促进竞争、保护市场参与者的利益。而系统操作机构的主要职能是监控能源设施的运行制度、控制和确保所有技术要求和可靠性要求的遵守情况。[①] 此阶段，俄罗斯试图打破垂直一体化的区域电力公司格局，彻底改变了俄罗斯统一电力公司的垄断和控制，先把政府需要监管垄断的企业和拥有潜在竞争性的企业分开，然后将分离出去的可竞争性资产和其他部分进行整合，整合进入一些新的私有化企业。[②] 2002 年，俄罗斯统一电力公司的输电部分资产组成了联邦电网公司，作为统一电力公司的全资子公司。2003 年 3 月，俄罗斯总统签署了一系列法律文件，主要包括《电力法》《关于对联邦〈自然垄断法〉的修改和补充》《关于对〈俄罗斯联邦公民法〉第二部分的修改和补充》等，主要内容涉及政府分割联合能源系统（UES）、放开电价、在高度调控的电力工业实行竞争等。同时，俄罗斯还制定了《2005—2008 年俄罗斯统一电力公司战略构想》，并于 2003 年 5 月得到批准。该文件既是对电力改革的综合看法，也是对有关改革问题重要观点的说明。国家已放弃对一些现有电力公司的监督，而将保证对核电的绝对垄断。同时，国家仍将对大部分大型水电站进行控制。[③] 同时，俄罗斯还在 2003 年出台了《特殊监管条例》，制定了俄罗斯电力批发市场化改革过渡期方案，主要方式是发电方和用电方可以根据市场需求协商并浮动电价，以双方签订用电协议作为确认的方式，以达到最终形成整体批发电价的市场化改革。[④] 2003 年 10 月 24 日，首先在欧洲部分的中央、西北、南部、伏尔加沿岸、乌拉尔 5 个联邦区运行电力批发市场，并于 2005 年 5 月在西伯利亚区开展电力交易。2006 年 9 月 1 日，新的电力批发市场和零售市场开始运行。与原有的电力市场相比，新的电力批发市场建立的主要目的是将电力价格由国家规制逐步向自由市场竞争形成价格进行过渡。[⑤]

5. 第五阶段（2008—2011 年）

2008 年 7 月 1 日，俄罗斯电力行业的统一电力公司停止运营，其旗下火电资产被拆分为 6 家电力批发公司和 14 家区域发电公司，参与市场竞争；输

---

①　参见于彬：《中俄电力产业政府规制改革比较研究》，辽宁大学 2011 年博士学位论文，第 89 页。

②　参见谢文心：《略论俄罗斯电力市场化改革与中国投资应对举措》，载《经济问题》2010 年第 12 期，第 62 页。

③　参见顾海兵、姚佳、张越：《俄罗斯国家经济安全法律体系的分析》，载《湖南社会科学》2009 年第 3 期，第 54 页。

④　参见谢文心：《略论俄罗斯电力市场化改革与中国投资应对举措》，载《经济问题》2010 年第 12 期，第 62 页。

⑤　参见于彬：《中俄电力产业政府规制改革比较研究》，辽宁大学 2011 年博士学位论文，第 89 页。

电资产中 220 千伏及以上的骨干电网由联邦电网公司所有;配电资产除莫斯科和圣彼得堡配电公司外,其余 9 家跨区域配电公司在 2010 年进行了私有化,而电力零售业务仍由配电公司负责。此外,俄罗斯政府还成立了独立的电力系统调度公司。此轮改革完成后,俄罗斯形成了合理的市场结构,分别组建了发电公司、输电公司(Federal Grid Company,FGC)、配电公司(System Operator,SO)、供电(售电)公司,成立了独立的交易系统管理所和系统操作公司,并鼓励大用户直接购电。这样就为建立有效的电力市场奠定了合理的运行基础。[①] 电力系统的改革完成后,俄罗斯电力领域将划分为垄断市场和竞争市场。其中,电网资产将集中于联邦电网公司等大集团公司中,进行统一管理。而竞争市场将会在国家的鼓励之下逐步发展,到 2011 年完全放开。[②] 同时,俄罗斯相关公司的业务往往互有交叉。例如,联邦电网公司自成为独立运营的公司以来,截止到 2009 年 12 月 31 日,该公司共拥有 31 个从事其他业务(包括发电业务)的分支机构。[③] 此阶段,俄罗斯还通过了一系列配套性政策措施。例如,俄罗斯在 2010 年通过的《对电力行业长期竞争能力安排的决议》和《对交易价格参数测定的决议》等。[④]

6. 第六阶段(2011 年起)

俄罗斯 2008 年《电力法》设定了 3 年的过渡期,到 2011 年 7 月 1 日,俄罗斯电力市场全部开放,全部电能可以在市场上以市场价格自由销售。从 2011 年起,俄罗斯电力市场迎来了新的一页。居民用电,则须在 2012 年之前保持国家监管,2012 年之后到 2020 年前全面市场化。俄罗斯还计划在 2011—2014 年形成一个系统性的服务市场和一个自由的零售电力市场,在输配电方面开始推行收益率认证制度,以提高整体效率,保障输配电公司的投资效益。[⑤]

在电力改制过程中,俄罗斯还制定了相应的电力规划。2007 年 4 月,俄罗斯通过了《至 2020 年的总体电力分配计划》。该计划的目标是减少天然气电站的数量,并最大限度地增加核电、水电和煤电在国家电力系统中的份额。具体而言,截止到 2020 年,俄罗斯总体电力系统中,核电的份额将由目

---

① 参见徐炜旋:《电监会取经俄罗斯》,载《中国经济信息》2009 年第 9 期,第 27—28 页。
② 参见《俄罗斯电改落幕,150 亿美元外资机会显形》,http://business. sohu. com/20080701/n257844662. shtml,2012-05-05。
③ 参见于彬:《中俄电力产业政府规制改革比较研究》,辽宁大学 2011 年博士学位论文,第 69 页。
④ 参见谢文心:《略论俄罗斯电力市场化改革与中国投资应对举措》,载《经济问题》2010 年第 12 期,第 62 页。
⑤ 参见谢文心:《略论俄罗斯电力市场化改革与中国投资应对举措》,载《经济问题》2010 年第 12 期,第 62—63 页。

前的 16% 增加至 20%,煤电的份额将增加至 38%,天然气发电的份额将削减至 30%—35%。期间俄罗斯新增电力生产设施将主要建在俄罗斯的欧洲区。作为该计划的一部分,俄罗斯规划的核电站和水电站预计将建在欧洲区和西伯利亚地区。而燃煤电站则计划到 2020 年与 2006 年相比增加 10 倍。该计划总投资额预计将达到 4 200 亿美元。[①]

(二)俄罗斯电力调度制度

经济转轨后俄罗斯统一电力系统采取分级调度结构,将整个电力系统分为中央调度局、联合电网调度所和地区电网调度所三级。中央调度局除管辖下属电网之外,还管辖装机 100 万千瓦以上的直调电厂以及调度联合电网之间的输电线;下一级为联合电网调度所,联合电网包括容量为 30 万以上的直调电厂、调度地区电网间的联络线和直属电厂;再下一级为地区电网调度所,调度地区内的电厂;最下一级为发电厂和配电网的调度所。[②]

(三)俄罗斯电价制度

作为联邦制国家,俄罗斯实行中央与地方分权的电力价格规制模式。1995 年,俄罗斯颁布了《关于俄罗斯联邦电力和热力价格的政府规制》。该法律文件于 2007 年 11 月最后一次修改,按照中央和地方两个层次,对电力价格进行了详细的规制。联邦价格局作为中央价格规制机构,制定跨地区的联邦批发市场中的价格(或价格区间)以及最终的供电价格区间;地方能源委员会则负责本地范围内的相关价格制定。同时,俄罗斯联邦政府和俄罗斯地方政府对规制的价格部分(包括批发市场的发电价格部分以及责任供电商售电价格部分)实施财政补贴,补贴资金由两级政府分别提供。联邦层面的补贴由联邦预算支付。如果地方能源委员会设定的居民电价超出了联邦政府设定的价格范围,则多出的成本由地方政府的财政预算承担。[③] 俄罗斯实行发电企业与供电企业之间的双边合同制度。该合同可以一年一订,允许根据燃料成本和通胀变化进行调整。随着改革推进逐步放开价格管制,适当提高居民电价。减少交叉补贴,由电力买卖双方自由定价、签署长期合同。[④]

---

① 参见李毅、张炎:《俄罗斯宣布 2020 年之前的电力分配计划》,载《国外核新闻》2007 年第 6 期,第 23 页。

② 参见《阿根廷与俄罗斯的电力行业改革情况分析综述》,http://202.112.118.40/dzyd/zs-dlgg-agt.pdf,2012-05-06。

③ 参见于彬、曲文轶:《中俄电力产业规制机构设置及影响因素比较研究》,载《俄罗斯研究》2011 年第 4 期,第 85—90 页。

④ 参见徐炜旋:《电监会取经俄罗斯》,载《中国经济信息》2009 年第 9 期,第 28 页。

(四)俄罗斯电力监管制度

改革后俄罗斯的电力管理结构非常复杂。联邦反垄断服务局(FAS)负责监视市场与减少市场力;市场运营局(ATS)负责市场规则的制定与实施,调解市场争议;联邦技术检查局(FTAS)负责建立技术与安全标准,监督服务质量;联邦定价局(FTS)负责对国家一级的垄断服务定价,并监督配电服务价格;区域电力委员会(RECs)负责设定配电价格,但是必须事先与联邦定价部门、经济发展与贸易部(MEDT)及地区政府部门交换意见;经济发展与贸易部负责制定规则和价格形成机制。[①]

四、俄罗斯核能法制

(一)俄罗斯核电规划和核能产业政策

1. 核电规划

2010年,俄罗斯公布了《2010—2016年核电计划》。该计划是俄罗斯《2010—2016年发电网络(统一能源系统)计划》的子计划之一。俄罗斯计划建设42.65吉瓦总装机容量的核电装置,其中9台核电装置将在2010—2016年投运,共计9.87吉瓦。同时,为了设备的更新换代,俄罗斯将在2017年之前关闭2台核电装置,共计597兆瓦。届时,俄罗斯核电份额将从11.1%增至13.2%。[②] 同年,俄罗斯又公布了一份新的核电发展规划。该规划是由俄罗斯国家原子能公司(Rosatom)根据2020年的最新电力需求预测结果制定的。预计到2020年,俄罗斯整体电力需求将会有所下降。为了满足用电需求,俄罗斯计划到2020年将新增78吉瓦的电力装机容量;到2030年新增173吉瓦的电力总装机容量,其中包括43.4吉瓦的核电装机容量;到2030年,约16.5吉瓦的核电装机容量将退役。[③]

2011年1月31日,俄罗斯经济现代化和技术发展总统委员会公布一项决议,由政府高技术和创新委员会及俄罗斯联邦总统委托俄罗斯国家原子能集团公司制定《2011—2020年国有公司创新发展和技术改进规划》。2011年3月28日,俄罗斯政府高技术和创新委员会下属的公私合伙创新发展工作组会议一致通过了该规划草案。2011年4月11日,俄罗斯国家原子能集团公司监事会正式批准了该规划。该规划以原子能创新为主,世称《俄罗斯2011—2020年原子能创新发展规划》。该规划包括三个创新发展方向:改进

---

① 参见栾凤奎等:《俄罗斯电力改革进程及分析》,载《电力技术经济》2009年第2期,第22页。
② 参见张炎、伍浩松:《俄罗斯公布2010—2016年核电计划》,载《国外核新闻》2010年第5期,第11页。
③ 参见杜培峰、张炎:《俄罗斯公布新的核电发展规划》,载《国外核新闻》2010年第8期,第3页。

已有技术;创造能源市场的新技术;扩大核技术在工业领域内(例如,核医学、碳纤维制造、超级计算机生产)的应用。该规划中提出要研制更具安全性的第四代反应堆、实施替代能源领域内的各种方案,另外还提出要超前发展医学和农业方面的辐照技术体系。为了实现上述三个发展方向的项目方案,该规划规定要发展创新活动管理体系,将重点放在网络管理模式上,即通过扩大与研究所和私人投资者(风险投资基金)的合作、增加高等院校的研发份额、建立共享中心(企业孵化器)等方式向外界开放核工业领域。该规划要求研发的拨款水平从 2012 年起要达到俄罗斯原子能集团公司经费的 4.5%。通过该规划的实施,按计划到 2020 年新项目的收入将占到国有公司总收入的 15%。实施该规划不仅可以促进俄罗斯核工业的发展,而且会刺激俄罗斯经济创新成分的整体增长。[①]

2. 产业政策

俄罗斯核能产业的核心政策,是基于国家的军事、政治和经济安全战略,国家控制核能产业,国家主导核能产业,国家管理核能产业,国家确保核设施和核活动的安全性,提升俄罗斯核技术水平,提高俄罗斯核能产业的国际竞争力以及实施积极主动的包括核能产业在内的核外交政策。在国内方面,俄罗斯主要做到:①基于自然垄断而需要的国家垄断,组建国家原子能集团公司,并使其成为集俄罗斯联邦经营和一定程度的行政管理权于一体的核事组织机构,赋予该公司及其下属机构在俄罗斯境内进行涉核生产经营活动的唯一有资格的实体。②不断提高核技术能力,以带动科技领域的全面发展。③扩大核电生产以取代天然气,并用替代下来的天然气进行出口活动,从而增加能源出口收入。④确保核与放射性安全,保护生态环境。⑤注重吸引融资性外资。在对外方面,俄罗斯准备通过加强国际合作,积极争夺国际核能服务市场,巩固并不断提高俄罗斯在国际核事领域的影响力,从而提高调控国际能源市场的能力,以服务于俄罗斯的国家外交政策。[②]

(二)俄罗斯核能法律体系

1. 核能法律

俄罗斯原子能基本法律是《俄罗斯联邦原子能利用法》(简称《俄罗斯原子能法》)。该法于 1995 年 10 月 20 日正式通过,并在 1997 年 2 月 10 日、2001 年 7 月 10 日、2001 年 12 月 30 日、2002 年 3 月 28 日、2003 年 11 月 11

① 参见科技部:《俄罗斯批准 2011—2020 年原子能创新发展规划》,载《企业技术开发》2011 年第 11 期,第 88 页。
② 参见胡德胜:《俄罗斯核能产业法律与政策研究》,载《中国法学会能源法研究会 2011 年年会会议论文资料集》,第 299—300 页。

日、2004 年 8 月 22 日先后经过五次修改。《俄罗斯原子能法》由 16 个部分共 70 条组成。该法详细阐述了俄罗斯核能利用的目的和原则,明确政府的监管职责,并对核技术相关术语加以定义,规定了核装置、放射源与保存地选址、核设施建造、自然保护等相关制度,规定了核材料、放射性物质的使用、处理要求,还对进出口管理、国际义务履行等方面进行了详细的规制。此外,该法还对带有核装置和放射源的船舶、航行器建造和使用进行了特别规定,并对相关主体在核能利用过程中的权利义务进行规制。

除《俄罗斯原子能法》外,俄罗斯还有《居民放射安全法》、《违反原子能利用法的组织的行政责任法》、《关于核能利用领域单位财产及股份管理与支配的特点以及对俄罗斯联邦个别法规修改法》(简称《俄罗斯原子能改革法》)。其中,较为重要的《俄罗斯原子能改革法》是 2007 年 1 月 27 日由俄罗斯立法机关正式通过、于 2007 年 2 月 5 日经总统批准的。该法旨在优化俄罗斯核工业综合体经营活动的立法和组织条件,为俄罗斯核工业综合体的改革重组奠定了法律基础。该法还明确规定俄罗斯可以部分开放核材料、核装置及存放核材料的仓库的民用环节,经总统批准可以发行民用原子能领域的国家企业股票,联合组建俄罗斯联邦核能工业综合体内统一经济组织。①

2. 核能相关法规、条例和总统令

俄罗斯核能相关的联邦法规和总统令,主要包括《监督从俄罗斯联邦出口具有双重用途的设备与材料以及核技术的命令》、《行使原子能利用国家管理与原子能利用国家安全监督的联邦行政机关条例》、《原子能利用安全国家监督的联邦生态、技术与原子能监督局体系的条例》等。

3. 核能相关部门规章

俄罗斯与核能相关的部门规章,主要有俄罗斯联邦核与放射安全监管局(该局现在已经并入了俄罗斯联邦自然资源与生态部下属的俄罗斯生态、工艺与原子能监管局中)和其他相关国家部门(如俄罗斯联邦劳动与社会发展部下属的联邦劳动与工作局等)制定的《确立采用国家劳动保护规范要求的系统化建设的条例》、《企业、机关和组织的领导与专家培训与检查劳动保护知识程序细则》等。

4. 核能相关技术准则

俄罗斯国家制定的技术准则具有法律效率,具体主要包括《调查在国民

---

① 参见《普京签署俄罗斯原子能改革法》,http://rusnews.cn/eguoxinwen/eluosi_neizheng/20070206/41694784.html,2012-06-07。

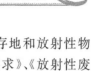

经济中违法使用放射源和放射性物质的规则》、《放射源、保存地和放射性物质自然保护的规则》、《国民经济设施放射安全状况的内容要求》、《放射性废物保存地(从事放射性废物的专门企业)的工作人员从事原子能利用权和使用核源企业(机关和组织)许可证的规定》、《安装与使用辐射仪器的卫生要求》等。这些技术准则大多由俄罗斯联邦核与放射安全监管局(现为俄罗斯生态、工艺与原子能监管局)制定。

5. 与核能相关的国际公约

俄罗斯加入的与核能相关的国际公约主要有《核燃料管理安全和放射性废物管理安全联合公约》、《关于核损害民事责任的维也纳公约》、《核材料实物保护公约》、《核安全公约》等。依照俄罗斯法律,俄罗斯所加入的核能国际公约经立法机关批准之后,效力优于国内法。

(三)俄罗斯核能管理机构

俄罗斯核源管理机构原来是国家核与辐射安全监管局。该局目前已经并入了俄罗斯联邦自然资源与生态部下属的生态、工艺与原子能管理局中。该局负责核活动的审核、签发许可,负责核安全监管、辐射防护、环境保护、核资源利用等活动,同时还从事实物保护、核材料衡量测算和放射性废物管理。俄罗斯还存在半行政化的核能企业,具有代表性的就是俄罗斯国家原子能集团公司(SC Rosatom)。该公司成立于2007年12月,并于2008年接管了被撤销的联邦原子能署(该署是2003年由俄罗斯原子能部改组成立的)的职能和权力。该公司的总体任务是促进俄罗斯有关联邦和工业发展目标计划的有效实施,创造新的环境以支持核能产业发展,提升俄罗斯在全球核技术市场上的竞争力。行政方面,它负责执行与核能相关的联邦法律与政策,对原子能利用进行全面控制,确保民用和国防核设施的稳定运行,并在一定范围内负责核安全和放射性安全;国际事务方面,它负责俄罗斯有关核能和平利用以及防扩散的国际义务,其下属的全资子公司俄罗斯核电集团公司负责俄罗斯核电的全部业务。①

除此之外,俄罗斯涉及核能管理的部门还有俄罗斯联邦卫生部(负责核安全与卫生保健)、内务部(负责相关核利用的消防服务)、劳动和社会发展部(负责核工作人员安全防护)、矿产工业监管局(负责放射性矿物开采)、交通运输部(负责核动力交通工具登记)、环境保护委员会(负责核污染监管与

---

① 参见胡德胜:《俄罗斯核能产业法律与政策研究》,载《中国法学会能源法研究会2011年年会会议论文资料集》,第295—297页。

防治)等。① 同时,俄罗斯联邦总统、联邦议会、联邦政府、地方自治机关等也在相应的层面行使不同的核能管理权限。②

(四)俄罗斯主要核能法律制度

《俄罗斯原子能法》规定,俄罗斯核能法律制度,是国家调整在核能利用时所产生关系的法律地位和原则,致力于在核能利用时保护人们的健康与生命、保护环境和保护所有权,促进核能科学与技术的发展,推动加强核能利用安全国际制度的基本法律制度。《俄罗斯原子能法》还做出了相关的限定,即与核武器和具有军事用途核动力装置的研究、制造、试验、使用与回收有关的活动依据其他联邦法律实施,而不受《俄罗斯原子能法》的约束。③ 具体而言,俄罗斯主要核能法律制度包括以下几点。

1. 核能许可制度

根据《俄罗斯原子能法》的规定,没有许可证不得从事须经国家机关批准的核能利用领域的任何活动,从事原子能利用领域的活动必须由取得国家机关签发的许可证的工作人员实施。根据《俄罗斯原子能法》的规定,以下 12 类活动须经国家许可方可实施:①规划、设计、建造、使用与弃用核装置、放射源与保存地;②为和平目的的研究、生产、试验、运输、保存、回收、利用与接触核放射活动;③接触核材料与放射性物质,包括勘探与开采含有这些材料与物质的自然资源,生产、利用、加工、运输、保存核材料与放射性物质;④保障核能利用的安全;⑤监督保障核装置、放射源与保存地的放射性、消防安全防护,保障公民的健康;⑥进行核能利用领域的科学研究;⑦自然保护核装置、放射源、保存地、核材料与放射性物质;⑧统计与监督核材料与放射性物质;⑨进出口核装置、核设备、核技术、核材料、放射性物质、特别非核材料以及核能利用领域的服务;⑩监督在领土上的放射装置;⑪培训利用核装置、放射源、保存地、核物质与放射性物质的专门人才;⑫从事核能利用领域的其他活动。④

2. 核材料、核装置、放射源监管制度

《俄罗斯原子能法》详细规定了核材料、核装置、放射源分布与建造安全受许可证管理要求,其他的管理细则由其他法律法规予以规制。使用核材料、放射源要符合国家的政策要求,核材料、放射源在获取、生成、利用、自然保护、排放、登记、统计、运输和保存时都应符合联邦法律和其他法律规范规

---

① 参见徐原:《世界原子能法律解析与编译》,法律出版社 2011 年版,第 52—54 页。
② 参见徐原:《世界原子能法律解析与编译》,法律出版社 2011 年版,第 87 页。
③ 参见徐原:《世界原子能法律解析与编译》,法律出版社 2011 年版,第 78—80 页。
④ 参见徐原:《世界原子能法律解析与编译》,法律出版社 2011 年版,第 92—93 页。

制。核材料、核装置、放射源的运输须由政府制定核材料专门规则、特别危险货物运输规则、核能利用领域的规范与规则、环境保护规则等,政府负责对核材料、核装置与放射源的运输进行管理。承运人应当具有主管国家安全监督的机关签发的从事核能利用工作的许可证。核材料、核装置和放射源的保存与加工,应依据核能利用领域的规范和规则保障工作人员、居民与环境免受辐射影响与污染的影响。同时,《俄罗斯原子能法》还规定有应当保障放射性废物的保存和掩埋设施的牢固,并隔离于生态环境,以保护当代与后代的安全,保障生物资源免受过量辐射影响。如果缺乏保护措施,则禁止使用核材料、核装置与放射源,并禁止以各种形式在生产、使用、加工、运输或保存的阶段从事核材料、核装置和放射源利用方面的工作。如果发现侵犯核材料、核装置与放射源的完整性与存放安全的行为,或威胁核材料、核装置和放射源安全的破坏与恐怖行为,则应及时制止。如果发现丢失或失窃的核材料、核装置或放射源,则应及时返还。①

3. 核领域进出口制度

《俄罗斯原子能法》规定,俄罗斯核领域的进出口活动依据俄罗斯签订的《不扩散和武器条约》以及俄罗斯参见的核能领域国际条约进行,进出口范围包括核装置、核设施、核技术、核材料、放射源、特殊非核材料的转让、出售或购买以及非商业用途的转让(如展览用途等)。同时,为了临时技术保存或加工的目的,核材料若从外国进口到俄罗斯联邦领土内,应依据俄罗斯法律以及俄罗斯加入的相关国际条约进行。②

4. 核信息控制与保护制度

《俄罗斯原子能法》规定,相关组织和个人依法享有按照相应的程序从事有关行政机关和授权组织咨询与获取准备建造、设计、使用和退役核装置、放射源和保存地安全信息的权利,除非这些信息属于国家机密。③

5. 核损害责任制度

俄罗斯是《关于核损害民事责任的维也纳公约》成员国,因此,该国的核侵害责任需要采用严格责任、唯一责任、有限责任、强制性财务保证以及单一法院管辖等基本原则。同时,《俄罗斯原子能法》还有一些特殊规定:①如果不能区分放射活动造成各项损害的性质,则受害人所受损害依据《俄罗斯原子能法》赔偿;②核损害责任使用无过错原则,只有不可抗力、战争行为、

---

① 参见徐原:《世界原子能法律解析与编译》,法律出版社 2011 年版,第 99—100 页。
② 参见徐原:《世界原子能法律解析与编译》,法律出版社 2011 年版,第 103—104 页。
③ 参见徐原:《世界原子能法律解析与编译》,法律出版社 2011 年版,第 113 页。

武装冲突和受害人自身故意情形造成损害允许责任豁免;③核损害责任形式与范围,取决于核设施的类型;④核损害责任的财政保障有核设施财政资金、保险、国家保障和其他保障措施;⑤国家保障支付由责任限额内由放射活动造成并由使用组织承担责任的损失与损害的赔偿数额,以达到全部赔偿造成的损失与损害;⑥核损害的赔偿诉讼时效期为 3 年;⑦需要赔偿放射活动给环境造成损害的损失。①

6. 核能利用法律责任制度

《俄罗斯原子能法》规定了 29 种违反核能利用法律的行为,主要分为两大类:①国家公职人员或原子能领域工作人员的职务违法行为;②其他公民作为主体涉及核能领域的违法行为。但是,《俄罗斯原子能法》没有有关违法处罚方式的规定。②

(五)俄罗斯核能对外合作

1. 俄罗斯与美国的民用核能合作协议

早在 2006 年,俄罗斯就与美国开始谈判,谋求建立在世界两个最大的核国家之间建立民间和平利用核能的协议。该协议由时任美国总统的乔治·沃克·布什于 2008 年送交美国国会审议。但是由于 2008 年俄罗斯开展了对格鲁吉亚的军事行动,美国政府对此表示谴责,并撤回了关于此项协议的审议请求。③ 奥巴马当选美国总统之后,试图改善与俄罗斯的关系,这份协议又重新被提上了议程。2011 年 1 月 11 日,俄罗斯与美国签署的《俄罗斯—美国民用核能合作协议》正式生效。该协议确定了双方和平利用核能的基本准则,约定了在核能及核原料储藏、运输以及开发等多个领域开展合作。协议允许俄罗斯、美国之间进行广泛的商业核能交易、技术转让以及联合研发,组建核能产业合资公司,同时也将为俄罗斯进口、储存、再处理全世界美国核废料扫清了道路。该协议还要求降低核材料遭非法利用的风险,为促进两国在防止核扩散领域的合作提供了基本原则和法律依据。其实,早在 2009 年,俄罗斯、美国两国就成立了负责核能和安全事务的总统工作小组;2010 年,俄罗斯、美国两国就签署了总额 49 亿美元的民用核能合作合同,俄罗斯国家原子能公司也在美国境内开采了第一批铀矿石。④

---

① 参见徐原:《世界原子能法律解析与编译》,法律出版社 2011 年版,第 106—108 页。
② 参见徐原:《世界原子能法律解析与编译》,法律出版社 2011 年版,第 110 页。
③ 参见马小宁、谭武军:《美国"激活"与俄罗斯民用核能合作协议》,http://news.hexun.com/2010-05-12/123673098.html,2012-05-03。
④ 参见魏良磊:《俄罗斯—美国民用核能合作协议正式生效》,http://news.163.com/11/0112/12/6Q6SE16R00014JB6.html,2012-05-02。

2. 俄罗斯与澳大利亚的和平利用核能合作协议

2010 年 7 月,时任俄罗斯总统的梅德韦杰夫签署《关于批准俄罗斯联邦政府与澳大利亚政府关于和平利用核能领域合作协议》的联邦法。该协议于 2007 年 9 月 7 日在悉尼由俄罗斯、澳大利亚两国签署,于 2010 年 6 月 9 日由俄罗斯国家杜马通过,于 2010 年 6 月 23 日由俄罗斯联邦议会批准。根据该协议,这种合作可以是交换科研信息,组织合作项目,成立合资企业,提供核燃料工艺,包括铀转换和铀同位素浓缩,俄罗斯和澳大利亚之间相互进行工业设备和技术转移。该协议为俄罗斯利用在本国企业加工后的澳大利亚核材料,包括为核电站生产的燃料。①

3. 俄罗斯与日本的和平利用核能合作协议

2011 年 1 月,时任俄罗斯总统梅德韦杰夫签署总统令,正式批准了《俄罗斯—日本政府间和平利用核能合作协议》。该协议于 2009 年 5 月 12 日在东京签署,确立了双方在和平利用核能领域进行互助的主要原则。该协议规定,俄罗斯、日本将在铀矿探测和开发、轻水反应堆设计、建设和运营、核安全以及核材料供应等领域进行合作。这项协议将为两国开展全面核能合作创造条件,双方将实施一系列金额逾 10 亿美元的合作项目。俄罗斯签署该协议的主要目的就是要建立一个可靠的俄罗斯、日本两国在核能开发合作上的法律框架。该协议的内容涵盖了情报合作、铀矿开采等各个方面。此外,该协议还包含了在核安全、辐射防护以及环境监测等方面的强制性条款。此外,这份协议还为俄罗斯、日本两国在国际组织框架下进行合作组织和实施核能经济项目提供了可能。虽然该协议已经在俄罗斯完成了审批程序,不过日本尚未完成法律程序。出于对福岛核危机的恐惧,日本国会至今还没有批准这一协议。②

4. 俄罗斯与印度的和平利用核能协议

2007 年 1 月 25 日,俄罗斯与印度签署了加强两国民用核能合作的协议。根据协议,俄罗斯将帮助印度在南部的泰米尔纳德邦等地修建核电站。③ 2009 年 12 月 7 日,俄罗斯与印度签署了一项关于和平利用核能的协议。根据该协议,俄罗斯将帮助印度建造核反应堆,同时向印度转让一整套

---

① 参见《俄罗斯批准俄澳和平利用核能合作协议》,http://news. 163. com/10/0701/19/6AHHVVAR000146BD. html,2012-05-04。

② 参见燕玺、王洋:《俄总统批准俄日和平利用核能合作协议》,http://gb. cri. cn/27824/2011/01/09/3245s3117183. htm,2012-05-05。

③ 参见李保东:《印俄两国签署加强民用核能合作协议》,载《新华每日电讯》2007 年 1 月 26 日(第 1 版)。

核能技术以及确保不间断的核燃料供应。此外,印度还拥有进行铀浓缩与核废料再处理的权利。俄罗斯尽可能帮助印度建设 12—20 台核电机组,合同总价值达数百亿美元。更重要的是,该协议指出,即使两国双边合作失败,俄罗斯也不会停止对印度的核燃料供应。[①] 2010 年 3 月,俄罗斯与印度签署了新的核能合作协议。该协议规定,俄罗斯将在印度承建 12 台核电机组。2012 年 10 月,印度政府禾尔库丹库拉姆核电站正在建设的 2 台机组将于 2013 年正式投入使用。另外 6 台机组(库丹库拉姆 4 台、哈利普尔 2 台)将在 2017 年前建成,其余 4 台在 2017 年后建成。至此,印度成为俄罗斯最大的核电合作伙伴。[②]

五、俄罗斯水能法制

水能是一种常规可再生能源。在前苏联时代,俄罗斯水电事业发展较快。在 20 世纪 60—70 年代,该国平均每年生产水电 1 500 兆瓦。经济转轨之后,由于电力需求的下降和缺少财政来源,俄罗斯水电站的建设工作实际上处于停滞状态,这种情况一直持续直到 2000 年布列依斯克水电站的复建。21 世纪以来,俄罗斯通过多种手段鼓励水电的开发:认真编制水电开发近、远期规划,制定水电开发远景规划;设立专门的水电基金,用于发展水电事业,加速水电站折旧;促使政府引入在建水利枢纽淹没区的追加投资;对水电站建设的管理提供税收优惠,作为水电站股份公司建设国有制水库的补偿等。[③] 为此,俄罗斯陆续制定了《俄罗斯中期(2006—2010)电力发展大纲》、《俄罗斯 2020 年前水电发展大纲》和《俄罗斯 2030 年前水电发展前景》。俄罗斯将在水电建设中优先考虑以下几个方面:要把天然能源作为国家最重要的财富,要加以合理的利用;要保证安全供电(供电质量和可靠性);要减少对周围环境的负面影响;保持电力输出的潜力,并扩大外部电力市场;完善价格政策,包括税率政策,这可以保证独立的财务和部门的发展以及电力部门的投资活动。根据俄罗斯制定的《2020 年水电发展远景规划》的规定,到 2020 年,俄罗斯新增水电装机容量为 2 030 万千瓦,其中 2011—2015 年为 420 万千瓦,2015—2020 年为 870 万千瓦。到 2020 年,俄罗斯水电站新增发电量约为 880 亿—900 亿千瓦时。[④]

---

① 参见张光政、廖政军:《辛格访俄收获不小》,载《人民日报》2009 年 12 月 9 日(第 13 版)。
② 参见辛文:《印度将成为俄罗斯最大核电合作伙伴》,载《国外核新闻》2010 年第 4 期,第 5 页。
③ 参见王正旭:《俄罗斯水电建设现状与对策》,载《国际电力》2003 年第 4 期,第 37 页。
④ 参见拉宾:《俄罗斯水电开发现状与 2020 年远景发展计划》,载《水利水电快报》2002 年第 18 期,第 28 页。

在生产成本上,俄罗斯税前工业电价为 1.69 美分/千瓦时,居民用电为 1.86 美分/千瓦时(2007—2008 年)。电力生产成本水电为 0.07—0.2 美分/千瓦时,,其他类型电站为 0.6—1.8 美分/千瓦时(2007—2008 年)。[①] 平均来看,俄罗斯水电站的电力生产成本比核电站低 3.5 倍,比燃气/燃油型热力发电站低 4 倍,比燃煤型热电站低 5.2 倍。[②] 可见,水电在生产成本上具有明显的优越性。

俄罗斯对水电设施的建设运营均制定了严格的标准,尤其是相应的环保标准。例如,天然资源有偿利用制度、水电站运营社会风险分析、选择水力枢纽的轴线标准、水库正常高水位标准以及推迟开发地区标准等。其中,推迟开发的地区主要包括西伯利亚、远东、欧洲部分的北部以及高加索的山区和山前区。水电站社会风险分析,主要包括衡量修建水电站移民和淹没土地单位的具体指标。例如,俄罗斯欧洲部分新建水电站移民标准为 0.5 人/(百万·千瓦·小时),淹没土地标准为 7 公顷/(百万·千瓦·小时);俄罗斯西伯利亚地区新建水电站移民标准为 0.3 人/(百万·千瓦·小时),淹没土地标准为 11 公顷/(百万·千瓦·小时);俄罗斯远东地区新建水电站移民标准为 0.1 人/(百万·千瓦·小时),淹没土地标准为 8 公顷/(百万·千瓦·小时)。而俄罗斯已经开始运营的水电站移民标准和土地淹没标准分别为 4.9 人/(百万·千瓦·小时)和 26.5 人/(百万·千瓦·小时)。对于在水电工程项目,都要进行经济效益计算和商业效益计算。所有水电站的效益都进行了供电电源二择一的对比,根据二择一的对比结果,决定取舍:对俄罗斯欧洲部分,同装机容量 110 兆瓦的地热电站和 325—450 兆瓦的天然气电站对比,或者同机组装机容量 500 兆瓦的燃库兹涅兹煤电站对比;对西伯利亚地区,同机组装机容量 800 兆瓦的燃卡斯科阿齐煤的地热电站相比,或者同机组装机容量 500 兆瓦的燃其他产地煤的地热电站相比;对远东地区,同机组装机容量为 225—800 兆瓦的燃当地煤的地热电站相比。俄罗斯还为未来水电事业发展制定了基本指标要求和最高指标要求。按照基本指标要求,截止到 2030 年,俄罗斯水电装机容量将达到 38 621 兆瓦,年均发电量 1 577.72 千瓦时。按照最高指标的要求,截止到 2030 年,俄罗斯水电装机容量将达到 44 026 兆瓦,年均发电量为 1 834.52 千瓦时。

俄罗斯对抽水蓄能电站进行了专门的规定。抽水蓄能电站必须按照修建计划和主要指标进行投资建设,对所有工程都应进行工程预算。根据编

[①]　参见刘翔、双湘:《俄罗斯水电开发近况》,载《水利水电快报》2011 年第 11 期,第 17 页。

[②]　参见伊利亚:《俄罗斯水电开发现状及前景展望》,载《中国电力报》2005 年 3 月 29 日(第 8 版)。

制的预算,投资方按每年(或每5年)为一个阶段设计测量工程量,做出拨款计划。按照俄罗斯抽水蓄能电站的修建计划,截止到2030年,俄罗斯抽水蓄能电站水轮机装机容量将达到12 345兆瓦。[①]

俄罗斯自然资源部负责水资源的管理与调控。此外,该国有13个流域委员会和89个国土自然资源委员会负责地方水资源管理和保护。水资源属联邦管理,俄罗斯目前还没有计划放松对水资源的管制和实现私有化。俄罗斯水电站的运营目前属俄罗斯国有水力发电公司管辖。该公司是负责水力发电的业务部门,其职能是保证该国各经济部门和公众可靠供电和供给热能以及实施能源部门投资计划。它是一家开放型联合股份公司,联邦是其最大的股东(持有52.55%的股份)。它包括73家地区电力股份公司和38家拥有联邦级电站(包括在建的几座电站)的股份公司以及其他相关机构。[②]俄罗斯水电建设的主管部门是水工建筑物安全科技中心,该中心是根据1996年12月11日发布的《358/51指令》成立的。该中心的基本任务为:①发展和完善部门的水工建筑物状态监测(监控)系统;②组织并实施对电站水工建筑物的综合观测和研究,评估其运行可靠性和安全性;③组织制定预防和消除水工建筑物失事的措施和技术方案;④组织制定和修订水工建筑物运行及其安全报告的指导性、技术标准文件;⑤组织专家的培训和进修工作,举办训练班、研讨班、学习班、专题讨论会、学术会议;⑥建立监测水工建筑物状态的信息/分析系统(数据库、程序);⑦为动力企业提供帮助;⑧该中心还需发展物质技术基础,扩展与动力工程的通信联系。该中心建成了以计算机化和数据库为基础的大规模的、项目内容和容量都极为少有的信息分析系统,并编制了一系列自动化的保障电站安全的信息分析数据库,这些数据库中有:动力工程(世界水电站、俄罗斯火电站、水电站水库、火电站水库和水电站主要设备)的登记资料;动力工程状态的评估资料(收集和经整理的原型观测资料,监测水工建筑物状态的监测仪器参数,水工建筑物失事情况的世界经验;动力工程状态——根据水工建筑物检查文件对水电站、火电站的评估);水工建筑物设计、施工和运行的技术标准文件(建筑法规、国家标准、水电站和火电站的运行规程、防止腐蚀的专利文件和国家标准);俄罗斯联邦动力工程特性数据库;工程所在地的自然气候条件数据库;世界水工建筑物失事和故障数据库。此外,该中心协助俄罗斯国家能源监察机

[①] 参见王升:《俄罗斯的水电现状和发展前景》,http://www.shp.com.cn/news/info/2008/2/1/1624025005.html,2012-05-05。

[②] 参见刘翔、双湘:《俄罗斯水电开发近况》,载《水利水电快报》2011年第11期,第17页。

构制定法规文件,独立主导制定水电技术标准和标准方法文件。该中心还发起制定了俄罗斯电力部门水工建筑物安全计划。[①]

在水利工程建筑物管理方面,1997 年,俄罗斯颁布了《水工建筑物安全法》,制定了一系列的标准和方法,是俄罗斯历史上第一部调整水工建筑物安全的国家法律。该法律适用于因其破坏可能导致发生紧急情况的水工建筑物。所谓"紧急情况",主要是指由于水工建筑物失事,在一定范围内可能引起或已经引起人员死亡、健康受损或者周边环境被破坏、造成巨大财产损失和破坏人类生存条件的情况。该法详细规定了俄罗斯联邦政府、各联邦主体、实施水工建筑物安全国家监察的机关和俄罗斯水工建筑物注册登记局的职权,规定了保障水工建筑物安全的总要求和水工建筑物业主和运行单位的义务。相关机关受俄罗斯联邦政府的委托,对水工建筑物安全实施国家监察,监察机关具有广泛的权利,直至按照法律的规定,做出禁止不可靠的水工建筑物运营的决定以及注销水工建筑物运营许可证的决定。水工建筑物业主或运营单位对水工建筑物存在的整个生命周期内的安全负责。同时,该法还规定了水工建筑物监察制度、安全报告制度、水工建筑物设计施工和运营许可证制度以及水工建筑物失事损害民事赔偿制度以及相关的风险义务保险制度。该法对违反水工建筑物安全法规的行为必须依法追究相关责任。[②] 值得我们详细介绍的是俄罗斯水工建筑物事故责任强制保险制度。根据俄罗斯联邦《民法》、《保险业组织法》和《水工建筑物安全法》的规定,由于水工建筑物事故造成自然人和法人生命、健康、财产损害而引起的民事责任风险,必须实行强制保险;实行强制保险的程序和条件,应由联邦法律来规定。确认水工建筑物业主或管理单位对其事故后果承担责任的资金保障凭证,是获得水工建筑物运行许可证的必要条件。一旦因建筑物失事引起损害赔偿,那么民事责任资金保障则由水工建筑物业主或管理单位的资金以及由民事责任风险保险合同确认的保险金来实施。但传统保险是以在大量面临相同危险的每个投保人之间分摊损失的原则为基础,而大型水电工程实行该原则会有一定难度。由于投保工程的数量相对较少,而事故造成的可能损失的价值却极大,难以建立靠投保人缴费来赔偿巨大损失的备用保险基金。因此,考虑到续保,国家应对保险公司可能的巨额损失给予一定补偿。为防止巨额亏损,保险机构可以建议管理单位采取措施提

---

① 参见[俄]华西列夫斯基:《俄罗斯电力部门水工建筑物安全科技中心的工作》,载《水利水电快报》2002 年第 16 期,第 31—32 页。

② 参见王正旭:《俄罗斯水工建筑物安全管理现状》,载《水利水电科技发展》2001 年第 1 期,第58 页。

高水工建筑物运行可靠性。实施这些措施的费用,由保险机构从其建立的预防措施备用(基)金中开支。根据投保人、承保人和(发放水工建筑物运行许可证的)国家水工建筑物安全监察机构协商的计划,可以将上述资金用于水工建筑物技术状态评估及其安全保障,其中包括用于防止建筑物事故的工程拨款。水工建筑物事故民事责任保险合同,应该包括以下条文:列出的保险对象;损害赔偿责任范围;保险合同的有效期;保险费数额及其确定原则;保险合同双方的权利和义务。保险合同有效期应与水工建筑物运行许可证的有效期一致。俄罗斯法律规定的运行单位最小资金保障值(最大责任范围),是针对建筑物的一次事故损失。根据现行标准法规文件,运行单位所缴纳的建筑物事故造成第三者损害的民事责任保险费,可列入产品和工作成本。①

该法还做了细节上的规定,如要求按新的标准加固以提高水工建筑物的抗震能力;消除水工建筑物缺陷确保安全运行,清理尾水渠,解决出力受阻等问题;要求对水工机械和金属结构进行定期检测和复核计算,确定闸门及其启闭机械的使用期限,以便制订计划,适时对设备进行更换和修理等。②

为了配合《水工建筑物安全法》的实施,俄罗斯联邦政府组织制定了《俄罗斯水工建筑安全国家监察组织法规》、《俄罗斯水工建筑物注册登记局的组建和运作办法》、《对于有关联邦〈水工建筑物安全法〉的俄罗斯建筑物的安全报告条例》等标准法规以及各部门的保障水工建筑物安全的技术标准文件。③

第三节 俄罗斯可再生能源法制

一、俄罗斯可再生能源规划

自然条件优越的俄罗斯完全具备大力发展可再生能源的条件和潜力,但由于对传统能源的过分依赖、制度建设滞后及人才不足等因素,俄罗斯的可再生能源发展明显落后于欧美国家。2009年1月20日,俄罗斯政府批准

---

① 参见王正旭、赵秋云:《水工建筑物事故责任强制保险》,载《水利水电快报》2003年第4期,第19—20页。
② 参见王正旭:《俄罗斯水电站的运行状况及技术改造》,载《国际电力》2004年第1期,第34页。
③ 参见王正旭:《俄罗斯水工建筑物安全管理现状》,载《水利水电科技发展》2001年第1期,第58—59页。

了《2020年前利用可再生能源提高电力效率国家政策重点方向》，确立了可再生能源利用的宗旨和原则，规定了可再生能源发电、用电规模指标及其落实相关措施。2020年前，俄罗斯利用可再生能源发电、用电（不含装机容量超过25兆瓦水电站）指标为：2010年占总量1.5%份额；2015年占总量2.5%份额；2020年占总量4.5%份额。俄罗斯政府责成能源部协调实施该政策，针对每一种可再生能源分别提出相应指标，进一步细化包括装机容量、电力生产在内的其他指标，监督可再生能源电力发展，采取相应措施达到上述目标。[①]

俄罗斯政府发展可再生能源的出发点是：要创造更良好的生态环境，提高人民生活质量，参与世界先进科学技术的进步与发展，力求提高经济发展的能源使用效率和加强国际合作，以此作为促进国家建立更多绿色能源、推动低碳经济发展的考虑。2010年，俄罗斯政府公布计划，要求近3年内，向可再生能源部门投资40亿—50亿美元，俄罗斯可再生能源市场商机未来将超过其他经济领域。[②]

水电是俄罗斯发展程度最高的可再生能源，国家参股的俄罗斯国有水力发电公司具体负责运营。俄罗斯国有水力发电公司详细研究制定了在联邦区建设小水电站的规划，拟建384个装备装机容量为2.1百瓦的小水电站。此外，俄罗斯国有水力发电公司还负责开发利用潮汐能。[③] 在《2020年前俄罗斯电力项目分布总示意图》上已经包括有2个潮汐能电站：位于阿尔汉格尔斯克州梅津海湾，装机容量为8000兆瓦的梅津潮汐发电站及在哈巴罗夫斯克边区鄂霍茨克海图古尔茨克海湾装机容量为3640兆瓦的图古尔潮汐发电站。前者今后可保证在开发阿尔汉格尔斯克州罗蒙诺索夫金刚石矿时的电力需求，而后者将解决远东地区电力短缺的问题。[④]

风能因可很快产生能量，投资者可接受的投资回报期短（达10年），而吸引许多地方政府的关注。俄罗斯风电站主要分布在西部的加里宁格勒州、东北部的楚科奇自治区以及西南部的巴什科尔托斯坦共和国。此外，列宁

① 参见戚文海、矫萍：《全球气候变暖背景下俄罗斯加强低碳经济发展的路径选择》，载《俄罗斯中亚东欧市场》2011年第1期，第13页。
② 参见《俄罗斯发力新能源 中俄能源领域合作出现新机遇》，http://www.netlinhai.com/ckyj/show.php? id=1062,2012-05-06。
③ 参见孙永祥：《俄罗斯发展可再生能源的现状及前景》，载《能源政策研究》2010年第5期，第57—60页。
④ 参见孙永祥：《俄罗斯为可再生能源寻求国外市场》，http://www.chinareform.org.cn/open/economy/201010/t20101011_46031.htm,2012-06-06。

格勒州等 7 个联邦主体也正在积极建设新的风电站。[①] 俄罗斯计划到 2020 年使风力发电站所占的比重提高到 1‰（总装机容量为 7 百万千瓦,发电量为 175 亿度）。[②] 2009 年 11 月 13 日,俄罗斯风力工业协会召开了国家级会议。该会议的结果是以俄罗斯联邦政府名义发表了建议支持发展俄罗斯风能的公开信。[③]

为鼓励太阳能的利用,俄罗斯外贸银行已经建立了专门针对高效纳米太阳能光伏电池企业的信贷业务。此外,俄罗斯联邦政府军事工业委员会通过了一项决议,要求圣彼得堡约飞物理学研究所和俄罗斯斯诺利尔斯克镍业集团下属的国家新能源计划创新公司结成战略合作伙伴关系,共同开展高效纳米太阳能光伏电池计划,并共同投资设立总部设在圣彼得堡的高效纳米太阳能光伏电池企业。[④] 此外,俄罗斯还针对一些州制定了特定的发展计划,目的是促进当地居民享受太阳能带来的利益。俄罗斯还计划建设一个国家光伏领域的培训专家系统。同时,俄罗斯还希望新的立法允许那些生产太阳能电力的民营企业家向电网售电。[⑤]

俄罗斯地热电厂主要分布在东北部的堪察加州,俄罗斯政府还专门制定了相应的热电厂发展计划。

俄罗斯重视生物燃料的开发,已经同乌克兰合作在鄂木斯克建设了一座生物乙醇燃料工厂。[⑥] 俄罗斯政府规划了相应的区域,准备将这些地方的燃料油和锅炉煤燃料改为生物质能,从而刺激了俄罗斯生物质能的生产。2008 年,俄罗斯宣布了建立生物燃料部门的国家计划,政府准备支持建设 30 座生物燃料生产厂。鉴于生物燃料在欧洲市场中价格较高,俄罗斯希望通过生物燃料的出口来平衡与欧盟国家的贸易。[⑦] 2010 年,俄罗斯生物燃料颗粒生产达 35 万吨。2011 年,俄罗斯在伊尔库茨克投产建设俄罗斯首个生物燃料工厂,用以将木材和其他木质废料转化为生物丁醇。[⑧] 俄罗斯还曾计划

① 参见于欢:《俄罗斯:可再生能源"有米难为炊"》,载《中国能源报》2009 年 9 月 7 日(第 B04 版)。
② 参见《俄罗斯风能潜力世界最大》,http://www.xjjjb.com/html/news/80505.html,2011-03-01。
③ 参见孙永祥:《俄罗斯为可再生能源寻求国外市场》,http://www.chinareform.org.cn/open/economy/201010/t20101011_46031.htm,2012-06-06。
④ 参见《俄将建纳米太阳能电池企业》,载《中国科技信息》2008 年第 17 期,第 8 页。
⑤ 参见《俄罗斯光伏产业:乐观面对未来》,http://www.escn.com.cn/2012/0228/183590.html,2012-05-07。
⑥ 参见于欢:《俄罗斯:可再生能源"有米难为炊"》,载《中国能源报》2009 年 9 月 7 日(第 B04 版)。
⑦ 参见涵虚:《俄罗斯准备修建国内首座生物燃料》,载《国际木业》2010 年第 11 期,第 34 页。
⑧ 参见中国产业研究院新能源产业研究所:《俄罗斯欲投建首家生物燃料工厂》,http://www.chinaenvironment.com/view/viewnews.aspx?k=20100929155643606,2012-08-07。

开发生物气能,但由于其成本过高,收效甚微。2012 年初,中国国家电网公司与俄罗斯联邦能源部及相关能源公司共同签署了《生物质能源合作总协议》。根据协议的约定,中国国家电网公司将与俄罗斯共同在俄罗斯组建国际绿色能源公司,公司的主营业务是开发利用生物质资源,初步规划在俄罗斯建设总装机容量约 300 万千瓦生物质电厂。[①] 于 2008 年 3 月成立的俄罗斯生物技术工艺公司主要负责俄罗斯生物质能的开发与利用。该公司自成立以来,积极购买东西伯利亚和乌拉尔的森林化学企业,并在此基础上建立起生产生物燃料及伴生产品的工厂。[②] 该公司为加快生物能源市场发展,还积极组织游说,促使政府通过了许多促进生物燃料能源的关键法律文件。其中包括把生物乙烷从应纳税商品名单中除去的规定以及提倡必须向发动机燃料添加生物燃料要求的法律条款等。同时,俄罗斯还在积极推进以出口为导向的生物燃料颗粒、氢能等新型可再生能源技术。[③]

二、俄罗斯可再生能源立法

俄罗斯政府已积极采取措施,加快推进可再生能源立法。俄罗斯 2008 年《电力法》已经为可再生能源发电奠定了法制基础。之后,俄罗斯又通过了《俄罗斯联邦确认依靠可再生能源生产项目运作合格规范的政府令》、《俄罗斯联邦关于提高经济能源及生态效益的某些措施的总统令》等规范性法律文件。俄罗斯关于发展替代发动机燃料生产的有关利用替代发动机燃料的联邦法草案等法律草案已经提交俄罗斯国家杜马审议。俄罗斯能源部为完善利用可再生能源法律规范基础并保证发展完善利用可再生能源生产电力的基础设施,还做出了其他许多具体规定。2010 年 7 月,时任俄罗斯总统的梅德韦杰夫委托俄罗斯联邦自然资源和生态部详细研究制定包括发展可再生能源等 6 个生态法律草案,其目标对准的是降低发展经济对大自然的负面影响,为工业现代化创造条件,完善生态监测、生态控制及国家生态检验鉴定,尤其要关注自然保护区的生态保护。[④]

---

① 参见《生物质发电在探索中前行》,http://news.bjx.com.cn/html/20120305/345785.shtml,2012-07-07。

② 参见孙永祥:《俄罗斯为可再生能源寻求国外市场》,http://www.chinareform.org.cn/open/economy/201010/t20101011_46031.htm,2012-06-06。

③ 参见孙永祥:《俄罗斯发展可再生能源的现状及前景》,载《能源政策研究》2010 年第 5 期,第 57—60 页。

④ 参见孙永祥:《俄罗斯发展可再生能源的现状及前景》,载《能源政策研究》2010 年第 5 期,第 57—60 页。

三、俄罗斯可再生能源激励政策

《俄罗斯 2030 年前能源战略》把发展新能源与可再生能源作为中长远战略目标之一，通过采用部分灵活的有用矿产开采税、出口税和利润税等税收政策，提高非常规能源(可再生能源、核能、水电等)在能源结构中所占的比重。同时，俄罗斯政府打算向燃料能源综合体组织投资达 60 万亿卢布，以推动新能源与可再生能源的研究开发与利用。[①]

俄罗斯的可再生能源潜力很大，但大多数俄罗斯人更倾向于使用传统的化石能源，长期阻碍俄罗斯可再生能源推广的就是能源价格问题。例如，俄罗斯太阳能的使用成本比普通能源高出 50%。[②] 根据俄罗斯联邦 2010 年的预算，2020 年所有用户的平均电费将达到 10.5 美分/千瓦时，住宅税为 15.3 美分/千瓦时，而 2011 年这个数字为 7 美分/千瓦时。[③] 而太阳能光伏发电日益具有竞争力的价格将可与俄罗斯迅速上扬的电力价格相吻合。由此可见，俄罗斯太阳能利用推广的前景还是很好的。国营的俄罗斯纳米技术公司(Russian Corporation of Nanotechnologies，RUSNANO)专门设立了一个名为"RUSNANO"的国有基金，投资数十亿美元用于太阳能生产设施的投入。而且，越来越多的私营公司也纷纷投入大量的财政资源，用于太阳能产业的开发与利用。

四、俄罗斯可再生能源领域的国际合作

俄罗斯在可再生能源领域的合作伙伴主要是欧盟。2011 年，俄罗斯与欧盟达成了《2050 欧盟—俄罗斯能源合作路线图》。在《2050 欧盟—俄罗斯能源合作路线图》中，可再生能源领域是双方合作的重点。作为重要的能源出口方和重要的能源进口方，俄罗斯与欧盟的能源状况各不相同，但发展可再生能源对于双方来说都大有潜力。双方较为关注的方面在于交换积极经验，如短期内对于现代木材能源使用情况的关注，中期内对风能、小水电、沼气、生物质、太阳能集热器和其他可再生能源使用情况的关注等。

在该路线图中，可再生能源技术的合作分为两个主要时期：(1)2011—2030 年的优先事项，将包括统一立法、制定其他规范性文件以及发展低碳经济的联合行动计划。在互惠的条件下，分析欧盟和俄罗斯的政治、经济、社

---

① 参见刘晓凤：《"金砖四国"石油税制比较研究》，载《财会研究》2011 年第 12 期，第 32 页。
② 参见《俄罗斯太阳能潜力巨大政府将发力光伏产业》，http://www.chinaru.info/zhonge-jmyw/shichangshangqing/11595.shtml，2012-05-06。
③ 参见《俄罗斯的太阳能潜力》，http://www.hbepi.com/hbjs/show-6162.html，2012-05-04。

会和气候环境,考虑到他们的共同利益,并最终建立统一的立法和发展目标。

(2)2031—2050 年的工作重点将会过渡到低碳经济的发展,修改合作方案并实施新的行动计划。① 此外,俄罗斯与美国、中国、日本等亚太国家也存在相关领域的国际合作。

第四节　俄罗斯节能法制及相关环保法制

一、俄罗斯节能法制

(一)俄罗斯节能法

1.《俄罗斯联邦节能法》的主要内容

《俄罗斯联邦节能法》是俄罗斯有关节能的基本法律。该法于 1996 年颁布,并于 2003 年、2006 年和 2008 年经过三次修改。该法包括总则、节能领域的标准化检验和度量、国家管理节能的依据、节能的经济及财政机制、节能国际合作、节能监督、节能宣传与培训、节能信息保障等章节。②

该法开篇明义,直接提出了该法的立法目的:"本联邦节能法用于调节在节能领域活动过程中所出现的各种关系,目的是创建既经济又有效地利用能源的条件。"该法在总则中定义了一些基本概念,例如:节能,是指实现有效利用能源和再生能源运用的合理性、科学生产的技术性的经济措施;国家节能政策,是指对节能领域活动的合法性、组织性的财政经济调节;有效地利用动力资源,是指在现有水平上发展的技术和工艺,应遵守对环境保护的要求,已证明动力能源有效性的经济效益;能源效率指标,是指国家生产标准规定的任何产品所需的或损失的动力能源的绝对值或比值;《俄罗斯联邦节能法》由本联邦法与已通过的相应本法的其他联邦法、其他俄罗斯合法的标准文件、俄罗斯联邦主体节能法的其他法和合法的标准文件组成。俄罗斯联邦主体法规文件,是以通过的俄罗斯联邦国家权力机关和俄罗斯联邦主体的国家权力机关之间就划分所属目标和权限的合同为依据。

俄罗斯的国家节能政策要遵循以下基本原则:能够有效地利用能源;实

---

① 参见工业生物技术信息网:《2050 欧盟—俄罗斯能源合作路线图》,http://www.qibebt.cas.cn/xwzx/kydt/201109/t20110926_3354395.html,2012-04-05。

② 参见《俄罗斯联邦节能法》,http://www.energylaw.org.cn/html/news/2008/6/21/2008621033402007.html,2012-07-08。

现国家对有效利用能源的监督;生产或消耗能源的法人有核算义务;设备、材料和构件、运输设施及其指标要列入国家标准;燃料能源消耗、节能及测试所用的设备、材料、构件、运输设施需要检验;将能源生产者、供应者与消费者的需求相结合;法人、能源生产者和供应者在有效利用能源方面的利害关系。

国家实行节能领域的标准化检验和度量制度,能源开采、生产、加工、运输、储存及消费的有效利用率指标,用于供暖、通风、楼房热水供应和采光消耗的指标以及其他生产过程能量消耗指标,按规定列入相应的技术标准文件中。任何一种消耗动力和能源的产品必须按照相应的能源经济性指标进行检验。国家标准规定的生产生活设备的相应要求,包括能源消耗指标,应在所规定的设备上做必要的标记。在能源开采、生产、加工、运输、储存和消耗方面以及对其检验时,必须在节约能源方面实行国家必需的度量检验和监督。

俄罗斯制定国家节能政策是按照俄罗斯联邦政府规定的程序进行的。俄罗斯联邦总统授权联邦权力执行机构,对有效利用能源进行监督。国家负责对单位进行动力调查,进行能源核算,对能源消耗及其有效使用进行统计调查。

在有关节能的经济及财政政策方面,联邦及区域间规划用的节能筹款,由依靠国家的财政资金联邦预算支持,由相应的俄罗斯联邦主体的预算资金支持,依靠俄罗斯和国外投资者的支持以及遵照俄罗斯联邦主体制定的法律、法令和其他法规文件所规定的其他来源的支持。凡能源生产者、消费者已经实施了节能措施,并由此获得的产品优于现有的国家标准、指标,遵照俄罗斯联邦政府的规定应给予优惠。凡电力、热能生产者,不包括地方的节能组织,都有权将其能量输送到这些组织的网上,但其数量和规范,必须与能源供应单位及地方能源委员会协调一致。凡使用符合节能规划的新型能源的动力装置及设备,在地方能源委员会限定的期限内,其电价应该保证建设这些设备的投资回收率。利用检验设备,并具有热能生产率达 300 千瓦或电能功率达 100 千瓦的动力装置,其建设和使用无须许可证。为鼓励有效地利用能源,俄罗斯联邦政府规定,对天然气规定季节价,对电力和热力实行季节运价,并对电力实行内部昼夜差别运价。地方能源委员会在对电力、热力确定运价时,应该考虑电力、热力消费者在节能方面有理由的经济消耗。集聚规定资金的程序和消费者用于节能方案的财政方面使用该资金的程序,由俄罗斯联邦主体及权力执行机构确定。能源消费者、利用能源的法人,在未达到与指定能源供应单位所定合同中规定的数量的情况下,可以解除消费的赔偿,如果未完全用完,则是实施节能措施的结果。在俄罗斯机构协同俄罗斯和外国投资者实施节能规划时,俄罗斯联邦政府或其授权的联邦权力执行机构,对于在联邦节能财政措施预算内资金额度的指定投资者,可以推出代理人。①

俄罗斯鼓励能源节约领域的国际合作。俄罗斯在节能方面的国际合作的主要方针是:与外国的和国际的组织互利交流能效技术;俄罗斯联邦、俄罗斯的单位参加国际节能方案;俄罗斯联邦国家标准规定的能效指标与国际标准的要求相一致,并且相互承认认证结果。如果俄罗斯联邦国际协议制定了本联邦未规定的另外的条例,则采用国际协议的条例。

在节能培训方面,受国家委派的中等专业、高等专业和大学毕业后专业教育机关以及干部和进修机关,在供能工作人员教育和培训大纲中应规定有效利用动力资源的基本理论,其中包括有效利用可再生能源和燃料替换种类的基本理论。节能工作需要有力的信息保证,通过以下途径可以实现节能的信息保证:讨论联邦的和区域间的节能计划;协调高能效示范方案的准备工作;组织能效设备和技术展览;向动力资源用户提供节能问题的信息;宣传有效利用动力资源。②

2009 年,俄罗斯又通过了《关于节约能源和提高能源效率及对俄罗斯联邦某些法令进行修订的联邦法》。该法规制了能源节约和能源效率的相关问题,并制定了相关的基本原则。该法为俄罗斯设定了节能时间表,即对白炽灯的禁用分部实施:从 2011 年 1 月 1 日起禁止生产和销售 100 瓦以上的白炽灯;从 2013 年 1 月 1 日起禁止生产和销售 75 瓦以上的白炽灯;从 2014 年起禁止生产和销售 25 瓦以上的白炽灯。该法案还规定自 2011 年 1 月 1 日起,各政府机构的办公楼内必须切实采取水、电、气、热的节能措施;自 2012 年 1 月 1 日起,俄罗斯境内所有私人住宅也必须逐步安装特殊节能设施,以进一步提高能效。此外,今后在俄罗斯市场上出售的用电商品,无论是电熨斗还是电脑,都应该有能耗护照(energy passport),并明确标明能效等级。③ 该法又称新《俄罗斯联邦节能法》,是对旧《俄罗斯联邦节能法》的补充。此后,由俄罗斯国家各部委和机关按照新《俄罗斯联邦节能法》的要求陆

① 参见《俄罗斯联邦的联邦节能法》,http://info. china. alibaba. com/news/detail/v0-d1024023802. html,2012-06-06。

② 参见中国节能发展网《俄罗斯联邦法令节能法》,http://www. heng9. cn/article_view. asp? id=458,2012-08-08。

③ 参见童生华《节能相关的法律法规》,http://www. tbtmap. cn/portal/Contents/Channel_2125/2010/0118/94788/content_94788. jsf? ztid=2156,2012-08-07。

续制定了联邦级节能计划和项目,并在试点城市和地区广泛地开展起来。[①]

2.《俄罗斯联邦节能法》的实施措施

2010 年 5 月中旬,时任俄罗斯总统的梅德韦杰夫颁布总统令,要求评估地方机构在节能和提高能效方面的工作质量,评估的内容包括地区总耗电量、能量表的使用情况、可再生能源使用所占的比例情况、高层住宅楼暖气、天然气和水的消耗比率、地区用于节能项目的财政支出情况等。同时,俄罗斯政府将对在节能方面做出贡献的单位和个人给予奖励。为保障《俄罗斯联邦节能法》的实施,俄罗斯还推广了一系列配套项目,主要包括"节能城市"项目、"节能社会单位"项目和"算一算、省一省、交一交"项目等。"节能城市"项目实施的主要目的是要在市政建设方面提高能源使用效率。该项目提出的目标是要使城市基础设施建设能源和资源总体消耗水平与 2009 年水平相比下降 25％,使家庭消耗降低 15％。这一项目的试点区域有秋明、阿帕季特、沃尔库塔和喀山。"节能社会单位"项目实施的目的是将学校和医院等社会单位的能源消耗支出平均降低 15％—20％,使社区能源和资源总体消耗水平与 2009 年水平相比下降 20％—30％,2010 年内要在试点区半数以上的学校和医院普及综合节能方案,为医院病人、学校的老师及职工创造更加舒适的休息、学习和工作环境。该项目在卡卢加州、特维尔州、尼日涅格拉克斯州、诺夫哥罗德州、彼尔姆边疆区、汉特—曼西自治区和鞑靼尔斯坦共和国挑选了 27 个试点学校,在卡拉斯诺亚尔斯克州、哈巴罗夫斯克州、克拉斯诺达尔边疆区等地区挑选了 17 个试点卫生医疗机构。"算一算、省一省、交一交"项目实施的目的是要对能源供应机构向能耗客体实际供能的情况进行清算。《俄罗斯联邦节能法》规定在 2012 年以前,每个楼宇都要安装能耗测量表。在过去,俄罗斯的很多地区住宅里都没有或只是部分安装电表、水表、气表和供热表等能耗测量仪器,居民住宅一直以来因缺少测量方面的监管而浪费严重。该项目选择的试点区有伊热夫斯克、乌拉尔地区卡缅斯克、基洛夫、彼尔姆和叶卡捷林堡。俄罗斯准备在这些试点区内正在研发智能能耗计算器方面的技术,制定工作实施的财政规划,估算方案的实施效果。[②]

(二)俄罗斯节能法规与节能措施

1998 年 6 月,俄罗斯政府出台了《关于在俄罗斯境内鼓励节能的补充措施》,采用经济机制鼓励节能,要求各部门制订节能计划,将燃料能源消费量

---

① 参见郭彩萍:《俄罗斯"节能革命"打响了第一枪》,http://finance. sina. com. cn/roll/20100820/13298518712. shtml,2012-05-08。

② 参见徐兴泽、龚惠平:《俄罗斯节能研究》,载《全球科技经济瞭望》2007 年第 9 期,第 51—55 页。

纳入预算,并责成俄罗斯教育部开展节能教育和宣传计划。2004年,俄罗斯联邦通过了《市政公共事业费用基本调节法》,要求从2005年起开始推行市政公用服务改革,住房和市政服务补贴方式改"暗补"为"明补",从向单位发放补贴改为向个人社保账户支付,以消除市场失衡,提高市政公共事业投资吸引力,推动节能和减少温室气体的排放。2005年,俄罗斯联邦政府批准《热电站与锅炉能耗标准条例》,提出了与热电站和锅炉使用相关的国家标准。2005年7月1日,俄罗斯联邦政府决定大幅度提高含甲烷伴生气有害物的排放付费标准,限额内每吨甲烷排放从0.05卢布提高到50卢布,超限每吨甲烷排放从0.25卢布提高到250卢布。2006年7月,俄罗斯又出台了《关于开展能源稽查的国家指导意见》,要求加强对能源利用的稽查与监管力度。此外,俄罗斯各联邦主体也制定了相应的地区性节能法规与措施,设立节能基金,建设节能中心。

(三)俄罗斯节能政策与节能计划

2002年3月,俄罗斯出台了《未来俄罗斯科技发展基本政策》,确定了包括节能技术在内的九大科技优先发展领域。在此基础上,俄罗斯确立了50项关键技术,最终形成了《俄罗斯联邦关键技术清单》,其中就包括生态清洁的传统可再生能源、能源转换技术、蓄能新技术与节能技术。俄罗斯于2003年出台了《俄罗斯2020年前能源战略》,该战略提出了国家向能源领域旨在探索节能新途径的基础科研倾斜;推动研发并推广燃料能源开采、加工、转换、运输和综合利用的环保高效新技术;提高太阳能转换效率等与节能相关的内容。2005年,俄罗斯政府出台了《俄罗斯联邦降低气候变暖后果的国家行动计划》,将能源节约与应对气候变化结合起来应对。2006年,俄罗斯公布了《2007—2010年及至2015年高能效经济联邦专项计划》,立足于节约财政基金,限制能源使用,要求2007—2015年节约1亿吨标准煤当量的能源。除联邦专项计划外,各部门和地方也纷纷出台自己的节能计划。[①]

俄罗斯还积极开展节能领域的国际合作。2009年9月29日,欧洲复兴开发银行在莫斯科宣布启动俄罗斯能源融资发展计划,该计划融资总额3亿美元。据悉,欧洲复兴开发银行俄罗斯能源融资发展计划的目标为:通过参与该计划的金融机构,投资俄罗斯境内大中型能源项目,最终实现提高俄罗斯能源效率、减少能源消耗的目的。[②]

---

① 参见徐兴泽、龚惠平:《俄罗斯节能研究》,载《全球科技经济瞭望》2007年第9期,第51—55页。
② 参见关健斌:《俄罗斯要搞新一轮私有化》,http://zqb.cyol.com/content/2009-10/18/content_2891711.htm,2012-05-06。

(四)俄罗斯节能机构

俄罗斯还设有专门的官方的节能机构。只是在立法层面,与节能和提高能效相关的联邦机构为国家杜马和联邦理事会;在政府层面,主要由工业和能源部、经济发展和贸易部、区域发展部、自然资源部、农业部、联邦能源局、联邦原子能局、联邦关税服务署以及其他机构负责能源效率的提高。此外,俄罗斯的一些民间组织和协会也致力于节约能源和提高能效,其中较为突出的是俄罗斯能效中心(CENEf)。该中心成立于1992年,是一个非盈利非政府组织,主要责任是提高俄罗斯的能源效率和环境保护,为能效政策发展、住房改革、电力改革、能源需求预测、缓解俄罗斯政府、地方政府、自治市、国际组织、外国机构、国际和外国金融协会、工厂和贸易企业的气候变化提供咨询服务。目前,俄罗斯许多地区已采用了俄罗斯能效中心起草的能效法规和条例,并启动了各自的能效政策及能效计划。[①]

二、俄罗斯主要节能制度

(一)俄罗斯建筑节能制度

长期以来,俄罗斯就非常重视建筑节能。《俄罗斯联邦标准化法》、《俄罗斯联邦建筑法规》以及其他相关建筑标准化法律文件中都详细规定了俄罗斯建筑节能方面的具体制度。降低能源、资源的消耗并减少建筑物和构筑物的热量损失,是俄罗斯建筑物和构筑物必须执行的强制性规定之一。俄罗斯详细规定了设计、施工人员在具体情况下应由陈述性或规定性的标准过渡到在法规中确定应达到的以使用要求形式出现或从国家总任务出发规定的节能、保护自然与都市环境的目标。[②] 具体而言,1993年俄罗斯联邦政府通过了住房计划。根据住房计划的要求,俄罗斯联邦1995年通过了57项旨在对住房部门进行改革的法案,但这些法案并未构成一个完整的体系。从1997年开始,俄罗斯政府发起了在住房施工及管理过程中引进节能技术的运动,并就建筑能源的有效利用通过了《卫生条件及规范的说明与摘要》等一系列规范性文件。在俄罗斯联邦政府的有关法令颁布之后,新西伯利亚地方政府也于1997年实行了《新西伯利亚地区节能法》,决定在本地区推行环保节能住房计划。俄罗斯环保节能住房由三个主要部分构成:①第一部分是保温的房屋结构。环保节能住房的保温性能比传统房屋好6倍。因

---

① 参见童生华:《节能相关的机构》,http://www.tbtmap.cn/portal/Contents/Channel_2125/2010/0118/94790/content_94790.jsf? ztid=2156,2012-07-07。

② 参见窦以松、项阳、邵卓民:《俄罗斯的建筑技术法规与技术标准体系》,载《水利技术监督》2003年第2期,第17—22页。

此用太阳能取暖在经济和技术上都是合算的,这就意味着从 2 月直至深秋,环保节能住房都不需要用火炉取暖。②第二个部分是生命维持系统,包括供暖、通风、有机垃圾和生活污水处理系统。供暖系统包括一个小型锅炉,以空气和水为介质的太阳能加热器及采暖设备。通风系统被设计成一个热交换器,它能保存向室外排放的空气的 70% 以上的能量。废物处理系统采用有氧和无氧发酵技术,将有机垃圾和生活污水加工成有价值的生物产品。③第三部分则是与住房相邻的植物园。植物园可以使用经过处理的生活垃圾来培植苗木和蔬果,是环保节能住房的主要组成部分。①

俄罗斯重视建筑节能标准的作用。早在 1996 年,俄罗斯联邦政府制定了《建筑保温节能政策》。该政策包括了建筑围护结构(building envelope)、建筑设备系统及其运行管理的节能措施和技术标准。在围护结构方面,1979 年前苏联制定了节能技术标准,对围护结构的保温提出了要求。1979—2000 年,俄罗斯建筑外墙的热阻标准从 $1m^2 \cdot ℃/W$ 提高到 $3m^2 \cdot ℃/W$,门窗的能耗也从 40% 降低为 20%,建筑物的总能耗减少了 40%,即实现 40% 的节能目标。在建筑设备系统和运行管理方面,俄罗斯规定了一个统一的建筑采暖标准能耗,要求所有建筑的热水系统必须经过计算编写能源使用方案证书,设计图纸必须经过政府规定的部门进行节能审查,合格后方可投建。俄罗斯还鼓励采用太阳能、地热能等新能源,采用分区供暖等新技术。在运行管理方面,要求采用计算机控制和管理技术如室温可控、分户计量技术,让用户可以根据需要调控热量,并按实际使用的热量由用户自己直接交费,提高系统的运行效率。②

在节能标准方面,俄罗斯正在制定《保温标准》,该标准是建立在经常更新的欧洲标准《EN-13162 标准》的基础之上的,适用于所有俄罗斯矿棉保温制品。任何保温产品都必须进行的测试,但俄罗斯标准并没有欧洲标准具体。③

(二)俄罗斯供热节能制度

俄罗斯的燃料蕴藏量极其丰富,人均指标远优于中国,节能的压力低于世界许多国家,但仍把发展集中供热作为节能的战略措施。俄罗斯集中供热制度的特点是:①确认热电厂是集中供热的节能热源,认为热电联产是最高级的、最完善的集中供热形式,是提高热电生产经济性的主要方式。把热电厂作

---

①　参见宗菁、李静:《俄罗斯环保节能住房的发展》,载《人类居住》2003 年第 2 期,第 27—28 页。

②　参见黄夏东:《俄罗斯建筑节能成套技术开发与应用》,载《能源与环境》2005 年第 1 期,第 36—37 页。

③　参见刘艳梅:《俄罗斯在建筑标准化与节能方面的经验》,载《中国标准化》2010 年第 8 期,第 47 页。

为集中供热主要热源。②采取各种措施全面提高热电厂的经济性,降低发电比燃料消耗量。③积累了在各种条件下设计、建设及运行管理复杂供热系统的经验。④研究解决了多种热负荷,特别是供暖和热水供应热负荷并存时热网的设计、经济运行、优化调节、热用户与热网的连接型式、水力工况等问题。⑤开展了有关热网可靠性理论研究,探讨了许多行之有效的提高热网可靠性的措施,并进行了实践。⑥研制和运用了一系列集中供热的技术和设备。⑦发展集中供热。① 俄罗斯采取各种政策措施全面提高热电厂的经济性,降低发电比燃料消耗量,例如调整汽轮机的运行状态,对热网水进行多级加热,对汽轮机进行分级、分段管理,限制热电厂凝气工况生产电能比例,增加抽气工况热利用小时数,最重要的是做好供热规划,研究热源与热用户的优化配合。俄罗斯要求设计大型供热系统时,都要进行多个方案的详细的技术手段比较,方案比较是应注重节能和技术经济指标的优化。因为俄罗斯地域广大,各地气候条件各不相同,需要适用不同地区的供热系统。同时,俄罗斯还注重供热技术、供热设备的研究工作,加强有关热网可靠性的理论研究。②

俄罗斯供热制度还与环保制度紧密结合。例如,俄罗斯供热制度与环境影响评价制度紧密结合,不断提高供热的自动化水平和生产热能的效率,从而减少燃料消耗量及燃烧产物排放量。俄罗斯还利用大型集中供热热源烟囱高的特点,将燃烧产物向高空排放,减少对贴地面空气层质量的影响。俄罗斯还不断改变供热燃料结构,增加天然气所占比例。为了改善市区的空气质量,即使采用天然气的热电厂,俄罗斯也把它们尽量建在郊区,以减少对人口密集地区的污染。③

由于地理位置的缘故,俄罗斯冬季供暖需要大量能源。为了节能,俄罗斯全国范围内普遍采用热电联产的方式进行供暖、供电。然而,广阔的领土面积,使得这种做法带来的节能效果被动辄上万公里的传输距离消耗殆尽,更不用说这其间许多渠道和设备都已经老旧不堪,影响输送效果。有数据显示,其实对居民家庭房屋的供暖和供电,在到达居民家中前就已经损失了许多,其中大约30%的热能、11%的电力都在传输过程中被损耗了。④ 可见,

---

① 参见张沈生、孙晓兵、傅卓林:《国外供暖方式现状与发展趋势》,载《工业技术经济》2006年第7期,第131—132页。

② 参见邹平华:《借鉴俄罗斯经验积极发展我国集中供热事业》,载《暖通空调》2000年第4期,第33—35页。

③ 参见张沈生、孙晓兵、傅卓林:《国外供暖方式现状与发展趋势》,载《工业技术经济》2006年第7期,第132—133页。

④ 参见李慧:《俄罗斯打响节能增效战》,载《中国能源报》2012年4月2日(第9版)。

俄罗斯供热系统必将面临变革。

三、与能源相关的环保法制

(一)俄罗斯环保法有关能源的规定

1.《环境保护法》中有关能源的规定

与能源相关的环保制度主要体现在俄罗斯联邦于 2002 年 1 月 10 日公布施行的《环境保护法》中。俄罗斯《环境保护法》第 1 条"基本概念"中对自然资源进行了定义:"在经济和其他活动中被用作或可能被用作能源、生产原料和消费品及具有使用价值的自然环境要素、自然客体和自然人文客体。"而自然资源的利用,则是"开发自然资源,将其引入经济流转,包括在经济活动和其他活动中对自然资源的所有各种影响"。即"能源"包含于"自然资源"概念之中,其开发与利用受俄罗斯联邦《环境保护法》的规制。该法第14 条"环境保护领域的经济调整方式"就包括"对推广现有最佳工艺技术、非传统能源,利用再生资源和加工废物,以及实施其他有效的环境保护措施,根据俄罗斯联邦立法提供税收和其他优惠"。该法第 40 条则直接对能源项目布局、设计、建设、改建、投产和运营的环境保护做出了要求:能源项目的布局、设计、建设和运营,依照本联邦法第 34—39 条的要求进行。[①] 对热电厂的设计和建设,应当规定装备高效能的污染物排放净化装置,利用生态上安全的能源,并安全处置生产废物。对水电站的布局、设计、建设、改建、投产和运营,应当考虑有关地区对电力的实际需要及地形地貌的特点。在对上述项目安排布局时,应当规定措施保护水体、集水区、水生生物资源、土地、土壤、森林及其他植被和生物多样性,保障自然生态系统持续稳定地运行,保护自然景观、受特殊保护的自然区域和自然遗迹;采取措施在清理和淹没水库时即时回收利用木材和肥沃的土壤层,采取其他必要措施,避免自然环境的不良改变,保持能够为发展水生生物资源提供最佳条件的水况。包括核电站在内的核装置的布局、设计、建设、投产和运营,应当切实保护环境免受其辐射影响,遵守规定的程序和工艺程序的操作标准以及授权实施辐射安全保障国家监察监督的联邦执行权力机关的要求;对于原子能利用也应当进行国家安全调整,根据俄罗斯联邦立法和普遍接受的国际法原则和规范,采取措施保障环境和居民的绝对辐射安全,保证对核装置的工作人

---

① 俄罗斯联邦《环境保护法》第 35—39 条主要内容有:建筑物、构筑物、工程和其他项目的布局、设计、建设、改建、投产、运营、停工和清算的基本环境保护要求;建筑物、构筑物、工程和其他项目布局的环境保护要求;建筑物、构筑物、工程和其他项目设计的环境保护要求;建筑物、构筑物、工程和其他项目的建设和改建的环境保护要求;建筑物、构筑物、工程和其他项目投产使用的环境保护要求;建筑物、构筑物、工程和其他项目的运营和退役的环境保护要求等。

员的专业技术培训和支持。核装置(包括核电站)的布局,要在具备国家生态鉴定和俄罗斯联邦立法规定的认证核装置生态和辐射安全的其他国家鉴定的肯定结论后,按照设计方案和其他有根据的资料进行。核装置(包括核电站)的布局设计方案,应当包含保障其安全退役的处置办法。

2. 其他环保法律中有关能源的规定

下列环境法律中也涉及相关能源问题:(1)《生态专家审查法》。该法确定了对能源项目进行政府生态专家审查制度(SEER)的基本原则、程序和具体内容。符合此法规定的能源项目,需要依照法定程序进行联邦级或地区级专家审查,并规定了相关的违法程序。该法的法律效力层级较高,仅次于宪法和国际条约。

(2)《特别保护自然区法》。该法详细规制了与特别自然保护区相关的能源利用和开发活动需要执行的特殊规定,其目的是防止能源开发活动损害文物、古迹、物种保护等。

(3)《危险性生产设施工业安全法》。相关联邦机构负责对属于危险性工业设施的能源设施进行监管,以满足能源安全生产与运输的要求,防止事故发生,减轻事故所造成的不良后果。①

(二)俄罗斯与能源相关的主要环保制度

1. 能源生产过程生态化要求制度

俄罗斯要求任何生产过程必须符合保持与恢复良好生态要求,保障开发自然财富与生态环境保护协调发展的战略要求。能源开采、生产过程生态化要求对能源企业的生产过程实行污染预防性控制,以强化生态责任为基本要求,支持和鼓励能源清洁生产。

该制度的具体内容主要包括:(1)能源生产过程生态化要求的适用范围,包括俄罗斯现有的所有可能对生态环境造成威胁的能源企业,以及这些企业的所有生产阶段。

(2)确立能源企业有关生态环境的权利义务。能源企业具有生态化生产的权利,国家应当保障能源企业的生态机制经济化;能源企业还具有生态化生产的义务,实现能源企业经济机制生态化,国家对此进行监督和管理,对违反生态运行机制的能源企业依法进行制裁。

(3)制定能源企业生态化生产规划以及生态鉴定制度,强化政府相关的管理职责,严格制裁在生产生态化机制中失职的公职人员。

(4)生态信息的技术支持制度。俄罗斯有专门的《生态信息(统计)法》

---

① 参见吴辉然:《俄罗斯石油投资法律环境研究》,对外经济贸易大学2009年硕士学位论文,第9页。

调节各类生态信息;收集、提供信息的程序;统计、概括信息形式;建立信息制度,设定提供或使用信息的各主体的权利与义务;对隐瞒、歪曲或提供虚假信息的责任追究等。能源企业的相关信息统计也应符合该法的要求。

2. 能源企业生态环境评估制度

俄罗斯存在有关能源企业的生态环境评估制度,能源企业必须接受相关的生态环境评估,获得相应的自知之后,才能正常合法地进行运营活动。俄罗斯能源企业生态环境评估制度主要散见于俄罗斯相关政策、法律法规、规划和计划当中,致使相关制度过于抽象化、形式化,制度体系不够清晰,调节潜能没有得到充分的发挥,有待进一步完善。

3. 能源企业生态许可制度

俄罗斯存在针对能源企业的生态许可制度。政府负责在对生态体系进行全面、充分、客观评估的基础之上,对能源企业在经济、管理或其他活动中对环境造成的生态危险行为实施生态许可,确认环境保护中应有的物质标准及其有效运用于保护环境、对可能产生生态危险效应的能源活动进行审查、颁发相关许可证、组织进行生态技术鉴定等方面确定指标的程序标准。

4. 能源企业生态保险制度

俄罗斯《自然环境保护法》规定,包括能源行业在内的可能对生态环境造成污染和破坏的所有行业都应实行强制性保险。俄罗斯《保险法》规定,进行强制性保险的条件和手续应由相关法律法规具体规定。事实上,早在1994年,时任俄罗斯总统的叶利钦就颁发了名为《国家政策在强制保险方面的基本方向》的总统令,明确规定了包括能源行业在内的相关生态保险制度。[①]

5. 应对气候变化的相关制度

2009年12月14日,时任俄罗斯总统的梅德韦杰夫签署了俄罗斯气候政策的根本性文件——《俄罗斯气候学说》。《俄罗斯气候学说》是俄罗斯总统及联邦政府委托自然资源部制定的。该文件是俄罗斯政府在气候政策上的总纲,反映了政府在气候变化问题上的根本看法,提出了俄罗斯气候政策的目标、内容和实施方式。其中包括在气候变暖的情况下政府应采取的措施。《俄罗斯气候学说》将促使俄罗斯经济适应当前和今后的气候变化。俄罗斯联邦自然资源部将根据该文件制定一系列措施,以降低自然灾害等紧急情况所造成的损失,确保各经济领域更加稳定地发展。俄罗斯政府及联邦安全会议将监督《俄罗斯气候学说》的实施。[②]

---

① 参见刘洪岩:《俄罗斯联邦生态法的价值理念》,载《俄罗斯法论丛》第1卷,中国社会科学出版社2006年版,第323—325页。

② 参见戚文海、矫萍:《全球气候变暖背景下俄罗斯加强低碳经济发展的路径选择术》,载《俄罗斯中亚东欧市场》2011年第1期,第10—11页。

第七章　南非能源法

第一节　南非能源状况与能源规划

作为"金砖五国"之一的南非,属中等发达国家,也是非洲大陆上唯一的发达国家,拥有相对完善的金融体系和法律体系以及良好的通讯、交通、能源等基础设施。矿业、制造业、农业和服务业,是南非经济的四大支柱产业。煤、铀、天然气等化石燃料是其社会经济发展依赖的主要资源和能源形式。南非也是一个可再生能源利用潜能巨大的国家,蕴藏着丰富的生物质能、太阳能、风能、小水电能源、沼气能源、海浪能源与洋流能等多种形式。南非是能源消费大国。2011 年,南非的一次能源消费量为 126.3 百万吨标准油当量,比 2010 年增加了 1.5%,占当年世界总量的 1%。南非 2011 年的具体一次能源消费结构为:石油为 26.2 百万吨标准油当量,天然气为 3.8 百万吨标准油当量,煤炭为 92.9 百万吨标准油当量,核能为 2.9 百万吨标准油当量,水电为 0.4 百万吨标准油当量,其他可再生能源为 0.1 百万吨标准油当量。[①] 南非同时也是能源生产大国,2010 年南非约有 17.07 百万吨标准油当量的能源可供出口。[②]

一、常规能源状况

(一)石　　油

南非矿产资源丰富,除了给人留下深刻印象的钻石和黄金之外,南非白金、铬、钒、锰的储量都占世界首位,煤炭、铀、钛和铜的产量也名列世界前

---

①　参见参见 BP:《BP 世界能源统计年鉴(2012 年 6 月)》,http://www.bp.com/liveassets/bp_internet/china/bpchina_chinese/STAGING/local_assets/downloads_pdfs/Chinese_BP_StatsReview2012.pdf,2012-10-23。

②　See IEA:Key World Energy Statistics 2012,http://iea.org/publications/freepublications/publication/kwes-1.pdf,2012-10-05.

茅。但是,重要的战略资源石油的蕴藏量却非常稀少。南非是石油净进口国。2011 年,南非石油消费量为 26.2 百万吨,合 547 千桶/日,占当年世界消费总量的 0.6%。[①]

(二)煤炭及合成燃料

截止到 2011 年底,南非煤炭探明储量为 30 156 百万吨,占当年世界总量的 3.5%,储产比为 118。在煤炭产量方面,2011 年南非生产煤炭 143.8 百万吨标准油当量,比 2010 年提高了 0.3%,占当年世界总产量的 3.6%。在煤炭消费方面,2011 年南非消费煤炭 92.9 百万吨标准油当量,比 2010 年增加了 1.7%,占当年世界总消费量的 2.5%。[②] 南非是世界第六大煤炭净出口国,2011 年净出口量为 70 百万吨,占当年世界各国净出口总量的 6.72%。南非是世界第五大动力煤(steam coal)生产国,2011 年产量为 0.563 吨标准油/公吨。[③] 因此,南非煤炭资源非常重要,南非 90% 的发电来自煤炭,发电成本相对低。鉴于南非拥有丰富的煤炭资源(煤占能源消费的 74%),南非在 1947 年通过了《液化燃料和石油法案》,以立法形式明确提出开发煤制油技术是其能源工业的重中之重。

在石油资源匮乏的情况下,南非不仅打破了国际社会的石油垄断,而且成为了世界上第一个可利用煤炭液化技术大规模生产石油制品的国家。煤炭液化是指把煤通过高温高压的办法变成富含各种烃类的气体,然后将这些气体提纯后进行反应从而生成石油和其他化工产品的过程。早在 1947 年,南非就通过了《液化燃料和石油法案》,明确提出开发煤炭液化技术是能源工业的重点工作。1950 年,专门从事用煤制油研究和生产的南非萨索尔公司(Sasol)由国家投资组建。1954 年萨索尔首先在色昆达(Secunda)建成煤矿,又于次年建成色昆达第一个煤制油厂,年产合成油 25 万吨。由此,南非正式进入能源技术的新时代。1980 年又建成色昆达另外两厂。1982 年萨索尔公司完成股份化改造,政府拥有 20% 股份。萨索尔公司能实现年产煤 500 万吨,年耗煤 4 590 万吨,产出 90 万吨油和相关化学品,其中合成油 585 万吨,占 60% 以上,折 7.7 吨煤产 1 吨合成油品。南非不仅可以从煤炭

---

① 参见 BP:《BP 世界能源统计年鉴(2012 年 6 月)》,http://www.bp.com/liveassets/bp_internet/china/bpchina_chinese/STAGING/local_assets/downloads_pdfs/Chinese_BP_StatsReview2012.pdf,2012-10-23。

② 参见 BP:《BP 世界能源统计年鉴(2012 年 6 月)》,http://www.bp.com/liveassets/bp_internet/china/bpchina_chinese/STAGING/local_assets/downloads_pdfs/Chinese_BP_StatsReview2012.pdf,2012-10-23。

③ See IEA:Key World Energy Statistics 2012,http://iea.org/publications/freepublications/publication/kwes-1.pdf,2012-10-05.

中提炼汽油、柴油、煤油等普通石油制品,而且还可以提炼出航空燃油和润滑油等高品质石油制品。特别值得一提的是,所有这些制品全部都能大规模生产,从而成功解决了最难解决的成本控制问题。南非矿业和能源部正在力推煤炭液化先进技术的进一步发展,实行国家资助与免税优惠等政策,同时向其他非洲国家以及欧洲及亚洲地区出口煤炭液化先进技术。[①]

但是,南非大量消耗煤炭,已成为世界上人均排放二氧化碳量最高的国家之一,不仅污染环境而且二氧化碳排放造成温室效应,影响气候变化,作为参与签署《京都议定书》的国家,南非面临着减排的国际压力。

(三)天 然 气

2011 年,南非天然气消费量为 43 亿立方米,合 3.8 百万吨标准油当量,比 2010 年增长了 8.9%,占当年世界消费总量的 0.1%。[②] 南非卡鲁天然气田是世界第四大天然气田,探明储量超过 450 万亿立方英尺。南非天然气项目的建成不仅可以创造数以十万计的就业机会,还可以打破南非国家电力公司对煤炭发电的依赖,大大减少南非的二硫化碳排放量。[③] 目前来看,南非国内天然气生产供给小于需求。2011 年,南非总进口量为 33 亿立方米,几乎全部来自其他非洲国家。[④]

(四)核   能

2011 年,南非核能消费量为 2.9 百万吨标准油当量,比 2010 年下降了 5.5%,占当年世界总量的 0.5%。[⑤]

二、可再生能源及其利用

(一)可再生能源资源

南非的生物质能主要来自乡村燃烧用木材、制糖业用的甘蔗渣、林业用的纸浆和废纸以及小麦、稻秆和高粱等农作物。由于制糖业发达,南非众多

---

① 参见志成:《南非清洁能源市场潜力无限》,载《进出口经理人》2012 年第 3 期,第 27 页。

② 参见 BP:《BP 世界能源统计年鉴(2012 年 6 月)》,http://www.bp.com/liveassets/bp_internet/china/bpchina_chinese/STAGING/local_assets/downloads_pdfs/Chinese_BP_StatsReview2012.pdf,2012-10-23。

③ 参见李建民:《专家建议南非大力开发天然气资源》,http://news.163.com/11/0531/12/75CQ859A00014JB5.html,2012-10-16。

④ 参见 BP:《BP 世界能源统计年鉴(2012 年 6 月)》,http://www.bp.com/liveassets/bp_internet/china/bpchina_chinese/STAGING/local_assets/downloads_pdfs/Chinese_BP_StatsReview2012.pdf,2012-10-23。

⑤ 参见 BP:《BP 世界能源统计年鉴(2012 年 6 月)》,http://www.bp.com/liveassets/bp_internet/china/bpchina_chinese/STAGING/local_assets/downloads_pdfs/Chinese_BP_StatsReview2012.pdf,2012-10-23。

糖厂都开发了甘蔗渣发电项目,除了自给自足以外,还向国家电网输送电力。甘蔗渣发电是所有可再生能源发电模式中成本最低的。专家预测,甘蔗渣发电由于原材料价格几乎没有波动,将来其电力价格有可能比用煤炭和天然气发电还低。除甘蔗渣外,南非的可再生能源有很大一部分来自人工林木,其比例的 67% 用于国内家居生活,12% 用于工商业。人工林木的种植,对于南非而言,不仅有助于能源的取得以及赚取外汇,制成柴油后所剩余的材料既可以用于生产煤球或用来发电,也可以用来做动物饲料。同时,这些林木还具有各种医药用途。[1]

太阳能资源在南非得天独厚,其大部分地区年平均日照达 2 500 小时,平均日照太阳辐射能为 45—6.5 千瓦时,24 小时全球太阳辐射平均值高达 220W/㎡(美国大部分地区达 150W/㎡,欧洲达 100W/㎡)。估计其太阳能加热发电潜力可达 43 太瓦时(注:1 太瓦时＝10 000 亿瓦小时)。

南非还拥有相当丰富的风力能源,风能丰富地区的平均风速超过了 4m/s。南非风能估计可达 30 亿瓦;按实际应用的 30% 能源转换和 25% 的发电能力保守估算,可提供至少电力需求 1 980 太瓦时,风能发电潜力达 66 太瓦时。这还不包括海上风能利用。南非的小型水电开发也是可再生能源发展的重要组成,在东开普省和夸那省,具备开发短期和中期应用的多个小水电站(10 兆瓦以下)的潜力;东开普省特别是特兰斯凯地区具有开发大型水电工程的潜力;奥兰治河流下游可开发 12 座水电站,每座输出能达 6—25 兆瓦。可惜南非全年雨水较少,影响了南非小水电潜能的发挥。据统计,南非小水电开发潜力达 5 160—7 154 兆瓦,现有大小水电站容量 661 兆瓦。

南非沼气能源发电潜力可达 7.2 太瓦时,预计 2040 年将达到 10.8 太瓦时。南非三面环海,海浪能源丰富,尤其沿开普敦沿海地带的海浪能量潜力最大,估计整个沿海平均能 5.68 万兆瓦,开发潜力在冬季达到 8 000 兆瓦至 10 000 兆瓦,发电潜力每年达 70 太瓦时。南非已经开展了小规模测试和样机发电测试,海浪利用的开发技术在南非尚处于初级阶段。在洋流能源方面,由于来自印度洋流经南非厄加勒斯角一带的海流宽 150 千米,时速6m/s,是世界上较强的洋流之一,估计可产生 2 000 兆瓦的能量,尚开未发。[2]

(二)可再生能源利用状况

南非生物质能主要运用于发电、室内供热、乡村沼气、废物利用、开发生

---

[1]　参见志成:《南非清洁能源市场潜力无限》,载《进出口经理人》2012 年第 3 期,第 27 页。

[2]　参见许鸿:《挖掘可再生能源宝库南非共和国明确可再生能源发展中期目标》,载《云南科技管理》2008 年第 1 期,第 56—59 页。

产燃料(主要是酒精和植物油)、小型农场的泥炭沼气开发等。南非可再生能源大部分来自燃烧木材,南非生物质能(主要是燃木、木屑、木炭等)占家庭能耗60%。甘蔗渣是南非最丰富的生物质能之一,如果采用新技术,每年可以发电14亿千瓦时。而木材加工和造纸工业下脚料的发电潜力可达76亿千瓦时和45亿千瓦时。[①] 生物燃料是南非生物质能的重要开发应用课题。南非正加紧研发利用玉米、向日葵、大豆、坚果和棉花等农作物制造生物燃料。南非2006年11月颁布的《生物燃料战略》,提出生物燃料产业的年发展速度应达4.5%,在未来国家可再生能源目标中占比应达75%,国家燃油混合标准规定酒精占8%,生物柴油占2%。国家进一步制定了鼓励用生物质能生产生物燃料减税30%的优惠政策。

太阳能在南非主要应用于:太阳能热水器、太阳能发电、太阳能建筑、太阳能灶、农作物干燥和温室利用、远程通信网供电等。南非太阳能应用较显著的是热水器加热,一批本地太阳能热水器设备制造公司开始在南非成立。南非政府实施的太阳能热水加热计划在豪登省、西开普省和夸那省推广迅速。据统计,南非用于家居生活的南非太阳能热水加热系统的安装容量已达33万平方米时,用于游泳池等娱乐设施的加热安装系统达32.7万平方米,用于农业生产达4 000平方米。但是,南非的太阳能加热和光电辐射转换技术尚待普及推广。

在南非,风能的发展主要考虑利用其沿海地区、高地和悬崖地带建立风场,结合现有的抽水设施实现大规模的风力发电,输送到国家电网中,缓解高峰用电需求;小规模利用风能可结合多种发电组合,比较灵活。南非最具代表性的风场示范项目主要有开普敦附近的 Klipheuwel 风场和 Darling 风场。

在水能方面,2011年南非水电消费量为0.4百万吨标准油当量,比2010年增长了53.8%,占当年世界总量的0.1%。[②]

(三)新能源组合利用

南非尝试组合利用太阳能、风能和小水电、电池能,以满足其供电需求。南非主要开发了位于东开普省 Hluleka 国家自然保护区海岸的 Hluleka 混合小型能源系统和附近的 Lucingweni 混合能源系统。Hluleka 混合能源系统由2台2.5千瓦风能发电机和3套壳式太阳能 PV 模件阵列(内含5.6万

---

① 参见孟宪淦:《南非、埃及可再生能源考察小记》,载《太阳能》2004年第1期,第44页。

② 参见 BP:《BP 世界能源统计年鉴(2012年6月)》,http://www.bp.com/liveassets/bp_internet/china/bpchina_chinese/STAGING/local_assets/downloads_pdfs/Chinese_BP_StatsReview2012.pdf,2012-10-23。

WPV 组件并联,总能量 10.6 千瓦)组成。此外,该系统还有 1 台柴油发电机备用。该系统 2002 年 6 月在南非投入使用,可提供净化水和通信系统能源。建成的 Lucingweni 混合能源系统由容量为 50 千瓦太阳能聚焦板和 36 千瓦风能发电机组成,可服务 220 家普通住户。

据《2006 年南非能源统计》公布的数据显示:家用燃木消耗 528 890 亿瓦时;商用木屑、生物材质消耗 650 100 亿瓦时;风能:320 亿瓦时;太阳能:5 320 亿瓦时,共计全年消耗 1 184 630 亿瓦时。短期内,南非开发利用的可再生能源技术主要涉及太阳能加热、生物质能(包括生物燃料)、垃圾沼气、小水电、风能技术和太阳能开发的电力技术等。长期而言,南非重视开发海浪、潮汐、洋流能源等技术,从可再生能源中提取氢气制造燃料电池也较具开发价值。南非鼓励低成本高效率的可再生能源储存系统包括高效燃料电池和化学电池的研发,鼓励本地可再生能源制造技术的发展,限制可再生能源设备过于依赖进口,促进本国就业。

南非政府建立了绿色电力交易机制,成立专门机构负责把清洁电力推向市场。绿色电力交易机制下的消费者主要以一些高污染行业的国际企业为主。这些企业受国际上相关环境公约的限制,必须要通过消费绿色电能等方式来弥补其造成的环境污染。据了解,消费每 1 000 兰特(相当于 180 美元)的可再生能源电能,等于少向自然界排放 2.3 吨的二氧化碳。而所谓的"绿色电力"包括生物质能等新能源的综合利用。[①] 2011 年 12 月,南非能源部总司长尼利斯维·马古巴内表示,南非 2016 年前的可再生能源发电能力要达到 3 725 兆瓦。可再生能源发电在未来新增发电能力中所占比例要达到 42%,约为 17 800 兆瓦。能源部在综合评估后,3 725 兆瓦的发电指标包括:风力发电 1 850 兆瓦,太阳能光伏发电 1 450 兆瓦,太阳能集热发电 200 兆瓦,生物质发电 12.5 兆瓦,生物沼气发电 12.5 兆瓦,垃圾填埋气发电 25 兆瓦,小型水电 75 兆瓦等。预计这些发电能力的建设成本为 100 亿—120 亿美元。

(四)可再生能源政策与规划

南非政府把发展可再生能源作为可持续发展目标之一,并制定了《国家可再生能源和清洁能源发展白皮书》。根据该文件,南非 2013 年的目标是可再生能源年发电 100 亿千瓦时,约占能源总需求的 4%。从 2004 年起,政府将实施可再生能源发电计划,增加国家电力的供应。[②] 南非于 2009 年 3 月

---

① 参见志成:《南非清洁能源市场潜力无限》,载《进出口经理人》2012 年第 3 期,第 27 页。
② 参见孟宪淦:《南非、埃及可再生能源考察小记》,载《太阳能》2004 年第 1 期,第 44—45 页。

和 10 月分两次规定了可再生能源强制上网电价（REFIT），其中风电价格为
1.25 兰特（约合 1 元人民币）/千瓦时，太阳能价格为 2.1 兰特（约合 1.68 元
人民币）/千瓦时。此外，南非还对垃圾填埋气发电及小型水电等实行大大
高于现行火力发电的保护性收费价格。2010 年初，南非政府颁布了《关于整
体资源规划及新增发电容量的决定》，提出到 2013 年底南非可再生能源规划
容量达到 114 万千瓦，约占全国能源需求总量的 4%，其中初步计划风电开
发容量为 50 万千瓦。[①] 南非政府还公布了未来的能源组织结构，特别是有
关南非国家电力公司（ESKOM）的角色、责任及其与独立电力生产商的关
系。南非国家电力公司是南非目前最大的电力提供商，主要依靠煤炭发电。
由于南非国家电力公司已经被政府指定为可再生能源的单一买家，而具体
规则还在酝酿之中，因此有关各方对达成电力购买协议的具体要求十分关
注。鉴于仅靠南非国家电力公司一家公司不可能满足南非未来的电力需
求，因此，南非政府将提升在能源领域投资的吸引力，以便更多的独立电力
生产商加大对可再生能源的投资。[②] 为了实现这项承诺达到《京都议定书》
所规定的目标，南非矿业和能源事务部（Department Of Minerals and Ener-
gy）开始执行多项清洁能源方面的发展计划，包括发展清洁发展机制，建立
绿色电力交易机制，鼓励本国人民使用太阳能，鼓励企业发展煤炭液化技术
与生物柴油，积极与国外合作进行垃圾发电等。南非在其政府白皮书中表
示，希望海外投资大力参与可再生能源发电项目的投资和经营，以协助南非
解决日益严重的电力短缺和环境污染等突出问题。[③]

三、南非能源规划

南非重视能源规划的重要作用，在 21 世纪初公布了《综合能源实施规
划》。该规划的宗旨，是在发展经济、减缓贫穷、提高能源效率、环保和支持
能源再生技术的前提下，选择可支撑以上各方面的能源方案，平衡能源的需
求及资源供给。南非综合能源规划是以开普敦大学能源资源研究所矿物能
源处开发的模型为基础建立的。[④] 2010 年 10 月，南非公布了新的《综合能源
实施规划草案》（IRP2010），根据修订后的规划，在 2030 年之前，南非部分发
电厂要关停淘汰，由此减少 10 902 兆瓦的发电能力；同时要新建 56 539 兆瓦
的发电能力，其中新建可再生能源发电能力由草案中提议的 12 400 兆瓦大

---

① 参见朱轩彤：《南非电力危机与中国—南非可再生能源合作》，载《风能》2011 年第 4 期，第 33 页。
② 参见《南非积极推进可再生能源发电》，载《大众科技》2009 年第 7 期，第 7 页。
③ 参见志成：《南非清洁能源市场潜力无限》，载《进出口经理人》2012 年第 3 期，第 27 页。
④ 参见李兰、周进生：《南非综合能源规划介绍》，载《西部资源》2005 年第 4 期，第 48 页。

幅提高至 18 400 兆瓦,占全部新增发电能力的 1/3。其中,风力发电能力将达到 9 200 兆瓦,太阳能光伏发电(PV)为 8 400 兆瓦,集光型太阳能发电(CSP)为 1 200 兆瓦。根据修订后的规划,在 2030 年之前,南非部分发电厂要关停淘汰,由此减少 10 902 兆瓦的发电能力;同时要新建 56 539 兆瓦的发电能力,其中新建可再生能源发电能力由草案中提议的 12 400 兆瓦大幅提高至 18 400 兆瓦,占全部新增发电能力的 1/3。[①] 也就是说,南非要在 2030 年之前,改变严重依赖煤炭的能源消耗模式,将煤炭消耗比例降到 48%,加入可再生能源 16%,核能 14%,燃气 9%,抽水蓄能 6% 等,改变当前南非能源消耗 73% 依赖煤炭的现状。规划中列明的在今后 20 年中新装机容量将达到 52 248 兆瓦,届时煤炭仍然是南非能源消耗的最主要来源,但是比例已经大大降低。[②] 2011 年,南非正式通过了《综合能源实施规划》,要求更多的能源开发公司加大可再生能源和核能的开发力度,降低火力发电带来的环境污染,该项举措将导致一些火力发电厂被迫关停。南非大型煤企萨索尔集团正着手开展太阳能、生物燃料计划,该计划将作为公司未来调整能源实施结构的重要补充,该公司同时正在积极争取卡鲁地域天然气勘察和开采权。[③]

第二节 南非能源法

根据《1996 年宪法》,南非的宪政体制更加接近于美国的三权分立制基础上的总统共和制,而不是英国的君主立宪制;但是南非不同于美国而近于英国的部分是其有内阁制。在国家层面上,宪法将立法权授予国会(The Parlianlent)——包括国民议会(The National Assembly)和全国省级事务委员会(The National Council of Provinces)。国会内设立全国省级事务委员会,旨在使省级、地方政府能够直接在国家层面表达其利益与意志,使得国家立法机关在行使其职权时,对前者之利益与意志予以充分考量和适当取舍。总统、内阁成员及各部部长有权列席并发表意见,但部长无权进行表

---

① 参见李学华:《南非批准未来 20 年电力规划,加大可再生能源比例》,http://www.chinanews.com/ny/2011/04-06/2952878.shtml,2012-10-16。

② 参见刘莹:《南非发布二十年能源结构蓝图现投资机遇》,http://za.mofcom.gov.cn/aarticle/jmxw/201010/20101007186537.html,2012-10-16。

③ 参见驻南非经商参处:《南非加快新能源开发力度》,http://za.mofcom.gov.cn/aarticle/jmxw/201107/20110707641258.html,2012-10-16。

决。国会依照宪法具体享有修宪权、立法权、质询权和调查权。区分立法事项是否与各省职权相关为标准,分别规定了不同的程序(第 75 条及第 76 条)。

一、南非法律渊源

宪法、法律、国际条约、普通法、习惯法构成了南非的法律渊源。南非历史上有 5 个国家宪法:《1910 年联邦宪法》,《1961 年共和国宪法》,《1983 年宪法》,《1994 年临时宪法》及现行的《1996 年宪法》。南非现行宪法包括:说明,前言,正文,附表(Schedule)及附录(Annexure)。其中,正文共 14 章。第 1 章基本规定,第 2 章权利法案,从第 3—13 章为国家各机关及其他依宪法组织规定享有国家职权的组织,第 14 章一般规定。南非宪法在南非的法律体系中居于最顶端,具有最高效力,其他任何法律、地方法规及政府机关、社会组织、个人都不得与之违背,任何与之相冲突的法律与行为,除宪法另有规定外,均属无效。依宪法第 76 条,宪法修改的条件及程序更严于法律。宪法及其实施,由宪法法院专门保障。

依据宪法第 43 条之规定,制定法分为三类:①国会通过的法律,又叫国会法律(Acts of Parliament)(见宪法第 44 条);②省级立法体制定的省宪法和法规(Ordinances)(见宪法第 104 条);③市级立法主体(Municipal Councils)通过的地方法规(By-Laws)(见宪法第 156 条第 2、3 款)。

并不是所有的法都是由一定立法主体制定的,如国会制定并被通过的表现为一定形式的文本的成文的法律的,另有许多法规则是从普通法产生的,并且普通法在南非法律规则体系中有很大的比重和分量。

二、南非常规能源法

(一)化石能源

化石能源是一种碳氢化合物或其衍生物。它由古代生物的化石沉积而来,是一次能源。化石燃料不完全燃烧后,都会散发出有毒的气体,却是人类必不可少的燃料。化石能源所包含的天然资源有煤炭、石油和天然气。

南非规制化石能源的主要法律是《矿产资源和石油开发法》,该法通过于 2002 年底,2003 年开始实施。该法共分为 7 章 111 条,各章节的安排如下:第 1 章定义;第 2 章基本原则;第 3 章行政管理;第 4 章矿产和环境规章;第 5 章矿产和采矿开发局;第 6 章石油勘查和生产;第 7 章其他条款。《矿产资源和石油开发法》明确规定,矿产资源和石油由国家所有,是全南非人的财产。矿产资源国家所有是南非的长期目标。

该法强调矿业的可持续发展,强调矿业活动对可持续发展的各个方面,包括生态、经济和社会的贡献,尤其是可持续发展所主张的公平原则。具体表现在:①促进所有南非人拥有平等取得国家的矿产资源和石油的权利。②可持续地、广泛地增加历史上弱势人群(包括妇女)加入矿产和石油行业的比例,并使其从国家对矿产和石油的开采中受益。③促进经济增长和南非境内矿产和石油资源的开发。④增加所有南非人的就业,促进社会和经济福利的进步。⑤保障安全进行勘探、勘查、开采等生产活动的权力。⑥确保国家矿产和石油资源以有序的和生态可持续的方式开发,同时推动公平的社会和经济发展。⑦确保采矿权和生产权持有者对其工作所在地的社会经济发展做出贡献。

该法具体规定了5项许可,5项权利。5项许可包括:(1)查勘许可(reconnaissance permission),有效期为2年,允许查勘许可权人得到地表权人或法定占有者的许可后,进入土地进行查勘工作。该许可不允许权利人进行任何勘探或采矿活动,同时也没有授予持有人任何排他的申请或被授予勘探权或采矿权的权利。查勘许可不得转让、中止、出租、转租、让渡、处置或设抵押债权,不得延期。

(2)对石油的查勘许可。不同于前一种查勘许可,此项仅针对石油,有效期不超过1年,不得转让和延期。

(3)采矿许可证(mining permit)。授予进入土地,进行厂房建设及地下基础设施建设、根据《水法》使用水、开采矿产的权力,不得超过2年,不得转让、中止、出租、转租、留置或处置。但是在得到相关部门部长许可的情况下,可以为了融资的目的进行抵押。该许可可申请延期3次,每次不超过1年。

(4)留置许可(retention permit)。有效期不超过3年,不得以任何方式转让、中止、出租、转租、留置或处置、抵押。可申请延期1次,延期时间不超过2年。有获得相应区域采矿权的排他权利。

(5)技术合作许可(technical cooperation permit)。技术合作许可主要是授予权利人在权利覆盖地区进行技术合作研究的权利,权利人对于权利所覆盖地区有排他勘查权。该许可有效期不超过1年,不得转让,不能延长。

5项权利包括:(1)勘探权(prospecting right)。有效期不超过5年,可延期1次,延期时间不超过3年。权利人拥有排他取得勘探权申请延期权和采矿权,同时在法律许可的情况下,有权利移走和处置矿产权。

(2)勘查权(exploration right)。该权利仅针对石油,有效期不超过3年。在遵守规定条件的情况下,可以转让和抵押。最多可以延期3次,每次不超过 2 年。该权利有申请和被授予生产权、申请延期权的排他权利。

（3）采矿权（mining right）。如果针对石油则成为生产权许可。有效期不超过 30 年。可延期，但是延期不超过 30 年。此项许可有排他申请和被授予采矿权变更的权利。

（4）生产权（production right）。该项权利仅针对石油，授予权利人开采和处置在生产期间所发现的石油的权利。有效期不超过 30 年。在遵守法定条件的前提下，可以转让和抵押。可以延长，每次不超过 30 年。

（5）社区优先勘探或采矿权（preferment prospecting or mining right in respect of communities）。该矿业权的权利主体是社区，进行矿产资源勘查开发的目的是社区发展和社区社会地位的提高，项目获得的收益也用于社区。有效期不超过 5 年，可以延期，每次延期不超过 5 年。社区优先勘探或采矿权不能在现有的勘探权、采矿权、采矿许可、留置权、生产权、勘查权、技术经营许可或踏勘许可所覆盖的区域内授予。[①]

（二）核　　能

南非铀矿资源丰富，自第二次世界大战结束就开始进行核技术研究。1949 年，南非成立了以矿业部长为主席的南非原子能委员会，进一步加强核技术研究。为了防止核武器的扩散，美国建议无核国家可以发展和平利用原子能的能力，但必须终止研制核武器，南非就是首批受益者。1950 年，美国、英国与南非签订了一份购买铀的合同。随后两年内，南非有 27 个金矿投产于铀浓缩，成为世界上主要的铀原料供应国之一。1954 年，美国、欧洲一些国家和南非共同组建了国际原子能局。1957 年，南非又在美国的支持下参加了国际原子能机构，并获得一个执行委员会的永久席位。这些举动大大提高了南非在核领域的地位，并使之与以美国为首的西方国家的核合作合法化。同年，美国与南非签订了一个为期 20 年的核合作协议，强调分享核能器械等资料。根据该协议，美国为南非培训科学家，并提供一个核研究反应堆——Safari-I 号及其运转的核燃料。在此基础上，南非政府于 1959 年通过了一项原子能研究与发展五年计划，详细规划了铀开采、提取、加工及利用。1961 年，由美国提供的 Safari-I 反应堆被安置于比勒陀利亚附近的佩林达巴，南非以此为基础成立了核研究与发展中心。20 世纪 60 年代末，随着国际形势的变化，美国开始重新评估与南非在核领域的合作关系。1975 年，美国废除了承诺为 Safari-I 研究反应堆提供 93% 原料的合同，并开

---

① 参见陈丽萍：《南非〈矿产资源和石油开发法〉矿业权简介》，载《国土资源情报》2004 年第 7 期，第 1 页。

始对南非采取一些较为温和的制裁。1977 年,这种制裁开始扩大。其间,南非开始和前苏联就该领域进行了一些合作。20 世纪 80 年代,美国认为为了防止前苏联势力在非洲南部扩张,必须缓和同南非的关系;而南非也决定利用自身优势在两个超级大国之间游刃有余。1981 年 5 月 4 日,南非国防部长在给美国政府的一份备忘录中,强调继续尊重美国与南非 1974 年的和平利用原子能上的合作协定,同时表明南非将继续以与核不扩散条约的精神、原则和目标一致的方式行事;南非的核项目与核能的和平利用一致,绝不进行核试验。① 20 世纪 80 年代中后期,美国以南非国内的种族矛盾与冲突为借口,软硬兼施,将核问题与种族问题挂钩,逐步向南非施压,排除前苏联对南非的影响。1989 年 9 月,南非成立了一个专家委员会,研究是否接受《核不扩散条约》(Treaty on the Non-Proliferation of Nuclear Weapons,NPT)。1989 年 11 月,南非又成立了一个工作组,负责制定终止核计划和加入《核不扩散条约》的具体时间表。1990 年南非总统正式签署了终止核计划并拆除核设施的命令。1991 年 7 月,南非正式加入《核不扩散条约》,并于两个月后与国际原子能机构签署了安全协定。② 1995 年 3 月,南非正式被国际原子能机构批准为核供应集团成员。③

　　21 世纪以来,随着节能减排理念越发深入人心,南非也试图改造能源结构,进一步开发民用核能。南非拥有先进的卵石床模块反应堆技术,这就为建设核电站打下了坚实的技术基础。2011 年,南非能源部正式提交了核电投标建议。根据南非 2011 年新修订的《综合能源实施规划》,到 2023 年左右南非将陆续建设 6 座发电能力各为 1 600 兆瓦的核电站,总投资 1 万亿兰特(约合 1 500 亿美元)。政府和产业决策者认为,南非新核能政策将使南非在应对气候变化问题上掌握主动,同时可保证长期的能源供应,并从铀储存中获益,还能创造就业。能源部长彼得强调,南非希望借此确保在世界核能工业中占有一席之地,并提高南非清洁能源在整个能源供应中的比重。新建核电站不仅可以给南非创造 7 万个就业机会,还可以拉动南非核能配套产业的发展。④

　　① 参见王延庆:《美国对南非核政策的演变》,载《历史教学》2008 年第 20 期,第 62—65 页。
　　② 参见张春:《放弃核计划的内源力分析——以南非和利比亚为例》,载《西亚非洲》2007 年第 5 期,第 25—27 页。
　　③ 参见王延庆:《美国对南非核政策的演变》,载《历史教学》2008 年第 20 期,第 65 页。
　　④ 参见殷蓝:《缓解能源压力南非规划核电大项目》,载《能源研究与利用》2011 年第 6 期,第 11—12 页。

(三)电　　力

在 20 世纪中后期,南非电力市场一般供大于求。21 世纪以来,南非发电装机容量与电力需求实现了基本平衡。但自 2008 年以来,南非电力出现缺口,南非不得不出台了《电力短缺应对计划》,包括建设国家输配电网络及加快发展独立发电项目等,希望使发电容量年增 200 万千瓦,到 2017 年计划增加发电容量 2 200 万千瓦。为吸引投资,2009 年 8 月,南非政府在 2006 年颁布的《电力管理法》基础上通过了对新增发电容量管理的内容,希望以此打破国家电力公司的垄断地位,鼓励独立发电商投资建设电站。在价格制度上,南非曾是世界上电费最低的国家之一,2009 年的平均电价为 0.249 3 兰特(约合 0.231 2 元人民币)/千瓦时。2010 年 2 月 24 日,南非能源管理委员会通过决议,批准南非国家电力公司于 2010 年 4 月 1 日—2013 年 3 月 31 日分 3 年 3 次上调电价,分别上调 24.8%、25.8% 和 25.9%,使最终平均电价达到 0.657 4 兰特(约合 0.609 7 元人民币)/千瓦时。[①]

在国际合作方面,南非已经成为了南部非洲联合电力系统(SPAA)的重要成员,还在积极倡导以非洲发展新伙伴为核心的非洲统一电网,作为非洲大陆经济开发计划中的一部分。[②] 2011 年 3 月,南非正式通过了《2010 电力综合资源规划调整方针》(IPR2010)。

这项计划有两个突出特点:(1)提出实现能源多样化的必要性并特别强调要扩大能源输送规模,包括对天然气、进口能源、核能、生物能源、可再生能源(风能、太阳能、水电)等合理配置;在充分利用现有的煤炭资源的同时,确保继续加大对煤炭清洁技术的投资。

(2)强调要进一步强化实施提高能源利用效率的发展战略。这项计划的全面贯彻,将使南非实现其减少碳排放的长期目标以及在应对气候变化方面所做的承诺。[③] 同时,南非还通过了《能源独立体系和市场运营商》的议案,为南非独立电力生产商(IPPS)参与南非电力建设提供了有力支持。《能源独立体系和市场运营商》议案的通过将秉承纪律、公开、透明的方针,同时独立电力生产商将为南非新电力资源的开发、运用以及市场风险的分担、消化都起到积极促进作用。[④]

---

① 参见朱轩彤:《南非电力危机与中国—南非可再生能源合作》,载《风能》2011 年第 4 期,第 32 页。
② 参见福特:《南非的水电开发策略》,载《水利水电快报》2004 年第 6 期,第 20 页。
③ 参见王京泊:《南非政府批准新的能源发展计划》,http://za.mofcom.gov.cn/aarticle/jmxw/201103/20110307476340.html,2012-10-16。
④ 参见驻南非经商参:《南非积极推动可再生能源发展》,http://za.mofcom.gov.cn/aarticle/jmxw/201103/20110307476378.html,2012-10-16。

三、南非可再生能源法

(一)水　　电

21 世纪初,南非公布了《未来 20 年水电发展计划》和《水资源发展战略》(NWRS)。南非决定成立新的流域管理机构(CMA),与南非水利和林业部(MWAF)共同为符合条件的个人或法人签发许可证,该许可证最长时效为40 年。要想开发水电,必须申请许可证,证明自己的工程能够有效地利用水资源。水电站造价的确要高于火力发电厂,但南非需要为人民生活和工农业供水增加蓄水量,因此南非对兴建水坝提供进一步的经济和战略支持。[①]

(二)太　阳　能

2009 年 10 月,南非能源部与克林顿气候基金会签署谅解备忘录,就在南非建立 1 个或多个大规模太阳能工业园的可行性进行预研。双方在北开普省的阿平顿(Upington)及附近地区规划建设一个大规模的太阳能工业园区,并计划在未来使该工业园内的太阳能发电能力达到 5 000 兆瓦,初步估计总投资达 1 500 亿兰特(约 215 亿美元)。[②]

此外,南非国家电力公司还制定了一个长期的节能减排战略,当务之急是减少其现有火电站的排放,太阳能光伏试点项目是这一战略的重要组成部分。南非国家电力公司将吸取试点项目的经验并逐步在其火电站中全面推广。南非于 2011 年 11 月 21 日正式提出推行太阳能光伏试点项目,第一阶段将通过引入太阳能光伏发电系统,为南非国家电力公司各火电站提供内部供电,从而减少南非国家电力公司的“碳足迹”[③]。该项目是南非政府实施绿色经济协定的重大举措之一,有助于推动南非清洁能源事业的发展,并创造大量就业机会。[④] 2012 年,南非政府追加 47 亿兰特(约合人民币 39 亿元)用于完成南非 100 万个太阳能热水器安装工程,这一提案将有助于扭转南非能源危机局面。研究表明,过去 8 年南非边际能源储备量(即超出正常能源需求的储备量)逐年稳步下降,达到 3%,低于世界预期的 15% 水平,严重影响了南非商业开发以及生产力增长。因此投资者对于政府这一促使终

---

① 参见福特:《南非的水电开发策略》,载《水利水电快报》2004 年第 6 期,第 19 页。
② 参见《南非将实施大规模太阳能发电计划》,载《环境保护与循环经济》2010 年第 10 期,第 63 页。
③ “碳足迹”通常也被称为“碳耗用量”,英文为“Carbon Footprint”,是指企业机构、活动、产品或个人通过交通运输、食品生产和消费以及各类生产过程等引起的温室气体排放的集合。它描述了一个人的能源意识和行为对自然界产生的影响,号召人们从自我做起。目前,已有部分企业开始践行减少碳足迹的环保理念。
④ 参见科技部:《南非国家电力公司启动太阳能光伏试点项目》,载《企业技术开发》2012 年第 1 期,第 70 页。

端用户获取提高能源效率的方案十分看好,且拥有充足资金对这一领域长期开展业务。[①]

(三)生物质能

南非农业森林生物能源协会已正式制定计划,将种植麻风树、辣木等4种树木的计划进行到商业化阶段,并利用它们的树种提取大量的生物柴油。这一计划的最终目标,是建立生产生物柴油的商业公司。南非要求,相关单位在执行计划的同时,也针对种植环境进行环境影响综合评估,只有评估通过,才能获得南非政府商业化种植树木的许可。[②]

四、南非节能减排法

南非重视利用清洁发展机制,该机制是根据《京都议定书》第12条建立的发达国家与发展中国家合作减排温室气体的灵活机制。它允许工业化国家的投资者在发展中国家实施有利于发展中国家可持续发展的减排项目,从而减少温室气体排放量,以履行发达国家在《京都议定书》中所承诺的限排或减排义务。资料显示,截至2011年底,南非矿业和能源事务部已批准1241个清洁发展机制项目,项目类型涉及风力发电、太阳能、小水电、工业节能、垃圾填埋气发电等。2012年年初又正式启动了53个清洁发展机制项目。在南非,清洁发展机制项目已得到越来越多的地方政府和企业的重视,许多省已经设立或将要设立清洁发展机制技术服务机构。[③]

2010年9月1日,南非政府正式对新上市销售的乘用车征收碳税。按照乘用车的二氧化碳排放税征收办法,如果车辆的二氧化碳排放量超过120克/千米,超出部分每克/千米将征收75兰特(约合10.5美元)。而轻型商用车则存在一定的缓冲期。[④] 2011年12月,南非在德班气候大会上正式宣布将在5年内禁止白炽灯类产品的生产与销售,从而使南非成为非洲第一个淘汰白炽灯这一低效照明产品的国家。[⑤]

五、南非能源综合法

2008年11月24日,南非公布了《南非共和国能源法》(简称2008年《国

---

① 参见驻南非经商参处:《扭转能源危机,南非加大新能源开发》,http://za.mofcom.gov.cn/aarticle/jmxw/201204/20120408054765.html,2012-10-16。

② 参见志成:《南非清洁能源市场潜力无限》,载《进出口经理人》2012年第3期,第27页。

③ 参见志成:《南非清洁能源市场潜力无限》,载《进出口经理人》2012年第3期,第26页。

④ 参见李玲:《南非9月1日起开征碳排放税》,载《商用汽车新闻》2010年第35期,第11页。

⑤ 参见驻南非经商参处:《南非淘汰白炽灯产品》,http://za.mofcom.gov.cn/aarticle/ztdy/201112/20111207892391.html,2012-10-16。

家能源法》)。该法的宗旨在于：为了确保南非经济能够获得多元化的、数量充足并可持续供给、价格可承受的能源资源,促进经济增长和减少贫困。该法在内容上涉及能源与环境的关系、能源规划、可再生能源的生产和消费、能源战略储备和能源传输、应急能源供应、能源基础设施的投资及运营、能源统计与信息、能源研究机构及其研发活动等。该法共计 6 章,其主要内容为：第 1 章是关于若干概念的定义和立法目的规定;第 2 章是关于能源供应、优化和利用的规定;第 3 章是关于综合能源规划的规定;第 4 章是关于国家能源开发研究所的规定;第 5 章是关于能源供应安全的规定;第 6 章是关于一般规定的规定。①

---

① 具体内容详见《南非共和国能源法》,苏苗罕译,《能源政策研究》2009 年第 5 期。